U0136244

陳哲三
臺灣史研究名家論集

（初編）

蘭臺出版社

作者簡介（依姓氏筆劃排序）

王志宇 1965 年出生於臺灣彰化縣田中鎮，1988 年移居臺中。現為逢甲
大學歷史與文物研究所專任教授，曾任逢甲大學歷史與文物研
究所所長、臺灣古文書學會理事長、臺灣口述歷史學會理事等
職。專攻臺灣史、臺灣宗教及民俗、方志學，並對近代中國史
頗有涉略，著有《臺灣的恩主公信仰》、《苑裡慈和宮志》、《儒
家思想的實踐者－廖英鳴先生口述歷史》、《寺廟與村落－臺灣
漢人社會的歷史文化觀察》等書，編有《片雲天共遠》、《傳承
與創新－逢甲大學近十年的發展，1998-2007》、《閩臺神靈與社
會》、《大里市史》等書，並著有相關論文三十餘篇，也參與《集
集鎮志》、《竹山鎮志》、《苑裡鎮志》、《外埔鄉志》、《臺中市志》、
《南投縣志》、《新修彰化縣志》、《大村鄉志》、《續修南投縣志》
等方志的寫作，論述豐碩。

汪毅夫 男，1950 年 3 月生，臺灣省臺南市人。曾任福建社會科學院研
究員，現任中華全國臺灣同胞聯誼會會長，福建師範大學社會
歷史學院兼職教授、博士生導師，享受國務院特殊津貼專家。
撰有學術著作《中國文化與閩臺社會》、《閩臺區域社會研究》、
《閩臺緣與閩南風》、《閩臺地方史研究》、《閩臺地方史論稿》、
《閩臺婦女史研究》等 15 種，200 餘萬字。曾獲福建省社會科
學優秀成果獎 7 項。

卓克華 文化大學史學碩士，廈門大學歷史博士。曾先後兼任過中山、
空中、新竹師範、中原、中國醫藥、中國技術、文化等等大學
教職，現在佛光大學歷史系所為專職教授。先後擔任過臺灣眾
多縣市的古蹟審查委員，現為文化部古蹟勞務主持人之一。早
年專攻臺灣經濟史，近二十年轉向古蹟史、宗教史、社會史，
撰寫古蹟調查研究報告書超過八十本，已出版學術著作有《清
代臺灣行郊研究》、《從寺廟發現歷史》、《寺廟與臺灣開發史》、
《古蹟·歷史·金門人》、《竹塹媽祖與寺廟》、《民間文書與媽
祖廟之研究》、《臺灣古道與交通研究—從古蹟發現歷史卷之
二》，著作等身，為臺灣知名學者。

周宗賢 臺灣臺南市人，生於 1943 年。文化大學史學碩士。曾任淡江大
學歷史系教授、系主任、主任、所長，內政部暨文建會古蹟評

鑑委員。現任淡江大學歷史系榮譽教授，臺北市、新北市文化資產審議委員。學術專長為臺灣史、臺灣民間組織、臺灣文化資產研究、淡水學等，著有《逆子孤軍──鄭成功》、《清代臺灣海防經營的研究》、《黃朝琴傳》、《臺南縣噍吧哖事件的調查研究》、《淡水輝煌的歲月》等。是臺灣知名的臺灣史、臺灣文化資產研究的學者。

林仁川　1941 年 10 月出生於龍岩市。1964 年復旦大學歷史系本科畢業，1967 年研究生畢業。教育部文科百所重點研究基地──廈門大學臺灣研究中心首任主任、教授、博士生導師，享受國務院特殊津貼專家。曾兼任福建省人大常委會常委、廈門市政協副主席。現任兩岸關係和平發展協同創新中心教授，廈門市炎黃文化研究會會長。主要著作有《大陸與臺灣歷史淵源》、《閩台文化交融史》、《臺灣社會經濟史研究》、《明末清初私人海上貿易》、《閩台緣》等多部專著。編寫十三集大型電視專題片《海峽兩岸歷史淵源》劇本和國家級博物館《中國閩台緣博物館》、《客家族譜博物館》展覽文本。在國內外各種刊物上發表學術論文近百篇。多次承擔國家文化出版重點工程、國家哲學社會科學重大項目、教育部文科重點項目，均任課題組長。主持編寫《現代臺灣研究叢書》、《圖文臺灣》、《中國地域文化通覽──臺灣卷》、《臺灣大百科全書──文化分冊》。曾多次榮獲全國及省部級哲學社會科學優秀成果獎。

林國平　歷史學博士，兩岸協創新中心福建師範大學文化研究中心首席專家，福建師範大學社會歷史學院教授、博士生導師，福建省高等院校教學名師，享受國務院特殊津貼的專家。主要從事閩臺民間宗教信仰研究，代表作有《林兆恩與三一教》、《福建民間信仰》、《閩臺民間信仰源流》、《籤占與中國社會文化》等。

韋煙灶　學歷：國立臺灣師範大學文學博士【地理學】（2003）
現職：國立臺灣師範大學地理學系教授
學術專長：鄉土地理、水文學（地下水學）、土壤地理學、地理教育
主要著作（專書）:《鄉土教學與教學資源調查》（2002）、《臺灣全志：卷二土地志（土壤篇）》【與郭鴻裕合著】（2010）、《與海相遇之地：新竹沿海的人地變遷》（2013）
研究領域：早期的研究偏向於自然地理學，奠定後來地理研究之厚實知能。2004 年以後的研究重心逐漸轉向鄉土地理、歷史

地理（閩客族群關係）與地名學研究，已發表相關學術期刊論文約 40 篇。

徐亞湘　臺北藝術大學戲劇系教授、中國文化大學戲劇系兼任教授、《戲劇學刊》主編、中華戲劇學會理事、華岡藝校董事。學術專長為臺灣戲劇史、中國話劇史、中國戲劇 及劇場史。著有戲劇專書《日治時期中國戲班在臺灣》、《日治時期臺灣戲曲史論──現代化作用下的劇種與劇場》、《Sounds From the Other Side》、《臺灣劇史沉思》等十餘冊。

陳支平　1952 年出生，歷史學博士。現任廈門大學人文與藝術學部主任委員、國學研究院院長，兩岸關係和平發展協同創新中心首席專家，兼任中國西南民族學會會長、中國明史學會常務副會長、中國朱子學會副會長、中國民族學與人類學研究會副會長等學術，職務。主要著作有《清代賦役制度演變新探》、《近 500 年來福建的家族社會與文化》、《明史新編》、《福建族譜》、《客家源流新論》、《民間文書與明清賦役史研究》、《歷史學的困惑》、《透視中國東南》、《民間文書與明清族商研究》、《臺灣文獻與史實鉤沉》、《史學水龍頭集》、《虛室止止集》等，編纂大型叢書《臺灣文獻彙刊》100 冊等。2006 年胡錦濤總書記訪問美國時，曾把《臺灣文獻彙刊》作為禮品之一贈送給耶魯大學。是書 2009 年入選「建國 60 周年教育成就展」。

陳哲三　1943 生，南投縣竹山鎮人，東海大學歷史系歷史研究所畢業，逢甲大學歷史與文物研究所教授，退休。先治中國現代史，著有：《中華民國大學院之研究》（臺北，商務印書館，1976）、《鄒魯研究初集》（臺北，華世出版社，1980）、《中國革命史論及史料》（臺北，商務印書館，1982）、《問學與師友》（臺中，大學圖書供應社，1985）等書。後治臺灣史，著有《竹山鹿谷發達史》（臺中，啟華出版社，1972）、《臺灣史論初集》（臺中，大學圖書供應社，1983）、《古文書與臺灣史研究》（臺北，文史哲出版社，2009）。教學研究之餘，又主修《逢甲大學校史》（未刊稿，1983）、《集集鎮志》（南投，集集鎮公所，1998）、《竹山鎮志》（南投，竹山鎮公所，2001）、《南投縣志》（南投縣政府，2010）、《南投農田水利會志》（南投，南投農田水利會，2008）等書。

陳進傳　1948 年生，台灣宜蘭人。淡江大學歷史系、歐洲研究所畢業，

　　曾任宜蘭大學副教授、教授，嶺東科技大學教授，現為佛光大學文化資產與創意學系教授。早年先治明史，著有論文多篇，其後研究轉向宜蘭史，並曾擔任宜蘭縣文化、文獻、古蹟、藝術各種委員會委員及宜蘭縣政府顧問，撰述《清代噶瑪蘭古碑之研究》、《宜蘭傳統漢人家族之研究》、《宜蘭擺厘陳家發展史》（合著）、《宜蘭本地歌仔—陳旺欉生命紀實》（合著）、《宜蘭布馬陣—林榮春生命紀實》（合著）、《宜蘭的傳統碗盤》（合著）等及論文約 80 篇。

鄭喜夫　台南市籍澎湖人，民國三十一年生。財校財務科畢業、興大歷史所碩士。高考會審人員考試及格。曾任臺灣省及北、高二市文獻會委員，內政部民政司專門 委員。編著有臺灣史管窺初輯、民國連雅堂先生橫年譜、民國邱倉海先生逢甲年譜、清鄭六亭先生兼才年譜、重修臺灣省通志財稅、文職表、武職表、武職表三篇、南投縣志商業篇、臺灣當代人瑞綜錄初稿等書十餘種。

鄧孔昭　1953 年生，福建省三明市人。1978 年廈門大學歷史系畢業。後留系任教。1982 年轉入臺灣研究所。先後任助理研究員、副研究員、研究員、教授。1996 年起，兼任臺灣研究所副所長，2004 年改為副院長。2012 年退休。現為兩岸關係和平發展協調創新中心成員。
　　已經出版的著作有：《臺灣通史辨誤》、《鄭成功與明鄭在臺灣》等。

戴文鋒　1961 年生，臺南人，國立臺灣大學歷史學學士、國立成功大學歷史語言研究所碩士、國立中正大學歷史研究所博士，日本國立一橋大學言語社會研究科客員研究員，國立臺南大學臺灣文化研究所教授兼所長。學術領域為臺灣史、臺灣民俗、臺灣民間信仰、臺灣文化資產，重要專著有《府城媽祖行腳》、《萬年傳香火、世代沐法華——萬華寺廟》（以上 2002）、《萬華觀光案內》（2004）、《走過・歷史・記憶——鏡頭下的永康》（2008）、《萬年縣治所考辨》（2009）、《東山鄉志》、《在地的瑰寶——永康民俗祭儀與文化資產》、《永康的歷史遺跡與民間信仰文化》（以上 2010）、《九如王爺奶回娘家傳統民俗活動之研究》（2013）、《重修屏東縣志・民間信仰》（2014）、《山谷長歌——噍吧哖事件在地繪影與歷史圖像》（2015）等十餘冊。

目　錄

臺灣史研究名家論集──總序　卓克華 10

臺灣史研究名家論集──推薦序　陳支平 13

黃序──古文書與南投研究的典範 15

自序 17

一、「水沙連」及其相關問題之研究 1

二、竹山古地名「林圯埔」考辨 34

三、水沙連之役及其相關問題 59

四、18 世紀中葉中臺灣的漢番關係 100

五、清代南投縣人物及其相關問題 136

六、竹山媽祖宮歷史的研究－以僧人住持與地方官對地方公廟的貢獻為中心 163

七、從水沙連茶到凍頂烏龍茶－鹿谷凍頂烏龍茶移入傳說考 196

八、清代台灣草屯地區阿轆治圳考辨 217

九、臺灣清代契約文書中的銀幣及其相關問題 258

十、從古文書看清代南投縣境流通的貨幣 302

十一、清代台灣契約中的人間情義 327

十二、清代台灣民間契約的計量詞 348

十三、清代台灣契約的「批」、「再批」－以草屯地區為例 384

十四、一甲子的接力－南投縣志纂修始末 419

十五、人民團體修志－以南投農田水利會之修會志為例 452

臺灣史研究名家論集——總序

　　《臺灣史研究名家論集》(初編)即將印行,忝為這套叢刊的主編,依出書慣例不得不說幾句應景話兒。

　　這十幾年我個人習慣於每學期末,打完成績上網登錄後,抱著輕鬆心情前往探訪學長杜潔祥兄,一則敘敘舊,問問半年近況,二則聊聊兩岸出版情況,三則學界動態及學思心得。聊著聊著,不覺日沉西下,興盡而歸,期待半年後再見。大約三年前的見面閒聊,偶然談出了一個新企劃。潔祥兄自從離開佛光大學教職後,「我從江湖來,重回江湖去」(潔祥自況),創辦花木蘭出版社,專門將臺灣近六十年的博碩論文,有計畫的分類出版,洋洋灑灑已有數十套,近年出書量及速度,幾乎平均一日一本,全年高達三百本以上,煞是驚人。而其選書之嚴謹,校對之仔細,書刊之精美,更是博得學界、業界的稱讚,而海峽對岸也稱許他為「出版家」,而不是「出版商」。這一大套叢刊中有一套《臺灣歷史文化叢刊》,是我當初建議提出的構想,不料獲得彼首肯,出版以來,反映不惡。但是出書者均是時下的年輕一輩博、碩士生,而他們的老師,老一輩的名師呢?是否也該蒐集整理編輯出版?

　　看似偶然的想法,卻也是必然要去做的一件出版大事。臺灣史研究的發展過程,套句許雪姬教授的名言「由鮮學經顯學到險學」,她擔心的理由有三:一、大陸學界有關臺灣史的任務性研究,都有步步進逼本地臺灣史研究的趨勢,加上廈大培養一大批三年即可拿到博士學位的臺灣學生,人數眾多,會導致臺灣本土訓練的學生找工作更加雪上加霜;二、學門上歷史系有被社會科學、文學瓜分,入侵之虞;三、在研究上被跨界研究擠壓下,史家最重要的技藝——史料的考訂,最後受到影響,變成以理代証,被跨學科的專史研究壓迫的難以喘氣。中研院臺史所林玉茹也有同樣憂慮,提出五大問題:一、是臺灣史研究受到統獨思想的影響;二、學術成熟度仍不夠;一批缺乏專業性的人可以跨行教授臺灣史,或是隨時轉戰研究臺灣史;三、是研究人力不足,尤其地方文史工作者,大多學術訓練不足,基礎條件有限,甚至有偽造史料或創造歷史

的情形，他們研究成果未受到學術檢驗，卻廣爲流通；四、史料收集整理問題，文獻資料躍居成「市場商品」，竟成天價；五、方法問題，研究者對於田野訪查或口述歷史必需心存警覺和批判性。

十數年過去了，這些現象與憂慮仍然存在，臺灣史學界仍然充滿「焦慮與自信」，這些焦慮不是上文引用的表面問題，骨子裡頭真正怕的是生存危機、價值危機、信仰危機，除此外，還有一種「高平庸化」的危機。平心而論，臺灣史的研究，不論就主題、架構、觀點、書寫、理論、方法等等。整體而言，已達國際級高水準，整個研究已是爛熟，不免凝固形成一僵硬範式，很難創新突破而造成「高平庸化」的危機現象。而「高平庸化」的結果又導致格局小、瑣碎化、重複化的現象，君不見近十年博碩士論文題目多半類似，其中固然也有因不同學門有所創見者，也不乏有精闢的論述成果，但遺憾的是多數內容雷同，資料重複，學生作品如此；學者的著述也高明不到哪裡，調研案雖多，題材同，資料同，析論也大同小異。於是乎只有盡量挖掘更多史料，出版更多古文書，作爲研究創新之新材料，不過似新實舊，對臺灣史學研究的深入化反而轉成格局小，理論重複，結論重疊，只是堆砌層累的套語陳腔，好友臺師大潘朝陽教授，曾諷喻地說：「早晚會出現一本研究羅斯福路水溝蓋的博士論文」，誠哉斯言，其言雖苛，卻是一句對這現象極佳註腳。至於受統獨意識形態影響下的著作，更不值得一提。這種種現狀，實在令人沮喪、悲觀，此即焦慮之由來。

職是之故，面對臺灣史這一「高平庸化」的瓶頸，要如何掙脫困境呢？個人的想法有二：一是嚴守學術規範予以審查評價，不必考慮史學之外的政治立場、意識形態、身份認同等，二是返回原點，重尋典範。於是個人動了念頭，很想將老一輩的著作重新整理，出版成套書，此一構想，獲得潔祥兄的支持，兩人初步商談，訂下幾條原則，一、收入此套叢書者以五十歲（含）以上爲主；二、是史家、行家、專家，不必限制爲學者，或在大專院校，研究機構者；三、論文集由個人自選代表作，求舊作不排除新作；四、此套書爲長期計畫，篩選四、五十位名家代表

作，分成數輯分年出版，每輯以二十位爲原則；五、每本書字數以二十萬字爲原則，書刊排列起來，也整齊美觀。商談一有結論，我迅即初步擬定名單，一一聯絡邀稿，卻不料潔祥兄卻因某些原因而放棄出版，變成我極尷尬之局面，已向人約稿了，卻不出版了。之後拿著企劃書向兩家出版社商談，均被婉拒，在已絕望之下，幸得蘭臺出版社盧瑞琴女史遞出橄欖枝，願意出版，才解決困局。但又因財力、人力、市場的考慮，只能每輯以十人爲主，這下又出現新困擾，已約的二十幾位名家如何交待如何篩選？兩人多次商討之下，盧女史不計盈虧，終於同意擴大爲十五位，並不篩選，以來稿先後及編排作業爲原則，後來者編入續輯。

　　我個人深信史學畢竟是一門成果和經驗累積的學科，只有不斷累積掌握前賢的著作，溫故知新，才可以引發更新的問題意識，拓展更新的方法、理論，才能使歷史有更寬宏更深入的研究。面對已成書的樣稿，我內心實有感發，充滿欣喜、熟悉、親切、遺憾、失落種種複雜感想。本叢刊初編自有遺珠之憾，也並非臺灣史名家只有這十四位，此乃初編，將有續編，我個人只是斗膽出面邀請同道之師長友朋，共襄盛舉，任憑諸位自行選擇其可傳世、可存者，編輯成書，公諸同好。總之，這套叢書是十四位名家半生著述精華所在，精采可期，將是臺灣史研究的一座豐功碑及里程碑，可以藏諸名山，垂範後世，開啓門徑，臺灣史的未來新方向即孕育在這套叢書中。展視書稿，披卷流連，略綴數語以說明叢刊的成書經過，及對臺灣史的一些想法，期待與焦慮。

卓克華

2016.2.22 元宵　於三書樓

臺灣史研究名家論集——推薦序

　　臺灣史研究的興盛，主要是從二十世紀八十年代開始的。臺灣史研究的興起與興盛，一開始便與政治有著密切的聯繫。從大陸方面講，「文化大革命」的結束與「改革開放」政策的實行，使得大陸各界，當然包括政界和學界，把較多的注意力放置在臺灣問題之上。而從臺灣方面講，隨著「本土意識」的增強，以及之後的「臺獨」運動的推進，學界也把較多的精力轉移到對於臺灣歷史文化及其現狀的研究之上。經過二三十年的摸索與磨練，臺灣歷史文化的學術研究，逐漸蔚爲大觀，成果喜人。以大陸的習慣性語言來定位，臺灣史研究，可以稱之爲「臺灣史研究學科」了。

　　由於二十世紀八十年代以來臺灣史研究的興起與興盛，大體上是由此而來，這就造成現今的中國臺灣史研究的隊伍，存在著兩個明顯的特徵。其一，大部分的所謂臺灣史研究學者，特別是大陸的學者，都是「半路出家」，跨行或轉行而來，並沒有受過比較系統而嚴格的臺灣史學科的基礎訓練，各自的學術參差不齊，惡補應景和現買現賣的現象頗爲不少。其二，無論是大陸的學者，還是臺灣的學者，對於臺灣史的研究，似乎都很難擺脫政治性的干擾。儘管眾多的研究者們，依然希望秉承嚴正客觀的歷史學之原則，但是由於各自政治立場的不同，大家對於臺灣歷史文化的關注點和解讀意趣，還是存在著諸多的差異，有些差異甚至是南轅北轍的。

　　儘管如此，從學術發展的立場出發，臺灣史研究的這兩個特徵，也未嘗不是一件好事。不同的政治立場、學術立場；不同的學術行當、學術素養，必然形成多視野、多層次、多思維的學術成果。即使是學術立場、觀點迥異的學術成果，也可以引起人們的不同思考與討論。借用大陸的一句套話，就是「百花齊放」，或者「毒草齊放」了。百花也好，毒草也罷，正是有了這般林林總總的百花和毒草，薈兮蔚兮，百草豐茂，在兩岸學者的共同努力之下，形成了臺灣史研究的熱潮。

　　蘭臺出版社有鑑於此，聯絡大陸和臺灣的數十位臺灣史研究學者，

出版了這套《臺灣史研究名家論集》。在這部洋洋大觀的名家論集中，既有較早拓荒性從事臺灣史研究的鄭喜夫、周宗賢、林仁川等老先生的論著，也有諸如王志宇、戴文鋒等年富力強的中生代的力作。在這眾多的研究者中，各自的政治社會立場姑且不論，僅以學術出生及其素養而言，既有歷史學、語言文學的，也有宗教學、戲劇學、地理學等等。研究者們從各自不同的學術行當和研究意趣出發，專研各自不同的研究專題，多有發見，多有創新。因此可以毫不誇張地說，這套《臺灣史研究名家論集》，在一定程度上體現了當今海峽兩岸臺灣史學術研究的基本現狀與學術水平。這套論集的出版，相信對於推動今後臺灣史研究的進一步開拓與深入，無疑將產生良好積極的作用。

陳支平

2016 年 3 月于廈門大學國學研究院

古文書與南投研究的典範

古文書是臺灣民間契約，是研究臺灣早期開發史的第一手史料。從古文書的記載可以瞭解清領時期的漢番關係，閩客族群間的合作與競爭關係，臺灣各地的土地拓墾與水圳興築的曲折，以及臺灣民間的貨幣流通與人間情義等，其史料價值素爲臺灣史學界所重視。

前逢甲大學歷史與文物研究所所長陳哲三教授是古文書與南投研究的著名學者，四十多年來陳教授利用古文書研究南投歷史，並旁及臺灣歷史相關課題之研究，完成臺灣史論文數十篇，分別在《逢甲人文社會學報》等學術期刊發表，獲得臺灣史學界的熱烈回響與肯定。此次陳教授應蘭臺出版社之邀，從中挑選論文 15 篇，集結爲《陳哲三臺灣歷史研究名家論集》論文集（以下簡稱「本書」），公開發行，以饗讀者。

本書收錄的 15 篇論文，屬於南投研究者，計有〈「水沙連」及其相關問題之研究〉等 10 篇，分別探討不同史料記載的「水沙連」、竹山古地名「林圮埔」、水沙連之役、清代南投縣人物的評價、竹山媽祖宮歷史、鹿谷凍頂烏龍茶移入傳說、清代草屯地區阿轆治圳、清代南投縣境流通的貨幣，以及清代草屯地區契約的「批」與「再批」。屬於古文書研究者，計有 3 篇，分別探討清代台灣契約文書的銀幣及其相關問題、清代臺灣契約的人間情義，以及清代臺灣民間契約的計量詞。

另外，屬於清代臺灣漢番關係者，計有〈18 世紀中葉中臺灣的漢番關係〉1 篇，探討十八世紀中葉中臺灣的漢番關係。屬於地方志書研究者，計有〈一甲子的接力：南投縣志纂修始末〉等 2 篇，分別探討《南投縣志》纂修始末，以及《南投農田水利會會志》纂修的原委。

陳哲三教授爲南投縣人，對南投的研究投入特別深，數十年如一日。民國 61 年（1972），陳教授曾出版《竹山鹿谷發達史》，由臺中啓華出版社刊行，從此開啓日後一系列古文書與南投研究的機緣。本書各篇論文引用古文書與其他原始資料，考證詳實，逐字逐句反覆推敲，以追求歷史的真相，見解相當新穎，實可視爲古文書與南投研究的典範。本書的出版，對臺灣史研究將作出重大的貢獻，乃可預期。

　　本書各篇論文投稿期間，秀政承逢甲人社學報編輯委員會之邀，多次擔任陳教授論文的審查人，得以先睹為快；同時亦分別就各篇論文的探討主題、章節架構、論文觀點，以及行文措詞等提出淺見，以供陳教授修正的參考。就此淵源而言，本書的出版，秀政亦深感與有榮焉。茲值本書出版之際，特遵陳教授之囑，略述本書各篇論文的探討主題與貢獻，以為推薦。是為序。

前國立中興大學歷史學系教授

文學院院長

黃秀政

2015 年 1 月 1 日

自序

　　時光猶如白駒之過隙，民國 53 年進入東海大學歷史系讀書，竟然已過 51 個春秋。在學校時，最感興趣的是秦漢史、隋唐史。59 年到黨史會工作，開始專注於中國現代史的研閱。68 年受聘逢甲工商學院教中國通史、中國現代史、但研究則漸移到台灣史。

　　從小聽祖父母講家族故事，好似種下鄉土歷史的種子，到七十年代本土化民主化聯袂而來，台灣史的春天來到，鴨群迫不及待的縱身投入春江之中。在此潮流中，我參加民間民俗文物社團，也從事地方志的撰寫。因為主修《集集鎮志》、《竹山鎮志》、《南投縣志》、《南投農田水利會志》等，自然對相關時空的歷史投入最大心力。八十年代開始，契約文書出土日多，台灣古文書學會誕生，我也結合古文書學會，台灣文獻委員會在逢甲大學舉辦「古文書與歷史研究學術研討會」，引領台灣古文書研究的風潮。當然因為契約文書量多、可信，新出土是最優勢的研究史料，自己也成為古文書的研究者。

　　本書選 87 年以來論文 16 篇，每篇都解決台灣歷史中的某一個問題，或某幾個問題。其中和鄉土南投有關的 11 篇，以古文書為史料的有 8 篇。也即 16 篇都在南投史與古文書之範圍，故黃秀政教授許為「古文書與南投研究的典範」。

　　本書論文大多發表於《逢甲人文社會學報》少數在台灣省文獻會之《台灣文獻》及台灣文獻館之學術會議中發表。另外有一篇在「古文書與歷史研究學術研討會」發表。對相關刊物、會議提倡學術，提供發表機會，敬表謝忱。益友黃秀政教授為本書寫序，多所溢美，且感且愧。卓克華教授推薦本書，以及蘭台出版社之惠予出版，一併致謝。

陳哲三

2015.6.29 於行嘉齋

「水沙連」及其相關問題之研究

一、前言

「水沙連」一詞，從康熙年間出現，迄今逾三百年而使用不衰，清代二百年間多出現在官文書中，日治五十年較少提及，近年來則在民間藝文活動，藝文團體每被用為嘉名。

但，「水沙連」一詞有不同寫法，「水沙連」為最通行寫法，另有「水沙廉」、「水沙漣」等寫法。

另外，與「水沙連」相關的名詞還有「沙連」、「水沙連堡」、「沙連堡」、「沙連下堡」等。

又，「水沙連」、「水沙連堡」、「林圮埔」、「竹山郡」、「竹山鎮」等名詞間有什麼關係？

以上諸名詞，在不同時間是否有不同意義？

以上諸名詞與南投縣，甚至於中臺灣的開發史息息相關。因此釐清這些名詞，也有助於南投縣及中臺灣的開發史之正確了解。

本文擬從奏議詩文、地方志、古契、碑刻、輿圖等不同史料所看到的「水沙連」，以探求「水沙連」之真相。

二、奏議詩文所見之「水沙連」

（一）康熙雍正乾隆時代

最早提到「水沙連」的是首任諸羅知縣季麒光，他在《臺灣雜記》中提到：「水沙漣，在半線東山中，方數丈，其口似井，水深而清。」[1]他是康熙二十三年（西元一六八四）上任，在任一年多。他曾和鳳山知

---

[1] 季麒光，《臺灣雜記》載《臺灣輿地彙鈔》臺灣銀行經濟研究室《臺灣文獻叢刊二一六種》（民國五十四年）頁122。但有些版本不作「水沙漣」，而作「水沙連」。

縣楊芳聲，以及上司臺灣知府蔣毓英合修《臺灣府志》，完成初稿。[2]所以《臺灣府志》上的記載可以與此互相印證。所記似指今日月潭，但與事實相去太遠。可知只是耳食之紀錄。

第二個提到「水沙連」的是康熙三十六年（西元一六九七）來臺採硫磺的西部臺灣旅行者郁永河，他在所著《番境埔遺》中提到：「水沙廉雖在山中，實輸貢賦。其地四面高山，中圍大湖；湖中復起一山，番人聚居山上，非舟莫即。番社形勝無出其右。自柴裡社轉小徑，過斗六門，崎嶇而入，阻大溪三重，水深險，無橋梁，茇籐橫跨溪上，往來從籐上行。」[3]很像親歷的記述，但考其行程，絕未到今南投縣境，遑論日月潭。

文舉人出身，康熙五十四年（一七一五）任臺灣北路營參將阮蔡文，有一首詩名「虎尾溪」，中有句「阿拔之泉阿里山，虎尾之源水沙連。」[4]指出水沙蓮是虎尾溪之發源地。

康熙六十年（一七二一）朱一貴起事，藍廷珍以南澳總兵，統帥平亂，族弟藍鼎元偕行。藍鼎元出入風濤戎馬間，有〈紀水沙連〉[5]〈紀虎尾溪〉[6]二文。〈紀水沙連〉摘其與本文有關數段如下：

1.自斗六門沿山入，過牛相觸，溯濁水溪之源，翌日可至水沙連內山。山有巒巒、猫丹等十社。水沙連嶼在深潭之中。小山如贅疣，浮游水面。潭廣八九里，環可二三十里。

2.武陵人之誤入桃源，余曩者嘗疑其誕，以水沙蓮觀之，信彭澤之非欺我也。但番人服教未深，必時挾軍士以來遊，與情弗暢，且恐山靈笑我。

3.水沙連內山產土茶，色綠如松蘿，味甚清冽，能解暑毒，消腹脹，

2　陳碧笙〈臺灣府志校註前言〉廈門大學《臺灣府志》（一九八五年十一月第一版第一刷）頁115。

3　郁永河，《番境埔遺》載《裨海紀遊》，臺灣省文獻委員會《臺灣歷史文獻叢刊》（民國八十五年九月）頁55~56。

4　周璽，《彰化縣志》臺灣省文獻委員會《歷史文獻叢刊》（民國八十二年六月）卷十二〈藝文志〉頁477。

5　周璽前揭書，頁422~443。

6　周璽前揭書，頁444~445。

亦佳品云。

　　其〈紀虎尾溪〉有云:「余以辛丑秋初,巡斗六門而北,將之半線,至溪岸稍坐,令人馬皆少休。」「溪源出水沙連,合貓丹、蠻蠻之濁流為濁水溪。從牛相觸二山間流下,北分為東流(案應為螺)溪;又南匯阿拔泉之流為西螺溪。」字裡行間藍鼎元似曾到水沙連內山遊水沙連嶼,也曾在虎尾溪岸稍坐。

　　首任巡臺御史黃叔璥,於康熙六十一年到任,雍正元年任滿,留任一年,他著有《臺海使槎錄》一書,在卷三、〈赤崁筆談〉[7]中有三條提到「水沙連」。引如下:

> 1.大松生水沙連,合抱成林。生番所居,莫敢採伐。
> 2.水沙連茶在深山中。眾木蔽虧,霧露濛密,晨曦晚照,總不能及。色綠如松蘿,性極寒,療熱症最效。每年,通事於各番議明入山焙製。
> 3.水沙連、紅頭嶼出羊。

　　在卷六〈番俗六考〉[8]〈北路諸羅番七〉〈附載〉中,除引用《番境補遺》及《諸羅縣志》二書都提到「水沙連」外,又有五段提及「水沙連」。錄如下:.

> 1.或云水沙連過湖,半日至加老望埔,一日至描里眉,一日至眉加臘,一日至望加臘,一日至福骨,一日半至買槽無老,又一日半至民仔里武,二日至蛤仔難社。由描里眉,二日至斗截,半日至倒咯嘓,過大山數重,四日夜可抵崇爻社。
> 2.水沙連社地處大湖之中,山上結廬而居,山下耕鑿而食。……環湖皆山,層巒險阻,屬番二十餘社,各依山築居。山谷巉巖,路徑崎嶇,惟南北兩澗沿岸堪往來,外通斗六門。竹腳寮,乃各社總路隘口,通事築室以居焉。水沙連、集集、……貓丹,蛤里爛等社,名為南港。加老望埔、貓里眉、斗截……名為北港。……通事另築寮於加老望埔,撥社丁、置煙、布、糖、鹽諸物,以濟

7　黃叔璥《臺灣使槎錄》頁61~65。
8　黃叔璥前揚揭書122~124。

土番之用；售其鹿肉皮筋等項，以資課餉。

3.康熙六十年，阿里山、水沙連各社乘亂殺通事以叛。（六十一年）十二月，阿里山各社土官毋落等，水沙連南港土官阿籠等就撫。雍正元年鄭月，水沙連北港土官麻思來等亦就撫。

4.惠安太學黃吳祚題水沙連圖詩：「二十餘社盡邊湖，南北沿崖仄徑紆；斗六門來通一線，諸番形勝島中無。」

5.余咏水沙連社三首：「水沙連在萬山中，一嶼環湖映碧空；員頂淨明傍作屋，渡頭煙火小舟通。」

　　黃叔璥提到「水沙連」、「水沙連社」。水沙連生番所居，水沙連有二十餘社。

　　以上季麒光、郁永河、阮蔡文、藍鼎元、黃叔璥為康熙至雍正初年來臺，從其留下史料，只有藍鼎元或曾躬親到達「水沙連內山」之「水沙連嶼」，即今之日月潭。其他人都是根據傳聞。親見都不一定得真相，傳聞更易有錯。季麒光的「水沙連」位置很模糊，大小只有「方數丈」，比之藍鼎元之「環可二、三十里」，再比較今日之湖面，可知其不確。總括上面的紀錄，可得「水沙連」之知識為：「水沙連」在半線東方山中。是生番所居，有二十餘社。自斗六門入，經三條大溪，溯濁水溪之源，翌日可至「水沙連內山」。其地四面高山，中為大湖。是虎尾溪的發源地。水沙連內山產茶、大松、黃羊、竹腳寮、加老望埔都有通事居住。竹腳寮即竹山社寮。加老望埔即茅埔，即五城。所以這時的水沙連就是今日竹山、鹿谷、集集、水里、信義、魚池、埔里之地。

　　乾隆六十年間，未見詩文記「水沙連」。只有當林爽文事件時，在《清實錄》中出現過「攻克水沙連、大里杙等處」，「其水沙連二十四社外，尚有無數社番」，「福康安在大里杙、水沙連等處駐紮」，「況福康安在東埔納駐紮，距逆首逃竄之埔里社尚遠」，「及攻克集集埔，在水里社擒獲林爽文父母家屬」[9]這裡單寫「水沙連」都指今竹山。至於日月潭附近番社，則稱「水沙連二十四社」，而「水里社」「埔里社」都已經出現，而且方位距離都很清楚了。《欽定平定臺灣略》之「水沙連」也是

9　張本政主編《清實錄臺灣史資料專輯》福建人民出版社（一九九三年十二月）頁481~498。

指今竹山。

（二）嘉慶道光以後

　　嘉慶二十一年（一八一六）署彰化知縣吳性誠，因郭百年事件入埔里，作有「入山歌」[10]詩中只有「埔社」、「水社」，無「水沙連」。到道光初，因埔里社封禁解禁之爭議熱烈，「水沙連」於是常常出現於官文書中。臺灣西部平原到嘉慶末年，業已開發完畢，正是姚瑩所言「今山前無隙土矣。舊族日滋，新來不已」[11]結果就是越禁開墾，越多人進入埔里。同時西部的平埔族人也感受到漢人移墾的壓力，迫使他們舉族遷入埔里，以求民族之生存。越界開墾是違法的行為，理應禁止。但山前已無隙地，埔里雖在內山卻是平坦膏腴，許多官民都想開墾。這才有封禁、開禁的爭議。

　　道光三年（一八二三），臺灣知府方傳穟有〈開埔里社議〉[12]，文中有「水埔二社」、「水社」字樣。

　　道光三年，北路理番同知鄧傳安有〈番俗近古說〉[13]文中有「即如水沙連之社子社，曩皆生番聚居，不知如何為漢人所餌，遂奪其地而據其社。」「沙連生番，女或結辮，男髮並散垂。」「觀水裏社番，結寮為會。」另在其〈遊水裏社紀〉[14]中有「東征集所謂水沙連者，山在水中者也。」又在〈臺灣番社紀略〉[15]提及歸化生番說「彰化則水沙連二十四社」。又說「阿里山之副通事，水沙連之社丁首，皆治贌社輸納事宜。」又在〈水沙連紀程〉[16]一文中說「水沙連歸化生番共二十四社，在彰化縣界外，非與生番互市之社丁不能至，而越界私墾有屬禁焉。」之後，

---

[10]　《欽定平定臺灣紀略（下）》臺灣省文獻委員會（民國八十六年六月）頁760~799，「水沙連」一再出現。

[11]　周璽《彰化縣志》卷十二〈藝文志〉頁474~476。

[12]　姚瑩〈埔里社紀略〉載《東槎紀略》黃山書社（一九九○年一月）頁557~565。

[13]　周璽《彰化縣志》卷十二〈藝文志〉頁406~412。

[14]　周璽前揭書，頁435~437。

[15]　周璽前揭書，頁468~470。

[16]　周璽前揭書，頁437~440。

述其先次廣盛莊（案集集），過油車坑，登雞胸嶺，望社子舊社，過土地公案，過牛勝澤，過滿丹嶺至田頭社，留宿。次日，過水裏社，望見日月潭中之珠子山，有「藍鹿洲東征集所紀之水沙連即此。」過貓蘭及沈祿。穿林下坡，縱橫彎轉，遙見埔裏社，一望皆平原。「此地東通秀孤鸞，南連阿里山，北連未歸化之沙裏里興，為全臺適中之地。」「過埔里社，見其番居寥落，不及十室。詢之，自被漢民擾害後，社益少。鄰眉里、致霧、安里萬三社皆強，常與嗜殺之沙里興往來，其情叵測。」文末為「遂於明日回輿，為水沙連之遊。」這裡的「水沙連」即二十四社所居地。似指日月潭附近的水里、魚池到埔里一帶。

　　嘉慶二十四年（一八一九）任臺灣知縣，兼攝南路理番同知，道光元年（一八二一）署噶瑪蘭通判，十八年（一八三八）任臺灣道的姚瑩，在他的《東槎紀略》中有「埔裏社紀略」[17]一文。此文數段文字值得注意。

　　　　1.埔裏社者，臺灣彰化縣之歸化番社也。其地在彰化東南山內，為社二十有四。……埔里特其一耳。

　　　　2.其入社之道有二：南路，自水沙連沿觸口大溪東行，越獅仔頭山，至集集舖廣盛莊；更越山東行十里，至水裏社之柴圍。又北逾雞胸嶺，芉蓁林、竹仔林，十五里而至水裏之頭社。……更進八里，則為水社，中有大潭，……潭之東岸為剝骨社，西岸則水裏本社。……遠潭更北行，逾山七里，至貓蘭社；又北五里，至沈鹿，地頗寬廣。拖西復入山，凡十里……名曰崁口。過此以北始為埔里大社。……烏溪為入社之北路。

　　　　3.自水沙連，可兩日程。北路為近，然常有凶番出沒，人不敢行。故多從水沙連入。

　　　　4.水沙連則番社之久輸貢賦者也。

　　　　5.蓋埔裏乃界外番社，例禁越墾，故漢人圖墾，則假名于水沙連耳。

　　　　6.郭百年既得示照，逐擁眾入山，先於水沙連界外社仔墾番埔三

百餘甲。由社仔入水裏社。

據第二條「水沙連」是竹山。據第四條，則又指日月潭。據第六條，則應是指竹山、集集一帶。第五條是說「水沙連」原來只是竹山，入墾竹山是合法的，為了入墾不合法的界外之地，如水里、魚池、埔里，只好假借合法的水沙連之名，以掩人耳目。

道光二十一年（一八四一）總兵武攀鳳、臺灣巡道熊一本，臺灣知府全卜年等，銜命入埔里履勘。在熊一本〈條覆籌辦番社議〉[18]中，提及「水沙連」多處，而且對「水沙連」範圍有所說明，錄之如下：

1.蒙詢「水沙連番地，前雖迭禁開墾，難得不無私墾之人。」
2.是水沙連、埔裏社等六社，東南兩面，接界生番，盡屬二十四社之內。惟北面至眉社，則沙連之界已盡。
3.其在水沙連界外，正東則有㫰社山後之扣大社……
4.又細勘水沙連形勢，重疊皆山，與嘉彰兩縣，一律坦平者不同。
5.查水沙連一經開墾，聚閩奧漳泉數萬之眾，無兵彈壓，無官理治，必滋事端。
6.水沙連內山，既議奏墾，究竟距臺灣府及噶瑪蘭、彰化、嘉義各城若干里，是否均有水陸可通？……彰化縣東南六十里林圮埔起，二十五里集集埔，入山為水沙連。北路山口，南治鸞社、丹社，東至萬霧、斗截社，北至眉社、水眉社，西至山外為界。南北直長一百三四十里，東西橫長約六七十里，為水沙連全境。
7.然則盡水沙連東界，至噶瑪蘭境，約略計之，應有一百餘里。埔水二社，居沙連中，陸路入山，南由集集，北由木柵，中間尚有一小路，為八杞仙嶺，路皆險窄崎嶇，難行走。是以入山多由集集。此沙連陸路之可通彰化者也。

這裡指出「水沙連」就是集集入山直到眉社的一百三、四十里範圍。也即今日魚池、埔里及一部水里。而其「西至山外為界」則要加上集集、中寮、草屯、國姓之大部或一部。

道光二十六年正月，北路理番同知史密，偕北路協副將葉長春，南

18 姚瑩《東槎紀略》臺灣省文獻委員會《臺灣歷史文獻叢刊》（民國八十五年九月）頁32~40。

投縣丞入山。史密有〈籌辦番地議〉[19]。中有句云:「草木蒙翳,創建開墾爲難,是未知沙連地勢,以爲山巒沙石,草昧未開。不知沈鹿、貓蘭抵於眉社數十里,平原沃野,較內地小縣尤爲廣闊。」這個「沙連」是今日魚池埔里。

閩浙總督劉韻珂於道光二十七年(一八四七)五月親勘水沙連六社番地。劉氏於三月二十四日自省會啓程,於四月十四日自蚶江放洋,次日收鹿港口,於五月十三日在南投換坐竹輿,由集集鋪入山,於二十日至內木柵(案今土城)出山,由北投回彰化縣城。有一長達七千言之〈奏勘番地疏〉[20],錄其最重要一段如下:

> 查水沙連內山,係屬總名;而田頭、水裏、貓蘭、沈鹿、埔裏、眉里六社附於中。在彰化之東南隅,南以集集鋪為入山之始,南投係其門欄;北以內木柵為番界之終,北投係其鎖鑰。自集集鋪東行十里為風㟁口,又五里為水裏坑;由水裏坑南行三里折西,登雞胸嶺,過嶺五里為竿蓁林,又五里為竹林子,又五里為田頭社,越社南之蠻丹嶺,東行五里為水裏社,由水裏社東北行五里為貓蘭社,又五里為沈鹿社,又二十里為埔裏社(社名加冬里),北十餘里為眉里社,由埔裏社西行十里為鐵砧山,山南有溪水一道;過溪後,仍西行二十里為松柏崙,十五里為內國姓,五里為龜紫頭,十里為外國姓,五里為大坪林,五里為隒屯園,由隒屯園南行五里為內木柵,又二里為北投。以上自集集鋪起至內木柵止,計程一百五十五里。

這段文字很清楚,今日魚池埔里一帶是「水沙連內山」。那「水沙連」在那裡?是不是竹山?

舉人陳肇興,當戴萬生起事時,他奔走呼號聯莊拒防,並與義軍防守攻殺。在其《陶村詩稿》[21]中,有詩題爲「羅山聞警問道斗六門入水

---

[19] 丁曰健《治臺必告錄》臺灣省文獻委員會《臺灣歷史文獻叢刊》(民國八十六年六月)頁229~238。

[20] 丁曰健《治臺必告錄》頁252~258。

[21] 陳肇興原著鄭喜夫校訂《陶村詩稿》〈全集〉臺灣省文獻委員會(民國六十七年六月)。

沙連途中口占」[22]，在以「大坪頂」爲題的詩有句「朝經水沙連，暮宿大坪頂。」在以「水沙連紀遊」的詩中有句云「石與沙相搏，終朝殷怒雷。水穿山腹過，舟擲浪心來。」在「自水沙連鯉魚尾穿山至斗六門」[23]的詩有句云「落日沙連渡，秋風斗六門。」這些「水沙連」都是今天的竹山。

晉江蔡德輝，同治間遊臺，寄籍彰化，光緒間進學，有「沙連即景」詩，有句云：「沙色分披水色連，水沙連處地名傳。四圍耕種無荒土，千仞登臨有洞天，虯影削成樟作棟，龍孫養就竹如椽。遨遊海外知多少，勝概應推此最先。」[24]此詩中之「沙連」即今竹山、鹿谷。

吳德功，光緒二十一年歲貢生，他有一首「水沙連」的詩，句云：「地勢高千尺，中間有別天。雌雄山互鎖，清濁水交纏。鳳尾蘭花秀，貓兒竹筍鮮。四時多霧靄，遙望與雲連。」[25]這個「水沙連」，又似在竹山鹿谷一帶。

總結以上，最大範圍之「水沙連」，是斗六門以東，從竹山入口，順濁水溪流域，由水里轉魚池，自魚池入埔里，轉烏溪流域，包括名間、南投、草屯東方山區之整個地帶。最小範圍之「水沙連」，早期是日月潭，晚期是竹山鹿谷。

三、地方志所見之「水沙連」

蔣毓英於康熙二十五年（一六八六）完成的《臺灣府志》（以下簡稱《蔣志》），是臺灣第一本地方志，爲高拱乾之《臺灣府志》所本。在蔣毓英《臺灣府志》中，只出現「沙連三十八社」。原文如下：

> 北路之斗六，至二重埔而進，至于林驥，環溪層拱，有田可耕，

---

[22] 丁曰健《治臺必告錄》頁212~228。

[23] 陳肇興《陶村詩稿》〈全集〉頁12~13。

[24] 林文龍〈南投縣學藝志稿〉載《南投文獻叢輯》（二十五）南投縣政府（民國六十八年六月）頁58~59。

[25] 林文龍〈南投縣學藝志稿〉頁59。

為野番南北之咽喉。路通哆囉滿，買豬、抹里、沙晃等種。匪人每由此出入。半線以東，以接沙連三十八社，控弦持戟者二千餘人。三十年秋，土官單六奉令至郡。今去而不可復問者，恃其險遠，謂非我所能至也。[26]

《蔣志》有關南投縣之記載除上引文外，另有「南北投社」[27]，而在吼尾溪、東螺溪、大肚溪各條中，均未提及源自今日之南投縣。可知對南投縣之認識極少。除了「林驤」（即林圯）、「沙連」、「南北投社」外，一無所知。而「沙連」在半線（彰化）之東。上節季麒光作「水沙連」。

高拱乾《臺灣府志》（以下簡稱《高志》完成於康熙三十三年（一九六四），晚於《蔣志》八年。大部本於《蔣志》，但也有新增的資料。如卷五〈賦役志〉中載「康熙三十二年，新附土番社六社，共徵銀九十八兩五錢。木武郡赤嘴社徵銀二十九兩，水沙連思麻丹社徵銀十二兩，麻咄目靠社徵銀十二兩，挽鱗倒咯社徵銀十一兩五錢，狎裏蟬戀戀社徵銀十二兩，干那霧社徵銀十二兩。」[28]另（卷九〈外志〉有「石湖，在諸羅縣茄荖網社」，「水連潭，在諸羅半縣社」，「木排田，在諸羅縣半線社」[29]。這裡出現「水沙連思麻丹社」，劉枝萬指為日月潭之水社番，即邵族。[30]而石湖、水連潭、木排田似都為有關日月潭之傳聞。

約完成於康熙四十九年（一七一〇）的周元文《重修臺灣府志》[31]有關南投縣境或直涉水沙連者都與《高志》相同。到康熙五十六年（一七一七）周鍾瑄的《諸羅縣志》，突然間出現許多新史料。對南投縣境及水沙連之了解大增。想係「府志」寫三縣，「縣志」寫一縣，當然應該加詳，且晚《高志》又已二十三年；又移民開發，漢番往來交涉，日益

---

[26] 蔣毓英《臺灣府志》臺灣省文獻委員會《臺灣歷史文獻叢刊》（民國八十二年六月）卷十〈扼塞〉頁131。

[27] 同上書卷一（社）。

[28] 高拱乾《臺灣府志》臺灣省文獻委員會《臺灣歷史文獻叢刊》（民國八十二年六月）頁135~136。

[29] 同上書，卷九〈外志〉〈古蹟〉頁223~225。

[30] 劉萬枝《南投縣沿革志開發篇稿》（二十五）南投縣政府（民國六十八年六月）頁58~59。

[31] 周元文《重修臺灣府志》臺灣省文獻委員會《臺灣歷史文獻叢刊》（民國八十二年六月）。

增加，了解逐又增加。茲將有關各條照錄如下：

1.自奇冷岸而東北，如虎尾溪之牛相觸山（一在溪之南斗六門
界，一在溪之北大武郡界），南北兩峰，如牛奮其角而將觸。中
介一溪，蜿岈怒激而隆起。溪之東南，為斗六門（莊名）諸山起
伏疏密，則邑右之外障，若遠而若近者也。自牛相觸以上，路皆
在山之西而遵海以北。其極於東者，內山峰巒不可數，錯置於道。
東望可指者，虎尾之北，濃遮密蔭、望若翠屏，曰大武郡山（山
之西南有大武郡社）。東為南投山（內社二溪，南為南投、北為
北投）、阿拔泉山、竹腳寮山（內有林藔埔，漢人耕種其中），為
九十九尖，玉筍瑤參，排空無際。其下為大吼山、茄荖山，又東
北而為水沙連內山。內社十：巒蠻、貓丹、毛碎、決裏、哈裏難、
斗截、福骨、羅薛、平了萬、致霧；山南與玉山接，大不可極。
[32]

2.虎尾溪，發源於水沙連內山，南出刺嘴，過水沙連社，合貓丹、
巒蠻之濁流，西過牛相觸，北分於東螺，又南匯阿拔泉之流為西
螺。[33]

3.大肚溪，發源於南投山，過北投、貓羅、紫坑仔，北合水沙連
九十九尖之流，出阿束之北，為草港，入於海。[34]

4.大安溪，發源於水沙連內山。[35]

5.水沙浮嶼，嶼在水沙連潭中浮出。[36]

6.水沙連潭，在水沙連社。[37]

7.斗六門，在牛相觸虎尾溪之南，距縣治可六十里，北至半線九
十里，扼南北投、水沙連諸番出入之路。[38]

8.半線，自府治至八里坌，此為居中扼要之地，貓霧捒、岸裏山、

---

[32] 周鍾瑄《諸羅縣志》臺灣省文獻委員會《臺灣歷史文獻叢刊》（民國八十二年六月）卷一〈封
域志〉〈山川〉頁8~9。

[33] 同上書，卷一〈封域志〉〈山川〉頁12~13。

[34] 同上書，卷一〈封域志〉〈山川〉頁12~13。

[35] 同上書，卷一〈封域志〉〈山川〉頁12~13。

[36] 同上書，卷一〈封域志〉〈形勝〉頁18。

[37] 同上書，卷一〈規制志〉〈水利〉頁42。

[38] 同上書，卷七〈兵防志〉〈水陸防汛〉頁117。

南北投、水沙連諸番上下往來必由之路。[39]

9.達戈紋出水沙連[40]

10.水沙連男女悅合，必引眾簇擁其女以去，如強奪然，女亦故作悲啼。[41]

11.由虎尾溪泝流而入，水源有二：出喇嘴等社者名南港，出貓丹、巒蠻等社者名北港。二水合於水沙連，流為虎尾。水沙連雖內附，而各社多在內山。南北二港番互相攻殺，北港最強。每歲至秋，彼此戒嚴，無敢單丁徒手以出者。[42]

12.茶，北路無種者，水沙連山中有一種，味別，能消暑瘴。[43]

13.松，臺唯水沙連內山有此。[44]

14.水沙浮嶼，水沙連四週大山，山外溪流包絡……[45]

15.由斗六門山口東入，渡阿拔泉，又東入為林𪹚埔，亦曰二重埔。土廣而饒，環以溪山，為水沙連及內山諸番出入之口，險阻可據。有路可通山後哆囉滿。[46]

16.北路之產，有臺鳳所無者，如水沙連之茶、竹塹、岸裏之笙竹筍，淡水之甲魚，皆其美者也。大松樹生水沙連，合抱成林。[47]

17.水沙連內山茶甚夥，味別，色綠如松蘿。山谷深峻，性嚴冷，能却暑消脹。然路險，又畏生番，故漢人不敢入採，又不諳製茶之法，若挾能製武夷諸品者，購土番採而造之，當香味益上矣。[48]

18.水沙連浮田，架竹木藉草而殖五穀，不知者以為誕也。[49]

---

[39] 同上書，卷七〈兵防志〉〈水陸防汛〉頁 1~7。

[40] 同上，卷八〈風俗志〉〈番俗〉頁 157~170。

[41] 同上，卷八〈風俗志〉〈番俗〉頁 157~170。

[42] 同上，頁 173。

[43] 同上書，卷十〈物產志〉〈物產〉〈貨之屬〉頁 194。

[44] 同上，頁 217。

[45] 同上書，卷十二〈雜記志〉〈古蹟〉頁 284~285。

[46] 同上書，卷十二〈雜記志〉〈外紀〉頁 286。

[47] 同上，頁 295、299~300。

[48] 同上，頁 295、299~300。

[49] 同上，頁 295、299~300。

自以上十八條，可得以下認知：虎尾溪、大肚溪、大安溪都發源於水沙連內山，水沙連內山有番社十個，又有水沙連社、水沙連潭，水沙浮嶼，水沙連浮田。水沙連內山產茶、大松、達戈紋布。斗六門半線是水沙連番上下往來出入必由之路。林璻埔（案即林圯埔，今竹山）亦曰二重埔，為水沙連及內山諸番出入之口。可以說竹山以東，番人所居之地都是水沙連內山，中有水沙連社等番社。連今草屯之九十九峰也在「水沙連」範圍之內。

　　乾隆五、六年（一七四一）劉良璧完成的《重修福建臺灣府志》比之《諸羅縣志》又晚二十四年，且中間有朱一貴事件，引起阿里山番、水沙連番的反叛，經過大軍征討，藍鼎元、何勉等人都曾進入水沙連內山。因此，對此地區的認識理應有所增加。記述似較詳細而正確。相關各條錄之於後。

> 1.水沙連山，內有大湖，四面皆山，番社隔湖負山而居，路極峻險。[50]
> 2.決裏社、毛卒社、射仔社、大基貓丹社、木靠社、木武郡社、子黑社、佛仔希社、倒咯社、戀戀社、挽麟社、田仔社、貓難社、田頭社、埔裏社、蛤仔難社、外挽蘭社、外貓裏眉社、平乃萬社、斗截社、致霧社、哆囉郎社、福骨社。自決裏社至此二十四社，在水沙連山內；為歸化生番。[51]
> 3.水沙連社並附決裏社……福骨社（二十四社）番丁共六百八十八。[52]
> 4.雍正四年，水沙連社兇番骨宗等戕殺民命。總督高其倬遣臺道吳昌祚等討之，尋擒賊正法[53]

　　《劉志》最值得注意的應是提出二十四社的社名，而且說是「在水沙連內山；為歸化生番」。在此之前，蔣志有「三十八社」之說，但看

---

[50] 劉良璧《重修福建臺灣府志》臺灣省文獻委員會《臺灣歷史文獻叢刊》（民國八十二年六月）卷三〈山川〉〈彰化縣志〉頁62。
[51] 同上書卷五〈城池〉頁82。
[52] 同上書卷八〈戶役〉頁201。
[53] 同上書卷十九〈雜記〉頁477。

不到社名；藍鼎元有十社之說，但只提出二個社名；《高志》有了新附六社的社名；直到《周志》才將水沙連內山十社社名寫明。現在則更知道是二十四社。這個「水沙連」似是今日日月潭爲中心之東西南北一帶地方之總稱。就是今日竹山除外濁水溪、烏溪上游地區。

乾隆十一年（一七四六）范咸完成《重修臺灣府志》（以下簡稱《范志》），在卷二〈規制〉〈番社〉中，除上面《劉志》的二十四社外，在最前面加一個「水沙連社」。[54] 所以在卷十五〈風俗（三）〉〈番社風俗（二）〉〈彰化縣（三）〉中寫「水沙連二十五社」[55]。並在「附考」中引《番境補遺》及《番俗六考》相關文字五條。這個「水沙連社」就是後來的「水裡社」也就是「水社」，今邵族。

乾隆二十五年（一七六〇）余文儀完成的《續重修臺灣府志》（以下簡稱《余志》），有關「水沙連」的新史料不多。在彰化縣中有「水沙連保，距縣六十里」[56]，「夬裏社、毛卒社……福骨社。以上二十四社，歸化生番，在縣治東南水沙連內，距縣治九十餘里。」[57]「林既埔街，在水沙連保，距縣東南□□里」。[58] 據此，可知「水沙連保」是新出現的名辭。又「水沙連保」的中心就是林既埔街。位置在彰化東南六十里，而二十四社在水沙連內，彰化東南九十餘里。「水沙連保」是雍正十二年（一七三四）所成立，據伊能嘉矩《大日本地名辭書續篇》〈第三臺灣〉「水沙連」條，認爲是雍正十二年，包括後來之「沙連、集集、五城各堡統稱水沙連堡。[59] 劉枝萬也指出「翌雍正十二年，爲加強控制內山，統括濁水溪流域一帶番境即清末之五城，集集及沙連等堡，成立一堡，號稱水沙連堡。」[60] 但此一說法，值得商？。因爲到雍正十二年，

[54] 范咸《重修臺灣府志》卷二〈規制〉〈番社〉頁 72。

[55] 同上書，卷十五〈風俗〉（三）頁 442。

[56] 余文儀《續修臺灣府志》臺灣省文獻委員會《臺灣歷史文獻叢刊》（民國八十二年六月）卷二〈規制〉〈坊里〉頁 73。

[57] 同上〈番社〉頁 82。

[58] 同上〈街市〉頁 89。

[59] 伊能嘉矩《大日本地名辭書續篇》第三臺灣，東京市富山房（明治四十二年十二月）頁 96「沙連堡」。

[60] 劉萬枝《南投縣沿革志開發篇稿》頁 109。案水沙連保設於乾隆二十年，伊能等皆誤，見後

除竹山有漢人定居之外，五城、集集都還是界外番地，是不可能設保的。《彰化縣志》卷三〈規制志〉有「凡有市肆者皆曰街。」「郊野之民，群居萃處者，曰村莊，又曰草地。番民所居曰社。」[61]「保，即保甲之義也。彰化草萊漸闢，村莊日增，原十三保半，今增爲十六保。」[62]「社，生番熟番所居之處統名曰社。」[63]連橫在《臺灣通史》卷五〈疆域志〉〈坊里〉云：「坊里之名，肇於鄭氏。其後新闢之地，多謂之堡。堡者聚也。移住之民，合建土堡，以捍災害，猶城隍也。而澎湖別名曰澳。」「里之大者數十村。」「高賈錯居謂之街，漢人曰莊，番人曰社，而澎湖亦曰社。」[64]又戴炎輝在《清代臺灣之鄉治》中也說：「依慣例，里者用於曾文溪以南，至恆春一帶地方；保著用於曾文溪流域以北，至宜蘭一帶地方；鄉則限於臺東，澳乃限於澎湖各島嶼。」[65]因此，如果雍正十二年成立水沙連堡，則其範圍只有今日之竹山地方。那麼，爲什麼在竹山成立水沙連堡呢？理由只有一個，因爲竹山就是水沙連。而竹山以外的濁水溪甚至烏溪上游，就是水沙連內山番地。這個看法，看過《彰化縣志》或許可以更了解。

周璽約在道光七年（一八二七）完成《彰化縣志》，上距彰化縣之成立，已經過了一百零四年。《彰化縣志》中有關「水沙連」的文字很多。擇其重要者錄如下：

> 1.縣東負山，西面海，東西距九十餘里。東至平林仔莊七十五里，西至大海二十五里。東不盡內山，西不盡大海。東南至水沙連保六十餘里。[66]
>
> 2.凡山之險阻，人跡不到者，統稱內山。大半天山，在水沙連內，濁水溪南。溪洲仔山，在沙連濁水東南畔。阿拔泉山，在沙連界，

文。

[61] 周璽《彰化縣志》卷二〈規制志〉頁39、42、51。

[62] 周璽《彰化縣志》卷二〈規制志〉頁39、42、51。

[63] 周璽《彰化縣志》卷二〈規制志〉頁39、42、51。

[64] 連橫《臺灣通史》中華叢書委員會（民國四十四年八月）卷二〈規制志〉頁142~143。

[65] 戴炎輝《清代臺灣之鄉治》聯經出版事業公司（民國六十八年七月）頁217。

[66] 周璽《彰化縣志》卷一〈規制志〉〈疆域〉頁5。

阿里山發祖。雪山，在水沙連內山，經年積雪，即諸志所謂玉山也。集集山，在水沙連內，高隆聳拔，峻秀無雙，險阻可恃，為入埔水二社之要路。今山下有集集街，距縣七十里。水沙連內山，在縣治東南一百里，內有大圍湖，四周皆山，共番社二十四社，負山隔湖而居。牛相觸山，南連斗六門，北接大武郡，欲入水沙連內山，以此為總路要區。[67]

3.虎尾溪，發源於水沙連內山，南出剌嘴，過水沙連社。濁水溪，發源於內山，莫知所自出。清水溪，發源於水沙連內山。[68]

4.水里社潭，一名日月潭，在水沙連內。珠潭，沙連日月潭也。四周大山。[69]

5.倉廒，一在沙連林既埔街。計二十一間，乾隆十六年莊民捐貲鳩工共建。[70]

6.林既埔街，屬沙連保，為斗六門等處入山總路。集集街，屬沙連保，民番交易之處，距邑治六十五里，為入山要路。[71]

7.沙連保各莊名：林既埔、三角潭、埔心仔、江西林、香員腳、下坪莊、冷水坑、花溪厝、中崎莊、柯仔坑、磁磘厝、豬勝棕、東埔蠟、圳頭坑、筍仔林、小半天、車光寮、獐仔寮、粗坑莊、坪仔頂、清水溝、社寮莊、籐湖莊、木屐寮、他里溫、水底療、頂埔莊、後埔仔、水車莊、集集街、廣盛莊、濁水莊、田寮莊、屈尺龜、崁頂莊。[72]

8.社，木武郡社、映裏社、毛啐社、平來萬社、內眉里社、貓丹社、社仔社、內斗截社、外眉裏社、木扣社、子黑社、外斗截社、哆哈唧社、子希社、倒咯社、田仔社、田頭社、貓蘭社、思順社、挽蘭社、埔裏社、蠻蠻社、致霧社、福骨社、以上二十四社，皆歸化生番所居，在水沙連內，距邑治八、九十里。其末歸化者，性嗜殺人，人跡罕到，無由知其社名而記之。[73]

---

67 同上〈山川〉頁5~10。
68 同上〈山川〉頁14、17。
69 同上〈山川〉頁14、17、21。
70 同上書，卷二〈規制志〉〈倉廒〉頁39。
71 同上書，卷二〈規制志〉〈街市〉頁40。
72 同上書，卷二〈規制志〉〈保〉頁51。
73 同上書，卷二〈規制志〉〈社〉頁52。

9.水沙連社並附決裏社……共二十四社番丁共六百八十八丁,共額徵銀一三七兩六錢。水沙連社額徵糯米七石六斗六升六合七勺,應合折粟十五石三斗三升三合四勺。[74]

10.濁水溪渡,在沙連,為社寮、林既埔通行要津。集集渡,集集與沙連通行要津。二八水渡,一名香櫞渡,二八水與沙連往來通津。[75]

除以上十條外,在〈胡邦翰傳〉中說胡氏乾隆二十七年調彰化縣令,惠最無窮者,莫如減則一案。「先是水沙連荒埔懇闢成田已報陞科,忽連年水災,沖崩壓壞者,不可勝數。」[76]因胡氏的爭取,獲減免減則。又在〈田賦志〉中有乾隆二十四年,四十四年「水沙連」「水沙連保」報陞、報墾下則田園一千八百多甲的紀錄。[77]另有乾隆十八年,乾隆五十八年「水沙連」因「坍荒無額」「地震水沖」豁減(免)供粟之紀錄。[78]

據上錄各條,彰化縣的漢人分布東面至今南投市的平林仔莊,東南至今竹山、鹿谷、集集、名間的水沙連保。更入山則是番社,是內山。所謂二十四社就在水沙連內山。水沙連保也稱沙連保,也稱水沙連。也稱沙連。也就是今日竹山(舊稱林既埔)鹿谷、集集、名間是水沙連保、沙連保、水沙連、沙連。而二十四社所分布的魚池、埔里、水里、信義是水沙連內山,但也稱水沙連。此即周璽在引用黃叔璥《番俗六考》之後加按語說:「按水沙連地界,今屬彰化,為一保總名。此節所記,現為水社。其湖名日月潭,其山名珠仔山。」[79]

最後再看光緒二十年(一八九四)倪贊元完成的《雲林縣采訪冊》。在「沿革」中說:「沙連堡,舊生番水沙連社,乾隆五十三年,生番獻

---

[74] 同上書,卷六〈田賦志〉〈番丁番餉〉頁 176。

[75] 同上書,卷二〈規制志〉〈津梁〉頁 53。

[76] 同上書,卷三〈官秩志〉頁 103~104。

[77] 同上書,卷二六〈田賦志〉頁 165、168~170。

[78] 同上書,卷二六〈田賦志〉頁 165、168~170。

[79] 同上書,卷十一〈雜識志〉頁 390。

地歸化，屬彰化縣。」[80]在沙連堡「積方」說「堡內村一百三十一，番社十一。」[81]此一百三十一村，都在今日竹山，鹿谷兩鄉鎮內。至番社十一，錄之如下：「南仔腳萬社、豬母勝社、鹿株社、蠻蠻社、貓丹社、東普社、嶼武郡社、吻吻社、桌社、扣社、和社。」[82]應在今日信義鄉、魚池鄉。

此時的沙連堡已經大大縮小了。因為光緒元年，改北路理番同知為中路撫民理番同知，建埔裏社廳，下轄埔裏社堡、五城堡、北港溪堡，大致為今日埔里、魚池、集集、國姓之範圍。這些堡都是從水沙連的範圍成立的新堡，一成立自然就脫離了水沙連保。又到光緒十三年臺灣建省，割舊彰化縣、嘉義縣之一部分而成立雲林縣。原屬水連保之濁水溪北岸的湳子、濁水一帶另成立沙連下保而屬新成立的臺灣縣。也就是原屬水沙連保範圍之地，因為人文漸進，開發有成，新地名的出現，新行政單位的設立，水沙連保之範圍日益縮小，水沙連之名也日益隱晦。雲林縣成立的年代（一八八八），沙連堡只剩下今日竹山、鹿谷和信義及水里的一部份。到日治時期，變化更大，尤其民國九年，將林圯埔改為竹山，猴子寮改為鹿谷，設立竹山郡統轄舊沙連堡的土地人民，竹山的地名取代了林圯埔，更取代了沙連，水沙連。於是連竹山人也忘了乾隆年間建的媽祖廟「連興宮」是為祈求水沙連興盛，咸豐年間建的鄭成功廟叫「沙東宮」是因為在水沙連之東。

四、碑文、契約所見之「水沙連」

（一）碑文中之「水沙連」

乾隆三十年（一七六五），分巡臺灣道兼提督學政臺灣府正堂蔣允

---

[80] 倪贊元《雲林縣採訪冊》臺灣省文獻委員會《臺灣歷史文獻叢刊》（民國八十二年六月）頁146。

[81] 同上書，頁137。

[82] 同上書，頁145~146。

焄「阻滯圳道示禁碑」[83]有「據彰化縣詳覆匠首曾文琬具稟水沙連大坪頂採製軍工，放運水道，被該處通土，埤甲人等阻滯一案。」此中「大坪林」在今鹿谷鄉。可見鹿谷屬水沙連範圍。乾隆四十三年「正堂馬示」[84]殘碑，有「水沙連保佃」「沙連立廟」。此「水沙連保」「沙連」指今竹山、鹿谷、名間。

嘉慶十九年（一八一四）彰化縣知縣李雲龍給示之「沙連保地棍阻墾示禁碑」[85]，有云：「據沙連保和溪厝莊蔡顯等呈稱。」乾隆二十八年（一七六三）「蒙前邑主韓、前府憲蔣批：查沙連地瘠租重，准二甲作一甲完納。」此「沙連保」「沙連」均在今竹山鎮。

嘉慶二十四年（一八一九）社寮「開漳聖王廟油香碑」[86]有，「施主水沙連社通事社丁首黃林旺等」字樣。光緒元年（一八七五）北路理番同知給示之「水沙連社丁首索詐禁碑」[87]內有云：「彰屬水沙連水裏六社總社丁黃天肥，總通事毛□、草地主目改旦，屯丁首已農觀，莊□黃□仲等稟稱。」「□水沙連社丁首石天開」。「示仰水沙連社民番人等知悉，凡有頭水社、貓蘭、沈樂等社□□□□□物件，牛隻，一概不准石天開□單抽費。」此「水沙連」即今日月潭附近魚池鄉之境。

道光四年「李振青告示碑」[88]中有「沙連保民」「沙連保林既埔天后宮」。道光十一年（一八三一）之「和溪厝圳水分逾示碑」[89]有「沙連保和溪厝莊」；道光十三年（一八三三）之「新建南投藍田書院碑記」[90]有：「於是分縣朱公，延請南北投、水沙連兩保土庶議建書院。」光緒二年（一八七六）之「德遍山陬碑」[91]有「沙連大坪頂等處紳士民人各匠等

83 劉萬枝《臺灣中部碑文集成》臺灣省文獻委員會《臺灣歷史文獻叢刊》（民國八十三年七月）頁70~72。

84 「正堂馬示」碑，嵌在竹山連興官右壁外牆。時間為乾隆四十三年九月二十四日。

85 劉萬枝前揭書，頁84~86。

86 同上書，頁131。

87 同上書，頁112。

88 「彰化知縣李振青告示碑」在竹山連興官右側外庭園內。時間為道光四年五月。

89 劉萬枝前揭書，頁92~93。

90 同上書，頁39~40。

91 同上書，頁159。

同叩立」；光緒五年（一八七九）之「永濟義渡碑記」[92]有「如彰屬之沙連保濁水渡者，當內山南北溪流之衝，湍激漲急……」光緒十三年（一八八七）之「竹城旌義亭碑記」[93]有「相度形勝，卜城於沙連埔九十九崁上之雲林坪。」這裡的「沙連保」「水沙連保」「沙連」「沙連保」都在今竹山、鹿谷、名間，也即水沙連保之範圍，可簡稱為沙連保，或沙連。「沙連埔」則是「林圯埔」之別稱。

（二）契約所見之「水沙連」

乾隆十三年（一七四八）九月，余開所立杜賣契字，標的物地點「坐落水沙連後埔仔崁仔腳」[94]乾隆二十二年（一七五六）十一月葉富所立永杜賣契字有「坐址水沙連後埔仔莊」[95]乾隆二十二年十二月余奪所立永杜絕賣契有「坐落水沙連後埔仔崁仔腳」[96]乾隆二十九年（一七六四）三月彰化縣知縣給鄭學海執照有「水沙連保後埔莊仔佃民鄭學海」[97]同年六月、九月彰化知縣給楊懷執照也有「水沙連保、後埔莊仔」[98]乾隆三十二年正月福建布政使司給業戶張宅之契尾有「沙連保業戶張宅」[99]字樣。乾隆三十六年十月彰化知縣給曾寧執照有「照得沙連保原報續丈充公田園詳請減則給批輸納在案。」[100]乾隆五十九年十月曾文曾助同立杜賣盡根有「坐落在沙連保土名獅尾掘莊」[101]，嘉慶五年（一八〇〇）彰化知縣給陳各官批，有「照得水沙連保內充公官莊各佃田園，水沖之後，旋遭逆擾，檔冊焚燬，歷年缺課，積欠莫清」[102]嘉慶十一年（一八〇六）

---

[92] 同上書，頁54~57。

[93] 同上書，頁61~62。

[94] 吳淑慈《南投縣永濟義渡古文契書選》南投縣文化中心（民國八十五年六月）頁85。

[95] 同上書，頁62。

[96] 同上書，頁89。

[97] 同上書，頁80。

[98] 同上書，頁86。

[99] 同上書，頁61。

[100] 同上書，頁49。

[101] 同上書，頁48。

[102] 同上書，頁94。

鄭元吉等立賣契有「彰屬沙連保後埔仔獐仔寮」[103]字樣，嘉慶十六年彰化縣給業戶黃習觀契尾有「沙連保」[104]字樣，嘉慶年間僧脫塵給佃批字有「水沙連保林屺埔天后宮」[105]，道光二年（一八二一）僧脫塵給墾字有「沙連保林屺埔街天后宮」[106]道光七年（一八二七）彰化縣給業戶林坤元契尾，有「沙連業戶林坤元」[107]道光十四年僧志煥給墾字有「水沙連保林屺埔天后宮」[108]同年，有僧慈玉給墾字，有「沙連保林屺埔街天后宮」[109]道光十七年（一八三七）北路理番同知歸管逾納示，有「水沙連通事」[110]。道光十八年，僧慈玉給墾字有「沙連保林屺埔街天后宮」[111]道光二十年吳種德派下同立轉典契有「沙連保湳仔莊」[112]另一道光二十五年轉典契相同。[113]道統二十八年張用國等永杜賣盡根契有「坐落沙連保獅尾掘莊土名咬狗坑口」[114]道光二十九年（一八四九）招佃字有「水沙連社化番總通事毛澳，草地主目改旦等」[115]咸豐九年（一八五九）給彰化縣業戶葉青山的契尾有「沙連保業戶」[116]，咸豐十一年張守仁等典契有「沙連保土名獅尾掘莊」[117]同治七年（一八六八）張秋圍等永杜賣契有「坐落土名在沙連保獅尾掘莊」[118]同治十僧什崇給墾字有「水沙連保林屺埔天后宮」[119]同治十二年（一八七三）契尾有「沙連業戶永濟號」

---

[103] 同上書，頁 74。
[104] 同上書，頁 73。
[105] 同上書，頁 104。
[106] 同上書，頁 113。
[107] 同上書，頁 75。
[108] 同上書，頁 100。
[109] 同上書，頁 101。
[110] 《清代臺灣大租調查書》臺灣省文獻委員會《臺灣歷史文獻叢刊》（民國八十三年七月）頁 800－802。
[111] 吳淑慈前揭書，頁 118。
[112] 同上書，頁 33。
[113] 同上書，頁 35。
[114] 同上書，頁 102。
[115] 《清代臺灣大租調查書》，頁 623－624。
[116] 吳淑慈前揭書，頁 77。
[117] 同上書，頁 53。
[118] 同上書，頁 54。
[119] 同上書，頁 117。

[120]同年開墾有「水社化番頭目草地主目改旦」[121]同治十三年給業戶陳貞元契尾有「沙連業戶」[122]光緒四年給永濟堂契尾有「沙連業戶永濟號」[123]光緒五年（一八七九）中路理番同知逾示有「水沙連埔眉化番望麒麟」[124]光緒六年的一張杜賣盡根契有「有承祖父王增榮向水沙連保、五城保內審轄埔化番草地主目改旦等給過長祿埔草地一帶。」[125]光緒九年（一八八三）給永濟堂的契尾有「沙連業戶永濟堂」[126]光緒十七年（一八九一）文移有「沙連保香員腳羌仔寮莊」[127]。

　　據上錄契約，可見自乾隆十三年（一七四八）到道光十四年（一八三四）之契約中之「水沙連」「水沙連保」「沙連保」「沙連」都在今竹山鎮。道光十七年（一八三七）之後出現「水沙連通事」「水沙連社」「水社化番」「水沙連埔眉化番」。這些則在日月潭附近即今魚池附近，到埔里之地。光緒六年則因審轄舊屬水沙連保，光緒元年已成立五城保屬埔里社廳，故有「水沙連保、五城保內審轄」之寫法。至於其他「沙連保」「水沙連保」「沙連」則指今竹山名間一帶。

五、輿圖所見之「水沙連」

　　蔣毓英《臺灣府志》並無輿圖，其卷三〈敘川〉〈諸羅縣水道〉[128]中提及「吼尾溪」「東螺溪」「大武郡溪」都自「斗六門」寫起，斗六門以上完全無知。也可說全無南投縣境之地理描述。此康熙二十五年（一六八六）之前之情形。

---

[120] 同上書，頁 56~57。

[121] 《清代臺灣大租調查書》，頁 621~622。

[122] 吳淑慈前揭書，頁 63。

[123] 同上書，頁 97。

[124] 《清代臺灣大租調查書》，頁 625~626。

[125] 同上書，頁 686。

[126] 吳淑慈前揭書，頁 105。

[127] 《清代臺灣大租調查書》，頁 956~960。

[128] 蔣毓英《臺灣府志》頁 27~28。

　　高拱乾《臺灣府志》有「臺灣府總圖」[129]又有「臺鳳諸三縣澎湖圖」[130]，但均無南投縣境之地名出現。雖然文字在卷一〈封域志〉中有「南北投社」，卷二〈規制志〉中有康熙三十二年新附六社水沙連思麻丹社等名稱，但均未出現於地圖上。

　　周元文《重修臺灣府志》之輿圖與〈高志〉完全相同。亦即到康熙四十九年（一七一○）清廷對臺灣統治已二十六年，而對南投縣境的認識十分有限，還停留在傳聞階段。

　　這種對南投縣境的不了解，可能在康熙五十三年清廷派法國傳教士馮秉正（Joseph-Anne-Marie de Mailla）等來臺測繪地圖，創臺灣輿圖實測之始，製成「皇輿全覽圖」而有所增進。康熙《臺灣輿圖》[131]，已有「水沙連社」，並註「至西螺溪陸拾里」。在「斗六門」，註「至水沙連社一百二十里」。「水沙連社」繪草屋五間在竹林間，似在島嶼之上，因為有二隻獨木舟在岸邊，並有一上身赤裸之原住民。以圖所展示之種種情況並里程計之，此「水沙連社」即今日月潭之光華島。

　　周鍾瑄的《諸羅縣志》有關南投縣境之記述很多，前已一一敘及。在「山川總圖」[132]中可以看到：斗六門汛、竹腳寮山、阿拔泉溪、牛相觸、虎尾溪、笶老山、九十九尖峰、大吼山、大武郡山、水沙連社、水沙連山。其關係位置十分錯亂。如九十九尖峰在圖之最後最高處，水沙連山在其前，水沙連社又在前，大武郡山又在前。好似水沙連社之位置在今南投草屯一帶。但參考其文字記述則又不然。見其記虎尾溪「發源於水沙連內山，南出刺嘴，過水沙連社，合猫丹、巒蠻之濁流，溪過牛相觸，北分於東螺。」但《諸羅縣志》將九十九峰所在地也稱之為水沙連，在記大肚溪云：「發源於南投山，過北投、貓羅、柴坑仔北會水沙連九十九尖之流，出阿束之北，為草港，入於海。」連大安溪，也「發源於水沙連內山」。則此時之水沙連，似為濁水溪、烏溪《大肚溪》、大

[129] 高拱乾《臺灣府志》頁 4~5。
[130] 同上書，頁 12~13。
[131] 藏於臺灣省立博物館。
[132] 周鍾瑄《諸羅縣志》〈地圖〉頁 9~11。

安溪上游漢人不到，番民所居之地之總稱。《諸羅縣志》在卷一〈封域志〉〈山川〉之後有云：「右山川所紀，較『郡志』加詳，亦多與『郡志』異。郡志據所傳聞，云其略而已。……茲卷或躬親遊歷，或遣使繪圖，三復考訂，乃登記載。假而千秋百世陵谷依然，雖未敢謂毫髮無爽，亦庶幾得其大概云。」[133]加詳誠然。但「躬親遊歷，或遣使繪圖」恐只限在西部平原地區。因為在內山，連番人都「無敢單丁徒手以出者」[134]，所以康熙末雍正初，藍鼎元在軍士衛護下遊日月潭、山水雖美，卻「於情弗暢。」[135]藍氏記九十九峰時說：「晝常有煙，夜則光，生番所宅，人跡莫至，吾聞其語而已。」[136]所以對今竹山南投草屯東方山區，所知不多，還是依靠傳聞。

此後經過朱一貴之變，藍廷珍之征討。又經阿里山水沙連番亂，吳昌祚、何勉之征討，大軍所至，漢人接踵而入。認識更多，移墾更廣。

劉良壁《重修福建臺灣府志》（以下簡稱《劉志》）因此認識更多，記載更詳。如《諸羅縣志》只記水沙連內山有番社十，並列有社名。到《劉志》則已知有二十四社，並且逐一列出社名。二十四社中無水沙連社。但《劉志》卷八〈戶役〉〈諸羅縣〉記雍正二年奉文割歸彰化管轄人丁三十五社，其中南投縣境唯一之社為「水沙連」。想此「水沙連」即康熙三十二年新附土番六社之總稱。然在彰化縣中則又記「水沙連社並決裏社……二十四社番丁共六百八十八。」也即水沙連社為二十四社外之一社。而此「水沙連社」即在今日月潭之一社。也見整個地區稱「水沙連」，其中有一社為「水沙連社」。

《劉志》有「福建臺灣全圖」[137]，也有「彰化縣圖」[138]。在全圖中可見：外牛相觸、竹腳寮、水沙連、九十九峰、南投、北勝寨、北投、貓羅社。在縣圖中可見：牛相觸、竹腳寮、南沙連山、北沙連山、南投

---

[133] 同上書，卷八〈風俗志〉頁173。
[134] 同上書，頁17。
[135] 周璽《彰化縣志》卷十二〈藝文志〉頁443、445。
[136] 周璽《彰化縣志》卷十二〈藝文志〉頁443、448。
[137] 劉良壁《重修福建臺灣府志》〈福建臺灣全圖〉頁213，10~11。
[138] 劉良壁《重修福建臺灣府志》〈福建臺灣全圖〉頁213，10~11。

社、北勝寨、鎮番寨、北投社、九十九峰。在全圖中，九十九峰之後才是水沙連，但縣圖中，南沙連山之後北沙連山，之後九十九峰。另「鎮番寨」「北勝寨」二名未曾出現於他處，待考。又出現「南沙連山」「北沙連山」。這些在在都顯示對此地域之欠缺了解，因此認識不清，記載錯誤。唯一可以自全圖確定的是「水沙連」在玉山東北，九十九峰之東南。

　　范咸《重修臺灣府志》（以下簡稱《范志》）也有「福建臺灣全圖」[139]及「彰化縣圖」[140]。比《劉志》要詳細些。在「福建臺灣全圖」中有：牛相觸山、內木柵山、南投山、萬丹山、竹腳寮山、水沙連山、貓羅山、北投山、笑老山、九十九峰。除了內木柵山位置錯誤。竹腳寮山不明外，其餘位置都較前志為正確。另外全圖多萬丹山。「彰化縣圖」中萬丹山北是笑老山，萬丹山西為北投山、南投山，笑老山東為九十九峰，九十九峰南為竹腳寮山，竹腳寮山與九十九峰東為水沙連山。在全圖中正確，在縣圖中卻被弄錯為北投山在南，南投山在北。《余志》又繼承了這個錯誤。

　　《范志》在記山川時多了里程，如牛相觸山在縣治東南六十五里，阿拔泉山在縣治東南六十五里，南投山在縣治東四十里，北投山在縣治東五十里，竹腳寮山在縣治東七十里，水沙連山在縣治東九十里，九十九峰在縣治東七十里。[141]這些可以據以做為判斷地望之一個資料。「水沙連山在縣治東九十里」[142]，也即水沙連山在距彰化約四十五公里的地方。今天知道埔里到彰化約為六十里。所以「水沙連山」到底是指水社大山，或集集大山，或中央山脈？都無法確定。但看其文字，則指日月潭的山。因為文字云：「內有大湖，四面皆山，番社隔湖負山而居。」[143]

　　余文儀《續修臺灣府志》有「臺灣府總圖」[144]及「彰化縣圖」[145]。

[139] 范咸《重修臺灣府志》〈福建臺灣全圖〉頁213，10~11。
[140] 范咸《重修臺灣府志》〈福建臺灣全圖〉頁213，10~11。
[141] 同上書，卷一〈封域志〉〈山川〉頁23~25。
[142] 同上書，卷一〈封域志〉〈山川〉頁24。
[143] 同上書，卷一〈封域志〉〈山川〉頁24。
[144] 余文儀《續修臺灣府志》〈福建臺灣全圖〉頁213，10~11。

此二圖與《范志》同，其南投山北投山之錯誤亦同。

　　《余志》成書於乾隆二十五年（一七六〇），書中已有南投街、林既埔街、鯉魚頭港、水沙連保、南投社、北投社、貓羅保。[146]（《范志》有南北投莊，但名詞可疑）。[147]而書中說彰化縣「舊十保，管一百一十莊；今新分及加增共一十六保，一百三十二莊」[148]，但只列出十五保名稱，其中未見南北投保，只見卷二〈規制〉〈公署〉彰化縣縣丞云：「在貓羅保南投街，乾隆二十四年發帑新建。」[149]可知漏掉的是貓羅保。而當時南北投保尚未成立。另外在卷一〈封域志〉〈形勝〉中有幾句話頗值重視。云：「彰化縣，東至南北投大山二十里（按內山深處難以里計，此據近縣山麓而言。）西至大海二十里，南至虎尾溪諸羅縣界五十里，北至大甲溪四十里。」[150]可知當時彰化縣之東界只到今八卦山脈。八卦山以東地區都是內山，都不是政令所及之地。所以即使南投街已設縣丞，了解開發都十分有限。縣丞之設只在「稽查地方」。[151]

　　對「水沙連」之了解與前無二，而「水沙連保」在書中第一次出現。水沙連保之「治所」在林既埔街，當非偶然，而是因其久遠的歷史因素之結果。因為一個行政單位名稱，除非重新給以美名，否則不能逃出當地歷史地理的因素。以下三段文字或可參酌。「水沙連保，距縣六十里」[152]「林既埔街，在水沙連保，距縣東南□□里」。[153]「決裏社……福骨社。以上二十四社，歸化生番，在縣治東南水沙連內，距縣治九十餘里。」[154]可見「水沙連保」「水沙連內」地望是一樣的，在縣治東南，只是歸

[145] 余文儀《續修臺灣府志》〈福建臺灣全圖〉頁 213，10~11。

[146] 同上書，卷二〈規制〉頁 72~73，81~82、89。

[147] 范咸《重修臺灣府志》卷二〈規制〉〈坊里〉頁六七。「半線保」下有「南北投莊」，只能有南投莊、北投莊，因二地相距十公里，即二十里。從《余志》推測南投莊可能性為天，乾隆二十五年左右由南投莊再發展為南投街。

[148] 同註 143，頁 73。

[149] 同註 143，頁 67。

[150] 余文儀《續修臺灣府志》卷一〈封域〉頁 46。

[151] 余文儀前揭書，卷三〈職官〉頁 120。

[152] 同上書，頁 73。

[153] 同上書，頁 89。

[154] 同上書，頁 82。

化生番所居更在內山，距縣治更遠。差三十餘里。

　　乾隆時《臺灣軍備部署及漢番聚落分布圖》[155]，其中和水沙連有關者有「水沙連山」「水沙連」，而前者在濁水溪上游，後者在烏溪上游。後者很明顯是埔里地區，前者則不知何所指。其他南投縣境地名很多。但也都是在今竹山、名間、南投、草屯之平地，內（牛相）觸山、大哮山、內木柵山以東除水沙連山水、沙連外，沒有其他。這個圖相當詳細，也比較正確。表示山以東漢人少入，還是蒙然無知。

　　道光初周璽《彰化縣志》有「彰化山川全圖」[156]，南投縣境的地名、山川名不少。但和水沙連有關的只有「沙連保」和「日月潭」。核對書內文字，才知圖上之「大牛天山」「小牛天山」「雪山」「集集山」「虎尾溪發源」「日月潭」（水裏社潭）（珠潭）都在「水沙連內」或在「水沙連內山」。這些地點在今日鹿谷、信義、集集、魚池。

　　同治（一八六二－一八七四）初年的《臺灣府輿圖纂要》中有「彰化縣圖」。[157]與水沙連有關者有：水沙連保、沙連水社山、珠山埔里社。在「彰化縣輿圖冊」內：集集山「在水沙連內」，大牛天山，「在邑治東南山水沙連山番山交接之處，不能稽其程途。」雪山（玉山同），「在水沙連內生番界內，不能溯其來源，亦難稽其程途。」濁水溪「發源於內山番界，莫能探其來源。」大順寮溪「發源於水沙連內山。」[158]此圖作者竟不知濁水溪之源，也不知玉山之程途。大牛天山、小牛天山在今鹿谷鄉也指是「番界之要區」[159]。「沙連水社山」應是今水社大山，即日月潭東邊之大山。珠山即珠子山珠子嶼，今光華島。這些鹿谷、信義、集集、魚池之地都在水沙連。

　　光緒六年夏獻綸《臺灣輿圖》[160]，地名密密麻麻。想係與開山撫番政策關係最大。因為吳光亮已開通林圮埔至璞石閣之前山通後山之八通

155　圖藏於國立中央圖書館臺灣分館。

156　周璽《彰化縣志》〈彰化山川全圖〉頁 2~3。

157　同上書，頁 232。

158　《臺灣府輿圖纂要》宗青圖書出版公司《臺灣廳志集成》第一輯（34）時間不詳頁 208~209

159　同上書，頁 231~233。

160　夏獻綸《臺灣輿圖》臺灣銀行經濟研究室《文獻叢刊》第四五種。（民國四十八年八月）

關古道。且又在埔里社積極建廳署，進行統治教化之工作，人文進步，一日千里。到此時地圖上已看不到水沙連。唯一有關的是「水裡社」「珠子山公館」「埔里社」。因為每個地方都已有其地方專有之地名。

　　光緒中葉的《臺灣地輿全圖》[161]，有「雲林縣圖」「埔裏廳圖」，其中再也找不到水沙連。有水的只有水裡社了。在「埔裏社廳輿圖說略」中，有「廳之西南為水社。社東有潭，名曰日月潭；周圍二、三十里，潭水四時不竭。四面皆山，潭心凸起小山，曰珠子山（又名浮珠嶼）；周約一里，高三十餘丈。山頂平坦，可容屋十餘間，為外人所唾涎；現已設為義塾。山水清奇，誠廳治之名勝也。」[162]這個「水社」也就是水裡社。也就是過去一再出現的「水沙連社」。

六、結論

　　茲先分類歸納上面的論述，之後再做一個總結。

　　從康熙到光緒年間的奏議詩文的討論中，最早出現的是季麒光筆下的「水沙漣」，其次是郁永河書中的「水沙廉」。這裡的「水沙漣」「水沙廉」音同字異，但都指今日之日月潭。只是都只依據傳聞。

　　至於阮蔡文詩中的「水沙連」，地望不明確。藍鼎元「水沙連」「水沙連內山」「水沙連嶼」。後者為今光華島，「水沙連」即指日月潭。「水沙連內山」所指範圍廣大。應指日月潭附近原住民生息的世界。

　　黃叔璥書中的「水沙連」「水沙連社」，後者在光華島上，前者所指較廣。

　　以上諸人，只有藍鼎元可能親身到了日月潭。

　　此後乾隆五十二、三年為討伐林爽文，以「水沙連」指竹山，「水沙連二十四社」指日月潭及其附近之地。

　　郭百年事件之後，道光初，中部平埔族移墾埔裏社地區，使得「水沙連」又活躍於官文書中。

---

[161] 《臺灣地輿全圖》宗青圖書出版公司〈臺灣廳志集成〉第一輯（34），時間不詳。
[162] 同上書，頁 50。

　　鄧傳安文中有「水沙連之社子社」「沙連生番」「水裏社番」「水沙連二十四社」，所指「水沙連」爲日月潭爲中心之魚池、水里、埔里一帶。

　　姚瑩的「水沙連」指的是竹山，頂多到集集；水里的社子社已經是「水沙連界外」。所以竹山集集以東的山區就是「水沙連內山番地」。

　　熊一本寫的水沙連範圍很清楚，「彰化縣東南六十里林圮埔起，二十五里集集埔，入山爲水沙連。北路山口，南至鸞社、丹社、東至大霧、斗截社、北至眉社、水眉社、西至山外爲界。」是「水沙連」在今日魚池、埔里、水里、集集、中寮、草屯、國姓之大部或一部。

　　劉韻珂指出「水沙連內山，係屬總名」「南以集集鋪爲入山之始」「北以內木柵爲番界之終」，也就是包括水里、魚池、埔里、國姓、中寮及草屯、南投的山區部分，都在「水沙連內山」之範圍。那麼「水沙連」在那裡，是否即指竹山、鹿谷——那些濁水溪流域漢人已開發地區？

　　到陳肇興、蔡德輝、吳德功的詩中「水沙連」都是指的竹山，或也包含鹿谷。

　　從康熙到光緒年間地方志看，《蔣志》有「沙連」，只知在半線之東。《高志》已有「水沙連思麻丹社」「石湖」「水潭」「木排田」，似都指日月潭及住在當地的水社番，即邵族。《諸羅縣志》與「水沙連」有關者十八條，出現名詞有「水沙連」、「水沙連內山」、「水沙連社」、「水沙連潭」、「水沙浮嶼」、「水沙連浮田」、「水沙連諸番」、「水沙連之茶」等。此「水沙連」在那裡？可以說林圮埔（竹山）以東，番人所居，都是水沙連，也是水沙連內山，中有番社十個，水沙連潭有水沙連社。連今草屯之九十九峰也在「水沙連」範圍之內。晚出二十四年的《劉志》，水沙連山內歸化生番有二十四社。並一一列出社名，而水沙連社又爲二十四社外之另一社。水沙連社是在日月潭無疑。此在《范志》中記述更清楚。其他二十四社所居是在「水沙連山內」，那便是今日竹山除外之濁水溪、烏溪上游地區。《余志》新出現「水沙連保」，水沙連保的中心就在林圮埔街（今竹山），二十四社則在「水沙連內」。也就是漢人住的街莊屬於「水沙連保」，原住民住的社屬「水沙連內山」或「水沙連山內」

或「水沙連內」或「水沙連」。《彰化縣志》，提到大半天山、集集山、水裏潭社、二十四社都是「在水沙連內」、雪山（玉山）「在水沙連內山」，虎尾溪「發源於水沙連內山」。另一處提二十四社卻說在「水沙連內山」，可見「水沙連內」就是「水沙連內山」。竹山地方則稱「沙連」「沙連保」「水沙連」「水沙連保」。除了加「內山」二字表示「人跡不到」為原住民住地外，都是水沙連。到《雲林縣采訪冊》，水沙連保或沙連保的範圍已經很小了。因為光緒元年在水沙連內山又新成立集集保、五城保、埔里社保、北港溪保以歸新成立的埔裏社廳所統轄。光緒十四年新成立雲林縣，雲林縣與彰化縣以濁水溪為界，又使原屬水沙連保的湳子，濁水另成立沙連下保脫離而去，屬臺灣縣。這時的沙連保只剩下今竹山、鹿谷、信義及水里之一部分。到民國九年，日本人將林圯埔變成竹山，沙連保變成竹山郡，猫子寮變成鹿谷。於是水沙連、沙連就漸被遺忘。

從乾隆到光緒年間的碑文契約看，有碑、有契約，都是漢人的行為。只有漢人移墾社會或漢化的社會有這些文物。

從乾隆三十年（一七六五）到光緒十三年（一八八七）碑文所見有「水沙連大坪頂」「沙連保和溪厝」「沙連地瘠租重」「水沙連社通事社丁首」「水沙連社丁首」「彰屬水沙連水裏六社總社丁」「南北投、水沙連兩保」「沙連大坪頂」「沙連保」「沙連」「水沙連保」「沙連埔」之別稱。至於「水沙連社」「水沙連水裏六社」，則指日月潭畔魚池鄉之邵族原住民。

契約從乾隆十三年（一七四八）到光緒十七年（一八九一）。出現的有「水沙連後埔仔」「水沙連保後埔仔莊」「沙連保業戶」「水沙連通事」「水沙連社化番總通事」「水社化番頭目」「水沙連埔眉化番」。前四個名詞指今竹山或名間。用「水沙連保」「沙連保」「沙連」都通。後四個名詞指日月潭附近今魚池、埔里之地。漢人所居稱保。番人所居稱社。都在水沙連之大範圍內。

從康熙到光緒臺灣建省之後，在輿圖中出現「水沙連社」的第一種是康熙「臺灣輿圖」。並註明距西螺溪六十里，距斗六門一百二十里。《諸羅縣志》「山川總圖」中有「水沙連社」「水沙連山」，但這兩個名詞竟

在九十九尖峰之前，恰似水沙連社在今日草屯、南投一帶，顯然有誤。印證文字，才知道當時之水沙連為濁水溪、大肚溪、大安溪上游發源地之總稱。《劉志》「福建臺灣全圖」「彰化縣圖」中有「水沙連」「南沙連山」「北沙連山」。在全圖中。九十九峰之後才是水沙連；縣圖中，南沙連山之後北沙連山，之後九十九峰。位置明顯錯誤。而「南沙連山」、「北沙連山」也是唯一出現的一次。可能以此解決「水沙連」範圍太廣大的困難。也可說明當時漢人把不知道的內山都叫「水沙連」的事實。《范志》也有「福建臺灣全圖」及「彰化縣圖」。圖上近山地名較前加多。內山則還有只有「水沙連山」。水沙連山在竹腳寮山與九十九峰之東。位置是正確的。《范志》在記山川時多了里程。水沙連山在縣治東九十里。九十九峰在縣治東七十里。也就是九十九峰再東入山二十里就是水沙連山。以今日了解就是國姓、埔里之地。《余志》之「臺灣府總圖」「彰化縣圖」與《范志》相同。乾隆的《臺灣軍備部署及漢番聚落分布圖》中有「水沙連山」「水沙連」，一在濁水溪上游，一在烏溪上游。文字上記載可以隨便寫，要繪上地圖就難了。水沙連山和水沙連不在一起，中間相隔一座大山。這當然也可以證實「水沙連」範圍之廣大。《彰化縣志》有「彰化山川全圖」，只有「沙連保」「日月潭」。日月潭地方不再用「水沙連」。《臺灣府輿圖纂要》之「彰化縣圖」有「水沙連保」「沙連水社山」、「珠山」「埔裡社」。水沙連保寫在濁水溪北岸，沙連水社山前為珠山，埔裡社在沙連水社山之北。方位正確。沙連水社山把「水沙連」「水裡社」「水沙連社」都留下一些，讓我們有跡可尋。現在叫水社大山，也才知其演化的軌跡。夏獻綸《臺灣輿圖》已經看不到水沙連，只有「水裡社」「埔里社」，也看不到水沙連山。地圖上填滿了漢武的地名山川名。也就是範圍廣大的水沙連已被無數的小地名分割吞食了。到建省後之《臺灣地輿全圖》，在「雲林縣圖」「埔裏廳圖」中，再也找不到水沙連。只有「水裡社」「水社」。康熙時的水沙連、水沙廉、水沙連社，經過二百年，變成「水社」。

　　茲總結前面論述，得結論七條如下：

　　1.最早出現的是「水沙連」「水沙廉」，再是「沙連」「水沙連」。最

早的時間約在康熙二十三年（一六八四）。所以不是先有「沙連」，再加「水」成「水沙連」。從文件看「沙連」只是「水沙連」的省稱。猶如「水沙連保」省稱成「沙連保」。

2.爲什麼叫「水沙連」？伊能嘉矩認爲因爲番語「ソアソエヌに」故以相近之「沙連」譯之，又因住在日月潭附近，故稱「水沙連」。[163]此說爲劉萬枝所繼承，劉氏在《臺灣埔里鄉土志稿》中說：「水沙連者即原分布於彰化地方山邊之平埔族稱該方面內山生番 Tsualinen 或 Soalian 之譯音，轉訛爲『沙連』。又因該地日月潭係湖水，加「水」，由他稱「族」名轉爲「地」名者。劉氏又說 Tsualinen 即鄧傳安所說之「沙里興」[164]。意即「沙里興」與「沙連」是同實異譯的二個名詞。這種說法轉折太多，而且沙里興的地望在大甲溪上游，離早期水沙連地望日月潭或在濁水溪上游太過遙遠。[165]另外「水沙連」一詞在康熙時已出現，並且一直沿用，「沙里興」一詞卻到道光年間鄧傳安、姚瑩、史密、劉韻珂才提到。且沙里興又稱佳里興，其字音與水沙連相去更遠。他們對水沙連、沙里興分得很清楚。爲什麼後人卻反而弄不清楚，妄加附會？

再從蔡德輝詩「沙色分披水色連，水沙連處地名傳。」及從林內斗六大圳入水口之「遠山近水亭」東望，一眼水沙連天的景象。我以爲「水沙連」是當時斗六門向東望去所見景象的寫實而已。

3.水沙連保伊能氏說成立於雍正十二年（一七三四），但在志書中出現要到乾隆二十五年（一七六〇）的《余志》。水沙連保也稱沙連保、

---

[163] 伊能嘉矩《大日本地名辭書續篇》第三臺灣、東京市富山房（明治四十二年十二月）頁91。

[164] 劉萬枝《臺灣埔里鄉土志稿》（民國四十年）頁82。

[165] 1.鄧傳安在〈水沙連紀程〉有：「此地（埔裏社）東通秀孤鸞，南連阿里山，北連未歸化之沙里興，爲全臺適中之地。」又云：「鄰近眉裏、致霧、安里萬三社皆強，常與嗜殺之沙里興往來，其情叵測」（丁曰健）《治臺必告錄》頁118~120。

2.姚瑩〈埔里社紀略〉雲：「而哆咯啷、福骨兩社，與沙里興爲鄰，混入凶番。眉裏、致霧、安里萬三社，亦暗通凶番以自固。」（姚瑩《東槎紀略》頁五五八一五六五）

3.史密〈籌辦番地議〉有云：「佳里興即沙里興」「沙里興附近六社之眉蔗吶等社均於此次歸化相安。」「沙里興距埔社遠越重山」「其名爲兇番首，止有中港之卓社、干達萬社，北港之致霧社、平來萬、沙里興社，計共五社。」（丁曰健）《治臺必告錄》頁252~258。

4.劉韻珂〈奏開番地疏〉有「佳里興等各社野番，係在水沙連各社之後。臺灣不法奸徒，向有勾引佳里興等社野番潛出卡隘，擾害邊民之事。」（丁曰健）《治臺必告錄》頁207~212。

水沙連、沙連。其範圍包括今日竹山、鹿谷、名間、集集、水里、魚池漢人居住之街莊。

　　4.水沙連內山、水沙連保之分別在漢人所居為保之範圍，水沙連內山則是二十四社原住民所居住的社。但水沙連內山也簡稱水沙連，或沙連；水沙連保也簡稱水沙連，或沙連。也可見不論水沙連保或水沙連內山，原先都是水沙連。

　　5.水沙連保之人文活動中心在林既埔（林圯埔）。林圯埔應該就是最早的水沙連。所以連橫《臺灣通史》中才說林圯「拓地至水沙連」。[166]後來因為被林圯埔取代，水沙連便向東退卻。到乾隆年間大坪頂出現，集集出現，水沙連又再向東退卻。到光緒年間，地圖上文字上充滿密密麻麻的地名，水沙連消失不見了。可見他原是一個斗六門東方水沙連天的一片未知地的總名。

　　6.有一個很長的時期，水沙連成為水沙連社或水沙連化番之簡稱，也即代表日月潭為中心附近之番社，或十社，或二十四社，或二十五社。最小是日月潭邵族之社，最大則包刮魚池、水里、埔里和信義之一部分。

　　7.劉萬枝指出水沙連有廣義狹義。廣義包含沙連保、集集堡、五城堡、埔里社堡。狹義限於五城、埔里社二堡。[167]經過上面之論述，可知劉氏之廣義不夠廣，狹義不夠狹。真的廣義要包含名間、中寮、南投、草屯之山區。真的狹義只指日月潭中及潭畔之邵族的社之所在地。即水沙連社、水裡社、水社。但同治光緒年間的水沙連卻是竹山鹿谷。

---

[166] 連橫《臺灣通史》卷二十九「林既埔鳳列傳」頁 580。
[167] 同註 162。

竹山古名「林圮埔」考辨
—以史志、古文書為中心

摘要

　　本文以十種史志、二種契約文書集，耙梳其中有關「林圮」、「林圮埔」之記載。經綜合分析近四百年中「林圮」之「圮」字有八種書寫形式，分別是驥、瓔、既、汜、圮、圯、坦、屺等，如加僞契中的「杞」字，則有九種。以使用時間最長，字音最接近「驥、圮、既」之原始讀音爲準則，「圮」字從「己」最符合，然由於書寫者的不經意，也可能寫成「圯」或「坦」。

關鍵字：林圮、林圮埔、竹山、方志、古文書。

壹、前言

竹山是在鄭氏王朝時，由林圮率部開闢。此一史實，可以無疑。但林圮是否為鄭氏部將則缺史料可資證明。[1]

到竹山找林圮的遺跡，第一站先看林圮墓日治昭和 15 年（1940）所立花崗岩墓碑上刻著「明代開闢水沙連功授右弼參軍林圮公墓」。[2]墓前左側有民國 80 年南投縣政府等單位所立的「古蹟・林圮公墓」[3]說明。次到媽祖宮看道光 4 年（1824）「嚴禁勒索竹排碑記」，[4]碑文中有「年充沙連林圮埔天后宮及分配溪洲 元帥廟為香燈諸費」。[5]再到附近林氏宗廟崇本堂，看到廟埕左壁民國 57 年「林崇本堂重建記」，其中寫「我林圮公參軍率所部來茲開墾」。進家廟，看到供奉「清開闢水沙連右參軍銜林圮公一位神主」。[6]最後到城隍廟看昭和 3 年（1928）陳玉衡撰「重修城隍廟序」，[7]說廟的源起「為林圮埔總局館」。

以上這些和林圮有關的記載，道光寫的是「林圮埔」，昭和 3 年是「林圮埔」， 昭和 15 年是「林圮公」，民國 57 年是「林圮公」，但是不知年代的崇本堂內的神主牌位是「林圮公」。不免有一個疑問，正確的寫法是「林圮」？還是「林屺」？

本文運用史志、古文書的史料，希望能有更明確的答案。

竹山是大正 9 年（1920）日本人改的地名。改名之前原稱「林圮埔」。「林圮埔」的臺灣話讀音數百年不變，是「lîm kí pō」。但書寫文字卻有不同。其主要之差異在於「圮」字，計有：驥、璂、既、汜、圯、圮、

---

[1]　陳哲三，〈鄭氏部將林圮〉《鄭成功與台灣》（廈門：廈門大學出版社，2003），頁 213-217。陳哲三，〈林圮埔（竹山）在清代台灣開發史上的地位〉《逢甲人文社會學報》，第 4 期（2002 年 5 月），頁 151-182。

[2]　墓址在竹山鎮育英路 33 號旁，見附圖一。何培夫《臺灣地區現存碑碣圖誌》有著錄，見〈雲林縣・南投縣篇〉（台北：國立中央圖書館臺灣分館，1996），頁 137。

[3]　墓前左側，見附圖二。

[4]　碑在竹山鎮竹山路 28 號連興宮（媽祖宮）三川殿虎門內側，見附圖三。參何培夫，前謁書，頁 140。

[5]　碑在竹山鎮集山路三段 831 號 20 號崇本堂，見附圖四。參何培夫，前揭書，頁 157。

[6]　神主牌在神龕左位，見附圖五。

[7]　碑在竹山鎮下橫街 16 號靈德廟（城隍廟）廟埕右側，見附圖六。參何培夫，前揭書，頁 165。

坵、屺及杞等寫法。爲了解在歷史中，什麼時候開始用什麼字，大多數
的時候使用什麼字，並試圖自歷史事實之約定成俗及字音、字形上判定
書寫何字爲正確，今後應書寫何字爲正確。本文以史志及契約文書資料
仔細審視此一問題。指陳有當與否，請方家正之。

　　有關台灣早期的史料，數量最龐大的要數近年江樹生譯註《熱蘭遮
城日誌[8]》四冊。經查索之後，只有 1657 年 4 月到 1658 年 2 月間，中
部有一位活躍於大員、諸羅山阿拔泉社到大武郡社、南投社、北投社以
至水沙連、挽蘭社、蛤美蘭社等原住民族群間的 Kiko。他的身份有時
是中國人，有時是中國人翻譯，有時是贌商。他帶原住民社的長老到大
員歸順荷蘭東印度公司，他也把大武郡社峽谷中的松木帶到大員，他很
受原住民的愛戴和尊敬。[9]這一位 Kiko，是不是林驥的暱稱「驥哥」？
沒有更進一步的史料可以證實。並且這一位受原住民愛戴尊敬的 Kiko
又爲什麼會如連橫〈林圮林鳳傳〉寫的，竟被原住民殺了？又如果這位
Kiko 是林驥，那麼他是鄭成功部屬的可能性也大大降低。這些問題無
法解決之前，Kiko 與林驥的關係只能保留。論述的史料只能從蔣毓英
《台灣府志》開始。

　　本文使用史志，計有十種，分別爲：蔣毓英《臺灣府志》[10]、周鍾
瑄《諸羅縣志》[11]、余文儀《續修臺灣府志》[12]、周璽《彰化縣志》[13]、
倪贊元《雲林縣采訪冊》[14]、光緒《台灣通志》[15]連橫《台灣通史》[16]、
陳鳳儀《竹山郡管內概況》[17]、劉枝萬《南投縣沿革志開發篇稿》[18]、

---

[8]　該書第一冊出版於 89 年 1 月，第二冊出版於 91 年 7 月，第三冊出版於 92 年 12 月，第四
　　冊出版於 100 年 5 月，出版者爲台南市政府。

[9]　詳見江樹生，《熱蘭遮城日記‧第四冊》（台南市：台南市政府，100 年 5 月），頁 169、
　　173、201、329、333、358。

[10]　蔣毓英，《臺灣府志》（南投市：臺灣省文獻委員會，1993.6）。

[11]　周鍾瑄，《諸羅縣志》（南投市：臺灣省文獻委員會，1993.6）。

[12]　余文儀《續修臺灣府志》（南投市：臺灣省文獻委員會，1993.6）。

[13]　周璽，《彰化縣志》（南投市：臺灣省文獻委員會，1993.6）。

[14]　倪贊元，《雲林縣采訪冊》（南投市：臺灣省文獻委員會，1993.6）。

[15]　台灣銀行經濟研究室編，光緒《臺灣通志》（南投：台灣省文獻委員會，民國 82 年）。

[16]　連橫，〈林圮林鳳列傳〉《臺灣通史》（南投市：臺灣省文獻委員會，1992），頁 847-848。

[17]　陳鳳儀，《竹山郡管內概況》，（抄本，未刊，竹山，1932 年撰成）。

張勝彥《南投開拓史》[19]等。

　　本文使用契約文書集，計有二種，分別爲：黃文賢《后埔仔庄與社寮古文書欣賞》[20]及吳淑慈《南投縣永濟義渡古文契書選》[21]。未成集出版的另有台灣大學《台灣歷史數位圖書館》[22]古文書及個人手邊古文書原件或複件。

　　除史志、古文書外，奏稿、筆記類應有相關材料，如劉璈《巡台退思錄》[23]中剿辦莊芋案即有兩處「林杞埔」出現在派兵防堵鎮紮地點。[24]又如光緒十九年十月初二〈福建臺灣巡撫邵友濂奏陳臺灣雲林縣治移駐斗六請旨飭部立案摺〉[25]文中有「台灣雲林一縣，向在林圯埔建治」「茲查林圯埔迫近內山」「林圯埔」不斷出現。但史志、古文書外之相關史料非本文範圍，只好割愛。

貳、史志上的「林圯埔」

　　茲先將史志中相關詞條作成表一：

表一、史志中「林圯埔」之書寫一覽表

序號	志書名稱	年代	詞	備註
1	蔣毓英《臺灣府志》	康熙 24 年（1685）	林驥	卷十〈阨塞〉頁 131。
2	周鍾瑄《諸羅縣志》	康熙 56 年（1717）	林篲埔	卷一〈封域志〉頁 9。卷七〈兵防志〉頁 111。

---

[18] 劉枝萬，《南投縣沿革志開發篇稿》（南投市：南投縣政府，1984），頁 25。

[19] 張勝彥，《南投開拓史》（南投市：臺灣省文獻委員會，1992），頁 847-848。

[20] 黃文賢，《后埔仔庄 and 社寮庄古文書欣賞/社寮地區家族姓氏史略》（南投縣竹山鎮：社寮文教基金會，2008）。

[21] 吳淑慈，《南投縣永濟義渡古文契書選》（南投，南投縣立文化中心，1996）。

[22] 台灣歷史數位圖書館網址 http://thdl.ntu.edu.tw/。

[23] 劉璈，《巡台退思錄》（南投市：國史館台灣文獻館，1997 年）。

[24] 〈稟嘉屬著匪莊芋聚眾滋擾擬委袁守會同各營劉辦由〉（光緒八年正月二十五日）、〈移擬調各營赴嘉彰一帶鎮紮以防莊匪滋擾由〉（光緒八年五月十三日），以上二文詳見劉璈，前揭書，頁 64-69。

[25] 洪安全，《清宮宮中檔奏摺台灣史料》，第八冊，（台北市：國立故宮博物院，民國 94 年），頁 6837-6839。

				卷十一〈雜記志·外紀〉頁 286。
3	余文儀《續修臺灣府志》	乾隆 27 年（1762）	林汜埔 林既埔街	卷二〈規制志·倉庫〉頁 69、〈規制志·街市〉頁 89。
4	周璽《彰化縣志》	道光 12 年（1832）	林圯埔街 林圯埔 林杞埔	卷二〈規制志·倉庫〉頁 39、〈街市〉頁 40、〈規制志·沙連保莊名〉頁 51、〈規制志·津渡〉頁 53。卷五〈禮典志·祀廟〉頁 154。卷七〈兵防志·陸路總制〉頁 197。
5	倪贊元《雲林縣采訪冊》	光緒 20 年（1894）	林屺埔街 林屺埔汛	〈沙連保·積方〉頁 77、〈沙連保·街正〉頁 146、〈街市〉頁 154。
6	光緒《臺灣通志》	光緒 21 年（1895）	林杞埔(1) 林圯埔(3)	〈戴萬生案〉頁 855。
7	連橫《台灣通史》	大正 10 年（1921）	林圮 林圯	卷二十九〈林圮林鳳傳〉頁 847-848。
8	陳鳳儀《竹山郡管內概況》	昭和 7 年（1932）	林圯埔	〈林圯墓址並林圯埔地名起源〉頁 9。其後附倪贊元《雲林縣采訪冊》原文「林屺」均改作「林圯」。
9	劉枝萬《南投縣沿革志開發篇稿》	民國 47 年（1958）	林圯埔 林圯	第一章〈緒論〉頁 1-3。第七章〈開山撫番〉〈前山第一城〉頁 238-248。
10	張勝彥《南投開拓史》	民國 73 年（1984）	林圯埔 林圯	第五章〈荷西與明鄭時代之教育與宗教〉〈明鄭時代〉頁 25。

　　自表一，康熙 24 年（1688）到民國 73 年（1984）的十本史志中，看到「林圯埔」的書寫形式有：林驥、林璚埔、林汜埔、林既埔街、林圯埔街、林圯、林璚、林杞埔、林屺埔街等詞。計有九種寫法。余文儀《續修臺灣府志》有林汜埔之「汜」，與之前之既、璚、驥全不同音，顯然是一個寫錯的字。周璽《彰化縣志》在〈兵防志〉之論中，出現三個「林杞埔」，而其前卷二、卷五有五處均寫「林圯埔」，卷二、卷五均在比較重要之位置。至於光緒《台灣通志》在同一文中有 1 個「林杞埔」3 個「林圯埔」，周憲文指出該志原稿本「錯字之類特別多，此次重印，頗多改正」。[26]不知這種情形是原稿或改後的問題。

---

26 周憲文，〈弁言〉《光緒台灣通志》。

參、古文書上的「林屺埔」

茲將《后埔仔庄 and 社寮庄古文書欣賞／社寮地區家族姓氏史略》中相關詞條作成表二：

表二、《后埔仔庄 and 社寮庄古文書欣賞／社寮地區家族姓氏史略》中「林屺埔」一覽表：

序號	年代	契書性質	詞條	頁碼
1	道光 19 年（1839）	僧慈玉親立給出墾字	沙連保林屺埔天后宮	53
2	光緒 17 年（1891）	張三耳立永杜賣盡根契	林屺埔街	109
3	明治 34 年（1901）	張三耳立永杜賣盡根契	林屺埔街	135

自表二，后埔仔和社藔的古文書所見之「林屺埔」，只有三條，但分別出現在道光、光緒、明治，相距 62 年，全都寫「林屺埔」。茲將《南投縣永濟義渡古文契書選》中相關詞條作成表三：

表三、《南投縣永濟義渡古文契書選》中「林屺埔」一覽表：

序號	年代	契書性質	詞條	頁碼	備註
1	嘉慶 12 年（1807）	吳圓親立典契	林屺埔觀音亭	30	
2	嘉慶 16 年（1811）	十八世孫錐立典契	林屺埔觀音亭	31	
3	嘉慶 16 年（1811）	十七是榜孫立典契	林屺埔觀音亭	32	
4	嘉慶 21 年（1816）	曾盛立杜賣盡根契	林屺埔天后宮	60	
5	嘉慶	僧脫塵立出給墾佃批	水沙連保林杞埔天后宮	104	疑偽
6	道光元年（1821）	僧脫塵立出給墾字	沙連保林屺埔街天后宮	113	
7	道光 6 年（1826）	黃天保、心發全立杜賣盡根契	林屺埔街	76	
8	道光 18 年（1838）	僧慈玉立出給墾字	沙連保林屺埔天后宮	118	
9	咸豐 7 年（1857）	林光贊、光秀等全立杜賣盡根契	林屺埔街	78	
10	同治 5 年（1866）	張旺、幼等全立杜賣盡根絕契	林屺埔觀音亭	25	
11	同治 10 年	僧什崇立給墾字	水沙連保林屺埔街天后	117	

	（1871）		宮		
12	同治 11 年（1872）	葉清山立杜賣盡根契	林圯埔街	82	
13	同治 13 年（1874）	葉清山立找洗字	林圯埔街	83	
14	光緒 3 年（1877）	黃水、霧全立杜賣盡根契	林圯埔媽祖宮	110	
15	光緒 4 年（1878）	葉清山親立找洗字	林圯埔	84	
16	光緒 9 年（1883）	陳番立杜賣盡根契	林圯埔街天后宮	116	

自表三，永濟義渡之古文書所見「林圯埔」的書寫形式，第一張嘉慶 12 年（1807），末一張爲光緒 9 年（1883），時間相距 76 年，除 1 張外，全寫「林圯埔街」。其中序號第 5 件作「林杞埔」，該件疑僞。之所以認爲僞契，與天后宮住持僧之給墾契比較，尤其是與其他數張同爲脫塵的給墾契及其他住持僧給墾契比較，自格式、內容、字跡、印戳等無一相同。尤其年代只寫「嘉慶」，沒有年月，大違當時契約慣例，疑其爲僞。

僞契原件影本如附件一，脫塵另件給墾字影本如附件二，慈玉給墾字影本如附件三。

天后宮所出契皆稱給墾字，僞契則作佃批。天后宮所出給墾字皆先寫給墾權力來自前邑主胡（邦翰），以示其給墾之合法性。僞契無有權力依據。天后宮所出給墾字都有正堂胡頒長形圖記，僞契無。字跡與其他脫塵契字也不同。在在顯其爲僞。

筆者手上有原件及影印件契約若干，逐一查找後，竟有 14 條，列成表四。因爲這些契約未曾出版，內容比前表稍加詳細。

表四、其他契約所見「林圯埔」一覽表：

序號	年代	契約性質	詞條	備註
1	乾隆 34 年 4 月（1769）	李裕蔥立胎店地契	水沙連林埔街尾聖宮前	原件
2	嘉慶 17 年 6 月（1812）	住持僧脫塵立出墾單字	林圯埔天后宮	原件
3	道光 7 年 10 月（1827）	林迎祥立賣契宮前左	林圯埔街尾天后宮前左	原件

		畔	畔	
4	道光 9 年 12 月（1829）	林三菊等全立杜賣契	林圯埔街尾天后宮前	原件
5	道光 14 年 12 月（1834）	林源立胎借字	林圯埔街	原件
6	道光 21 年 10 月（1841）	住持僧慈玉立給定界配納油香字	水沙連保林圯埔街天上宮	原件
7	咸豐 1 年 10 月（1851）	張新婦等全立杜賣店地契	契文寫林圯埔街聖母宮。長形戳記作為「林屺埔街」	複件
8	咸豐 6 年 9 月（1856）	林金福等全立杜賣契	林屺埔街仔尾天后宮邊左畔	複件
9	咸豐 8 年 12 月（1858）	陳林氏立典契字	林屺埔街	複件
10	光緒 14 年 6 月（1888）	陳上材丈單	林圯埔	複件
11	光緒 16 年 5 月（1890）	林石三立出找洗字	林圯埔街	複件
12	光緒 20 年 11 月（1894）	陳連旺立杜賣契	林圯埔街	複件
13	明治 30 年 3 月（1897）	魏林科母生卒里籍稿	林圯埔街	複件
14	明治 31 年 4 月（1898）	林老陳陳全全立合約字	林圯埔街	複件

　　自表四，可知乾隆 34 年（1769）出現林圯埔街，之後「圯」字或寫作「圯」或作「坦」，持續到道光 21 年契，均未改變。到咸豐元年（1851）10 月長形戳記出現「林屺埔街」，但契文仍作「林圯埔街」，咸豐 6 年（1856）及 8 年（1858）兩件契文作「林屺埔街」。但此後光緒 14 年（1888）以迄明治 31 年（1898）均作「林圯埔街」。當然，其「圯」字或寫「圯」，或寫「坦」。由此觀之，從乾隆 34 年（1769）到明治 31 年（1898），歷 130 年，只咸豐時有「屺」字出現。不能不認爲「屺」爲特例。至於咸豐時出現「屺」字，可能是受到長形戳記的影響。該戳記爲彰化縣正堂所頒發，因字跡不清，以任期衡之，應是高鴻飛知縣。

　　又在台灣大學《台灣歷史數位圖書館（THDL）》中找到 7 件相關契約文書，作成表五。

表五、《台灣歷史數位圖書館（THDL）》所見中「林圯埔」一覽表

序號	年代	契約性質	相關字詞	資料來源
1	乾隆 33 年 7 月	岸裡社印章紀錄	林圯埔	ntul-od_bk_isbn101646

	12 日（1768）			7X034004_086090.txt
2	乾隆 33 年 11 月 17 日(1768)	彰化知縣成履泰為更換壯番事	林圮埔	cca110001-od-al00953_038_01-u.txt
3	乾隆 34 年 2 月 9 日（1769）	岸裡社官賜印章紀錄	林圮埔	nrch_ca100004g-od_ah2309-0001-i.txt
4	乾隆 35 年 2 月 20 日（1770）	為騙稅逃匿緝獲投解稟究事	林圮埔	cca110001-od-al00955_038_01-u.txt
5	道光 2 年 3 月（1822）	住持僧脫塵給墾字	林圮埔街天后宮	cca100003-od-ta_01510_000007-0001-u.xml
6	道光 4 年 5 月（1834）	彰化知縣李出示立石碑	林圮埔天后宮	ntul-od_bk_isbn9789570000053_0024700249.txt
7	道光 14 年（1834）	住持僧志煥立給墾字	林圮埔天上宮	ntul-od_bk_isbn9789570102667vl_365365_2.txt

從表五可見乾隆 33 年（1768）以後的岸裡大社文書都書寫「林圮埔」或「林圮埔」。道光時和竹山媽祖廟有關的文書都寫「林圮埔天后宮」。

肆、從史志、古文書看「林圮埔」

表一之諸稱書寫形式，分別將其出現時間依序做成表六。

表六、林圮埔諸書寫方式一覽表

書寫方式	年代
林驥	1685
林圮埔	1717
林既埔街	1762
林圮埔、林圮埔街、林杞埔	1832
林屺埔街、林屺埔汛	1894
林杞埔、林圮埔	1895
林圮	1921
林杞	1921
林圮埔	1932
林圮埔	1958
林圮埔	1984

可見道光 12 年（1832）之後偶有「林杞埔」及「林屺埔」外，大致均在「圮」「杞」「屺」三字間徘徊。原因是被形、音、義所束縛。說明見下。

　　表二之書寫形式，道光 19 年（1839）。到明治 34 年（1901）全寫「林圯埔」。表三，除去疑偽之一張契約外，自嘉慶 12 年（1807）到光緒 9 年（1883）全寫「林圯埔」。其中由於書寫者書寫時不經意，也寫「林圯埔」或「林圮埔」。表四，計 14 件契約，從乾隆 34 年到日治明治 31 年，有 11 件作「林圯埔」，1 件「林圯埔」與「林屺埔」並存，2件作「林屺埔」。

　　表五，計 7 件契約，從乾隆 33 年（1768）到道光 14 年（1834）除乾隆 35 年件寫「林圮埔」外，全寫「林圯埔」。

　　綜觀五個表所得之「林圯」的書寫方式，以史志的型式最多種。契約文書幾近全部書寫「林圯埔」一種。

　　所以依證據說話，史志第一本寫「林圯埔」的是周璽《彰化縣志》，時間是道光 12 年（1832）。契約比較早，最早的一張是乾隆 33 年（1768）。一直使用到大正 10 年改名竹山。陳鳳儀《竹山郡管內概況》照用，時間是昭和 7 年（1932）。

　　其中唯一例外的是倪贊元《雲林縣采訪冊》書寫「林屺埔」。倪氏可能是受字音的影響，說明見下。

　　綜觀之，可得一結論是，嘉慶以後固定書寫「林圯埔」。例外是周璽《彰化縣志》光緒《台灣通志》「杞」「圮」並用及咸豐時二件契約與倪贊元《雲林縣采訪冊》之書寫「林屺埔」。但此「杞」、「屺」二字的書寫方式並未發生影響，「杞」字近年未出現，「屺」字之影響要到最近年代。[27]然而從康熙、雍正、乾隆一百 多年間則有多種寫法，首先是林驥，再來是林瓚埔，再是林汜埔、林既埔街。關於余文儀《續修台灣府志》有二種書寫，一在〈規制志・倉庫〉寫「林汜埔」，一在規制志〈街市〉寫「林既埔街」。從余志以前志書中「驥」「瓚」「既」的讀音爲衡量標準，「汜」字顯然是「既」的錯字。其錯誤的原因可能是傳抄或刻版時產生。另一可能是「汜」字是「圯」字之誤。因爲下一本方志已作「圯」字。

27　如黃素真，〈土地・國家與邊陲社會—林屺埔大坪頂的地方性詮釋〉（臺灣師範大學地理系博士論文）2009 年 6 月。

　　為什麼乾隆以前「林圮埔」的書寫歧異那麼大？理由很簡單，因為那是書寫者資料來自口述耳聞，而非來自紙本文獻。口述耳聞之後，在漢字中找一對應字書寫之，不同人不同時，聽到不同人的口述，其選擇對應之字便產生差異。契約文書之書寫則必依上手契書寫，故其延續性強，在乾隆後之契約文書除咸豐時長形戳記和兩件契約外，全部以「林圮埔」書寫，其故在此。但因為書寫時之不經意，也有寫成「林圯埔」或「林圮埔」。

　　自契約文書看，自乾隆 33 年（1768）以下，到明治 34 年（1901）40 件中，有 1 件「圯」「圮」並存，2 件用「圮」字，其餘 37 件全是「圮」字。方志因為乾隆 27 年（1762）余志到道光 12 年（1832）《彰化縣志》中間長達 70 年沒有其他方志，以致無法了解其中 70 年之變化。此一空隙正好由契約文書補實之。契約從乾隆 33 年經嘉慶、道光到日治明治 34 年，全寫「林圮埔」。推想和乾隆 20 年皇帝批准在此地設立水沙連保，而林圮埔是該保的行政中心、經濟中心、文化中心，因此開始在官文書出現，也影響到私文書的書寫。

　　將史志、古文書綜合起來看，乾隆 27 年余志以前林圮埔的「圮」字書寫岐異很大，但其音離不開 jí、ㄐㄧˋ，也即台灣音 kí。自乾隆 20 年設立水沙連保而其行政中心在林圮埔，因此水沙連保與林圮埔遂躍上官文書，也影響民間文書的書寫。「林圮埔」的書寫遂成定制。所以此後，不論方志或契約，無不書寫「林圮埔」。日本人來了也一直沿用，到大正 9 年林圮埔改竹山郡才漸在官文書中消失，而私文書與私人著作則沿用到昭和年間。口語則持續到今天。其間雖然在道光、光緒也出現「杞」字，其台音雖與「驥」同，但因乾隆後有壓倒性比率書寫「土」字旁之「圯」「圮」字，「杞」字已經退避一旁。

　　總結是「林圮埔」是乾隆中葉後官制文書通用的書寫型式，它和台灣音的「lîm kí pō」同時並存二百餘年。其中「圮」字只是期間小小的變異，並不影響大勢。

伍、相關字詞的形音義

　　茲將《康熙字典》[28]、遠流《辭源》[29]、遠流《臺灣話大辭典》[30]等有關「圮」字之形、音、義整理如表七。

表七、「圮」相關各字辭書釋義表：

辭書／字形	《康熙字典》	遠流《辭源》	遠流《臺灣話大辭典》
驥	音冀。義爲千里馬。頁1616。	音jí，ㄐㄧˋ。義爲千里馬。頁1889。	未收。
瓆	未收。	未收。	未收。
既	音暨。義爲盡。頁532。	音jí，ㄐㄧˋ。義爲盡。頁755。	音Kí。頁853。另音ká，頁804。
圮	音否（否極泰來之否）。義爲毀也。頁238。	音pǐ，ㄆㄧˇ。義爲毀滅、斷絕。頁318。	未收。
坥	未收。	未收。	未收。
坦	音詒。義爲橋也。頁238。	音yí，ㄧˊ。義爲橋。頁278。	未收。
屺	音起。義爲山無草木。頁333。	音gǐ，ㄑㄧˇ。義爲不長草木的山。頁501。	未收。
杞	音起。枸杞也。頁561。	音gǐ，ㄑㄧˇ。木名、古國名、姓。頁821。	音Kí，杞柳，杞憂，頁853。

　　從最早出現的「驥、瓆、既」等，都音爲 jí，ㄐㄧˋ，台音 ki。乾隆之後出現的「圮」，音 pǐ，ㄆㄧˇ，與 jí，ㄐㄧˋ，臺語 ki 不同。「坦」，音 yí，ㄧˊ，與 jí，ㄐㄧˋ，台語 kí 不同。「屺」，音 gǐ，ㄑㄧˇ，台語起 khí，與 jí，ㄐㄧˋ， 臺音 ki 接近，但不同。「杞」音 gǐ，ㄑㄧˇ，台音 Kí；與乾隆前音 jí，ㄐㄧˋ 不同，但與「既」音同。這應該是後來偶爾出現的原因。「坥」未有此字。也就是說乾隆後出現之「圮、坦、屺」等之讀音與乾隆前之讀音不同。

　　但如以俗話說的「有邊讀邊，無邊讀中間」的讀字法，則己、巳兩字，「己」台讀 jí ㄐㄧˋ kí，與乾隆前諸字音相同。「巳」台音讀 chi，與乾隆以前讀音不同。「己」音 kí，與乾隆時之讀音相同。乾隆以後普遍書寫「林圮埔」，其故似乎在此。但因「己」字邊常書寫成「巳」或

---

[28] 張玉書（清），《康熙字典》（上海：上海書局，2003）。

[29] 辭源修訂組編，《辭源》（台北：遠流出版公司，1990）。

[30] 陳修主編，《臺灣話大詞典》（台北：遠流出版公司，1991）。

「已」，所以「林圯」「林圮」「林杞」都見諸於書寫體。但「圯」字各類辭典均未收。即實無此字。寫「圯」顯然是個錯字。

另外如就字義而言，驥是千里馬，既是盡，圮是毀，圯是山無草木。驥義最好。既、圮、屺字義都不好。但閩粵人名之命名，常為對抗不好的命，而命不好的名。字義之好非命名之必然使用；字義之不好，也非命名之必然不用。因此，此一字義問題，似乎與林圯之命名無關。

陸、結論

總結以上從史志、古文書的論述可知，乾隆中葉前林圯的「圯」字寫法歧異很大，有「驥」「瓛」「既」，但其音都讀 jí，ㄐㄧˋ，台音 kí。乾隆中葉後到日　治時期壓倒性的比例都寫林圯，使用時間最長。雖然偶爾出現「杞」「屺」，但頻率極低，不足以左右「圯」字之地位。當然這個「圯」字，有時寫「圯」，有時也寫「圮」或「圯」。其間偶爾使用「杞」「屺」字。因為「圯」是一個不存在的字，而「圮」「圯」「屺」的音都不是 jí ㄐㄧˋ，台音 kí，都不是乾隆前相同的　讀音字。「杞」字則「木」字邊與乾隆以來「土」字邊不同，不被認同。所以結論是：衡諸歷史因素及「己」字台音是 jí ㄐㄧˋ kí，最符合乾隆前的音，所以　用「己」字邊的「圯」字應是最為適當。

參考文獻

江樹生，《熱蘭遮城日誌‧第四冊》（台南市：台南市政府，100 年 5 月）。

何培夫，《臺灣地區現存碑碣圖誌》（台北：國立中央圖書館臺灣分館，1996）。

余文儀《續修臺灣府志》（南投市：臺灣省文獻委員會，1993.6）。

吳淑慈，《南投縣永濟義渡古文契書選》（南投：南投縣立文化中心，1996）。

周鍾瑄，《諸羅縣志》（南投市：臺灣省文獻委員會，1993.6）。

周　璽，《彰化縣志》（南投市：臺灣省文獻委員會，1993.6）。

洪安全，《清宮宮中檔奏摺台灣史料第八冊》（台北市：國立故宮博物院，民國 94 年）。

倪贊元，《雲林縣采訪冊》（南投市：臺灣省文獻委員會，1993.6）。

張玉書（清），《康熙字典》（上海：上海書局，2003）。

張勝彥，《南投開拓史》（南投市：臺灣省文獻委員會，1992）。

連　橫，〈林圯林鳳列傳〉《台灣通史》（南投市：臺灣省文獻委員會，1992）。

陳修主編，《臺灣話大詞典》（台北：遠流出版公司，1991）。

陳哲三，〈林圯埔（竹山）在清代台灣開發史上的地位〉《逢甲人文社會學報》，4 期（2002 年 5 月），頁 151-182。

陳哲三，〈鄭氏部將林圯〉《鄭成功與台灣》（廈門：廈門大學出版社，2003）。

陳鳳儀，《竹山郡管內概況》，（抄本，未刊，竹山，1932 年撰成）。

黃文賢，《后埔仔庄 and 社寮庄古文書欣賞／社寮地區家族姓氏史略》（南投：社寮文教基金會，2008）。

黃素真，〈土地‧國家與邊陲社會—林屺埔大坪頂的地方性詮釋〉（臺灣師範大學地理系博士論文，2009 年）。

臺灣銀行經濟研究室編光緒，《臺灣通志》（南投市：臺灣省文獻委員會，民國 82 年）。

劉枝萬,《南投縣沿革志開發篇稿》(南投市:南投縣政府,1984)。

劉璈,《巡台退思錄》(南投市:國史館台灣文獻館,1997年)。

蔣毓英,《臺灣府志》(南投市:臺灣省文獻委員會,1993.6)。

辭源修訂組編,《辭源》(台北:遠流出版公司,1990)。

參考資料庫:

台灣歷史數位圖書館 http://thdl.ntu.edu.tw/。

附件一：偽契原件影本如后

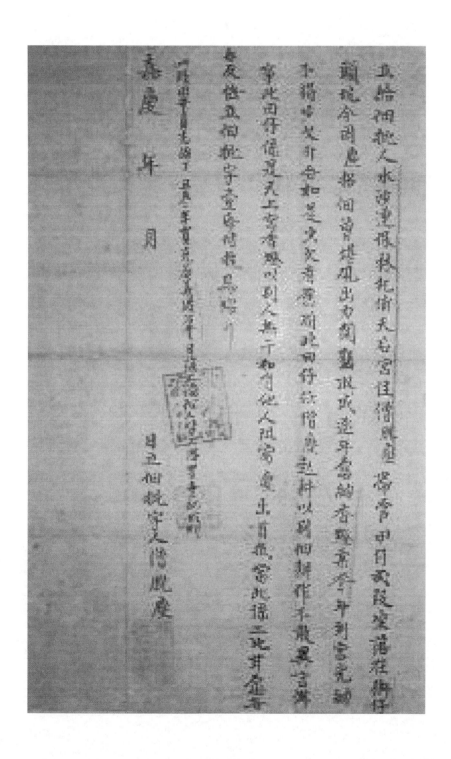

附件二：脫塵另件給墾字影本

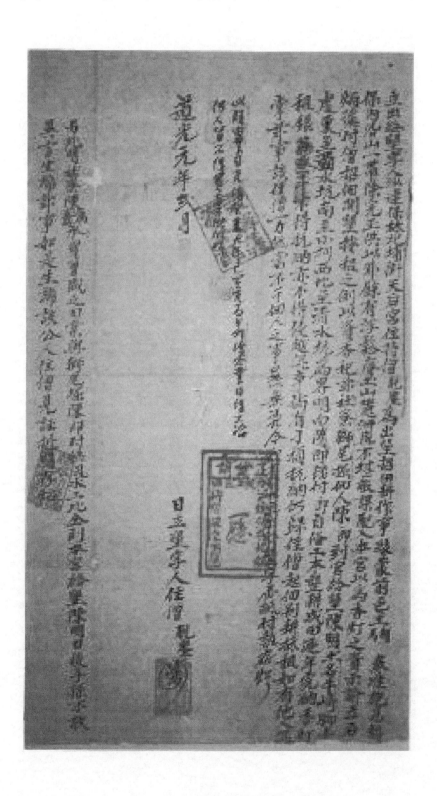

附件三：慈玉給墾字影本如后。

附圖一：

　　林圮墓，日治昭和 15 年（1940）所立花崗岩墓碑上刻著「明代開闢水沙連功授 右弼參軍林圮公墓」。

附圖二：

民國 80 年南投縣政府等單位所立的「古蹟・林圮公墓」說明。

附圖三：

媽祖宮看道光 4 年（1824）「嚴禁勒索竹排碑記」。

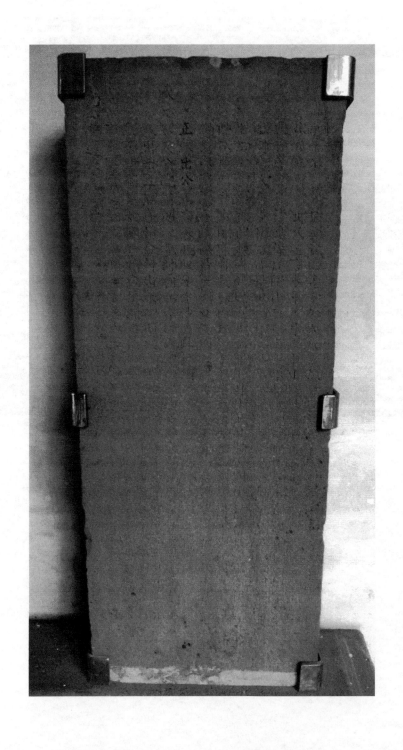

附圖四：

碑文中「年充沙連林圯埔天后宮及分配溪洲元帥廟爲香燈諸費」。

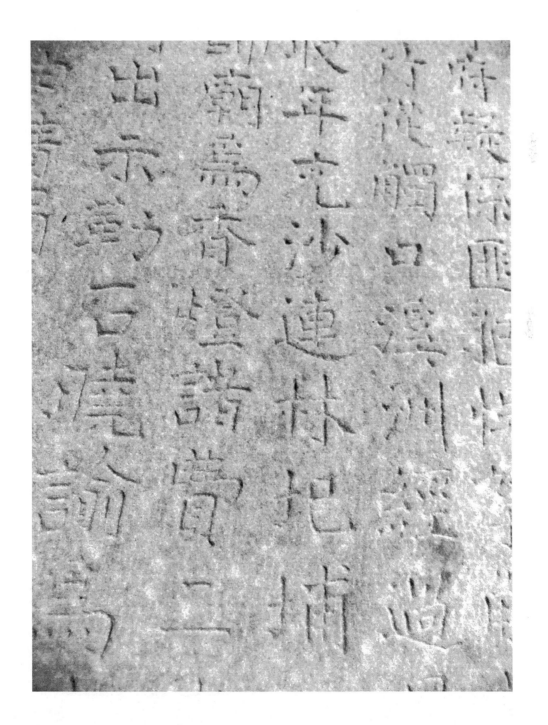

附圖五：

　　林氏宗廟崇本堂，廟埕左壁民國五十七年「林崇本堂重建記」其中寫「我林圯公參軍率所部來茲開墾」。

　　進家廟，看到供奉廟，看到供奉「清開闢水沙連右參軍銜林圯公一位神主」。

附圖六：

城隍廟看昭和 3 年（1928）陳玉衡撰「重修城隍廟序」廟的源起「爲林圮埔總局館」。

Feng Chia Journal of Humanities and Social Sciences
pp. 71 - 94, No.26, Jun. 2013
College of Humanities and Social Sciences
Feng Chia University

A Comparative Study of Lin Pi Pu (林圮埔), the Ancient Name of Zhu Shan (竹山), Using Local Chronicles and Ancient Documents

Che-San Chen*

Abstract

This paper examines the records of Lin Pi (林圮) and Lin Pi Pu (林圮埔) in ten local chronicles and two collections of contracts. An analytical synthesis of records in the past four hundred years shows eight characters denoting Pi (圮): Ji (驥), 瓊, Ji (既), Si (汜), Pi (圮), Yi (圯), and Qi (屺). There is also a ninth character in fake contracts: Qi (杞). Judging from the length of time they have been adopted, and from the extent they are close to the original pronunciation of "Ji (驥), 圯 and Ji (既)," the character Pi (圮) with ji (己) is the most accurate. However, negligence on the part of the scribe could cause the appearance of Yi (圯) or .

Keywords: Lin Pi (林圮), Lin Pi Pu (林圮埔), Zhu Shan (竹山), local chronicles, ancient documents

水沙連之役及其相關問題[1]

摘 要

　　本文旨在釐清、重建雍正四年水沙連之役的史實。本文使用史料以雍正朝宮中檔爲最重要，另加地方志、契約文書等相關史料。

　　本文先述水沙連之役的始末，次論水沙連「兇番」及其出沒殺人地點，三論清方進兵路線，四述清方動員兵力及其部署，五論其善後及影響，末爲結論。

　　水沙連之役，清方動員兵力二千餘人，進兵到退兵計 14 日，捕獲 20 餘人，清兵十分節制。可見從皇帝到官兵都以安撫爲目的，並不濫殺；而巡台御史索琳的隨軍征剿應也有一定作用。

關鍵詞：水沙連、竹腳寮、骨宗、吳昌祚、索琳。

---

[1] 本文在台中市文化局舉辦之「中台灣鄉土文化學術研討會」（2000 年 9 月 14-15 日）宣讀，評論人中央研究院陳秋坤研究員有若干指教，今加改寫，正式發表。

壹、前言

南投縣的史事，有許多不明白的，這些都亟待學者一一加以解決。雍正四年水沙連之役即此亟待解決問題之一。

本文以雍正朝宮中檔爲主要史料，加以地方志等相關史料，將水沙連之役的史實加以復原，並對其相關問題略作研究。先述水沙連之役的始末，次論水沙連　兇番及其出沒殺人地點，三論清方進兵路線及其地望，四述清方動員兵力及其部署，五論水沙連之役的善後及其影響，末爲結論。

自本文之論述，知水沙連之役規模不算大，進兵到凱旋只十四日，並無交戰　行爲，只逮捕「兇番」二十餘人，並不濫殺，可見清初治台之治番政策不錯。自水沙連兇番出沒殺人地點，南起斗六，北到大甲，可以推知最早之水沙連範圍當　即在大甲溪到濁水溪流域之間，不止水沙連二十四社而已，八卦山、大肚山以東之族群均屬之。即包含今日之泰雅、邵、布農及巴則海、貓霧捒族與洪雅族。

自清兵進兵路線，可知埔里道路，有南北兩路，在雍正，甚至雍正之前已知之，此兩路與嘉慶、道光時之路線大致吻合。附帶的是證實，竹腳寮即今竹山之　社寮。而當時南投縣境只今竹山鎮之林圯埔、竹腳寮有漢人耕種其中，南北投有鎮番寨，其他地方未有漢人蹤跡。

自水沙連一役後，竹腳寮貓霧捒（一在濁水溪南岸、一在大肚溪北岸）成爲清政府派兵控制水沙連番出山的駐兵地，這種情狀，終清之世沒有改變。

南投縣境的史事，過去因爲文獻無徵，不明白的很多，錯誤的也所在多有。不明白的宜在新文獻出土時，求其明白：錯誤的尤宜在新文獻出土時，速加釐正，俾免以訛傳訛，致以假亂真，信假爲真。

南投縣境史事之研究專書，先有劉枝萬之《南投縣沿革志開發篇稿》[2]，繼有陳哲三《竹山鹿谷發達史》[3]，莊英章《林圯埔～一個臺灣市鎮

---

[2] 南投縣文獻委員會，1958 年 1 月。

[3] 台中啟華社，1972 年 12 月。

的社會經濟發展史》[4]，張勝彥《南投開拓史》[5]，近有林文龍《社寮三
百年開發史》[6]，林文龍 又有單篇論述散見各報章期刊。筆者近年之若
干研究[7]，也都在解決南投縣境之史事。本文擬就雍正四年清廷剿懲水
沙連之役加以探討，兼及其相關問題，期對南投縣境早期歷史有更正確
清晰之認識。

貳、水沙連之役始末

　　有關本次戰役，在現見南投縣史之研究中，以伊能嘉矩、劉枝萬之
記述最詳。劉氏先引《彰化縣志》卷十一〈雜識志〉〈兵燹〉之文云：

　　雍正四年秋，水沙連社番骨宗等，戕殺民命。總督高其倬，遣臺
　　灣道吳昌祚討之，尋擒正法。水沙連舊為供賦熟番，朱逆亂後，
　　遂不供賦。其番目骨宗等，自恃山谿險阻，屢出殺人。迨雍正四
　　年，復潛出沒，恣殺無忌。九月，總督高其倬檄臺灣道吳昌祚，
　　到省面詢情形，授以方略，委為總統，分路進攻，務獲首惡。以
　　北路參將何勉副之，仍調 淡水同知王汧協征。時巡察御史索琳，
　　亦帶親丁，會巡道斗六門，酌議剿撫。十月，勉等攀巖援木，冒

[4]　中央研究院民族學研究所，1977 年 6 月。
[5]　南投縣政府，1984 年 10 月。
[6]　社寮文教基金會，1998 年。
[7]　陳哲三，〈水沙連及其相關問題之研究〉，《臺灣文獻》第 49 卷第 2 期（1997 年 6 月）；
　　陳哲三，〈臺灣建省之際的清賦事業及其與南投縣之關係〉，《臺灣文獻》第 49 卷第 4 期
　　（1997.6 月）；陳哲三，〈埔里的史料與歷史研究〉，《中華民國史專題論文集第四屆討
　　論會》（1998.12 月）；陳哲三，〈草屯地區清代的拓墾與漢番互動〉《臺灣歷史與文化（二）》
　　（台北縣板橋：稻香出版社，2000 年 2 月）；陳哲三，〈清末清丈與日初土地調查對臺灣
　　民間契字演變之影響－以草屯地區為例〉，第三屆臺灣歷史與文化研究會，東海大學通識
　　教育中心，（2000 年 2 月）；陳哲三，〈戴潮春事件在南投縣境之史事及其史蹟〉，《台
　　灣史蹟》，第 36 期， 2000 年 8 月，頁 32-56；陳哲三，〈竹山媽祖宮歷史的研究－以僧人
　　住持與地方官對地方公廟的貢獻為中心〉，《逢甲人文社會學報》，第 6 期，2003 年 5 月，
　　頁 155-182；陳哲三，〈林圯埔（竹山）在清代台灣開發史上的地位〉，《逢甲人文社會學
　　報》，第 4 期，2002 年 5 月，頁 151-182；陳哲三，〈清代南投縣人物及其相關問題〉，《逢
　　甲人文社會學報》，第 11 期，2005 年 12 月，頁 161-183；陳哲三，〈南投縣境新出土文物
　　的史料價值〉，第九屆台灣歷史與文化研討會，2005 年 11 月 25-26 日，台中市：東海大學，
　　頁 2-1 至 2-16；陳哲三，〈從水沙連茶到凍頂烏龍茶－鹿谷凍頂烏龍茶移入傳說考〉，《逢
　　甲人文社會學報》，第 16 期，2008 年 6 月，頁 89-106。

險深入，直抵水沙連北港之蛤仔難社，諸番震懾就撫。越數日，復入南港水裡湖社，擒獲骨宗父子三人，搜出藏貯頭顱八十五顆。既復擒獲兇黨阿密氏麻等二十餘番，亦搜出頭顱無數。皆押回軍前，解省伏誅。於是，南北港二十五社畢服。依舊輸課，水沙連平。[8]

　　伊能嘉矩、劉枝萬都將「蛤仔難社」解作宜蘭，而不敢置信。並認為「二十五社畢服，依舊輸課」，亦屬誇張[9]，可見以《彰化縣志》之史料，研究者對此一史實，不能無疑。四十年後之今日，比劉枝萬當年幸運，因為宮中檔案出土，有許多新史料可據以討論此一史事，也可相當程度解決大部分的疑慮，並且也釐清 若干過去認知上的錯誤。

　　水沙連思麻丹社於康熙三十二年（1693）新附，徵銀一十二兩[10]。康熙六十年（1721）朱一貴反清，阿里山、水沙連各社，乘亂殺通事以叛。六十一年諸羅 知縣孫魯多方招徠，示以兵威火砲，賞以煙布、銀牌。十二月，阿里山各社土官母落等、水沙連南港土官阿籠等就撫。雍正元年（1723）正月，水沙連北港土官麻思來等亦就撫[11]。可是到雍正三、四年間，水沙連相關社群又「屢出殺人」，「恣殺無忌」。就史料所見計有十六件。列表如表一：

表一：雍正三、四年間水沙連番出山殺人事件表

序號	時間	地點	事件內容	文獻來源
1	雍正3年8月4日以下簡	彰化打廉庄民到水沙連口通	李諒被生番鏢死，割去頭顱。	〈奏報生番殺人摺〉《宮中檔雍正朝·第五輯》，頁

---

[8] 周璽，《彰化縣志》（南投：臺灣省文獻委員會，1993年6月），頁361-362
[9] 伊能嘉矩《臺灣文化志·下卷》（南投：臺灣省文獻委員會，1991年6月），頁411；劉枝萬，《南投縣沿革志開發篇稿》，頁 108。
[10] 高拱乾，〈規制志〉〈坊里〉，《臺灣府志·卷二》（南投：臺灣省文獻委員會，1993年6月），頁38；高拱乾，〈賦役志〉〈陸餉〉，《臺灣府志·卷五》，頁135；周鍾瑄，〈規制志〉〈坊里〉，《諸羅縣志·卷二》（南投：臺灣省文獻委員會，1993年6月），頁31；周鍾瑄，〈賦役志〉〈餉稅〉，《諸羅縣志·卷六》，頁99-100。
[11] 黃叔璥，〈番俗六考〉，《台海使槎錄·卷六》（南投：臺灣省文獻委員會，1996年9月），頁123。

	化　為： 3.8.4	水道回到 投斷山腳		448-450。
2	3.8.17	彰化縣藍 張興庄（貓 霧揀社庄）	佃丁林愷等八人被殺死。生 番數十人到庄放火燒房焚死 耕牛七隻，拾有番鏢、番箭、 番刀。	〈奏報嚴禁私墾 摺〉《宮中檔雍正 朝・第五輯》，頁 279-280。 〈奏報水社番肆 惡摺〉，《宮中檔 雍正朝・第六 輯》，頁 527-528。
3	3.10.09	彰化東勢 山	水沙連社社丁李化被割去頭 顱，被水裡社同貓螺岸裡社 生番鏢死。	〈奏報生番傷人 摺〉，《宮中檔雍 正朝・第五輯》， 頁 317。
4	3.10.20	貓霧揀南 勢庄（藍張 興庄）	走更庄民林逸、朱宣被番鏢 死。	〈奏報生番殺人 摺〉《宮中檔雍正 朝・第五輯》，頁 448-450。 〈奏報水社番肆 惡摺〉，《宮中檔 雍正朝・第六 輯》，頁 27-528。
5	4.2.28	大武郡 （保） 新庄	練總李雙佃丁葉陳等 11 人 被水沙連等社生番殺死，焚 屋 39 間，焚死耕牛 18 隻。	《宮中檔雍正 朝・第六 輯》，頁 527-528。
6			船匠魯謙被番殺死。	〈奏報水社番肆 惡摺〉，《宮中檔 雍正朝・第六 輯》，頁 527-528。
7	4.3.20	大里善庄	周賢亮等九人被水沙連等社 生番殺死 ， 又傷二人，又 三人現尋未獲，庄屋燒煨八 座，耕牛焚斃 97 條。	〈奏報臺灣生番 殺人摺〉《宮中檔 雍正朝・第五 輯》，頁 833-835。
8	4.4.04	鎮平庄	佃民江長九、江永山被番殺 死。	〈奏報水社番肆 惡摺〉，《宮中檔 雍正朝・第六

				輯》，頁 527-528。
9	4.4.11	柴頭井庄	賴阿秀被番設死，燒房 32 間，焚死水牛 18 隻。	〈奏報水社番肆惡摺〉，《宮中檔雍正朝・第六輯》，頁 527-528。
10	4.6.16（17）	斗六門柴里社（石榴班）	陳登舉等五人到斗六東埔地方採收芝麻，被生番殺死。拾有番弓一把、番箭五枚、番牌一面，通事土官看認是水沙連內山生番所用。	〈奏報生番殺人摺〉，《宮中檔雍正朝・第六輯》，頁 260-261。
11	4.10.02	南日社東勢山邊	熟番四名被山內生番 50 餘人所殺，割去頭顱三顆，又箭傷一人。	〈奏報生番殺人摺〉，《宮中檔雍正朝・第六輯》，頁 764-765。
12	4.10.08	貓霧捒社阿密里社	生番 20 餘人各帶弓箭鏢鎗木牌到庄殺死佃人邱末，割去頭顱，又鏢傷佃人，計遺番箭三枝、木牌一面、竹箛十枝。	〈奏報生番殺人摺〉，《宮中檔雍正朝・第六輯》，頁 764-765。
13	4.10.15	彰化快官庄	南北投鎮番寨守禦竹腳寮民壯朱八被生審殺死，割去頭顱及左手腕，並奪去所執七十二號鳥鎗一桿。	
14	4.10.15	竹腳寮水沙連河邊	生番數十人到庄焚燒茅屋 9 間，殺死庄民陳平及妻吳氏，幼女賞娘幷陳平族弟陳夏四名。俱被割去頭顱，又刺傷二名。遺下番鏢二枝、木牌五面、毛毯一枝。	〈奏報生番殺人摺〉，《宮中檔雍正朝・第七輯》，頁 23-24。
15	4.11.12	北勢藍張興庄內	生番數十人殺死管事許元秦、甲頭余廷顯、佃民盧友臣等 10 人，俱被割去頭顱，遺下番鏢 11 枝、番刀 2 把，木牌 6 面、番箭 3 枝。	〈奏報生番殺人摺〉，《宮中檔雍正朝・第七輯》，頁 23-24。
16	4.11.13	半線庄內	生番焚燒茅屋四間，殺死林喜一名，割去頭顱。	〈奏報生番殺人摺〉，《宮中檔雍正朝・第七輯》，頁 23-24。

　　據表一統計，被殺死人數六十二人，其中身分比較特殊的是民壯朱八，被殺被割去頭顱及左手腕，又奪去鳥鎗一桿。還有船匠、及管事、甲頭、走更的，也有一家人全被殺的。除殺人外，又焚燒房屋，焚殺耕牛。耕牛爲生產工具，最多一次被殺 97 隻，總數則爲 140 隻，殺人、殺牛、焚屋應是對侵入開墾的反抗與報復。

　　對於生番殺人的原因，《諸羅縣志》已言之，是流移開墾之眾，「巧借色目以 墾番之地、廬番之居、妻番之婦、收番之子，番畏其眾，強爲隱忍，相仇無已，勢必構禍。」[12]首任巡臺御史黃叔璥亦認爲責在漢人，他說：

> 內山生番，野性難馴，焚廬殺人，視爲故常，其實啟釁多由漢人。如 業主管事輩利在開墾，不論生番、熟番，越界侵佔，不奪不饜；復勾引夥黨，入山搭寮，見番弋取鹿麂，往往竊爲己有，以故多遭殺戮。又或小民深入內山，抽籐鋸板，爲其所害者亦有之。[13]

　　這是康熙、雍正初年官方的看法。在雍正三年十一月，官方依舊以爲「被殺者悉由自取」，理由是生番一向不出外，被殺是因「內地人民不知利害，或因開 墾而佔其空地開山，或因砍伐而攘其藤梢竹木。」所以辦法是「在於逼近生番交界之間各立大碑，杜其擅入。」[14]但水沙連生番在雍正三、四年間一再出山殺人，官方立場開始改變。雍正四年正月福州將軍署理閩浙總督宜兆熊就奏報「水沙連從不一加懲創，以致半年之內焚殺疊見，撫之不可，不得不脅以兵威。」並訂「以番攻番」之計，「只須獲得首犯一二名，倘畏威懾服，情願就撫者，即宜相機亟爲撫綏，勿株累無辜一人，以廣皇上柔遠之深仁。」[15]皇帝同意，囑咐「慎重爲之」，於是地方當局規畫懲創。到雍正四年九月，用兵計劃大

[12] 周鍾瑄，〈兵防志〉，《諸羅縣志·卷七》，頁110。
[13] 黃叔璥，〈番俗雜記〉〈番界〉，《台海使槎錄·卷八》，頁167。
[14] 福建巡撫毛文銓，〈奏報臺灣情形摺（雍正3年11月19日）〉，《宮中檔雍正朝·第五輯》（台北市：國立故宮博物院，1978年3月），頁390-391。
[15] 福州將軍署閩浙總督宜兆熊，〈奏報請撫臺灣生番摺（雍正4年正月3日）〉，《宮中檔雍正朝·第五輯》（台北市：國立故宮博物院，1978年3月），頁501。

略完成，浙閩總督高其倬向皇上奏報：

> 數月之間，燒殺疊疊，不但下平地，且大入內地，縱恣無忌，此時正值雨水之時，難入番界，臣一面批飭移駐防兵，兼用民番丁壯，給械助力，分佈防護外，臣細加查詢，再四熟思，必得于冬春水涸之時，一力剿懲，非敢窮兵多殺，但須示以兵威，懲其首惡，令認賦餉，然 後再加撫恤，始可懲創燒殺，寧靜地方。[16]

至於攻擊兵力，在雍正四年正月，所訂的計畫是「以番攻番」「令各社之通事土官擇其勇敢者數人為前導，率領番壯，直抵巢穴，而使汛兵駐劄山口，耀武揚威壯其聲勢，取勝甚易。」[17]到八月攻擊水沙連兇番已經布置完成，浙閩總督高其倬、福建巡撫毛文銓於八月十日調台廈道吳昌祚到省，當面詳問，再四熟商，「委吳昌祚帶兵三百名，熟番四百名，總行料理一切剿撫之事。并委北路營參將何勉協同料理。其下分為兩路，一路為從南投崎而進，用兵兩百名，熟番四百名，千把共四員，令淡水營守備戴日昇帶領前進。一路經竹腳寮而進，用兵二百名，熟番四百名，千把共四員，令原任淡水海防同知，令降二級調用王汧帶領前進。令彰化知縣張縞動碾所有倉穀一千石運給口糧，令臺灣府知府孫魯撥存貯銀二千 兩以備激賞。仍令該府總行料理接濟糧餉事務。」除外，又照會台灣鎮總兵林亮「酌派遊守一員，量帶兵丁在近山要口駐紮協助，再派該鎮右營守備張文耀帶兵一百名，在羅漢門一帶彈壓彼處生番，遙助聲勢。」并要林亮不可遠離府城，「只在府城彈壓總行照料策應。」[18]令台廈道吳昌祚于回臺後在十一月內舉行。

懲剿水沙連生番之役，在吳昌祚於十一月二日自省回任即開始發動，十一月十六吳昌祚等調領官兵番社，自府治出發。巡台御史索琳於十八日選帶丁役十二名，亦自察院署出發。二十六日，入牛相觸番境，

---

[16] 浙閩總督高其倬，〈奏報水社番肆惡摺（雍正4年9月2日）〉，《宮中檔雍正朝・第六輯》（台北市：國立故宮博物院，1978年4月），頁 527-528。

[17] 同註14。

[18] 浙閩總督高其倬，〈奏報剿懲兇番摺（雍正4年10月13日）〉，《宮中檔雍正朝・第六輯》（台北市：國立故宮博物院，1978年4月），頁 744-746。

渡阿勃泉溪，而抵竹腳寮，與吳昌祚官兵會剿於虎尾溪畔。

在竹腳寮紮營時，預令曾歷番地之社丁林三招引水沙連內決里社土官阿龍等十八名來歸，詢明路徑。又令社丁陳蒲同決里社順番先至北港蛤里難社曉諭，能歸化者即免誅戮。[19]

琳與吳昌祚隨即撥王汧領熟番三百名，并王汧自募民壯一百五十名，由北港南投崎抄入番巢之後，候令進發。另調參將何勉，千總呂奕，把總王提帶兵二百名，聯絡接應。這是由北港進擊之一路。

另撥守備鍾日陞（前誤作戴日陞），把總游金闕帶兵二百名，熟番三百名，由南港水沙連之前路竹腳寮，候令進發。仍撥千總蔡彬、把總莊子俊帶兵一百名，熟番五十名尾後接應。

又撥守備楊鈴帶兵一百名，駐剳於兇番之戚屬朴仔籬社傍，以覘動靜。又撥把總任林五帶兵五十名駐剳於鄰近朴仔籬之貓霧揀社以備應援。最高指揮官台廈道吳昌祚及巡台御史索琳則率守備張文耀、千總傅雲章、臺灣府經歷左思源、諸羅縣革職留任典史趙大章、功加朱紹雄、張厚、林天成、張世俊、許續、張俊、黃恩，效力外委王廷桂等統兵一百八十名，民壯一百名，熟番二百八十名，由南港竹腳寮進督。

至於兵糧、口糧的供應情形，因為自竹腳寮以至水沙連之中港，路百有餘里，「而其間深溪疊阻，加以崇山峻嶺，密菁深林，軍糧實難載運。」[20]（見附件）所以，除運糧官彰化知縣張縞派撥熟番負十日兵糧隨行，陸續運濟外，索琳與吳昌祚躬率官弁兵役各再身懷五日口糧，徒步進發。

兩路官兵，都在十二月三日進攻，期於水沙連內中港水裡社會合。

為確保後方安定，撥千總劉弘量帶兵彈壓彰化縣治。并留把總陳士祥、鄭捷，效力外委阮邦貴領兵八十名，駐守竹腳寮營盤。

---

[19] 另據〈浙閩總督高其倬、福建巡撫毛文銓奏聞剿撫臺灣兇番摺〉有云：「先遣熟番林三等山，曉諭各鄰近番社；今官兵所剿者，止水裡社行兇之惡番骨宗等，與助惡之哈裡難社一社，與他社之番無干。」又言：「哈裡難社番，兵到盡皆歸誠，留同知王汧把守此地。」見《雍正硃批奏摺選輯》（南投：臺灣省文獻委員會，1997 年 6 月），頁 123-125。

[20] 巡視臺灣監察御史索琳，〈奏報剿撫生番以保民命事（雍正 5 年正月 12 日）〉《宮中檔雍正朝‧第七輯》（台北市：國立故宮博物院，1978 年 5 月），頁 288-292。

　　此役策略是「順者撫之，抗者剿之」[21]所以預戒官軍，只要水沙連二十五社獻出殺人兇番正罪示懲就達目的，此即高其悼、毛文銓所謂「先懾其膽，再孤其黨，然後擒其首兇，令納舊餉，庶知遵法，不敢肆行。」[22]

　　十二月三日，官軍渡虎尾溪上游，入內牛相觸山口，渡溪至稷稷社舊基安營。四日，渡稷稷溪，歷滂雨瀾石子灘，渡武滑納溪，而至武滑納埔安營。是日，守備鍾日陞遣把總游金闕帶到社仔社番滕可宗招引中港麻思丹社土官田仔率番來歸，并願隨軍招撫附近番社，隨經給賞。

　　五日，由滕可宗前導，渡溪至外麻里關溪，而越麻里嶺北安營。六日，又渡溪而至陳武峨安營。七日，至內麻里溪而抵外北甲之決里社安營。決里社土官阿龍帶領毛翠社土官卑蠟同番壯來歸，當經給賞，令回本社。八日，田仔社土官新來田帶領中港貓蘭社、伊力社二社土官並番壯來歸，口稱番等不敢作歹，而時常行兇焚殺者係水裡社骨宗。并願前導。索琳等見外北甲險要，係水沙連前路關隘，官軍過後，倘為番黨據守，則南港一路軍糧不能運濟。遂留兵壯一百名，令趙大章領守，併接散兵糧。

　　九日，索琳、吳昌祚統軍帶土官新來田等向中港進發，有山前阻，嶺高勢削，林密如織。攀緣開路，窮日之力，始至水裡社之中港南岸剳營。總計一路所經，迎順番社有社仔社、決里社、麻思丹社、毛翠社、伊力社、貓蘭社等七社；其望風歸附者則有木扣社、大基貓丹社、木武郡社、紫黑社、佛子希社、哆洛社、蠻蘭社等七社。惟骨宗一社抗未來歸。水裡社背山枕湖，左右峻嶺，迴抱湖面，約寬十里，深不可涉，土番向以大木丈餘，刳空乘渡，名曰蟒甲。官軍在茂草中搜得其槳棹，遂於十一日直抵骨宗巢穴。番眾初猶恃險，及至官兵一到，鎗炮聲作，俱驚竄嶺北。守備鍾日陞、千總蔡彬等搜得從前殺去人頭八十五顆，葫蘆外包人頭皮四個，人手一隻，並衣飾等物，押交彰化縣收貯，仍焚其寮社倉穀。並率兵　於深巖絕壑、茂林深菁中細加搜捕。

---

[21] 同註19。

[22] 同註17。

自北路進發的同知王洴、參將何勉，也從水沙連後路，而至蛤里難社。經招撫蛤里難社、挽蘭社、貓里眉外社、貓里眉內社、眉加臘社、哆囉郎社、斗截社、平了萬社、佛谷社、致霧社等十社，番眾安定，由北港進攻。

骨宗、麻思弄等前阻去路，尾迫官兵，遂因南投崎社土官眉成爻大霄，隨軍效力楊元祥等徑投參將何勉、同知王洴軍前就擒。

十四、十六等日，又據麻思弄招出伊姪巴荖肉骨宗二子，拔思弄、水里萬及番麻十奔簡達氏卯斗肉烏民慢里罕卓肉眾芨目改旦丹腦貓六甲擺本挽藍谷蹤雞臘氏目堵等二十一名，並至軍前，內除幼番雞臘氏一名准貓蘭伊力二社順番保留，令其招集逃番回社安插，並卓肉一名身故外，餘經吳昌祚差千總蔡彬帶兵押 交臺灣府發禁在案。

計自十二月三日進兵，計十四日，兵不血刃，而兇番拿獲，各社歸誠。索琳於十二月十七日帶丁役出山，仍由竹腳寮渡虎尾溪，下稍經南投崎社、北投崎社、貓羅社而至半線社。吳昌祚則留下調查南北中三港各番口，令其認輸額餉，到二十七日才帶同何勉、王洴等由蛤里難等社而至半線與索琳會合。時解到貓里眉社綁送本社害人兇番阿密氏貓著一名，並所藏人頭三顆。亦押交臺灣府發禁。

到此，北路各社俱平，即旋軍半線，由大武郡一帶番社取路於雍正五年正月九日回府城。

叁、水沙連「兇番」及其出沒殺人地點

自表一中，從雍正三年八月至四年十一月，計十五個月內，彰化縣境生番殺人事件計十六件，平均一個月發生一次強。地點，最北為南日社東勢山邊，最南為斗六門石榴班，即在今日台中縣大甲鎮到雲林縣斗六市之間。以今日行政區劃統計：彰化縣七次、台中市三次、台中縣二次、雲林縣一次、南投縣一次、不明一次。

殺人者身分稱「生番」者有七次，單稱「番」者有四次，稱「山內生番」者一次，稱「水沙連等社生番」者二次，有一次又稱「生番」，

又稱「水沙連內山生番」，一次稱「水裡社、同貓螺、岸裡社生番」。可見在十六次中，只四次確指與水沙連生番有關，但四次中又只一次是單指「水沙連內山生番」，其他二次是稱「水沙連等社」，可見「水沙連」只是出草殺人之一社。而一次很明確指出是「水裡社同貓螺、岸裡社生番」，可知「貓螺、岸裡社」也是生番。「貓螺」即貓羅，屬洪雅族，分布在今彰化縣芬園鄉、台中縣霧峰鄉、南投縣草屯鎮等地。岸裡社，屬巴則海族，分布在今台中縣神岡鄉、潭子鄉、豐原市及台中市一帶。為什麼別人做的壞事，也算到日月潭的水裡社頭上？為什麼地方官為奏報將這些殺人事件都說是水沙連生番所做？

　　康熙末、雍正初之漢番界線，顯然在今八卦山山脈、大肚山山脈之西側一線。黃叔璥所記「番界」可以作證。黃氏記道：

> 康熙六十一年，官斯土者，議凡逼近生番處所相去數十里或十數里，豎石以限之；越入者有禁。……梅仔阬山、他里霧之麻園山腳，庵古阬口、斗六門之小尖山腳、外相觸溪口、束螺之牛相觸山、大里善山，大武郡之山前及內莊山、半線之投溪墘、貓霧捒之張鎮莊、崩山之南日山腳、吞霄、後壠……亦俱立石為界。[23]

　　以上是康熙六十一年中部地區的番界，「梅仔坑山」即今嘉義縣梅山，「庵古坑口」即今雲林縣古坑，「斗六門」即今斗六，「外相觸溪口」即今林內、二水二鄉鎮間，「大里善山」，安信明義指「在田中大平附近」。[24]「大武郡」即今社頭。「半線」即今彰化市。「貓霧捒之張鎮莊」，即今台中市地，「貓霧捒」在今南屯，更早稱犁頭店，原為平埔族貓霧捒社所在地，為開發台中盆地之總路，最早康熙四十九年原任台灣參將張國報墾，故名張鎮庄，後提督藍廷珍復招墾，因名藍張興庄。「崩山」有崩山八社，在今大甲鎮。也就是今日竹山鎮，名間鄉、南投市、草屯鎮之南投縣境，芬園鄉及彰化市之東側之彰化縣境，霧峰鄉、烏日鄉、潭子鄉、神岡鄉、豐原市、大里市之台中縣境，以及台中市均在界外番地，

---

23 同註12。
24 安倍明義，《臺灣地名研究》（武陵出版社，1897年3月），頁163。

禁止流移越入。本戰役之相關史料，可以印證。

　　「藍張興庄」即「張鎮庄」，在貓霧捒之東，先屬貓霧捒社，再獨立成庄，康熙末、雍正初年屢次發生生番殺人事件，所以巡臺御史禪濟布、景考祥在雍正三年十月十六日給皇帝報告，說明原委，有云：

> 查以藍張興莊，舊名張鎮庄，逼近生番鹿場，兇番不時出入，不令民人開墾者也。自康熙四十九年，原任台灣副將張國報墾立戶陞科，遂致生番擾害，於五十八年九月間該庄佃民被生番殺死九命，通詳各上司，奉原任總督臣滿保檄行將該庄毀棄，逐散佃民，開除課額在案。且此地舊屬諸羅縣所管，該知縣孫魯於六十一年到任之後，即赴該地方立石為界，不許民人擅到彼處。自雍正二年改屬彰化縣，而提督臣藍廷珍復委管事蔡克俊赴該地方招墾，自立庄戶名為藍張興庄。[25]

　　藍張興庄即原張鎮庄，在今台中市及台中縣大里市一帶。從此報告，可知原是生番鹿場，「不令民人開墾者」，而且知縣孫魯曾立石，「不許民人擅到彼處」。所以，才會有「被殺者悉由自取」之說。因為「生番一種向不外出，皆潛處於伊界之中耕耘度活，內地人民不知利害，或因開墾而佔其空地開山，或因砍伐而攘其藤梢竹木，生番見之，未有不即行殺害，釀成大案者。」所以，「為今之計，惟有清其域限，嚴禁該色人等總不許輒入生番界內，方得無事。」福建巡撫毛文銓於雍正三年十一月十九日向皇帝報告，他「已檄行道府，移會營員，務令逐一查明，在於逼近生番交界之間各立大碑，杜其擅入。」[26]巡台御史禪濟布也指出：「細查歷年生番傷人，緣由皆因一二無知愚民，貪圖小利入內山溪岸，非為樵採竹木，便是開掘水道，甚至踞其鹿場，而募丁耕種，無非自取其禍，以戕厥命。」[27]福州將軍署理閩浙總督宜兆熊及福建巡撫毛

[25] 巡視臺灣監察御史禪濟布，〈奏報嚴禁私墾摺（雍正 3 年 10 月 16 日）〉《宮中檔雍正朝・第五輯》（台北市：國立故宮博物院，1978 年 3 月）頁 279-280。

[26] 福建巡撫毛文銓，〈奏報臺灣情形摺（雍正 3 年 11 月 19 日）〉《宮中檔雍正朝・第五輯》（台北市：國立故宮博物院，1978 年 3 月），頁 390-391

[27] 巡臺御史禪濟布，〈奏報生番殺人摺（雍正 3 年 12 月 2 日）〉《宮中檔雍正朝・第五輯》（台北市：國立故宮博物院，1978 年 3 月），頁 448-450。

文銓也在雍正四年二月四日的報告指出貓霧捒社「原屬禁界，爲土番鹿場」[28]。以上証實今台中盆地一帶，當時確屬番界。

至於竹山鎮之地亦屬番界，自巡台御史索琳雍正四年正月十二日報告可証，報告有云：「二十六日入牛相觸番境，渡阿勃泉溪，而低竹腳寮。」[29]此「牛相觸」即「外牛相觸」，即《諸羅縣志》所謂：「自奇冷岸而東北，爲虎尾溪之牛相觸山。一在溪之南斗六門界，一在溪之北大武郡界；南北兩峰，如牛奮其角而將觸。」[30]其地即今雲林縣之林內鄉與彰化縣之二水鄉。又「阿勃泉溪」即阿拔泉溪，即今日竹山鎮西南之清水溪，濁水溪之一大支流也。「竹腳寮」地望容後討論。自此可知，入牛相觸山，即是入了番界，則今日之南投縣境全屬番境，可以無疑。《諸羅縣志》之文又可以爲証。「自牛相觸以上，路皆在山之西而遵海以北。其極於東者，內山峰巒不可數，錯置於道。東望可指者，虎尾之北，濃遮密蔭，望若翠屏，曰大武郡山。山之西南有大武郡社。東爲南投山。內社二，溪南爲南投，北爲北投。阿拔泉山、竹腳寮山。內有林瑯埔，漢人耕作其中。爲九十九尖，玉筍瑤參，排空無際。其下爲大吼山、菱荖山。方言菱荖，飯器也。其頂圓，亦象形以名。又東北而爲水沙連內山。內社十：巒蠻、貓丹、毛碎、決裡、哈裡難、斗截、福骨、羅薜、平了萬、致霧。山南與玉山接，大不可極。西隔一溪，爲樸仔籬山。大武郡以北，廣漠平沙，孤峰秀出者，曰寮望山；其下有北路中軍之旅鼓焉，則半線（莊名）之營疊也。山北爲貓羅社。東北爲貓霧捒山，東爲曠埔，漢人耕作其中，東南爲貓羅山。夾二山而東入爲火山。與玉山南北斜照，若造物者有意爲之。逾大肚溪與寮望相對峙者，曰大肚山。山後爲貓霧捒社。北而沙轆山、牛罵山、崩山、鐵砧山、宛裡山。沙轆以下五山，皆大路所必經。東插乎沙轆、牛罵二山之間者，爲岸裡

---

28 福州將軍署閩浙總督宜兆熊，〈奏報查辦臺灣違例之事摺（雍正 4 年 2 月 4 日）〉《宮中檔雍正朝・第五輯》（台北市：國立故宮博物院，1978 年 3 月），頁 589。

29 同註 19。

30 周鍾瑄，〈封域志〉山川條，《諸羅縣志》，卷 1，頁 8。

山。內新附社五：阿里史、掃抹、岸裡、烏牛難、樸仔籬。山險而深峻，是向時政教所不及而今慕義來歸者也。」[31]自此段史料，可知自牛相觸以北，路都在今八卦山脈、大肚山脈之西，沿海北上。此線以東，只有二處有「漢人耕作其中」，一爲林驥埔，一爲貓霧抹。林驥埔，又作林驥埔，又作林圮埔，即今日南投縣之竹山鎮。貓霧抹即今台中市之南屯，再前稱犁頭店，再早期貓霧抹庄，爲藍張興庄，爲張鎮庄。《諸羅縣志》作於康熙五十六年（1717），以上所述，康熙末年事也。岸裡社、掃抹社、烏牛難社、阿里史社、樸仔籬社，康熙五十四年新附，年共納鹿皮五十張、折徵銀一十二兩。[32]

在當時，南投縣境無一漢人之保。漢人之保，最早出現者爲水沙連保。伊能嘉矩認爲清廷爲加強濁水溪流域之統治，於雍正十二年設立水沙連保。[33]但他根據什麼史料我們不知道。後來劉枝萬也繼承此說。[34]並爲治南投縣史者所沿用。但志書中出現水沙連保是乾隆二十五年（1760）余文儀《續修台灣府志》，[35]所以林文龍以爲成立於乾隆二十年，[36]比較可以接受。次於水沙連保的是南北投保，成立於乾隆三十年上下。[37]所以在水沙連之役前，南投縣境漢人人數，以及漢移民開發之程度，均未到足以單獨成立保之條件。所以今日草屯、南投地區，先屬半線保，再屬貓羅保。[38]

北投社之出現早在康熙二十五年（1686）蔣毓英《台灣府志》，但

---

[31] 周鍾瑄，〈封域志〉山川條，《諸羅縣志》，卷 1，頁 8-9。

[32] 周鍾瑄，〈賦役志〉〈餉稅〉陸餉條，《諸羅縣志》，卷 6，100。

[33] 伊能嘉矩，《大日本地名辭書續編第三臺灣》，（東京市：富山房，明治 42 年 12 月 28 日），頁 92。

[34] 劉枝萬，《南投縣沿革志開發篇稿》，頁 109 有言：「翌雍正十二年，爲加強控制內山，統括濁水溪流域一帶番境（即清末之五城、集集及沙連等堡）成立一堡，號稱水沙連堡。」

[35] 余文儀，〈規制〉〈坊里〉，《續修臺灣府志·卷二》（南投：臺灣省文獻委員會，1993年 6 月），頁 73，有「水沙連保，距縣六十里。」

[36] 林文龍，〈通事社丁首在臺灣開發史上的角色—以水沙連「社寮」時期爲例〉，《社寮三百年開發史》（南投：社寮文教基金會，1998 年 5 月），頁 212-223。

[37] 陳哲三，〈草屯地區清代的拓墾與漢番互動〉，《臺灣歷史與文化（二）》，（台北縣板橋：稻香出版社，2000 年 2 月），頁 11-60。

[38] 同前註。

註明離府治三百七十五里，是錯的；康熙三十三年高拱乾《台灣府志》
註明離府治五百六十里，比較正確。至於漢人的「南北投莊」要到乾隆
六年劉良璧《續修福建台灣府志》才出現。乾隆二十五年余文儀《續修
台灣府志》出現南投「縣丞」，書明「在貓羅保南投街，乾隆二十四年
發帑新建。」當時的南投縣境另有水沙連保的林既埔街。至於北投街大
約正在形成中，從契約上看最晚在乾隆四十七年已有北投街了。[39]

　　以上討論，在在證實雍正四年之前，南投縣境除今竹山鎮內之林驥
埔、竹腳寮有漢人耕種其中外，就只有南北投鎮番寨，可能有漢人守禦
其間，其他則均是原住民的世界。此種情形到乾隆六年（1741）似乎仍
然改變不多，至少在官方認知如此，因為到那年，柴坑仔社、貓羅社、
南投社、北投仕、貓羅社仍然「東附內山」，意即屬歸化生番。「內山」
即指水沙連內山歸化生番。又從此次戰役前後，對朴仔籬社所謂「係兇
番戚屬」，特別駐軍鎮壓，以及水裡社骨宗因南投崎社土官眉成爻大霞
等出投二事觀察，也可証內山族群，與今日所知沿山平埔族有密切 關
係。殺人事件，沿山平埔族也脫不了關係。如果一切都歸罪骨宗，則骨
宗活動力未免太強，在斗六門到大甲間倐忽往來，神出鬼沒。

肆、進兵路線及其地望

　　自前面討論，知道水沙連戰役，係兩路進兵，今略去說明只將地點
按行進方向分兩路標明。又其地名與今日地名不盡相同，其不同之地望
究係今日何地，也待加以釐清，俾明其真正進兵之路線，兼解開數百年
不解之謎，而使南投縣史中 之某些謎團，到此庶可迎刃而解。

　　（一）索琳、吳昌祚南港一路

　　府治→入牛相觸→渡阿勃泉溪→抵竹腳寮（虎尾溪陽）→渡虎尾溪
上游→入 內牛相觸山口→渡溪→至稷稷社舊基→渡稷稷溪→武滑納埔
→渡溪→外麻里關溪→越麻里嶺北→渡溪→至陳武峨→內麻里漢→抵

---

[39] 同前註。

外北甲之決里社→水裡社之 中港南岸→水裡社骨宗巢穴。

（二）何勉、王汧北港一路

北港南投崎社→蛤里難社→水裡社。

（三）索琳回程

水裡社→竹腳寮→渡虎尾溪→經南投崎社→北投崎社→貓羅社→半線社。

（四）吳昌祚、何勉、王汧回程

水裡社→蛤里難等社→半線社。以上計二條進，二條出，報告人是索琳，所以他的部分很清楚，尤其進軍路線，大體每天都有記錄，別人的便十分簡略。這些地名是二百七十四年前的地名，和今日的地名已經有很大的不同，有些可以知道今日是何地，有些則有待繼續研究。

先看索琳、吳昌祚南港進軍之情形。府治，當時台灣只設台灣府，府治在今日台南市。牛相觸，即《諸羅縣志》所云：「為虎尾溪之牛相觸山。一在溪之南斗六門界，一在溪乏北大武郡界。南北兩峰，如牛奮其角而將觸。」[40]阿勃泉溪，即《諸羅縣志》之「阿拔泉溪」。該溪「發源於阿里山，西北過竹腳寮山，為阿拔泉渡，西合於虎尾。」[41]黃叔璥《台海使槎錄》卷三〈赤崁筆 談〉亦作「阿拔泉」，指出與虎尾「源同出水沙連」，而且說「阿拔泉極清，虎尾溪極濁。」[42]劉良璧《重修福建台灣府志》作「出阿里山」[43]，與《諸羅縣志》同。此後范咸《重修台灣府志》，余文儀《續修台灣府志》均同。到道光初年《彰化縣志》亦同。到同治初年《台灣府輿圖纂要》阿拔泉溪下括號注「即清水溪」。並說明「發源於阿里山，在阿拔泉之北。由西南斜流，又繞至內觸口山之下、外觸口山之上、合於濁水溪。」[44]可知阿勃泉溪即阿拔泉溪，即

---

[40] 同註 29。

[41] 周鍾瑄，〈封域志〉〈山川〉，《諸羅縣志・卷一》，頁 12。

[42] 黃叔璥，〈赤崁筆談〉，《台海使槎錄・卷三》，頁 50。

[43] 劉良璧，〈山川〉〈諸羅縣〉，《重修福建臺灣府志・卷三》（南投：臺灣省文獻委員會，1993 年 6 月），頁 61。

[44] 臺灣銀行經濟研究室編，《臺灣府輿圖纂要》（南投：臺灣省文獻委員會，1996 年 9 月），頁 233。

同治後之清水溪，黃叔璥已言其水極清，終以水清而名。

有關地名請參閱附圖一「南投縣的自然環境」[45]、附圖二「濁水溪流域平面圖」[46]及附圖三「烏溪流域平面圖」。[47]

竹腳寮，索琳原文指在「虎尾溪陽」，則不在阿拔泉溪畔明甚。竹腳寮地望在阿拔泉溪之東，在虎尾溪之陽，又在內牛相觸山口之西，則其位置為今日竹山鎮濁水溪岸東自吊橋頭西至冷水坑之間，但要是一個可以扎營駐軍的地方。竹腳寮因為安倍明義說是集集鎮的隘寮，[48]以後治台灣史的人都沿用，劉枝萬在南投縣志亦沿用其說。林文龍是第一位力辨其非的人，但林說竹腳寮當在「清水溪上游山區」，即今福興里山區，舊屬鯉魚頭保，則離正確地點更遠。雍正六年來台的巡台御史夏之芳有詩云：「仄徑紆通斗六門，山牛遙觸壓荒村；畫開地險須重障，竹腳寮邊戍卒屯。」[49]原註：「斗六門去竹腳寮二十餘里，為生番隘口，其地有牛相觸山。」[50]可知水沙連之役後，竹腳寮有了駐軍。這個駐軍的成例似一直延續到光緒年間。最近獲社寮黃文賢贈所藏古文書影本，其中有一件乾隆三十年七月的杜賣契在「為中人陳玉衡」之下蓋有一長方戳記，印文如下：

正堂韓給水沙連竹腳寮庄族正陳玉珩記[51]（如圖一）

而在乾隆三十七年的另一件找洗田契之「原中兄」下蓋有一長方戳記，印文如下：

正堂張給沙連保北中庄家長陳玉珩記[52]（如圖二）

---

[45] 羅美娥《台灣地名辭書・卷十南投縣》（南投：台灣省文獻會，2001 年 12 月），頁 17。

[46] 黃炫星《南投縣鄉土大系・南投地理篇》（南投縣政府，1995 年 6 月），頁 126-127。

[47] 黃炫星《南投縣鄉土大系・南投地理篇》（南投縣政府，1995 年 6 月），頁 118。

[48] 安倍明義，《臺灣地名研究》，頁 168，「隘寮」條云：原本稱為「竹腳寮」，為各社的總路隘口。

[49] 陳漢光編，《臺灣詩錄（上）》（南投：臺灣省文獻委員會，1971 年 6 月），頁 251。

[50] 同註 45。

[51] 竹山鎮社寮陳允洋先生藏古文書。

[52] 同註 47。

　　自此，可知竹腳寮即北中庄。而北中庄又在何處？同治七年六月的一件永杜賣契有「社寮北中庄」[53]字樣，可見北中庄即在社寮。也即竹腳寮即是社寮，今日社寮之三個角頭即北中，大公及過坑。竹腳寮之變社寮，黃叔璥已言之矣。他說：「竹腳寮，乃各社總路隘口，通事築室以居焉。」[54]通事所居曰公廨，即社寮。[55]社寮之名由此起。

圖一　　　　　　圖二

　　內牛相觸山口，即雲林縣八景之「象渚垂虹」，今攔河堰地。稷稷社，即集集社，同音異字，時集集社已他遷，故稱舊基。此一史料十分珍貴，因為過去對集集地名由來有二說，一指係因社子社（chipu chipu）而來[56]社子社安倍明義作 chiv chiv；[57]一是因夏獻綸〈埔裏社圖〉〈台灣前後山輿圖〉出現「聚集街」、「聚集山」[58]，以致有人以為集集乃因商業機能旺盛而命名，如安倍明義之「四民集來」，陳江龍之「四方來聚，

---

[53] 吳淑慈，《南投縣永濟義渡古文契書選》（南投：南投縣立文化中心，1996 年 6 月），頁 54。

[54] 黃叔璥，〈番俗六考〉，《台海使槎錄・卷六》，頁 123。

[55] 劉良璧，〈風俗〉〈土番風俗〉，《重修福建臺灣府志・卷六》，頁 101，有言「凡社中皆擇公所為舍，環堵編竹蔽其前，曰公廨，即社寮，通事居之，以辦差遣。」

[56] 洪敏麟，《臺灣舊地名之沿革第二冊（下）》（南投：臺灣省文獻委員會，1984 年 6 月），頁 503-505。

[57] 安倍明義，前揭書，頁 168。

[58] 夏獻綸，《臺灣輿圖》，（南投：臺灣省文獻委員會，1996 年 9 月），頁 62-63。

眾商雲集」[59]之說。今據索琳報告。印證黃叔璥《台海使槎錄》[60]，可知二說都錯誤。集集是由原在集集之集集社，或作稷稷社而命名，猶如南投來自南投社一個樣。

自武滑納埔以下地名，很難與前後記錄比對。地點應在今水里到魚池之二鄉鄉境，而終點為日月潭。

先看黃叔璥在索琳之前二、三年的記錄：

> 水沙連社，地處大湖之中，山上結廬而居，山下耕鑿而食，湖水縈帶，土番駕蟒甲以通往來。環湖皆山，層巒險阻。屬番二十餘社，各依山築居。山谷巉巖，路徑崎嶇，惟南北兩澗沿岸堪往來。外通斗六門。竹腳寮，乃各社總路隘口，通事築室以居焉。水沙連、集集、決里、毛碎、蠻蠻、木靠、木武郡、又子黑社、佛子希社（亦木武郡轄）、挽鱗、例咯、大基貓丹、蛤里爛等社，名為南港。加老望埔、描里眉、斗截、平了萬、致霧、例咯嘓、眉加碟、望加臘、福骨、描里八、描里旺、買槽無老等社，名為北港。……通事另築寮於加老望埔，撥社丁，置煙、布、糖、鹽諸物，以濟土番之用。售其鹿肉皮筋等項，以資課餉。[61]

此段文字，在水里到魚他日月潭行程無可比對。過日月潭後則挽鱗即挽蘭，蛤里爛即蛤里難，福骨即佛谷，描里眉即貓里眉，倒咯嘓即哆羅郎，致霧、平了萬同，其餘則待考。

再看道光三年（1823）鄧傳安的記錄，他由廣盛莊（集集）率社丁屬徒百人，屯丁四十人，田頭社生番為先導，韔弓、服矢、執戈、揚盾出發，過油車坑，沿溪數里，登雞胸嶺。從嶺上望社仔舊社。過土地公案五里，皆密樹；過牛牘澤五里，皆修竹蔭翳。過滿丹嶺，至田頭社。留宿。次早過水裡社，望見日月潭中之 珠仔山。過貓蘭及沈祿。遙見埔里社，一望皆平原。埔里社番及招來諸熟番皆跪迓於道，即延館於覆

---

[59] 陳哲三，《集集鎮志》，（南投：集集鎮編纂委員會，1998 年 6 月），頁 66-67。
[60] 黃叔璥，〈番俗六考〉，《台海使槎錄·卷六》，頁 123，有「集集」社之名。
[61] 同註 55。

鼎金山下之番寮。[62]到此能比對的更少，只知貓蘭即挽蘭、挽鱗。

此時埔里只出現蛤里難社，南投是南投崎社，草屯是北投崎社。這些地方似都未有漢人移墾蹤跡。蛤里難社在埔里毫無可疑。不是宜蘭。而南投崎社、北投崎社，不知何以多一「崎」字。值得注意。

所以本次官方進兵路線，主力自竹山鎮之社寮，渡濁水溪到集集，再經水里，魚池到日月潭。另一路是由南投、草屯，經烏溪入埔里，再到日月潭。

至北港一路，因索琳未曾親歷，只記南投崎社、蛤里難社、水裡社及所招撫之十社：蛤里難社、挽蘭社、貓里眉外社、貓里眉內社、眉加臘社、哆羅郎社、斗截社、平了萬社、佛谷社、致霧社。其中南投崎社即南投社，水裡社即日月潭之水社，今邵族。蛤里難社應在今埔里盆地之一社。此社名與宜蘭之蛤里難（噶瑪蘭）又作蛤仔難、蛤仔蘭、葛雅蘭等近似或相同，而被誤以為即宜蘭，其實一在宜蘭，一在埔里，讀史者宜判別。如社名完全相同，亦不必有疑，因原住民皆屬南島語族，族別語言自有可能相同。如台北有北投，草屯亦有北投，如屏東有 萬丹，南投亦有萬丹，竹山有加走寮，台東有加走灣，伊能嘉矩、劉枝萬皆將之解為宜蘭，致生疑慮。其他挽蘭社，又作貓蘭社，郭百年事件後併入水里社。[63]址在今魚池鄉中明村。[64]貓里眉外社、貓里眉內社為泰雅族賽考列克亞族馬立巴群，居於仁愛鄉北港流域上源之最高處。[65]眉加臘即日治時期之眉原蕃，住埔里北方十六公里，今仁愛鄉新生村。[66]哆羅郎又作倒咯嘓，日人稱卓犖蕃，住仁愛鄉合作村，即靜觀南方高地。[67]有說族人來自埔里盆地之愛蘭，斗截社即道澤群，住濁水溪上游溪岸仁愛鄉合作村，今稱和平。[68]平了萬社，又作平來萬社，今稱萬大社，住今

---

[62] 鄧傳安，〈水沙連紀程〉〈藝文志〉，《彰化縣志・卷十二》，頁 440-442。

[63] 姚瑩，〈埔里社紀略〉，《東槎紀略》（南投：臺灣省文獻委員會，1996 年 9 月），頁 32-40。

[64] 洪敏麟，《臺灣舊地名之沿革第二冊（下）》，頁 5-7。

[65] 程士毅，《南投縣原住民遷徙過程─仁愛鄉泰雅族調查計畫期末報告》（1999 年 6 月），頁 19。

[66] 程士毅，前揭書，頁 24；洪敏麟，前揭書，頁 568。

[67] 程士毅，前揭書，頁 18；洪敏麟，前揭書，頁 562。

[68] 程士毅，前揭書，頁 17-18；洪敏麟，前揭書，頁 561。

仁愛鄉親愛村，與霧社、福骨（白狗）有親戚關係，[69]佛谷社即福骨社，日人稱白狗蕃，住北港溪上游沿岸。[70]致霧社即霧社。[71]其中哆羅郎、佛谷、貓里眉、致霧、平了萬等在郭百年事件後有向深山遷移的跡象。此姚瑩有云：「哆咯嘲、福骨兩社與沙里興為鄰，混入兇番。眉裡、致霧、安里萬三社亦暗通兇番以自固。」[72]前哆羅郎有愛蘭移入靜觀之說，不是全然無稽。

可見北港一路招撫的十社，除蛤里難社、挽蘭社外，全屬泰雅族。

伍、動員兵力及其部署

水沙連之役清方動員兵力，計分兩路，一為南港一路，一為北港一路。而以南港為主力。

　　總統：台廈道吳昌祚
　　帶兵進剿：淡水同知王汧北路營參將何勉淡水守備鍾日昇
　　辦運軍糧：知府管彰化縣知縣張縞
　　巡臺御史索琳，以台灣最高長官隨軍進剿

其各路統兵官弁及兵力，任務如下列各表：

---

[69] 程士毅，前揭書，頁 26；洪敏麟，前揭書，頁 564。
[70] 程士毅，前揭書，頁 24。
[71] 洪敏麟，前揭書，頁 559。
[72] 姚瑩，前揭書，頁 35。

表二：南港一路之統兵官弁及兵力表

統兵官弁	兵力	任務
巡台御史索琳 台廈道吳昌祚 守備張文耀 干總傅雲章 台灣府經歷左思源 諸羅縣革職留任典史趙大章功加 朱紹雄　張厚　林天成 張世俊　許績　張俊　黃恩 效力外委　王廷桂	兵180 民壯100 熟番280	自竹腳寮進督
守備鍾日昇 把總游金闕	兵200　熟番 300	在竹腳寮候令進發
千總蔡彬 把總莊子俊	兵100　熟番50	尾後接應
彰化知縣張縞	派撥熟番	負十日兵糧隨行

表三：北港一路統兵官弁及兵力表

統兵官弁	兵力	任務
同知王汧	熟番300 民壯150	由北港南投崎抄入番巢之後，候令進發
參將何勉千總呂奕 把總王提	兵200	聯絡接應
守備楊鈴	兵100	駐劄兇番之戚屬朴仔籬社
把總任林五	兵50	駐劄於鄰近朴子籬之貓霧捒社以備應援

表四：後方坐鎮兵力

統兵官弁	兵力	任務
千總劉弘量	帶兵	彈壓彰化縣治
把總陳士祥　鄭捷 效力外委　阮邦貴 台灣縣縣丞馬麟趾	兵80	駐守竹腳寮營盤散給兵糧

　　從表二，可知攻擊主力的南港一路，動員官弁十九位，兵四八○人，民壯一○○人，熟番六三○人以上。熟番數額因為彰化知縣派撥負十日兵糧隨行的不知多少人，無法確知，總數可能在一千人以上。

　　從表三，北港一路官弁六員，兵三五○人，民壯一五○人，熟番三○○人。表四，官弁五人，兵八○人以上。三個表合計，官弁三十人，兵

九一〇人以上，民壯二五〇人，熟番九三〇人以上。總人數在二一二〇人以上。熟番人數如加上負十日糧計之，則其人數超過官弁、兵、民壯之總數。所以原來「以番攻番」的策略沒有改變。又原先高其倬、毛文銓兵力調配是：「委吳昌祚帶兵三百名，熟番四百名，總行料理一切剿撫之事，并委北路營參將何勉協同料理。其下分為兩路，一路從南投崎而進，用兵二百名、熟番四百名，千把共四員。令淡水營守備戴（鍾）日昇帶領前進。一路從竹腳寮而進，用兵二百名，熟番四百名，千把共四員。令原任淡水海防同知，今降二級調用王汧帶領前進。令彰化知縣張縞動碾所存倉穀一千石運給口糧。令台灣府知府孫魯撥貯銀二千兩以備激賞。仍令該府總行料理接濟糧餉事務。又照會台灣鎮總兵官林亮酌派遊守一員量帶兵丁在近山要口駐紮協助，再派該鎮右營守備張文耀帶兵一百名在羅漢門一帶，彈壓彼處生番，遙助聲勢。并照會總兵官林亮台灣府城緊要不可遠離，該鎮只在府城彈壓，總行照料策應。」[73]與實際進兵比對，有許多不同。製成表五，俾便比對。

表五：雍正四年十月十三日進兵計畫

任務路線	官弁	兵力
總統	台廈道吳昌祚 參將何勉	兵 300 熟番 400
南港竹腳寮一路	同知王汧 千把四員	兵 200 熟番 400
北港南投崎一路	守備鍾日昇 千把四員	兵 200 熟番 400
坐鎮彈壓	總兵林亮遊守守備張文耀	坐鎮府城，駐紮近山要口， 兵 100 彈壓羅漢門生番

自表五，可知原計畫只用官弁十五員，兵八〇〇以上，熟番一二〇〇人。總計二〇一五人。官弁比後來實際進兵少一半，兵也少，又無民壯，熟番人數則較 後來多，但如計負糧熟番，則還是少。也就是實際用兵的官弁兵、熟番都較原畫多。又原來要鎮守府城，近山要口、羅漢

門，後來實際是鎮守彰化城、竹腳寮，近山要口則是守樸仔籬社、貓霧揀社。比原計畫縮小務實。可見坐在福州設計台灣已經出現落差。而張文耀原來是要守羅漢門的，結果是守竹腳寮營盤。王泝原計畫是南港進兵，實際是他和何勉自北港進兵。

在總督巡撫的進兵計畫中，都沒有巡台御史，為什麼巡台御史索琳要一起進剿？原來巡台御史是康熙六十一年新設的，當時派遣原因在朱一貴亂後，皇帝以為亂在官弁乏人監督，派御史當皇帝耳目。「此御史往來行走，彼處一切信息可得速聞。凡有應奏事宜亦可條奏，而彼處之人皆知畏懼。至地方事務，御史不必管理也。」[74]巡台御史不必管理地方事務，但任何事、任何人都可以管。這就是　索琳一起進剿的原因。

在水沙連之役中，官弁方面，文職有：巡台御史一員、台廈道一員、同知一員、知縣一員、府經歷一員、典史一員、縣丞一員。武職有：參將一員、守備三員、把總六員、功加七員、效力外委二員。

以如此兵力，比較前後的清廷對台灣用兵的情形，可以知道是一次小規模的戰役。康熙六十年朱一貴之役，統帥有水師提督施世驃、南澳鎮總兵藍廷珍，自大陸調來兵力在一萬二千人以上。[75]又如林爽文之役，統帥有福建水師提督、福建陸路提督、湖廣總督、將軍、參贊大臣、侍衛章京、協辦大學士陝甘總督等，先後調兵四萬餘。[76]

水沙連之役規模雖然不大，但部署則極為周詳完備。分二路進攻，一路為主力，除攻番主力外，又有尾後接應，有聯絡接應，有駐剳在兇番戚屬以防其助逆，又駐兵於戚屬鄰近以備應援；又有專辦軍糧，並負十日兵糧隨行。進攻之後，又有在彰化縣城彈壓、駐守竹腳寮營盤。見外北甲險要，也留兵守之。考慮周詳，佈置妥當。

---

[74] 臺灣銀行經濟研究室編，《清聖祖實錄選輯》（南投：臺灣省文獻委員，1997 年 6 月三版），頁 175，康熙六十年冬十月初五日條；參看何孟興，〈清初臺灣巡察御史之研究〉，東海大學歷史研究所論文（1987 年 4 月）。

[75] 盛清沂等，《臺灣史》（南投：臺灣省文獻委員會，1994 年 6 月三版）。

[76] 賴福順，《乾隆重要戰爭之軍需研究》（台北：國立故宮博物院，1984 年 3 月），頁 126-131、248；莊吉發，《清高宗十全武功研究》（台北：國立故宮博物院，1982 年 6 月），頁 183-267。

　　因爲此次調兵進剿，只在「令其獻出殺人兇番正罪示懲」，所經之社「順者撫之，抗者剿之」，而各社都聞風歸順，只有「骨宗一社，抗未來歸」，所以只在骨宗巢穴動了鎗炮。而「番眾初猶恃險，及至官兵一到，槍砲聲作，俱驚竄嶺北」。並未接仗。故索琳說：「自十二月初三日進兵，計十有四日，兵不血刃，而兇番已獲，各社歸誠。」對清兵而言，這只是一次高山行軍，不算戰鬥；但自派人心戰喊話，軍容壯盛而言，也算是不戰而屈人之兵。當然，原住民的人數、武器、組織、訓練各種條件要和清兵作戰，實際也非對手。所以只有束手就縛，或綑綁自己的族人送交清方。

陸、善後及其影響

　　水沙連之役在雍正四年十二月十一日抵水裡社骨宗巢穴，搜出從前殺去人頭八十五顆、葫蘆外包人頭皮四個、人手一隻、並衣飾等物，押交彰化縣收貯。清兵焚其寮舍倉穀。又率兵細加搜捕。骨宗、麻思弄因南投崎社土官眉成爻大霞、隨軍效力楊元祥投參將何勉、同知王汧軍前。十四、十五日又据麻思弄招出伊姪巴荖肉，骨宗二子拔思弄、水里萬及番麻十奔簡達氏……等二十名，並至軍前。內除幼番雞臘一名外，餘均押交台灣府發禁在案。

　　台廈道吳昌祚統兵搜查南北中三港各社番口，令其認輸額餉，開造清冊詳報督撫具奏。

　　索琳十七日出山，由竹腳寮渡虎尾溪，經南投崎社、北投崎社、貓羅社而至半線社。二十七日，吳昌祚帶同何勉、王汧由蛤里難等社而至半線。隨後解到貓里眉社阿密氏貓著，及人頭三顆，亦押交台灣府發禁。

　　善後處置方面，令把總游金闕帶兵一百名，駐劄竹腳寮巡察，並議於南投崎之外木柵及貓霧揀二處各撥把總一員帶兵一百名駐劄彈壓。

　　因爲朴仔籬社係兇番戚屬，亦非循良之番，故索琳等於十二月三十日率領官軍由阿里史等社，而至逼近朴仔籬社之岸里社駐軍。阿里史社土官達武郡乃，岸里社土官亞賜老等，朴仔籬社土官解旦等率眾相迎。

雍正五年正月初一日，由素為番眾畏服之同知王汧飭取山內山外各社互保，嗣後不法甘罪結狀在案。

經過此一懲剿，各社番男女歸順，情願仍納番餉者各社共四千四十五名。[77]至於捕獲骨宗等，則經台灣道吳昌祚委員押解到省，福建總督高其倬等會同親審，供出骨宗為首，出山焚殺過十餘次，骨宗殺過十人。其人頭有他殺的，有夥下人殺的，也有別番所殺的，因為骨宗為頭目，都放在他家。阿密氏貓著供只殺過二人，而焚殺次數甚多，且曾領帶眾番焚殺，共殺過二十六人。其餘拔思弄、麻思弄、簡達氏、烏民慢里罕歇笠丹腦貓六甲擺本谷宗目堵麻十奔目改旦十三人，或供曾經殺過五人、四人、三人、二人、一人不等，亦皆出山焚殺數次，其水裡萬巴荖肉挽蘭卯番斗肉五人，雖供未曾殺人，然亦屢次同行。所以照楚省紅苗治罪之例一伏草殺人再犯者不分首從，皆斬立決，將骨宗、貓著二犯抄立斬梟示，押解至北路番子山口原行兇之處正法示眾。其拔思弄等十三人援減抄斬監候，其水裡萬等五人照為從例枷責發落。但係番人，且放回必更滋事，應留在省城永行監禁。[78]這是雍正五年四月四日福建總督高其倬、福建巡撫毛文銓給皇帝的報告。

巡台御史夏之芳、赫碩色在雍正六年五月認為彰化縣東南竹腳寮至南北投、貓霧捒一帶，係生番出入之所，應於適中之地添設巡檢一員，帶領民壯，專巡沿山地方。[79]終於在雍正十年設立貓霧捒巡檢。[80]又雍正十一年八月，皇帝同意福建總督郝玉麟條奏台灣營制事宜，其中與本地區有關者錄如下：

> 北路延袤千有餘里，原設參將一員、守備一員、千總二員、把總四員、兵一千一百二十名，亦不足分防彈壓；請改參將為副將，

[77] 福建總督高其倬，〈奏報番民不法摺（雍正 5 年 2 月 10 日）〉《宮中檔雍正朝・第七輯》（台北市：國立故宮博物院，1978 年 5 月），頁 447-448。

[78] 福建總督高其倬，〈奏報審辦臺灣兇番摺（雍正 5 年 4 月 4 日）〉《宮中檔雍正朝・第七輯》（台北市：國立故宮博物院，1978 年 5 月），頁 892-894。

[79] 巡臺史科給事中赫碩色，〈奏陳地方政務折摺（雍正 6 年 5 月 6 日）〉《宮中檔雍正朝・第十輯》（台北市：國立故宮博物院，1978 年 8 月），頁 395-397。

[80] 周璽，〈官秩志〉，《彰化縣志》，卷 3，頁 68、頁 96。

再添設都司一員、守備一員、千總四員、把總八員、兵一千二百
八十名，台中、左、右三營，以都司為中軍，守備為左右二營，
分駐諸羅縣治及斗六門、竹腳寮、笨港、鹽水港、彰化縣、篷山、
竹塹、中港、後壟、南崁、淡水等汛。[81]

其中竹腳寮汛、貓霧捒汛都是在水沙連之役後被重視的防番重地。
水沙連之役後，水沙連社不再作歹殺人，在乾隆末年林爽文之役時，還
助官方捕擭林爽文家眷，可見水沙連之役對水裡社邵族行為影響之深
遠。是否從此革除獵首習俗，值得再加研究。

柒、結論

雍正四年水沙連之役，雖不是很大的戰役，但在南投縣史中可算是
最早最大的戰役。對南投縣境原住民的戰爭，除後來的霧社事件，日本
當局出動四千餘人[82]（其中警察一三〇五人、官役人伕一五六三人、軍
隊一三〇三人），是規模更大外；這次動員二千多人，就清代而言，沒
有更大的戰役了。

當然，清方此次戰役，是因為在雍正三年八月至四年十一月間竟發
生十六起生番殺人事件，被殺有六十二人，被殺耕牛一四〇隻，被焚房
屋八十一間以上。[83]人命關天，地方官員在此情況不得不制止，制止的
方法就是進剿，正如高其倬、毛文銓說的「水沙連兇番抗餉不納，焚殺
無已，必須少加勦懲，使知斂戢。」[84]。殺雞儆猴的性質為大，所以原
計畫「以番攻番」「順者撫之，抗者勦之」並不濫殺。動員這麼大，準
備這麼久，只捕獲二十餘人便了事，可見清官方自中央到地方都相當節
制，可算是好的邊疆政策，比較後來的二二八、白色恐怖，真不可同日
而語了。在這過程中，巡台御史索琳一路自帶親丁，自備糧食，與軍隊

---

[81] 臺灣銀行經濟研究室編，《清世宗實錄選輯》（南投：臺灣省文獻委員會民國 86 年 6 月），
　　頁 43，雍正十一年秋八月己酉朔條。

[82] 鄧相揚，《霧社事件》（台北：玉山出版公司，1998 年 10 月），頁 73-76。

[83] 參考表一。

[84] 同註 17。

同朝夕,也是使軍隊不濫殺的原因吧!巡台御史爲天子耳目,在此似發揮了積極的功能。雍正皇帝在索琳的奏報上批示邊疆要寧靖,一要文武官弁撫恤有方,一要漢番各安生理,三對原住民徐徐開導,令知人理。用兵終非長久之策「如全賴以兵威,朕不取也。」[85]

殺人的不只是水裡社,貓里眉社也出山殺人,甚至今日認爲屬平埔族的貓螺社、岸裡社也殺人,但是搜出的頭顱是水裡社最多,竟多達頭顱八十五個,頭皮四張,還有人手一隻。這一隻人手,顯然是雍正四年十月十五日在竹腳寮水沙連河邊被殺的南北投鎮番寨守禦竹腳寮民壯朱八所有。水裡社有最多頭顱。骨宗承認出山焚殺過十餘次,但辯解說「伊自殺過十人,其人頭係伊自殺及夥下之人同殺者,亦有別番所殺者,因伊頭目,都放在伊家。」[86]骨宗出山殺人十多次,夥下、別番殺的人頭又都送到他家,可見骨宗是個英勇的領袖,在水沙連番社中居於領導的地位,這是清兵以他爲攻擊目標,以他的社族爲懲治對象的原故。

水沙連的水裡社、水社、邵族、頭目骨宗,頭目的兒子,及眷屬族人二十餘人被捕、被殺、被終身監禁。對一個處在遊獵時代的部族是一個很悲慘而重大的打擊,所以從此之後,水社不再出山殺人,也可能從此革去了獵首的習俗。這一點,對他們民族日後的發展是好是壞?值得研究。

在當時,台灣統治當局都清楚爲什麼生番殺人,爲什麼流移入墾會被殺,所以對原住民有比較多的同情,也制定了比較保護原住民的政策。可是移民似潮水般湧入,立石畫界,一切進入番地的禁令全歸無效,正是《彰化縣志》說的「彼越墾之人,雖性命尚不自惜,又何畏乎犯法哉!」[87]政策與現實不斷的拔河,直到今天。也因此出現今天我們所看

---

[85] 雍正皇帝的批示全文如下:「山番勤撫,甚屬可嘉。今經此一振作,自然安靜數時,終非久長之策。全在文武官弁,撫恤有方,必令漢人總不與生番交接,各安生理,彼此不相干。自然無事。若文官圖利,武官懈弛,漢人欺侵殘弄,熟番凌虐生番,激成有事,彼皆爲禽獸之類野人,何事而不可爲?雖如此加以兵威,未免殺及無知,今既平定之後,當務之感恩,徐徐開導,令知人理,方長久之策,如全賴以兵威,朕不取也。爾等可協力共勉之。」
[86] 周璽,〈兵防志〉〈屯政〉,《彰化縣志·卷七》,頁227。
[87] 周璽,〈兵防志〉〈屯政〉,《彰化縣志·卷七》,頁227。

到的原住民政策與原住民。

　　除外，很幸運的，因為索琳等人的奏報留了下來，使我們得以根據它們解決 一些清代早期南投縣境的史事。在那時，南投縣境除了竹山的林㺍埔（林驥埔）、竹腳寮有漢人耕作其中外，南北投的鎮番寨，也可能有漢人守禦其中，其他地方便看不到漢人的蹤跡了。

　　很可驚異的，在交通路線方面，入埔里、入日月潭有南北二路，當時，甚至更早，已經很清楚，而且和嘉慶、道光時的記錄沒有不同了。南港自濁水溪溯溪而上，經集集、水里、魚池到日月潭，並可到埔里，出草屯。從北港一路，自南投崎社、北投崎社溯烏溪而上，經國姓、入埔里的蛤里難社，再經魚池挽蘭社到日月潭。二路都可通行，這顯然是原住民走出來的路。原住民在這塊土地上已經生活了數千年，他們十分熟悉他們腳下的土地。因此，對於清初方志所記錄的交通路線，似該減少懷疑，多加研究。

　　對「竹腳寮」地望，在今竹山社寮，應無可疑。但不知何以索琳寫「虎尾溪陽」？又朱八是守禦竹腳寮民壯，他在竹腳寮水沙連河邊被殺，那麼這條「水沙連河」即索琳之虎尾溪，也即今日的濁水溪。這或許就是竹山為古水沙連地的一個證據吧！集集地名來自集集社（稷稷社），應無可疑。南投社、北投社為什麼 寫成南投崎社、北投崎社？又南投的「鎮番寨」地點何在？何時開始設？又「蛤里難社」在埔里無可疑，但和嘉慶道光時的那一個社可以對應？又埔里附近歸化的泰雅族，雍正時是否住在盆地，至少在盆地周圍？後來才搬遷入山？其搬離時間是雍正水沙連之役？或是嘉慶的郭百年事件？這些問題都待進一步的研究。

參考書目

伊能嘉矩，大日本地名辭書續編第三台灣，東京市：富山房，1909 年。

安倍明義，台灣地名研究，武陵出版社，1897 年。

竹山鎮社寮陳允洋先生藏古文書。

何孟興，〈清初台灣巡察御史之研究〉，東海大學歷史研究所論文，1987
年 4 月。

余文儀，續修台灣府志，南投：台灣省文獻委員會，1993 年。

吳淑慈，南投縣永濟義渡古文契書選，南投：南投縣立文化中心，1996
年 6 月。璽，〈官秩志〉，《彰化縣志‧卷 3》。

周鍾瑄，諸羅縣志，南投：台灣省文獻委員會，1993 年。

林文龍，〈通事社丁首在台灣開發史上的角色－以水沙連「社寮」時期
爲例〉，《社寮三百年開發史》，南投：社寮文教基金會，1998 年
5 月。瑩，〈埔里社紀略〉，《東槎紀略》，南投：台灣省文獻委員
會，1996 年 9 月。

洪敏麟，《台灣舊地名之沿革第二冊（下）》，南投：台灣省文獻委員會，
1984 年 6 月。

夏獻綸，台灣輿圖，南投：台灣省文獻委員會，1996 年 9 月。

高拱乾，台灣府志，南投：台灣省文獻委員會，1993 年。

國立故宮博物院編，宮中檔雍正朝‧第七輯，台北市：國立故宮博物院，
1978 年 5 月。

———，宮中檔雍正朝‧第十輯，台北市：國立故宮博物院，1978 年 8
月。

———，宮中檔雍正朝‧第五輯，台北市：國立故宮博物院，1978 年 3
月。

———，宮中檔雍正朝‧第六輯，台北市：國立故宮博物院，1978 年 4
月。梁志輝、鍾幼蘭編，台灣原住民史料彙篇 7，南投：臺灣省
文獻委員會，1998 年 10 月初版。

盛清沂等，台灣史，南投：台灣省文獻委員會，1994 年 6 月三版。莊

吉發，清高宗十全武功研究，台北：國立故宮博物院，1982 年 6
月。

陳哲三，〈草屯地區清代的拓墾與漢番互動〉，《台灣歷史與文化（二）》，
台北縣板橋：稻香出版社，2000 年 2 月。

———，集集鎮志，南投：集集鎮編纂委員會，1998 年 6 月。

陳漢光編，台灣詩錄（上），南投：台灣省文獻委員會，1971 年 6 月。

程士毅，南投縣原住民遷徙過程－仁愛鄉泰雅族調查計畫期末報告，
1999 年 6 月。

黃叔璥，台海使槎錄，南投：台灣省文獻委員會，1996 年。

黃炫星，南投縣鄉土大系・南投地理篇，南投縣政府，1995 年 6 月。

臺灣銀行經濟研究室編，台灣府輿圖纂要，南投：台灣省文獻委員會，
1996 年 9 月。

———，清世宗實錄選輯，南投：台灣省文獻委員會，1997 年 6 月。

———，清聖祖實錄選輯，南投：台灣省文獻委員，1997 年 6 月三版。

———，雍正硃批奏摺選輯，南投：臺灣省文獻委員會，1997 年 6 月。

劉良璧，重修福建台灣府志・卷三，南投：台灣省文獻委員會，1993
年 6 月。

劉枝萬，南投縣沿革志開發篇稿，南投縣：南投縣文獻委員會編纂組，
1958 年。

鄧相揚，霧社事件，台北：玉山出版公司，1998 年 10 月。

鄧傳安，〈水沙連紀程〉〈藝文志〉，《彰化縣志・卷十二》。

賴福順，乾隆重要戰爭之軍需研究，台北：國立故宮博物院，1984 年 3
月。

羅美娥，台灣地名辭書・卷十南投縣，南投：台灣省文獻委員會，2001
年 12 月。

附件

　　巡視臺灣監察御史索琳，〈奏報剿撫生番以保民命事（雍正 5 年正月 12 日）〉《宮中檔雍正朝・第七輯》（台北市：國立故宮博物院，1978年 5 月），頁 288-292。

奏為剿撫生番以保民命事雍正四年十一月初
二日道臣吳昌祚自省四住帶校督臣高其倬
咨文一角内開為党番戕殺民命特委臺廈道
吳副使為總統兼委淡水同知王沂北路營參
將何勉淡水守備鍾日陞等帶兵分路進勦專
委以知州管彰化縣事知縣張鎬辦運軍糧等
因到臣本月十六日道臣吳昌祚等調領官兵
番壯自府治先發臣於十八日起帶丁役十二
名自備行糧亦從臣署起行至二十六日八十
相隔番境渡阿勃泉溪而抵竹腳寮與道臣吳
昌祚官兵會劊於虎尾溪陽滿令會歷番地之
社丁林三招引水沙連内央里社土官阿龍等
十八名來歸詢明路徑又令社丁陳蒲同央里
社順番先至北港蛤里難等社曉諭能歸化者
郎免誅戮戲去復臣與道臣吳昌祚隨榜同知臣
王沂領縣番三百名並同知臣王沂自募民壯
一百五十名由北港南投鷺抄入番巢之後候

－288－

令進發後仍調泰將臣何起千總呂麥把總王授
帶兵二百名聯絡接應一撥守備臣鍾日陞把
總游金開帶兵二百名熟番三百名由南港水
沙連之前路竹腳蓁候令進發仍撥千總泰
把總莊子後帶兵一百名熟番五十名尾後接
應一撥守備臣楊鈴帶兵一百名駐劄於兜番
之戚醫應援臣朴仔離社俘以覘靜仍撥把總任
社以備應援臣吳昌祚率守備臣張文
顧千總傅雲章臺灣府經歷左懋源諸羅縣萃
職留任典史趙大章功加朱紹雄張學林天成
張世俊許績張俊黃恩勛力外姜王廷柱等統
兵一百八十名民壯一百名熟番二百八十名
由南港竹腳蓁進督臣查自竹腳蓁以至水沙
連之中港路雖百有餘里而其間深溪壘阻加
以崇山峻嶺忿深林軍糧實難載運除連糧
官彰化縣知縣臣張編泳撥熟番員十日兵糧
隨行仍陸續運濟外臣與道臣吳昌祚躬率官

令兵俊各再身裹五日口糧隨安進發前後兩
路官兵統令十二月初三日進攻開劄於水沙連
內中港水里社會合仍撥千總劉弘並帶兵彈
壓彰化縣治并留把總陳必祥鄭接奶力外姜
阮邵青領兵八十名駐守竹腳蓁營盤令臺灣
縣縣丞馬駿孤散給兵糧惟是水沙連一帶共
計三十五社非盡兇番令此闔兵進勦原止令
其獻出兇人盡正罪示應是以領戎官軍所
經之社順者撫之抗者勦之既獲
聖主好生優詔
朝廷大法遵省分別泰處遂進督軍渡虎尾溪
上游入內牛胡嵋山口渡溪至攫攫社竈基安
營初四日渡攫攫溪歷岸而瀾石子灘渡武滑
遷把總游金開帶到社仔社番勝可棄揚引中
港麻思丹社土官田仔率番來歸并頒隨軍招
撫附近番社隨經給賞初五日郎令其前導渡
溪至外麻里閣溪而越麻里鎮北安營初六日

又渡溪而至陳武城安營初七日至內凹里後

而抵外北甲之決里社安營隨德決里社土官

阿𨘣領毛翠社土官阮同番壯來歸當瞭

給賞令四本社初八日搭田行社土官新東

帶領中港茄蘭社伊力社二社土官遊番壯來

歸口橋番等不敢作歹而時常行光焚投者係

水里社骨宗等語并頭前導臣等見外北甲險

要係水沙連前路開隘官軍過後偷為番黨捷

守則南港一路軍糧不能運濟矢遂詔兵壯一

百名令諸羅縣華職留仕典史趙文章領守併

提散兵糧初九日臣等統軍帶土官新東四等

向中港進鑿有山前阻嶺高勢削林密如織其

地素無霜雪草木常青縱火不燃臣與道臣吳

昌祚鼓舞率眾攀緣開路窮日之力始至水里

社之中港南岸劃營總計一路所總迎順番社

則有社行社決里社麻思丹社毛翠社伊力社

貓蘭社等七社其望風歸附者則有木扣社大

基貓丹社木武郡社紫黑社佛子希社哆洛社

蠻蘭社等七社惟骨宗一社杭木來歸臣等遂

望水里社背山坑湖左石峻嶺迤抱湖而的寬

十里深不可涉土番向以大木文餘削空乘渡

名曰蟒甲臣不於戌草中搜得其隻材加

於十一日直抵骨宗巢穴番眾初猶恃險及至

官兵一到銃炮聲作俱驚竄嶺北除令守隘臣

鍾日陞十總蔡彬等一面搜得其從前殺去人

頭八十五顆葫蘆外包人頭虔四個人手一隻

並衣裙等物押交彰化縣戈林深菁中細加

踩捕而同知臣王洲泰將臣何勉亦從水沙連

後路而至蛤里難社除經同知臣王洲招撫蛤

里難社燒蘭社貓里眉外社貓里眉內社眉加

臘社哆羅郎社斗截社平了萬社佛谷社致霧

社等十社番眾安定同奉將臣何勉由北港進

攻愈番骨宗麻思丹等前阻去路尾迤官兵遂

因南投崎社土官眉成大麥隨軍効力楊九

郎等經投奉將臣何勉同知臣王洲軍前就橋

十四十六等日又捷麻思并招出伊姪已是內
骨宗二子枝思弄水里萬及番麻十奇蘭遠氏
邪斗肉烏民慢里平卒肉歇益日改旦丹腦貓
六甲擺木挑荅除雞膿氏日增等二十一名
並至軍前內除幼番雜顧氏一名淮緒蘭伊力
二社順番保留令其招集番回社安挿並卒
肉一名身故外徐經道臣吳昌鮓差千總蔡州
帶兵押交臺灣府發葉在素是皆仰頓

聖主天威及督臣高其倬知人善任道臣吳昌鮓
心竭力調遣合宜同如臣王洲等下避糧除招
撫有方知縣臣張端運潛四路軍權各足並蘭
伍官將兵番同心協力故自十二月初三日進
兵計十有四日兵不血刃而克番已獲各社歸
城除留道臣吳昌鮓統兵挨查南北中三港各
社番口令其誌輸餉餉開違清冊詳報督撫二
臣具

奏外臣於十七日帶丁役出山仍由竹腳蔡渡虎
尾溪下稍經南投崎社北投崎社貓羅社而至

半線社二十七日道臣吳昌鮓帶同春將佐何
魁同知臣王洲等亦由蛤里等社而至半線
與臣又會合鮮到貓里鄉社本社番人兒
番阿家氏偕著一名並所識人頭三顆隨經道
臣吳昌鮓亦令押交臺灣府發集統候軍旋解
訊又令把總游金綱帶兵一百名駐劄竹腳蔡
延察仍於南投崎之外木柵及貓蔡揀二處議
各諳把總一員帶兵一百名駐劄隊壓葉經道
臣吳昌鮓詳請督撫二臣的季在素但竟朴仔
離社徐兗番戚屬亦非循良之番是以臣等訊
三十日卒領官軍由阿里史等社而至通近朴
行離社之岸里社土官亞等朴仔離社土官
舞郡乃岸里社土官亞賜老等朴仔離社土官
解旦等率眾相迎臣等以同知臣王洲素為番
眾畏服雍正五年正月初一日令其紡取山內
山外各社已俱平定郎說軍半線由大武郡一帶番
各社取路於初九日俱四府城所有臣與道臣吳
社取路於初九日俱四府城所有臣與道臣吳

昌祚等勤撫過水沙連一帶二十五社番人凱

旋始末理合繕摺

　奏

開臣索琳謹

　奏

此書關係甚鉅可否奏今得一振作自愈實靜歇時

臣州失業之案實在文武官弁將植者方畛合漢人提

不兵飭書反接數書提不供全書交持奏宜宜理

得此在前年自與事宜及文官開初武官徹令漢人

數得歲書藝書清唐生書潛藏者事拐皆少經

歇之類修八招事舟有前難此也如此壹漱未為穀

及等到今院年庄之陸妻稽之威恩徒之開導今

知八得方失業之案必全賴以長漱勝不百巳宗将

了協方宜魏

雍正五年正月　十二　日巡視臺灣監察御史臣索琳

附圖一、南投縣的自然環境

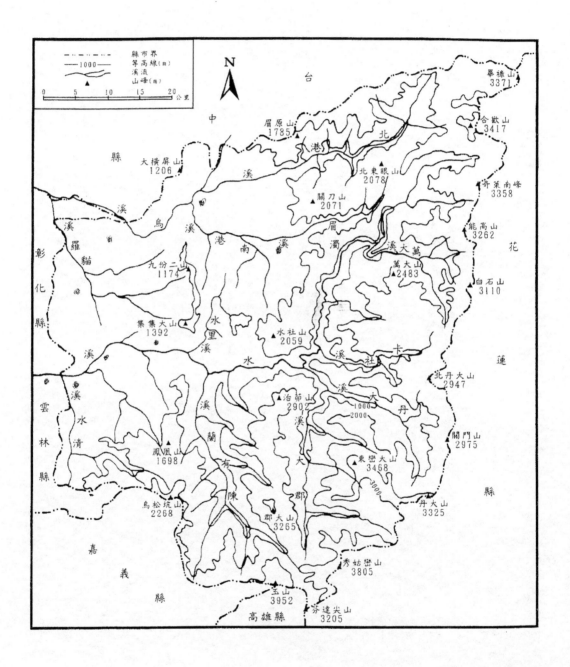

附圖二、濁水溪流域平面圖

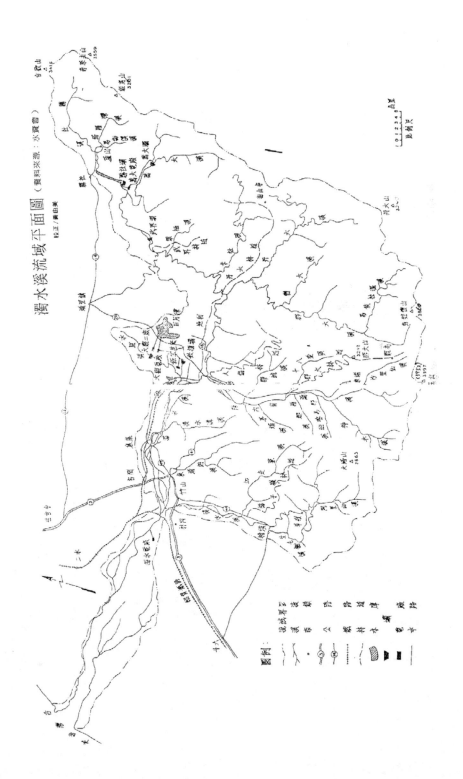

附圖三、烏溪流域平面圖

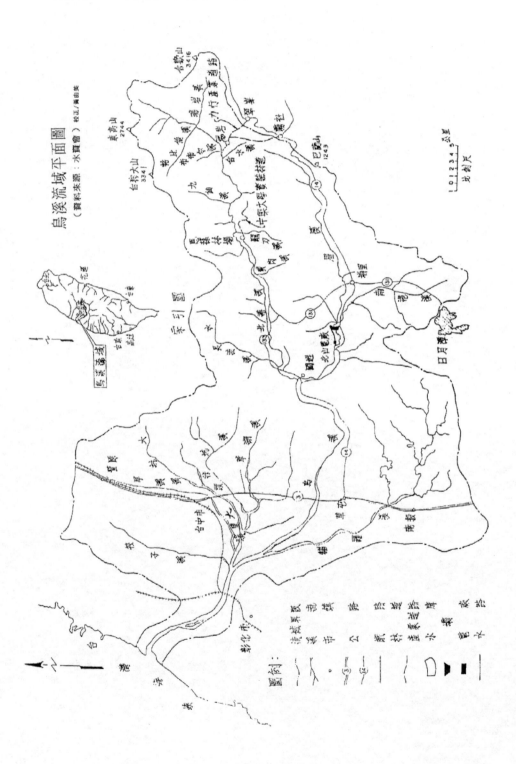

Feng Chia Journal of Humanities and Social
pp.83-118, No.18, Jun. 2009 Sciences
College of Humanities and Social Sciences
Feng Chia University

Battle of Shui-sha-lian and Its Relevant Issues

Abstract

This paper clarifies and reconstructs history of the Battle of Shui-sha-lian that happened in the 4th year of the Yong-Zheng period. The imperial archives of the Yong-Zheng period are the most essential material referred in this paper, although the local gazetteers, historical contracts, and other relevant historical records supplement the paper with additional historical facts.

In this paper, I explore (1) progress of the battle from its beginning to the end, (2) the locales where "fierce aborigines" showed up and killed people, (3) the maneuver of imperial troops entering the battlefield, (4) their dispositions and the number of the force, (5) the outcome of this battle and its aftermath influence. The last portion of the paper provides my conclusion.

For the battle of Shui-sha-lian, the Qing Empire mobilized two-thousand-some soldiers, and the military operation took fourteen days in total. However, the imperial victory only came with twenty-some captives. The imperial troops were quite restrained, and carried out the mission without massacres. Considering all above, the imperial military goal then appeared to be appeasing the aborigines in this incident, while, as an Ombudsman, Suo-Lin's participation in this operation might also prompt such an outcome.

Keywords: Shui-sha-lian, Zhu-jiao-liao, Gu-Zong, Wu Chang-Zuo, Suo-Lin

18 世紀中葉中台灣的漢番關係
—以彰化縣內凹莊、柳樹湳汛番殺兵民事件為例

摘 要

　　本文以乾隆十六年十二月八日夜、十一日夜，發生在彰化縣屬內凹莊、柳樹湳汛，生番殺害佃民及汛兵的案件來探討當時漢移民和原住民之間的關係。乾隆十六年十二月，是西元 1752 年 1 月。所以是十八世紀中葉。

　　自本文的研究，事件之所以發生，是從皇帝到地方文武都歧視原住民，平日不能公平對待，任由墾戶佃民汛兵作踐欺凌。簡經是墾戶，他贌墾北投社公共草地卻不依約納租。欠租十幾年，北投社上告知府追討，知府二年後的審斷不能維持社會正義。致引起北投社的公憤，三甲是南北投社通事，在官方不能維持正義之下，只得自力救濟。他的辦法是勾引內山生番出來殺佃民和汛兵。本案驚動北京的乾隆皇帝，到乾隆十九年才得到一個比較合乎正義的判決。此後的漢番關係，大致維持在和平的情況下，直到道光年間北投社領頭與中部五族平埔族人遷入埔里，中台灣漢番間的緊張關係才漸漸劃下休止符。

關鍵詞：族群問題、漢番關係、內凹莊、柳樹湳汛、三甲

壹、引言

內凹莊事件，發生於乾隆十六年十二月八日夜。即西元 1752 年 1 月 23 日夜。柳樹湳則慢三天。

事件的主角，漢人簡經，北投社通事三甲。簡經是一個監生。三甲是漢人葉順的兒子，葉順身故，三甲自幼賣給北投社番葛買奕爲子，又名葛第夫，長大了聰明而強悍，承南、北投兩社通事。

事件的起因是簡經贌墾北投社公共草地、積欠租穀丁餉，又不還土地，雖經知府判決也不遵辦。三甲無計可施，只有自己暴力救濟。但在清代法律下，受到「凌遲處死」的命運。

有關內凹莊事件的研究不多，尹章義〈台灣北部拓墾初期「通事」所扮演之角色與功能〉[1]在論林秀俊與張達京時曾有涉及，該文發表於民國 71 年，爲最早。其次是湯熙勇〈乾隆十六年台灣彰化之番殺兵民事件〉[2]算最早以本事件爲研究主題之論文，發表於民國 78 年。其三是張志相〈台灣烏溪流域「七將軍廟」源流考論〉[3]發表於民國 96 年。湯氏文只記敘事件經過、清廷的調查處理及其對治安措施的影響；張氏文針對柳樹湳被殺汛兵之崇祀有突破性的討論。二文對此事件之研究各有其貢獻，但對事件中所呈現的族群關係，尙未有所論述，本文因此嘗試就此角度切入，希望對當時之族群關係有所了解。

在清代台灣族群關係，不外漢番關係、閩粵關係、漳泉關係，而本文所談以漢番關係爲主。

貳、事件始末

---

[1] 尹章義，〈台灣北部拓墾初期「通事」所扮演之角色與功能〉原載於《台北文獻》直字 59-60 期（民國 71 年 8 月），後收入氏著《台灣開發史研究》（台北市：聯經出版社，1989 年），頁 173-278。

[2] 湯熙勇，〈清乾隆十六年台灣彰化之番殺兵民事件〉，《台灣史研究學術研討會論文集》（台北：台灣史蹟研究中心，1989 年），頁 35-71。

[3] 張志相，〈台灣烏溪流域「七將軍廟」源流考論〉，《逢甲人文社會學報》，第 14 期（2007 年 6 月），頁 173-203。

在進入族群關係的討論前,先了解事件的前因後果與經過之概畧。分事件發生、官府查辦經過及人犯定罪與官員處分敘述之。

一、事件發生

雍正七年(1729)簡經向北投社葛買奕等瞨租該社公共草地一所,土名大吼凹仔,當時名內凹莊,即今內轆莊。自雍正九年起,每年納北投社租穀五百石,代納社番丁餉銀二百零七兩五錢。在雍正十三年,簡經另佔北投社舊社公共草地一塊,每年加租九十石。到乾隆十二年(1747),簡經延欠北投社租穀六千餘石,未還減免丁餉銀一千餘兩。北投社收不到租穀,要不到丁餉銀,三甲只好在乾隆十二年赴台灣府告追。二年後,乾隆十四年,知府方邦基斷還熟田四十甲,租穀三千餘石,至於未還丁餉銀概行免追。三甲心有不甘。不料簡經在府斷之後,僅償還租穀一千餘石,餘仍未還;而斷還四十甲之田,聽任佃戶占耕,不給北投社管。三甲更抱積怨。三甲向簡經妻弟北投社番巴臘巫義說及此事,巴臘巫義回說如果再告簡經,簡經必加害全社。

三甲和土目甲頭於乾隆十六年十二月初二日在漢人賴潭家飲酒,歸途言及簡經占田欠租,意欲勾引生番擾害,當經土目勸阻,三甲積恨難消。初五日,三甲與社番容仔往萬丹坑,找隘口生番老茅往招生番,未允;第二天三甲攜布二疋送給老茅,老茅許諾。初九日,三甲邀同父異母兄葉福至社中公所,要葉福與老茅入內山,俟奪回內凹莊田,年給葉福租穀三百石。葉福允諾。二十日,葉福邀老茅入山,同至埔裏社。葉福漢人,不能深入,在土目家等候,老茅自往貓裡眉社請土目轉邀福骨社、哆咯嘓社、眉加臘社。約十二月初八日出山殺人。

初八日,三甲率土目大霞等九人,裹糧前往火焰山下,正值老茅帶領生番七十餘名,各帶鏢刀、乾糧而至。日晡,抵內凹山潛候。旁黑,三甲遙指內凹莊簡經住居,遣生番下山,逕往焚殺。生番至莊,因簡經居住莊中,不能深入,只將莊口佃戶賴相一家十二口、賴桃一家五口,及白唐一家五口殺死並割去頭顱。

　　三甲考慮到簡經和北投社有仇隙，只殺內凹莊人，官府必疑是北投社挾嫌加害，因要求生番再殺一處，可諉生番出沒，以掩飾耳目。初八夜，初九日，老茅等同領生番行至內山雙溪口，伏草歇息。初十日，生番聞有鳥鳴，不吉、未出。十一日晚，抵柳樹湳，見有村莊，老茅即令生番突入柳樹湳營盤放火，燒毀營房五間，殺死兵丁七名，割取頭顱，並傷署把總及兵丁五名。老茅即令生番入山回社。當經內凹莊屍親及鄉長稟縣。

二、官府查辦經過

　　彰化縣知縣程運青於十一日前往內凹莊相驗，爲知縣抬轎的北投社番礁罵喝、安平二名，被聚觀人眾毆斃，將屍焚毀，程運青不報不究，並以內凹莊爲生番焚殺通詳。北路營都司聶德成捏稱柳樹湳汛兵，因出哨巡遊，在阿罩霧山下遇番被殺。程運青往驗，扶同通報。

　　水沙連通事賴春瑞躲避，知縣程運青又點葉福充爲通事。並令岸裡社通事張達京、德化社通事林秀俊遣撥番丁，帶領入山，查取頭顱，以作生番焚殺之証。葉福於乾隆十七年三月廿六日，在哆咯嘓社起出頭顱七顆。四月四日，在福骨社　起出四顆，解縣驗報。

　　乾隆十七年三月間閩浙總督喀爾吉善、福州將軍暫署福建巡撫新柱因爲水師提督李有用訪查情形與台灣文武稟報大相逕庭，於是派糧驛道挖穆齊圖帶佐雜二員於三月二十九日自省起程赴台灣會同巡察台鎮嚴查。挖穆齊圖於四月十八日抵達台灣府治。

　　挖穆齊圖密訪被害各村民歷指行兇確係熟番，又密令舊通事陳媽生赴內山生番頭目麻丹處探問消息。麻丹是媽生母舅，盡告以北投通事三甲等入內山勾引生番焚殺內凹莊情由。挖穆齊圖又令北路通事張達京、林秀俊等同媽生赴內山探問，所得相同。又據北投社土目大霞出首三甲勾番肆虐情事。至此真相大明。而距事發已近半年。總督喀爾吉善，新任福建巡撫陳弘謀於乾隆十七年八月二十二日向皇帝奏報說明。

　　事件原委明白，一干人犯受押捕審訊，並於乾隆十七年十月提解到省，由福州知府、泉州知府督同閩縣知縣、福清縣知縣、閩清縣知縣覆加研訊，連審十餘次，全無輸服口供，始終止一「無」字。研審二月有餘，終難定案。總督、巡撫同兩司親行提訊，亦復矢供不承。只得令署台灣府事王文昭帶同原承審之現在彰化縣知縣劉辰駿并一應案卷質証人等即速赴省。這是總督巡撫在乾隆十八年十二月二十八日的奏報。距離事件發生已逾一年。

　　王文昭於四月十八日，劉辰駿於閏四月初一日與原証人等先後到省。由福州將軍新柱、巡撫陳弘謀公同研鞫，得其實情，毫無疑義，於乾隆十九年閏四月十 九日向皇上奏報。並定各人犯罪刑。其定罪情形如下。

三、人犯定罪與官員處分

　　三甲凌遲處死，飭查財產付死者之家，並將妻子流三千里。老茅、葉福、大霞、容仔斬立決，傳首犯事地方梟示。大斗六、大眉眉馬里，擬絞監候。大字、大武力、流鼻八、他里罵杖一百、流三千里。簡經杖一百、流三千里。創仔、皆喜杖一百。

　　簡經所欠北投社租穀及減半番餉，行縣照數追給，發交該社番眾收領。簡經所佔墾舊社草地，飭縣查丈四至，並將原斷內凹莊撥還四十甲熟田，一併劃出，俱交該社番眾公分管領。

　　內山貓里眉社土目歹謨及該社並哆咯嘓、福骨、眉加臘等社行兇生番，著飭營縣設法誘緝務獲，並勒緝毆斃北投社礁罵喝、安平二番之正兇。

　　知府陳玉友、知縣程運青、都司聶成德於乾隆十八年八月革職，台防同知王文昭、署彰化知縣劉辰駿、鳳山知縣吳士元不能審出實情，降級調用。結果王文昭告養，劉辰駿、吳士元卸事領咨赴部。已革千總林海蟾無辜開復。

參、事件發生醞釀期所見族群關係

　　先從禍首簡經和主犯三甲來看。簡經的身分，在懲處的判文中說他「佔墾番地、延欠番租、私侵社餉，肇端起釁，實為禍首」[4]至為恰當。他在雍正七年（1729）就贌墾北投社公共草地，言明雍正九年起每年納北投社租穀五百石，代納社番丁餉銀二百零七兩五錢。雍正十三年，簡經另佔北投社舊社公共草地一塊，每年加租九十石。治台灣史者皆知，清政府為保護原住民，本不准漢人買租原住民土地，但至雍正三年，開放漢人租贌原住民土地。[5]這是雍正七年簡經贌墾北投社公共草地的緣由。雙方一得土地耕種，一得租穀及代納番丁餉銀，是各取所需的事。再看簡經是監生，又娶了北投社女子為妻。我們不知簡經何時取得監生資格，何時到北投社來，何時娶北投社女子為妻。但從漢代以來的和親制度，以及張達京娶了六個岸裡社女子為妻，則知娶北投社女子是雙方和平往來的表現。[6]

　　今日所知，荷蘭人在 1650 年以前，已經向北投社、南投社和大武郡社合併發贌收稅，到這一年才把北投社、南投社，從大武郡社分開，單獨發贌。[7]也就是 1650 年以前已經有社商進入北投社。

　　康熙年間的蔣毓英、高拱乾的《台灣府志》都稱「南北投社」，高志並有賦銀的數目，[8]到康熙年間的《諸羅縣志》[9]才分南投社、北投社。雍正初巡台御史 黃叔璥對風俗習慣有詳細紀錄。[10]接著巡台御史索琳記

---

[4]　福州將軍兼管閩海關事臣新柱 福建巡撫臣陳弘謀，〈乾隆十九年閏四月十九日奏覆審理彰化縣兇番焚殺兵民摺〉《宮中檔乾隆朝奏摺・第八輯》（台北市：故宮博物院，民國 71 年 12 月），頁 301-308。

[5]　《清會典台灣事例》（南投市：台灣省文獻委員會，1996 年），頁 43。原文為「福建台灣各番場閒壙地方，可以墾移者，時訟地方官，能各租與民人耕種。」書在雍正二年（1724）。

[6]　土官阿莫（穆）以女妻之。見張勝彥總纂，〈張達京傳〉《臺中縣志・人物志》（豐原市：台中縣政府，民國 78 年），頁 115-116。 張麗俊，《張氏族譜》載：「後各社各贈番女一名與公為妻，故嫡庶六室俱係潘氏。」見施懿琳、鍾美芳、楊翠，《台中縣文學發展史田野調查報告書》（台中：台中縣立文化中心，民國 82 年），頁 41。

[7]　江樹生譯，《熱蘭遮城日誌・第三冊》（台南市：台南市政府，民國 92 年），頁 126。

[8]　高拱乾，〈賦役志〉《台灣府志・卷二》（南投市：台灣省文獻委員會，民國 82 年），頁 134-135。

[9]　周鍾瑄，〈規制志〉《諸羅縣志・卷二》（南投市：台灣省文獻委員會，民國 82 年），頁 31。

[10]　黃叔璥，《台海使槎錄》（南投市：台灣省文獻委員會，民國 85 年）。

南北投社有木柵、有鎮番寨，[11]之後根據北投社契約，知道北投社在雍正七年「勞守二隘」，[12]根據乾隆二十五年番界圖，南投社、北投社之社域內有四個隘，自南而北為：虎仔坑隘、萬丹坑隘、圳頭坑隘及內木柵隘。北投社防守的應是圳頭坑隘和內木柵隘。[13]因此，獲政府賞賜一大片土地。社域擴大，到乾隆末實行番屯制，又獲內木柵地方 133 甲土地；[14]社域更大。可知番社在不同時期大小不同。簡經從雍正七年贌租北投社公共草地一所，雍正十三年又佔舊北投社舊社公共草地一塊。其面積依納租穀的數量計算，前一所每年納租谷 500 石，以每甲年八石的通例計算[15]，應有 62 甲 5 分，再加代納社番丁餉銀二百零七兩五錢，土地面積應有一百甲。後一所應有 11 甲多。合計約 110 甲以上。前一所在內凹莊，後一所在北投埔大埔洋。[16]而實際面積一定比此數大得多。

　　再看三甲。三甲係漢人葉順所生，葉順身故，三甲自幼賣與北投社番葛買奕為子，又名葛第夫，長而黠悍，承充南北投兩社通事。[17]對簡經的不法行徑，三甲於乾隆十二年間赴台灣府告追，至乾隆十四年經知府方邦基斷還熟田四十甲、租穀三千餘石，其他未還丁餉概行免追。[18]也就是田還不到一半，租穀還一半，丁餉一千餘兩全數免還。三甲心已不甘，而斷還四十甲之熟田，聽佃佔耕，不給番管，三甲更抱積忿。

　　乾隆十六年十月初二日，三甲與土目大霞、大岱、甲頭、皆喜、創仔、社番大斗六在民人賴潭家飲酒，歸至中途，三甲言及簡經佔田欠租，

11　巡視台灣監察御史索琳，〈雍正五年正月十二日奏報剿撫生番以保民命事〉，《宮中檔雍正朝奏摺・第七輯》（台北市：故宮博物院，民國 67 年 11 月），頁 288-292。

12　臺灣銀行經濟研究室編輯，〈嘉慶元年北投社屯外委業同立請約字〉，《清代台灣大租調查書・下冊》（南投市：台灣省文獻委員會，民國 83 年），頁 630。

13　〈乾隆二十五年台灣番界圖〉，圖藏中央研究院歷史語言研究所。

14　周璽，〈兵防志〉〈屯政〉《彰化縣志・卷七》（南投市：台灣省文獻委員會，民國 82 年），頁 221-227。

15　草屯地區大租水田一甲 8 石，見陳哲三，〈從圖書看清代草屯的社會經濟〉，《古文書與台灣史研究》（台北市：文史哲出版社，民國 98 年），頁 307-338。

16　陳哲三，〈古文書對草屯地區歷史研究之貢獻〉，《古文書與台灣史研究》（台北市：文史哲出版社，民國 98 年），頁 23-44。

17　同注 5。

18　同注 5。

意欲勾引生番擾害，當經大岱勸阻而散。[19]

　　三甲蓄恨憤難釋，即於是月往萬丹坑，囑令隘口生番老茅往招生番，又邀伊同父異母之兄弟葉福與老茅同入內山。二十日，葉福往邀老茅入山，同至埔裏社。葉福漢人，不能深入。在土目呀民家等候。[20]

　　老茅自往貓裏眉社，請土目歹膜轉糾福骨社、哆咯嘓社、眉加臘社。初八日，三甲率同大霞等九人，裹糧前往火焰山下，正值老茅帶領生番七十餘名，各帶鏢刀、乾糧而至。只緣生番語言不通，三甲等未曾詢其何社何名。大宇、大武力等以生番野性懼而隨後。

　　因簡經居住莊中，不能深入，止將莊口佃戶賴相一家十二口、賴桃一家五口及白唐一家五口焚殺，共計二十二命。[21]大宇、大武力等目擊所割頭顱，懼而膽落，不肯送番另殺一處，先奔回家。

　　是夜并初九日，老茅等同領生番行至內山雙溪口，伏草歇息。初十一日，抵柳樹湳，老茅即令生番突入柳樹湳營盤，放火燒燬營房五間、殺死兵丁陳綏保、吳世俊、薛國棟、劉耀、翁均、張列、彭英等七名，都被割去頭顱。並傷署把總蔡鳳及兵丁五名。[22]該被殺七名汛兵即後來七將軍廟崇祀的神明。[23]

　　從以上所記載事件發生經過，一方面看到移入漢人和原住民北投社間關係已經十分密切。簡經娶北投社女子為妻，三甲竟是漢人葉順的兒子，葉順死後，賣與北投社葛買奕為子，名葛第夫。葛買奕的身分，在一件乾隆十六年八月的賣契上，在場人土目葛買奕，其下還有一個戳記，文曰「北投社土官葛買奕圖記」（如右圖）。[24]自此知葛買亦是北

---

[19]　同注 5。

[20]　同注 5。

[21]　同注 5。

[22]　同注 5。

[23]　同注 5。

[24]　謝嘉梁，〈乾隆十六年八月北投社番扶生立賣契〉，《草屯地區古文書專輯》（南投市：

投社土目，而三甲至少在雍正初年便賣給葛買奕為子。三甲長大擔任南北投兩社通事，他與同父異母的兄長葉福有密切往來，所以此次事件葉福也參與謀畫。

三甲和大霞等還到漢移民賴潭家飲酒。簡經贌墾年納租 500 石，代納社丁餉銀二百零七兩五錢之北投社公共草地，又佔耕年租九十石的舊社公共草地，總面積查在一百一十甲以上。靠一句話或一紙契約，（未見契約）漢番間即完成如此大的交易。可見番對漢的信任。可歎漢欺番愚，說了話卻不兌現，定了約卻不履行。

依約簡經雍正七年贌墾，雍正九年起開始年納租谷穀五百石，代納社丁餉銀二百零七兩五錢。十三年，又佔耕北投社舊社公共草地年加租九十石。簡經欠租 穀六千餘石。雍正九年是 1731 年，乾隆十二年是 1747 年，也就是雍正九年到十二年的四年，年納 500 石，是 2,000 石，雍正十三年起年納 590 石，到乾隆十二 年，共計十三年，是 7,670 石，合共是 9,670 石。簡經只納該納的 1/3 左右。除外，代納社丁餉銀因乾隆二年番比照民，[25]年減免社丁餉銀一百零三兩七錢五 分，此款應還北投社，因為那是租稅的一部分。看張國到貓霧社開墾只代納丁餉 銀即可明白。[26]但到乾隆十二年，未還丁餉銀一千餘兩。乾隆二年到十二年是十年。也就是簡經從來未還。

三甲忍無可忍，三甲於乾隆十二年（1747）到台灣府告追，二年後，乾隆十四年，知府大人審斷簡經還熟田四十甲、租穀三千餘石，其未還丁餉概行免追。簡經在府斷後，僅償租谷一千餘石，而斷還四十甲之田，聽佃佔耕，不給番管。簡經又透過妻弟北投社番巴臘巫義，稱再告簡經必然加害全社。

到此，三甲、北投社已經走投無路。因為簡經鐵了心不還就是不還，不付就是不付。上告知府，這位北京皇帝派來的浙江漢人方邦基，進士

台灣 省文獻委員會，民國 88 年），頁 107。

25　番丁番餉，乾隆二年「若照民丁之例，每丁徵銀二錢」，南北投社番丁一百零六丁，共徵銀二十一兩錢。見周璽，〈田賦志〉《彰化縣志‧卷六》，頁 174-176。

26　黃秀政總纂，〈張國傳〉，《台中市志‧人物志》（台中市：台中市政府，民國 97 年），頁 65。

出身，[27]竟然在二年後斷了不能維持正義的判決。欠六千多石，只要還三千多石。欠一千銀兩，可以不還。不納租就該退佃還田，斷還四十甲。竟判決而不能執行。

　　簡經何以如此霸道，爲什麼目無法紀？沒看到三甲到彰化縣控告簡經，只看到三甲到台灣府告追，當時北路理番同知尚未設立，但台灣知府竟等二年後才判決，而且判決不能維持正義，是簡經勾結官府，有恃無恐？文獻不足，不能論斷。但從內凹莊民全是簡經佃戶，簡經住在村中，受到周圍村民護衛，而且佃民也十分梟勇，敢於公然打死知縣的轎夫。

　　簡經的行爲當然違約違法，北投社當然不滿，而且一定嚴重影響北投社番眾的生活。不滿不是通事土目，是全社的不滿。這也就是後來三甲能帶動全體社眾對簡經報復，而且一直順利進行的原因。大霞出首是事發後官方逼緊的事，事件中參與者沒有人洩露消息。

　　除外，熟番（平埔）和生番並無往來，而且在清政府以熟制生，以番攻番的政策下，熟生成爲對敵的兩方。[28]而且語言也不相通，所以三甲不能自己入內山聯絡生番，需透過毛啐社老茅[29]才能到埔裡社，才能深入福骨社等生番地界。漢人葉福也只能到埔裡社。所以在那時熟番、生番，介於中間的化番，界限似乎是很清楚的。北投社是熟番，與一般人民的權利義務相似，水沙連二十四社中南港十二社是屬化番，老茅是毛啐社，葉福等候的埔裡社，均屬化番，只象徵性納餉， 其餘一切依照舊俗。

---

[27]　方邦基，字樂只，號松亭，浙江仁和人，雍正八年進士。乾隆七年十一月任台灣府海防捕盜同知，十二年任滿，陞署台灣知府。十五年更題請實授，奉旨送部引見，八月渡海，是月初十日遭颱風溺於福清南日島。見劉寧顏總纂、鄭喜夫編纂，〈職官志‧文武職表篇〉，《重修台灣省通志‧卷八‧第一冊》（南投市：台灣省文獻委員會，民國 82 年），頁 30 及頁 40。

[28]　有關以熟番制生番政策請參閱柯志明，《番頭家：清代臺灣族群政治與熟番地權》（臺北市：中央研究院社會學研究所，2001 年）。

[29]　毛啐社，即毛翠社，屬邵族系統。見簡史朗，〈導論〉，《水沙連眉社古文書研究專輯》（南投：南投縣文化局，2005 年），頁 13。

肆、事件調查審理中所見族群關係

在乾隆十七年二月五日閩浙總督喀爾吉善接到水師提督李有用的報告後，在奏摺中說：「台郡生番，每於秋冬草枯水涸之際，逸出平埔焚殺佃民，雖屬常有之事，罕有殺傷汛兵者。」[30]又言：「彼處內山，道近生番，或因熟番所墾田園，原係侵佔生番界內草埔，生番因而釘恨，肆出焚殺，亦未可知。」[31]

此中總督認為生番殺佃民為常事，殺汛兵為罕見；又認為生番出來殺人，可能是因為熟番侵占生番草埔所致。這是當時存在的生熟番與番漢二問題。

乾隆十七年三月二日福州將軍暫署福建巡撫新柱上奏云：在廈門晤水師提督李有用，李面言營員訪報有大斗六、八仔等俱各帶傷，延醫黃循、魏觀進調治。又於民人林烏明家搜出賬簿，曾代番買箭頭一百餘個等。[32]又言把總稟報，因賴相、賴蔭、白惜等平日佔墾水沙連草地起釁，致被殺全家二十二名。[33]可見北投社番有傷痛，是找漢醫調治，要買箭頭也透過漢人代買。又漢移民之被殺是因為佔墾草地。延醫之事，後來巡台御史經彰化縣知縣差拘查訊，並無確供。也就是李有用得到消息是捏造的謠言。[34]

在乾隆十七年三月二日新柱的奏摺中，提到二月十二日上諭說：「生番性與人殊，實同禽獸，戕殺亦所常有，況固熟番佔地起釁，尚非無端

30　閩浙總督喀爾吉善，〈乾隆十七年二月初五日奏報臺郡生番戕殺兵民並查辦情形摺〉《宮中檔乾隆朝奏摺・第二輯》（台北市：故宮博物院，民國 71 年 6 月），頁 328-329。

31　同注 30。

32　福州將軍暫署福建巡撫新柱，〈乾隆十七年三月初二日奏報臺郡兇番騷擾摺〉，《宮中檔乾隆朝奏摺・第二輯》（台北市：故宮博物院，民國 71 年 6 月），頁 341-342。

33　同注 32。

34　巡視臺灣戶科給事中立柱，〈乾隆十七年三月十日奏報彰化生番殺害兵民事件情形摺〉，《宮中檔乾隆朝奏摺・第二輯》（台北市：故宮博物院，民國 71 年 6 月），頁 411-412。巡視臺灣戶科給事中立柱，〈乾隆十七年四月二十日奏報查究辦理兇番傷害兵民緣由摺〉，《宮中檔乾隆朝奏摺・第二輯》（台北市：故宮博物院，民國 71 年 6 月），頁 707-710。福州將軍兼管閩海關事新柱，〈乾隆十七年四月二十九日奏覆奉上諭搜獲番社藏有兵民頭顱摺〉，《宮中檔乾隆朝奏摺・第二輯》（台北市：故宮博物院，民國 71 年 6 月），頁 850-851。

騷動，但應隨宜辦理，申明法律，示以國威，另嗣後熟番不敢滋事，生
番不敢逞兇，方爲得體。」[35]

　　這是乾隆對地方原住民的了解，「生番性與人殊，實同禽獸」。他
認爲是熟番侵佔生番地致起事端，所以他要官員「申明法律，示以國
威」，讓生番熟番不敢滋事逞兇。這是從皇帝以下官方處理台灣原住民
的最高指導原則。實帶有濃厚的種族偏見。乾隆十七年三月初十日巡台
御史立柱、錢琦奏摺云：據台灣知府陳玉友稟稱，被殺之處與北投社地
界毗連，兵民因指爲北投社番，陳氏親詣該地查勘來往蹤跡，即住宿該
社，細驗檢獲番箭似非北投社番。接著又云：「查番性不常，其中或有
勾通作歹奸民唆使情弊亦未可知。」[36]可知知府敢於住在番社，也知道
番箭各族不同。巡台御史說的「番性不常」是一種歧視的刻板印記。

　　乾隆十七年四月二十日巡台御史立柱、錢琦奏摺云：「有水沙連通
事賴春瑞該縣差探伊即水沙連內福骨社之甥，膽因奉差連眷逃匿內山。」
[37]又云：「三月間該縣（按即彰化縣知縣）親至內木柵地方，督同水沙
連通事葉福，又因岸裡社通事張達京、德化社通事林秀俊身家殷實，且
充當通事年久，熟諳番情，飭令選撥壯番一全協力搜緝，于二十六日到
水沙連二十四社內哆囉嘓社……，四月初四日……福骨社……」[38]又云：
「該縣到地相驗，莊民俱指爲南北投社番，不容收殮。時該縣防護轎役
人等即係北投社番，莊民因紛紛擲石亂毆，該番被傷六名。」[39]又云：
「生番越界，文武均干嚴議，若熟番止照尋常命案歸結。歷來犯案大率
其先均指爲熟番。蓋百姓藉此可以援例斷歸家產燒埋，兵弁藉此可以免
避處分，諉卸責守。」[40]

　　在此摺中可見水沙連通事賴春瑞是福骨社之甥，也就是他的母親是

35　福州將軍暫署福建巡撫新柱，〈乾隆十七年三月初二日奏覆奉到處理生番騷擾案上諭日期
　　摺〉，《宮中檔乾隆朝奏摺・第二輯》（台北市：故宮博物院，民國 71 年 6 月），頁 344。
36　同注 34。
37　同注 34。
38　同注 34。
39　同注 34。
40　同注 34。

福骨社女，按福骨屬泰雅族賽考列克亞族，又稱白狗番。[41]彰化知縣碰到原住民案，似乎不透過通事不能解決，岸裡社通事、德化社通事，雖然岸裡、德化兩社與本案無關，但張達京、林秀俊兩人「充當通事年久，熟諳番情」所以也一同協緝。另外進入內山生番地界，不只「選撥壯番」，還派有兵弁。總兵陳林每即云：「彰化知縣程運青督率通事土目番壯入山緝兇，恐番性不測，於本標撥千總三員，各帶兵三十名輪汎會哨，並於南北投等處添兵分防。」[42]由於台灣官員遲遲不能破案，在北京的皇帝不滿意，於是總督喀爾吉善奏派糧驛道拕穆齊圖赴台查辦，[43]拕穆齊圖密帶舊通事陳媽生等訪係北投社熟番三甲即葛第夫同番丁容仔、大武力、大斗六等勾引內山眉加臘等番前來焚殺，有北投社目大霞自行出首。[44]

拕穆齊圖所帶舊通事陳媽生，係內山生番頭目麻丹的外甥，也就是陳媽生的 母親是麻丹的姐妹。[45]陳媽生父陳蒲，原是水沙連通事，卸任後，陳媽生接任。陳蒲、陳媽生住社寮。乾隆中葉台灣輿圖中有標記「新社陳馬生住」[46]又一個漢番聯婚。前面提到的張達京，大家都知道他有一個稱號叫作「番仔駙馬」，因為他娶了岸裡社六個女子為妻。林秀俊在台也娶妻潘氏，生二子。這位潘氏夫人無 疑是原住民。[47]

[41] 簡史朗，〈導論〉，《水沙連眉社古文書研究專輯》（南投：南投縣文化局，2005 年），頁 30。

[42] 福州將軍兼管閩海關事立柱，〈乾隆十七年四月二十九日奏覆奉上諭搜獲番社藏有兵民頭顱摺〉《宮中檔乾隆朝奏摺·第二輯》（台北市：故宮博物院，民國 71 年 6 月），頁 851。

[43] 閩浙總督革職留任喀爾吉善，〈乾隆十七年五月初六日奏報閩省麥收分數與察勘水沙連地方情形摺〉，《宮中檔乾隆朝奏摺·第二輯》（台北市：故宮博物院，民國 71 年 6 月），頁 901-902。

[44] 閩浙總督喀爾吉善，〈乾隆十七年八月二十二日奏覆馬負書處理生番縣傷兵民事件情形〉，《宮 中檔乾隆朝奏摺·第三輯》（台北市：故宮博物院，民國 71 年 7 月），頁 653-655。

[45] 閩浙總督革職留任喀爾吉善，〈乾隆十八年十二月二十八日奏為番情殺點重案難定陳明辦理情 形摺〉，《宮中檔乾隆朝奏摺·第七輯》（台北市：故宮博物院，民國 71 年 11 月），頁 283-286。

[46] 柯志明，《番頭家:清代臺灣族群政治與熟番地權》（台北市：中央研究院社會學研所籌備處，民國 90 年），頁 163-164。

[47] 見〈漳浦盤龍社林氏宗譜·十二世秀俊公〉，載於尹章義，《台灣開發史研究》（台北市：聯經出版社，民國 78 年），頁 87 及尹章義同書，〈北台灣拓墾初期通事表〉，頁 261。

　　在乾隆十七年九月十六日總兵陳林每的奏報中說明和扢穆齊圖會商查辦，並選撥幹練弁兵跟隨扢穆齊圖親往北路被害處所查訪，已查得北投社通事三甲勾番焚殺，當經會同設法拿獲各番犯。檄發鳳山縣知縣吳士元協辦，台灣縣縣丞劉辰駿鞫審情由。又經陳林每、扢穆齊圖嚴加查訊無異。[48]扢穆齊圖因本案實授台灣道，而扢穆齊圖之能建此奇功，看來和陳媽生的身分很有關係。

　　乾隆十八年五月二十二日總督喀爾吉善、巡撫陳弘謀上奏審訊原委，一開始即說「番情狡黠，重案難定」之後才將「台郡彰化縣屬內凹庄、柳樹湳兵民被兇番焚殺多命一案」一一敘明。先提受害災民咸以熟番肆虐稟控，求拿究社番，知縣程運青堅持係生番出山焚殺，不即根究兇手，以致村民不服，「當場將抬轎社番二人亂毆致斃，程運青亦不究報，遂令領埋。」[49]再說派委糧驛道扢穆齊圖赴台查辦，得力舊通事陳媽生探問三甲入山勾引生番焚殺情由。云是「三甲等欲逐　散簡經佃戶，奪其墾地，始而密謀勾出生番焚殺，繼而三甲、容仔等親赴內山要結埔裡社土目吁民轉糾福骨社、哆喀嘓社、眉加臘社三處生番訂期出山，會齊焚殺內凹莊佃民二十二命。」又云：「又因汛兵袒護佃民，平日蹧蹋社番，當曉三甲等糾結社番前往柳樹湳汛焚殺汛兵。」[50]

　　又敘在省審理情形，說十月初提齊到省，檄委福州府知府、泉州府知府督同閩縣知縣、福清縣知縣、閩清縣知縣，覆加研訊連審十餘次，「不但兇番等全無輸服口供，抑且任加詰問，總無剖辯口供，始終止一『無』字回答，即加以刑嚇亦復默無一語」「研審二月有餘，終難定案」[51]後來「調取台郡原承審各員并原指證之賴白二姓屍親暨一切質證兵民赴省」[52]才水落石出。

　　乾隆十九年閏四月十九日福州將軍新柱、巡撫陳弘謀向皇帝上奏遵

48　福建臺灣總兵官陳林每，〈乾隆十七年九月十六日奏報查辦彰化兇番焚殺兵民起釁根由情形摺〉，《宮中檔乾隆朝奏摺・第三輯》（台北市：故宮博物院，民國 71 年 7 月），頁 847-848。

49　同注 45。

50　同注 45。

51　同注 45。

52　同注 45。

旨「嚴審從重定擬」的情形。此一奏摺是本案最完整的記錄。其中大多已引敘於前。未引而與族群問題有關者，稍引錄如下：「抬轎之北投社番礁罵喝、安平二名，與聚觀人眾角口爭鬧，被眾群毆至斃，將屍焚毀，程運青諱匿不究不報」（見附件一）[53]又「差役王泰向台防同知王文昭領得一百圓前往彰化與縣役謝昇等同謀，發塚挖取死番貓六仔、目嘓、老加臘頭顱三顆，捏為此案熟番所殺兵民之頭。」[54]又會審中柳樹湳兵丁之遭焚殺，由千總林海蟾強拉三甲馬匹，並兵丁作踐該社，各番憤恨。[55]另外三甲扳供南投社番豆夾新、他里罵等八名，及大眉眉馬里因口角成仇誣供貓羅社咬猴、喊脾等六名為同行之犯，也波累一同押解到省。[56]審訊後才知已開革千總林海蟾無辜，豆夾新、咬猴等無辜，均開復或省釋赴台回社。在本奏摺中定擬三甲「合依殺一家非死罪三人凌遲處死律凌遲處死，飭查財產付死者之家，並將該犯妻子照律流三千里。」[57]，老茅、葉福、大霞、容仔斬立決，處分最重。對「佔墾番地，延欠番租，肇端起釁，實為禍首」的簡經是杖一百流二千里。最有公平正義的是「簡經所欠北投社租穀及減半番餉，行縣照數追給發交該社番眾收領。簡經所佔墾舊社草地，飭縣查丈四至，並將原斷內凹莊撥還田四十甲熟田一併劃出俱交該社番眾公分管領。毋許再行侵佔。」[58]如果乾隆十二年三甲告追時，知府方邦基即做此審斷，並加執行，以北投社的漢化情況本案當不致發生。

伍、其他族群相關問題

---

[53]　福建福州將軍新柱等，〈乾隆十九年閏四月十九日奏覆審理彰化縣兇番焚殺兵民摺〉，《宮中檔乾隆朝奏摺·第八輯》（台北市：故宮博物院，民國 71 年 12 月），頁 301-308。

[54]　同注 53。

[55]　同注 53。閩浙總督革職留任喀爾吉善，〈乾隆十九年九月初八日奏覆審臺灣府知府王文昭等審番案往過實情摺〉，《宮中檔乾隆朝奏摺·第九輯》（台北市：故宮博物院，民國 72 年 1 月），頁 528-531。

[56]　同注 55。

[57]　同注 53。

[58]　同注 53。

　　自以上的記敘，在乾隆十六年的中台灣，族群關係並不複雜，只有漢番關係比較嚴重，其他閩粵關係、漳泉關係的糾葛並未出現。而漢番關係又分漢與熟番關係、漢與生番關係。此一關係正如道光年間柯培元[59]所說「人畏生番猛如虎，人欺熟番賤如土。」[60]，另外生番、熟番關係也在似友似敵之間，而比漢與生番為近。

　　漢番關係的材料，在文獻中很多，看到問題嚴重性的官員也很多。稍舉例如後。康熙三十六年（1697）來台探硫磺的郁永河就說通事「凡番人一粒一毫，皆有籍稽之。……且皆納番婦為妻妾，有求必與，有過必撻。……是舉世所當哀矜者，莫番人若也。」[61]

　　台灣北路營參將阮蔡文，[62]在康熙五十二年傾已看到「鹿場半被流民開」。[63]約同時諸羅知縣周鍾瑄上書閩浙總督也說：「強者欺番，視番為俎上之肉；弱者媚番，導番為升木之猱。」又說「向為番民鹿場麻地，今為業戶請墾，或為流寓占耕。番民世守之業，竟不能存什一於千百。」[64]雍正五年巡台御史尹秦奏：「熟番場地，向有奸棍認餉包墾，久假不歸之弊，若任其日被侵削，番眾無業可依，必退處山內，漸漸變為生番。」[65]

　　北投社從荷蘭人時代就贌社納稅，與外界接觸往來，也未見有大動亂，雖然是一個大社，乾隆末年尚有屯番丁120餘人。簡經是一個監生，讀書識字，在雍正七年向北投社認餉包墾，還娶了北投社女為妻。但他

59　柯培元，山東膠州人，清嘉慶二十三年舉人，道光十五年十一月署噶瑪蘭廳同知。見鄭喜夫編纂，〈職官志・文職表篇〉，《重修台灣省通志・卷八》第一冊（南投：台灣省文獻委員會，民國82年），頁113。

60　柯培元〈熟番歌〉，載於陳淑均，《噶瑪蘭廳志》（南投：台灣省文獻委員會，民國82年），頁409。

61　郁永河，《裨海紀遊》（台北：台灣銀行經濟研究室，民國48年），頁36-38。

62　阮蔡文，漳浦人，康熙二十九年舉人。康熙五十四年調任台灣北路營參將。見劉寧顏總纂、鄭喜夫編纂，〈職官志・武職表篇〉，《重修台灣省通志・卷八》第一冊（南投：台灣省文獻委員會，民國82年），頁95。

63　阮蔡文，〈竹塹〉詩，載於周鍾瑄，〈藝文志〉，《諸羅縣志》（南投：台灣省文獻委員會，民國82年），頁267-268。

64　黃叔璥，《台海使槎錄》（南投：台灣省文獻委員會，民國85年），頁165。

65　巡視台灣監察御史索琳等，〈雍正五年八月十二日奏陳田糧（番社地）利弊摺〉，《宮中檔雍正朝奏摺・第七輯》（台北市：故宮博物院，民國67年6月），682-684頁。

不依約納餉納租。真的是「奸棍」。

　　我們沒看到北投社到彰化縣告追，原因不明；我們看到台灣知府的審斷，不公不義，偏袒簡經，不利北投社。在最後的判決中，北投社有凌遲處死，有斬立決，有絞監候，有流放。但是對生番只能「設法誘緝」，也就是生番還非管轄內的人。所以熟番事件只是治安問題，生番事件就是外患。這就是巡台御史所說「生番越界，文武均干嚴議；若熟番止照尋常命案歸結。」的緣故。漢移民與生番之間是沒有關係的，他們之間被熟番防守的隘所隔絕，一旦遭遇，只有互相殺戮。

　　清代的流移族群分類在十八世紀中葉的中部地區似乎是不存在。這裡的漳泉分類要到三十年後，乾隆四十七年才發生。這種情形從簡經的佃戶可以了解。在被殺的三家裡，兩家姓賴，一家姓白，姓賴的籍貫南靖，但姓白的是安溪，也就是泉州府。草屯姓簡的是南靖人，就是漳州府人。[66]一個漳州府的墾戶，下面有泉州府的佃戶。而簡經墾戶下的佃戶有賴、白，還有一位蘇姓鄉長。可以推知既不是血緣聚落，也不是地緣聚落。可能的理由是初來乍到最重要的是團結合作，從原住民手上侵墾土地。後來人愈多，移民已經站穩，血緣聚落漸漸形成，就各據一方。白姓人少，也有白厝角。今天簡、林、洪、李是四大姓，而白、賴也在十名內外。[67]

　　乾隆初台灣知府劉良璧[68]在看到大甲西社事件後的沙轆社，寫了一首〈沙轆行〉詩，有云：「奈何逢數奇，職守失其綱。勞役無休息，誅求不可當。窮番計無出，挖肉以醫瘡。支應力不給，勢促乃跳梁。一朝分箭起，焚殺自猖狂。」[69]

　　從康熙末到乾隆初，在台官員都看到原住民土地的迅速流失。阮蔡文已看到失去一半土地。周鍾瑄看到漢移民之欺番媚番，而且原住民土

---

[66]　林美容，《草屯鎮鄉土社會史資料》（台北：台灣風物出版社，民國 89 年），頁 167-189。

[67]　洪敏麟，《草屯鎮誌》（南投：草屯鎮公所，民國 75 年），頁 183-211、頁 232-255。

[68]　劉良璧，湖南衡陽人，雍正二年進士，乾隆四年任台灣知府。見劉寧顏總纂、鄭喜夫編纂，〈職官志‧文職表篇〉《重修台灣省通志‧卷八》第一冊（南投：台灣省文獻委員會，民國 82 年），頁 19、30。

[69]　劉良璧，《重修福建台灣府志》（南投：台灣省文獻委員會，民國 82 年），頁 597-598。

地已經大部被「請墾」或「占耕」。巡台御史索琳、尹秦看到認餉包墾，久假不歸的是「奸棍」，也就是強力而有資本，與官方有相當關係的「有力之家」或「豪強」。[70]劉良璧說到熟番起事的原因，他很同情他們當「王師一雲集」之後，男丁都被殺光，連童子也不放過，看到是「番婦牛寡居，番童少雁行」。[71]

　　從被殺三家除可看到族群關係外，其人口結構，男女老幼似乎十分均衡，很值得注意。因為和過去的認知不同。茲依乾隆十九年閏四月十九日福州將軍、福建巡撫奏摺[72]內所載，畧加分析。

　　1、賴相家十二口為：

賴相

同居母張氏

妻陳氏

弟婦陳氏

媳林氏

幼子賴坤、賴全、賴王全、賴王妹

幼女賴賢、賴王尹

幼媳沈氏

　　2、賴桃一家五口為：

賴桃

同居妻李氏

幼子二名

表親徐院

　　3、白唐一家五口為：

白唐

同居母吳氏

---

[70]　潘英，《台灣平埔族史》（台北市：南天出版社，1996 年），頁 116。

[71]　同注 69。

[72]　同注 5。

嬸陳氏

弟白全

妹白旦

賴相家，男 5，女 7；大人 5，小孩 7。

賴桃家，男 4，女 1；大人 3，小孩 2。

白唐家，男 2，女 3；大人 5。

合計：男十一，女十一；大人十三，小孩九。男女相等，大人、小孩也相差不多。這和過去的了解：清前期男女比例懸殊，都是男子單身渡台之說，大相逕庭。而且賴相家未見弟，有弟婦；未見子，有媳，又有幼媳。賴桃家有表親，白唐家有母、弟、妹，又有嬸卻不見叔。那些不見的弟、子、叔，也許就是上告的屍親，幸運逃過劫數。

表親是投靠親戚，弟婦、媳、嬸是大家族的同居共財的餘緒。這情形，和過去所了解的完全不同，也可以說推翻了過去的認知。值得再研究。

另外，和事件相關的熟番、化番、生番，其族屬與社地，稍加釐清。北投社、南投社、貓羅社，都屬平埔族中的洪雅族。北投社在今草屯鎮，南投社在今南投市，貓羅社在今芬園鄉。此均以十八世紀中葉為基準。老茅是毛崒社番，毛崒又作毛翠，屬邵族。社地在決裡社與蛤里爛社間的日月潭附近，應在今魚池鄉，見附圖一、二。[73]埔裡社，屬平埔番，或以為是邵族，或以為是布農族。葉福留在埔裡社，社址在今埔里鎮。老茅自往貓裏眉社，請土目歹膜轉糾福骨社、哆咯嘓社、眉加臘社。

貓裏眉社，有貓裏眉外社、貓裏眉內社，屬泰雅族澤敖利亞族眉園群系統，而歹膜所找的應是住眉溪附近的眉社，址在今埔里鎮。[74]

福骨社，又稱佛谷社，又稱白狗番，屬泰雅族賽考列克亞族白狗系統，社址 在今仁愛鄉發祥村。哆咯嘓社，屬泰雅族賽德列克亞族分支，社址在今仁愛鄉合作村。眉加臘社，即加碟社，又稱眉描臘社，眉描拉

---

[73] 見簡史朗，〈雍正中葉台灣輿圖〉〈清朝中晚期水沙連地區族群分布圖〉，《水沙連眉社古文書研究專輯》（南投：南投縣文化局，2005 年），頁 15、25。

[74] 簡史朗，《水沙連眉社古文書研究專輯》（南投：南投縣文化局，2005 年），頁 24。

社，屬泰雅族澤敖利亞族，社址在今仁愛鄉新生村。[75]其族群及地理，請參閱附圖一、附圖二。綜合族群與 地望可以看到三甲託老茅請出來殺內凹莊、柳樹湳汛兵的生番，全是泰雅族，其社址在今仁愛鄉境。葉福、老茅從濁水溪進山，老茅帶七十餘名泰雅族人自烏溪出山焚殺，事畢也是從烏溪上溯歸社。

在本案中，我們看到許多娶番婦的流移之民，而且似乎都是地方上的領袖人物。我們看到通事，陳蒲、張達京、林秀俊及賴春瑞父親等都取了番婦，張達京還娶了六位，張達京的二個兒子也都娶了「族女」。[76]另外墾戶簡經也娶了北投社女。一般小民的情形，因爲缺少資料，無法論斷。但尹章義疑三甲是番婦所生，也即葉順娶番婦生三甲。[77]依據《諸羅縣志》所說流移「巧借色目以墾番之地，廬番之居，妻番之婦，收番之子」。[78]我們不能不認爲那是十八世紀中台灣之事實，只是缺乏個別記錄。

最特別的是三甲爲漢人葉順兒子，賣給北投社土目葛買奕，葛買奕把他教育的很成功，三甲可能也到土番社學接受教育。[79]相當了解漢式文化制度，成爲一個有勇有謀的通事，只可惜他對中國官場體制的了解還是不夠，他可能也沒聽到 岸裡社發達的歷史，所以採用了不合適的方法追求正義。這使人想到日本赤穗藩武士爲主公報仇然後集體切腹的悲慘故事。

---

[75]　簡史朗，《水沙連眉社古文書研究專輯》（南投：南投縣文化局，2005 年），頁 30。

[76]　莊序平編，《赤山張氏族譜》（台中：中華民族譜系研究中心，民國 73 年），B 系頁 55、127，轉引自陳秋坤著作，《清代臺灣土著地權》（台北:中央研究院近代史研究所，民國 86 年二版），頁 37，註 37。

[77]　見尹章義，〈台灣北部拓墾初期「通事」所扮演之角色與功能〉〈北台拓墾初期通事表〉，《台灣開發史研究》（台北市：聯經出版社，1989 年），頁 259-263。

[78]　周鍾瑄，〈兵防志〉，《諸羅縣志・卷七》（南投市：台灣省文獻委員會，民國 82 年），頁 110。

[79]　清雍正十二年，巡道張嗣昌詳請設立土番社學十七處，各置社師一人，以教番童，訓導按季考察。此十七處即有南北投社。到乾隆二十七年變成十九處，其中即有南投社、北投社。見劉良璧〈學校〉〈土番社學〉，《重修台灣府志・卷八》（台北市：台灣經濟銀行研究室，民國 51 年），頁 333。及余文儀〈學校〉〈土番社學〉《續修台灣府志・卷八》（台北市：台灣經濟銀行研究室，民國 51 年），頁 361-362。

陸、結論

北投社社眾與生番的關係很陌生，三甲想找內山生番出來殺仇家，卻不能直接和生番交涉，一方面語言不通，一方面是平日沒有建立往來的管道。只有找守萬丹坑隘口的老茅入山接引生番。葉福同行，因是漢人，只能在埔裡社相候，老茅才能進入生番地界。可見平埔族一方面和漢移民相處，一方面官方利用他們防守隘口，顯然已與生番立於對峙的地位。

本案中，北投社眾看到生番各帶鏢刀，充滿野性，大宇、大武力等已經畏懼；看到生番殺人割取頭顱，「懼而膽落，不肯送番，先奔回家」。可見北投社已久不殺人，獵首習俗已不復記憶。此與編戶齊民並無不同。此可能也是簡經有恃無恐的原因。他知道只要和官府勾結妥當，北投社番只有怨恨，卻無可奈何也。

從乾隆十六年的內凹莊柳樹湳番殺兵民事件，可以看到當時複雜的漢番關係，既合作又衝突，既和諧又矛盾。

在北投社的社眾，他們到漢人家中飲酒，他們託漢人買箭，他們有病找漢人調治，他們的女兒嫁給漢人為妻，他們買漢人的兒子為兒子，他們要土地贌給漢人開墾，由漢人納租穀代納丁餉銀，他們委託漢人開水圳。三甲說箭是用來打鹿的，可見得他們還打鹿。

北投社和附近的南投社、貓羅社往來密切，所以三甲在審判中供出南投社有豆夾新等人是同犯，大眉眉馬里也將平日口角成仇的貓羅社咬猴等六名供為同行之犯。在台灣的審訊中，並未審出真相，為什麼？豆夾新、咬猴等人一定不承認，為什麼台灣的審官不接受，想來這種情況被認為事實常有，並不意外。可証北投 社與兩社關係密切。

當時北投社與內凹莊，位置毗連，以今天的距離，直線大約在三至四公里。漢人曰莊，番人曰社。分際清楚，並不雜居。北投社住屋情形缺乏資料，而簡經 這個「有力之家」是住在村莊中，受到佃民的護衛。

漢番相互依存的關係很高，但漢人對番是歧視、壓迫、剝削的。從皇帝、總督、巡撫、巡台御史到知府、知縣、汛塘弁兵，均同此態度。

在本案相關的文件中，我們看到乾隆皇帝說：「生番性與人殊，實同禽獸。」總督說：「番性不測。」都對番有不常、不測、狡黠，認他們為「化外之人」。在這種看法之下，最好的辦法是隔離，所以劃界封山，設土牛溝、隘寮、望樓以達隔離之目的。以乾隆十六年的情況來看，在今日草屯地區相當成功。

　　但被當成編戶齊民的平埔熟番，處境卻不好。漢移民，不論墾戶或佃戶，都侵擾他們。簡經娶了北投社女為妻，購了北投社草地，卻十幾年不納租；漢移民　雖和北投社有往來，但也可能從北投社番得到的好處更多。如葉福只要討回草地，就可以每年獲租穀 300 石，是全部租穀 500 石的一半強。而且佃民比北投社　番還兇悍，竟在光天化日之下毆斃為父母官抬轎子的二名轎夫，只因他們是北投社番。

　　上面提到官員的歧視言辭，行為上也是歧視不公。北投社從雍正九年就忍耐收不到租的苦，一直到乾隆十二年，出了「點悍」的三甲才到臺灣府告官追討，這位知府大人竟然慎重研究了二年，到乾隆十四年才做了不公不義的判決。另外文件中出現「汛兵袒護佃民，平日糟蹋社番」又有「千總林海蟾強拉三甲馬匹，并兵丁作踐該社，各番懷恨」。可見在地的文武官，都不能解他們的倒懸，反而置他們於水深火熱之中。前引周鍾瑄說：「（流移）巧借名目以墾番地，廬番之居，妻番之婦，收番之子。番畏其眾，強為隱忍。相仇無已，勢必構禍。」這是康熙五十六年說的話，沒人聽到，內凹莊、柳樹湳事件正是最好的註腳。

　　經過本事件之後，總算得到一個比較公義的判決。此後大規模仇殺事件不再出現。但是大環境不僅沒有變，而且變本加厲。以北投社而言，在漢移民如潮水湧入中，不斷將土地租購出去，他們雖也委漢人代開水圳，[80]有力耕的意願，但是官方加諸平埔族的公差勞役[81]又多又重，使他們無法耕種，無法生活，正是劉　良璧所說「勞役無休息」；[82]而移民

[80]　陳哲三，《古文書與台灣史研究》（台北市：文史哲出版社，民國 98 年），頁 269-305。
[81]　北投社也應差徭，見尹士俍，〈番情番俗〉《台灣志略》（台北市：遠流出版社，2005 年），頁 285。
[82]　施添福，〈清代台灣岸裡地域的族群轉換〉載潘英海、詹素娟編《平埔研究論文集》（台北市：中央研究院台灣史研究籌備處，民國 84 年 6 月），頁 301-332。

所帶來的新制度、新文化，也不是北投社抵擋得住的。道光以後，在草屯地區，他們的公共社地、私人土地，已經完全流失。[83]所僅剩的番大租，也因光緒年間劉銘傳的清賦而大減。留在祖地他們已謀生無計，中部其他族社無一例外，連最強大的岸裡社也同此遭遇，迫使中部五族三十幾社的平埔族人陸續遷入埔裡；留下來的則必須融入漢人的社會中討生活。[84]

　　十九世紀中葉道光年間柯培元說「人畏生番猛如虎，人欺熟番賤如土。」從本文的研究，一百年前十八世紀中葉的中台灣已然如此。

83　陳哲三，《古文書與台灣史研究》（台北市：文史哲出版社，民國 98 年），頁 339-377。
84　溫振華，〈清代台灣中部的開發與社會變遷〉，《國立台灣師範大學歷史學報》，第 11 期，（1983 年），頁 43-95。

參考文獻

尹章義，《台灣開發史研究》，台北市：聯經出版社，民國 78 年。

尹士俍，〈番情番俗〉《台灣志略》，台北市：遠流出版社，2005 年，頁 285。

江樹生譯，《熱蘭遮城日誌・第三冊》，台南市：台南市政府，民國 92 年。

周鍾瑄，《諸羅縣志》，南投市：台灣省文獻委員會，民國 82 年。

周　璽，《彰化縣志》，南投市：台灣省文獻委員會，民國 82 年。

林美容，《草屯鎮鄉土社會史資料》，台北：台灣風物出版社，民國 89 年。

施添福，〈清代台灣岸裡地域的族群轉換〉載潘英海、詹素娟編《平埔研究論文集》，台北市：中央研究院台灣史研究籌備處，民國 84 年 6 月。

施懿琳、鍾美芳、楊翠，《台中縣文學發展史田野調查報告書》，台中：台中縣立文化中心，民國 82 年。

柯志明，《番頭家：清代臺灣族群政治與熟番地權》，臺北市：中央研究院社會學研究所，2001 年。

郁永河，《裨海紀遊》，台北：台灣銀行經濟研究室，民國 48 年。

范　咸，《重修台灣府志》，南投市：台灣省文獻委員會，民國 82 年。

高拱乾，《台灣府志》，南投市：台灣省文獻委員會，民國 82 年。

張志相，〈台灣烏溪流域「七將軍廟」源流考論〉，《逢甲人文社會學報》，第 14 期，2007 年 6 月，頁 173-203。

張勝彥等編纂，《臺中縣志》，豐原市：台中縣政府，民國 78 年。

張麗俊編，《清河堂張氏族譜》，國立故宮博物院收藏。

莊序平編，《赤山張氏族譜》，台中：中華民族譜系研究中心，民國 73 年，台北市文獻會收藏。

陳秋坤，《清代台灣土著地權》，台北市：中央研究院近代史研究所，民國 86 年二版。

陳哲三，《古文書與台灣史研究》，台北市：文史哲出版社，民國 98
　　年。

溫振華，〈清代台灣中部的開發與社會變遷〉，《國立台灣師範大學歷
　　史學報》，第 11 期，1983 年，頁 43-95。

湯熙勇，〈清乾隆十六年台灣彰化之番殺兵民事件〉，《台灣史研究學
　　術研討會論文集》，台北：台灣史暨研究中心，1989 年。

黃秀政總纂，《台中市志》，台中市：台中市政府，民國 97 年。

黃叔璥，《台灣使槎錄》，南投市：台灣省文獻委員會，民國 85 年。

臺灣銀行經濟研究室編輯，《清代台灣大租調查書》，南投市：台灣省
　　文獻委員會，民國 83 年。

劉良璧，《重修台灣府志》，南投市：台灣省文獻委員會，民國 82 年。

劉寧顏總纂、鄭喜夫編纂，〈職官志〉《重修台灣省通志》，南投市：
　　台灣省文獻委員會，民國 82 年。

潘　英，《台灣平埔族史》，台北市：南天出版社，1996 年。

潘英海、詹素娟編《平埔研究論文集》，台北市：中央研究院台灣史研
　　究籌備處，民國 84 年 6 月。

謝嘉梁，《草屯地區古文書專輯》，南投市：台灣省文獻委員會，民國
　　88 年。

簡史朗，《水沙連眉社古文書研究專輯》，南投：南投縣文化局，2005 年。

《宮中檔雍正朝奏摺·第七輯》，台北市：故宮博物院，民國 67 年 11 月。

《宮中檔乾隆朝奏摺·第二輯》，台北市：故宮博物院，民國 71 年 6 月。

《宮中檔乾隆朝奏摺·第三輯》，台北市：故宮博物院，民國 71 年 7 月。

《宮中檔乾隆朝奏摺·第七輯》，台北市：故宮博物院，民國 71 年 11 月。

《宮中檔乾隆朝奏摺·第八輯》，台北市：故宮博物院，民國 71 年 12 月。

《宮中檔乾隆朝奏摺·第八輯》，台北市：故宮博物院，民國 71 年 12 月。

《宮中檔乾隆朝奏摺·第九輯》，台北市：故宮博物院，民國 72 年 1 月。

《宮中檔雍正朝奏摺·第七輯》，台北市：故宮博物院，民國 67 年 5 月。

附件一

奏為請旨事竊照中營都司為如龍陛往會噶瑪蘭所
遠員缺檢準卻本令揀選緣查中營都司有
設營戰糧操練兵為之責必消料理得宜方可
以弁營將兵有論營守備宋年自德老
奢事編立標中營都司為如龍陛往會噶瑪蘭所

（右側小字）臺灣官兵例不能帶眷口黃廷桂謹

營選舉缺出一時不得星埋之另為調之原位提
首岳鎮叔鎮台兼保舉對夷參曾以東營兵嚴
緊銳十我體則尚清楚辨建参將關號范兵且
歷奢勞績若此之蒍情且標中營都司似建論
職情扳悄到任李滿年限與關帶之例不符可
否仰懇

聖鑒准令陸善儀臺年之陞奉能陛任為時實股從

皇上聖訓遵行謹
所

謹奏

（左下小字）護軍謹奏

乾隆拾柒月閏捧月　貳　日

福州將軍臺灣開海開事臣新任
福建陳弘謀謹
擬旨陳弘謀承

奏為欽奉
上諭事竊照乾隆十九年二月十五日准陳弘謀承
准
上諭內開乾隆十九年正月二十四日奉
上諭彰化縣先為熟番焚殺緣內四莊柳樹湳兵民一案噉
爾書為已意明白研求究竟陛見所調臺員赴審者時
不亂魏自舒審善新軍新社會問陳弘謀嚴審假
臺定彼縣其義玖此選

音奇信前來等因富卹移查新社欲選會同退遠摘
標千總白玉起臺守僅升開新調臺灣府如府
鎮院赴期渡海陛任行令原審官臺灣府事

臺時周如王大昭劉化縣知難到辰散作達文

印革同原訊屍視呈馳起有忒後臣新桂一面

行引帛數詳細亙桉摟綠景內毅實及五昆踏

際牽為之處同良陳弘諫逐陪指飾礼肜郡撿

內司遂縣鮮理閏重洋迮逃滝

誠懇泉蕃官號迮時日復行盋撤嚴催症擭五

文餉於四月二十八日到辰殷於閏四月初一

日與原註人李先先到省餉內同事同王丈

貽等蕃縣招鮮甫柬奸桂會同良陳弘諫公

同遣加研訥隙化供您兩處灾授情形悉窅胗

奉憲飭綵義雄州各化口供另婚清撰恭呈

御覽外謹具等蕃得此棄彰化縣內四柱及柳榭

湳民民攸臺其設綠彰化縣北授社熟蕃三甲

條民人葉順所生業順身故三甲自約賣與北

授社蕃萬貿塞為于又名萬弟莁長兩戰佯承

虎南北授軸社遘事有已半監立蕃級於雍正

七年閒尚蕃賣共戸臏塞諸社公共棻地一所

土名大呎咽仔今名內四杜目雍正九年起毎

恩音蕃納役殷限民丁徵鮮滅免銀一百貳兩七錢

五分計至乾隆十二年間經返夂化授社程殷

六十餘石未遇減免丁餉銀一千餘兩三甲於

乾隆十二年間能臺灣府者迄至乾隆十四年

經前挬已故加府方鮎莪斷還歉四四十甲緝

紬三千餘石其本遇丁銀行先遣三甲巳巳

不甘遐簡經於府斷之彼僅償租殷一千餘石

餘仍未是為斵遇四十甲之因輙佃佰耕不給

蕃晉五甲吏撤償凎又的蕃經妻第北授社蕃

巳讒應義言及甫事內巳綫立戓紬得甫者閣

經力然加寄金社等語復於乾隆十六年十一

月初二日三甲與土目大賞　大協甲親睦喜

創侵社春本年六在民人頼源家叙頂陽五

中遇三甲畓及厝經佰田尺緝意敝與佰春

橋害當經大感勤祖而歡三甲蕾恨難得即於
是月初五日曉同社番家仔往萬丹坑嗎今臨
口生番麥性招生番末先三甲趙目議布而
足遂給麥茅復囑慇泉麥事許諭初九日三甲
遠伊同父異母之兄葉福僧臣社中公所偹同
大麥客仔卧葡囑令葉福與麥茅同入內山
招引番即尤低隨路結繩為信約足日耕一結
略喃社番加牒社緣生番好數博顓有人
茅自往箱裏番社情土目多願錄料福臂社哆
社業福漢人不能深入在土目叫民家等候老
尤伐至二十日葉福拉遠麥羔入山同崑埔震
俄參四內四莊由年給葉福起毅二百石葉福
大麥客仔卧葡囑麥茅同入內山
遠伊同父異母之兄葉福僧臣社中公所偹同
足遂給麥茅復囑慇泉麥事許諭初九日三甲
口生番麥性招生番末先三甲趙目議布而
六　大前首馬里　大宇　大戍力　他里馬
賞客仔採集尚未如讀之本社番寮大年六
番即應出山遠初七日三甲提虎巳同謂之大
持題吉如工甲採結計日至十二月初八日生
結克即屬出山之日麥茅持題給與葉福葉福
招引番即尤低隨路結繩為信約足日耕一結

沈鼻八等告以招番之故許以將到之期各全
大前首馬里　大宇　大戍力　他里馬

同進迎德同社番素長遠事大年六等不敢不
侵遠於初八日三甲幸同大霓
六　大前首馬里　大宇　大戍力　他里馬
伊鼻八等一以九人裏樓前社大焰山下正
慎麥茅帶領麥茅蜒刀乩種而
至破此相遇低緣生番音語不同三甲等未嘗
論其卿社何名恨與麥茅　大霓　客仔　大
斗六　大前首馬里引路偹行大宇　大戍力
他里馬　沈鼻八等以生番野性慣而隨代
日曉抵內卹山情麥里三甲連情內四莊爾
經住居遠生番下山徑往焚報三甲等九人恐
被認識在山遠望盍未阿仔止番至莊問關經
居惟莊中不能深入止將莊口佃戶賴相景匿
八開放大焚燒升段賴相及同居母張氏妻陳
氏弟評陳氏媳林氏幼子賴坤賴金賴王念賴
王妹如女賴賢賴王尹幼遞沈氏一家十二口
又殼賴低升同居伊農李氏幼子二名并表親
徐院一家五口又殼白磨升同居母其玩謠陳

氏等白全娘幼旦一家五口均計被殺二十二
命除賴相之妁媳沈氏屍骸被天燒燬無存外
師俱割去姻頭生番擡頭而至內四山三甲句
思隨兩社通事對進氏挑抉殺殺地方官查
勘必須回社承值虜屍戴露卸各老筝　大寶
等送番在壹蘭眼俟伊等有他全殺內四莊入
必獻是伊等被縛如蓄隨合查業得罵生番再
輕一處可將集番出沒非伊等招之使來番圍
捲飾耳目開大字　大武力　他里罵　俊泉
八等目擊生番師割姻頭歷而屍落不肯遙番
兇番圍家三甲隨遠夹筝　大寶　宕仔大
牛六　大耳骨馬里五人引眷他往三甲煙郎

縣杜是夜并初九日姜景筝同領生番行至內
山雙簇口伏草獣息約十日生番開有鳥鳴俏
為不吉蹤束出至十一日相率循行北呈夹
靛拔柳樹編是有村莊不辨民居營汛老筝卽
余生番焂入柳對淘營盤焂大燒燬營房五閒
殺死兵丁陳峻係吳世德薛國錬劉體爵約張

列彭英筝七名到姻頭并馮胃地總蔴氐及
兵丁李高筝吳運洪郭德生康甚張尾筝五名
內圍差笋卽全生番入山四社老筝　大寶
宕仔　大牛六　大耳骨馬里宇各戴歸帯經
內四莊屍提頭蔴白浠同鄉長俟樹等叅暈
率彭化縣知縣程運齊於十一日前往該莊相
驗時有瘟總之北後社番娘罵喝　安平二名
與嚴慎人衆筒口爭開收衆群段戴竟將屍殮
眼經遠齊諱進不究不候其化四莊悄悄生
番覺殺通詳提池在阿草崙山下遠番城
樹淘汛兵因圳睛道巡報北促運齊帯集番城
輕恒遠齊進驗狹同通報北促運齊帯淡水
通事張連京株旁候到彭遠因水沙遠通番頭
春瑞縣進又陳景楊尼為通事遠備丁筝退
入山童取姻頭作生番貨殺之証景楊於乾
隆十七年三月內焂生番喀姻詻起戴姻覲
七顆四月內杜丁柯遠又往生番楊骨社詻出
姻覲四顆解驗報雞景楊心如喝咳啊楊骨

兩社原是伊興老其等勺引出山焚殺之番故於

各該社覷意勺起題顯無如所後各頭被番融

黃形色改變是因此番正題屍親不能認識來

擾領回乾隆十七年三月內良新桂番理楊建

遲撫印諸興督良喀爾吉善查出內四莊由簡

經犬祖被番焚殺之由及墻邊兩番政覽隱邊

不報之事井柳樹湳汛兵徐在舊盤被殺五莊

出是遇番情由會借

氣讀派委椿驛道絰齊圍赴臺嚴查確審嗣緞

督卽卽將以報督之臺灣府知府陳王友彰

化縣如縣俱運奇郡司最成德等會同良陳弘

謀

題蔡在案續據該道挖緝齊圍訪查兩處實像熟

番勺引主番焚殺具集飭令府縣訊究尚未成

招綏至乾隆十八年三月內臺防同知王文昭

審理府事又得兩處盡是熟番焚殺等情遇泉

祇因法無確據隨卽先託熟番根窮頭顱首落

時有差役王泰的王文昭領將番銀一百圓前

性彰化與縣役諸昇等同謀焚燬佗取屍番個

六仔目嘧老佈關頭題三顆似為此案熟

番勺報兵民之頭當卽發覺遊調住臺灣府知

府曾日瑛抵臺與同知王文昭之會審擾置臺灣

縣如縣劉辰駿鳳山縣知縣以內

四莊徐熟番三甲等勺引主番焚殺其仰樹湳

汛兵由千總林海糖強拉三甲萬匹井兵丁作

踐誑社各番懷恨三甲率俱熟番前住焚將

千總林海糖詳報督及咨所井將無辜之南投

社番且焚新　他里萬　八仔　小平六

吱猴　峨摔　年六仔　大荳井貓羅杜番

　小牛萬　加臘　阿哥　卓略

等波累一同指斛到膏督及客蒲吉善縣良陳

弘謀很委福州府知府徐景嵩張州府知府高

震及聞縣福清等縣覆寫祇園此案於挖

譯齊圍查實具景之後續經王文昭曾日瑛查

狀客理各存偏見不得真情事多縣實各番俊

熟有詞可藉憑旨翻異復令郡政使德鉦接家

大舉番馬兩處英敢約各隨行蔽嚇忽諱難
以輕資應請比照誅殺人抵兩加功致候律俱
擬絞監候大字　大武力　流身八　他里馬
聽俟三甲主使同行是毒到致人誰師懷民情
俟今進番不敢前情訴訟觀念合謀殺人不
加功杖一百流三千里律懲是杖一百流三十
里期經佰聖卷地退大憝祖社侵社鈎筆媽起
蒙實為稱育命休保伍官民山踢杖一百流三
千里律杖一百流三千里創行　守畫說經章
此案仔跟隨三甲為托老茅与番情事不即育
報紋為家問合悵如人諶害他人不育香杖一
百律名杖一百流熟審減等听貴舂舂落審像
無拿之南授社熟春且失新　他里馬　八仔
小斗六　普加意　大區叟　年六仔　犬
盞豬罷社熟春吹隄　嘓驛　小斗馬加讓
阿哥　阜略等十四名即飭省歸趁臺回杜
巳草千總林海嬌來曾分防柳樹洵汎兼柳樹
洵吳教在先訊井買馬往後訊無繼拉三甲馬

區俟蒙情事實為無拿憨請開撓內山偹裏看
社土目夕脆及該社并哆哆唎福骨菁如陳等
社行老主番嚴紛醫縣設法誘媽搭復并勒莿
截覓北投社頹寫唱　奄平二番之正克分案
究僻馬臨其內山哆哆唎傷骨肯社起出頸顧
十一顆是畣即係此景枚殺兵民之朝懷復正
究訊期馬鈎紋理所有兩處枚殺兵民身屍俱
智海裡見致叢露莿組紛叉此侵社祖毅及減
半春鈎行縣照觀追給發叉該社祖毅其原斷
蘭絞佔整備社草地鈎縣查大四呈并拵原斷
內四莊撥運四十甲愆四一併劊出俱交該社
春泉公分管耕母許年行侵佰仍前現選至善
政視民令不育研究熟番升調命不報之巳歛
宇今陳玉友程還青等及悅報汎兵出現遁春
故客之巳泰郡句爲武德等愿陽來集家服凍
弘謙另行臺順开枷樹洵汎兵在營房伏敕是
酉寶依原任臺灣鎮懇冥現薯楊建隆路提督
馬員奮興如府陳玉友商同改報避跑遁去之

處州係免明在案為難以搰鑄繫由聲明時秉

一件馬

題再履蹤及投偷挖番墳顧慮為此案之題名
官有無如情在陳弘謀理在另行領審議議

題報又此案焚殺難為熟番勾引寶係生番此与
肄窘大武踨防阿有謀處係皮陳弘謀洛會餐

且逕一查明分別報義所有此案不龍審出寶
请之承審官則係臺灣府如內曾口填臺防同
如主文詔彰化縣如縣劉辰鳳山縣如縣其
士尢也理令聲明附義毒職曾曰靖巳經病故
王太昭劉辰敬徹調柔省隨同自行塞明竹具
士尢可咨照斂客亭什樣性改正府官先議之
例約釣乎兒讓統聽部讓並等會同繕摺秉
发状已

皇上聖鑒

勅下法司核議總行謀

※三？？樣履吳案

附

呈及証把口供一摺

乾隆十九年閏四月　十九　日

山青太學趙其敉才羽頁格圖讀

奏為奏謝

天恩事龍廣普欣年引昌引為歷日敉才家人自言
東平皇賜蠲慶會本生儢虔博餘菁業

皇上天恩賞賜敉才育筭人兒罗謝任為口夢扰圖
多獲李章豎

開寫謹

天恩鄉盡家人是泵講頒束任伏念　敉才瞥會
過愿完為寢繙礬豪

賞賜有加無已甚

聖調陷隊蹟字以盡犬馬極

聖主之慶愿宦學加才之圖報愿體　敉才瞠有盈特

附圖一

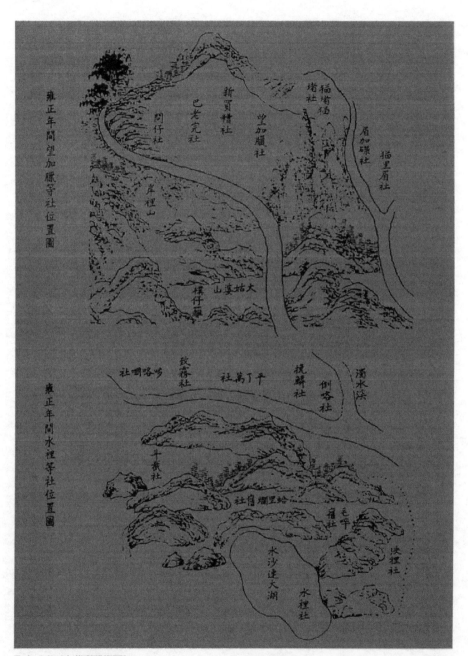

取自《雍正中葉臺灣輿圖》

說明：上圖貓里眉社在眉加碟社及望加臘社右側是正確的，因地緣關係，他們的族群背景應同屬泰
雅族的 Ciuli（澤敖利）系統。下圖的蛤里爛舊社即「蛤美蘭社」，也就是「埔社」。

附圖二

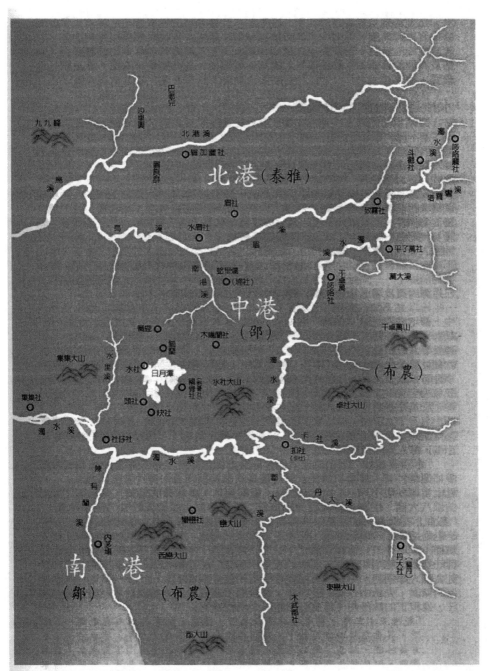

《清朝中晚期水沙連地區族群分布圖》　　　　　地圖彙整／簡史朗

The Relationship between Hans and Aborigines in Central Taiwan in the Mid-eighteenth Century—A Case Study of the Nei-ao-zhuang and Liu-shu-nan-xun Massacres in Changhua County

Che-San Chen[*]

Abstract

This paper explores the relationship between Han immigrants and aborigines in the mid-eighteenth century in central Taiwan by investigating a tragic incident: The mountain aborigines murdered Han sharecroppers and garrisons respectively in Nei-ao-zhuang village and Liu-shu-nan-xun post in Changhua County on January 23rd and 26th in 1752. This paper takes the incident as a case study.

The paper finds the cause of the incident was largely attributed to the discrimination against aborigines from the Emperor himself to the local administrators who, for the same reason, allowed Han garrisons, sharecroppers and small-farmers to mistreat and bully plain aborigines with connivance. In an everyday routine, plain aborigines suffered from injustice which caused the incident to happen. Jianjing, a Han small-farmer who rented the common greens from the plain aborigines in Peitoushe (hereinafter, Peitoushe), refused to pay his rent for ten years. Peitoushe therefore appealed to the local magistrate in hope of collecting the rent. After a two-year trial, the magistrate made an unjust judgment, and provoked the public indignation among Peitoushe. Sanjia, the representative of Nan-Peitoushe, finding the magistrate's incapability of fulfilling social justice, turned himself to alternative means: He intrigued the mountain aborigines to the plain to kill the Han garrisons and sharecroppers. The two massacres brought to the Emperor's notice, and there was finally a retrial of the lawsuit. As a result, a somewhat just judgment came into being three years later in 1755, and the Han-Aborigine relationship apparently stayed peaceful. However, the intense relationship between Hans and Aborigines in central Taiwan had not been truly eased until Peitoushe led other five tribes of Pingpu aborigines to immigrate to Puli in the Daoguang era.

Keywords: Ethnic conflict, Han-Aborigine relationship, Nei-ao-zhuang village, Liu-shu-nan-xun post, Sanjia

清代南投縣人物及其相關問題

摘　要

　　本文透過對清代四十二位人物之調查研究，分析其出生年、年齡、祖籍、居住地、身份等，獲得若干南投縣歷史的新認識。如人物的祖籍以漳州府的漳浦、南靖、平和三縣最多；此一情形，至今不變。如居住地最多的依序爲草屯、竹山、名間、南投，正是乾隆中葉番界的西側地區，也即南投縣境最早合法開墾之地。如人物中有科舉功名的接近半數，可見在清代科舉是提升身份地位最有效的途徑；而文舉人到咸豐五年才出現，可知南投縣文教發展較爲遲滯。

關鍵詞：清代、南投縣、人物

壹、前言

去年與南投縣民俗學會的朋友一起作南投縣先賢史蹟調查研究,[1]覺得獲益良多,可以寫成一文以就教於先進君子。調查研究計畫由我擬定,調查由學會蘇、陳、李三君進行,研究由我負責。本文即將研究之成果撮要成篇。由於調查範圍相當廣泛,包括人物之基本資料和史蹟文物。基本資料有姓名、字號、祖籍、生卒年、年齡、住地及生平事蹟。史蹟文物分遺物、住宅、祠堂、墳墓、紀念物、畫像、照相、手稿、文件及其他。並註明受訪人。本文只擇要撰寫,想知全貌請看調查研究報告。[2]

貳、清代南投縣人物

有關南投縣人物,劉枝萬在《南投縣人物志稿》[3]中計收一三八人。拓墾一八人,良吏一九人,先烈二一人,武功一七人,節孝一〇人,鄉賢三六人,其他一七人。其他含教育四人,宗教二人,義民一人,勇士一人及土霸九人。林文龍在《南投縣志‧人物志》[4]中收一五四人。賢德篇一〇八人,宦績篇四六人。賢德篇又分拓墾一六人,教育一三人,孝友五人,特行一七人,義行一一人,文苑四人,鄉紳二七人,宗教二人,寓賢六人,列女七人。宦績又分文治二三人,武功一三人,民代一〇人。

調查研究主要依據上面二書中擇其本縣出生而賢德過人,活躍於清代的人物計四十一人。因為調查人物研究受先賢限制,不能包括全部人物。如此結果,對歷史研究並不完全。本文既為清代人物,所以對象不

---

[1] 此一調查研究係南投縣文化局向文建會申請的案件,南投縣民俗文物學會執行。筆者為本計畫主持人,負責擬訂計畫、設計調查表、提示調查目的物、撰寫調查研究報告,報告並經三次審查。審查委員為洪敏麟、簡榮聰、林文龍、鄭喜夫四位先生。調查工作由理事長茆庸正、總幹事陳高明、常務理事李建章負責。

[2] 調查研究報告未出版,存於南投縣政府文化局。

[3] 劉枝萬《南投縣人物志稿》南投縣文獻委員會,民國五十一年。

[4] 林文龍《南投縣志‧人物志》未刊稿,存於南投縣政府文化局。

論其賢與不賢，因此，再加許國樑、洪欉、洪璠三人，計四十四人。但原調查的魏林科、黃錫三的活動主要在日治時期，將兩人自清代刪去，總數為四十二人。

表一：清代南投縣人物表

序號	姓名	生卒	年歲	祖籍	住址
1	林圮	？～康熙七年（？～1668）	？	同安	水沙連竹圍子（竹山）
2	葉初	康熙46年～乾隆55年（1707～1790）	84	平和	林圮埔內厝庄（竹山）
3	黎朗買奕	？～嘉慶	？	北投社	北投社（草屯）
4	李元光	雍正9年～嘉慶22年（1731～1817）	87	平和	南北投保草鞋墩下庄（草屯）
5	許國樑	？～乾隆48年（？～1784）	？	詔安	北投保大哮山腳庄（草屯）
6	王增榮	？～？	？	漳州府	集集埔（集集）
7	洪登榜	乾隆13年～嘉慶19年（1748～1814）	67	漳浦	南北投保萬寶新庄（草屯）
8	莊捷三	乾隆26年～道光1年（1761～1821）	61	南靖	北投保溪洲庄（草屯）
9	陳朝魁	乾隆34年～道光16年（1769～1836）	67	南靖	林圮埔街菜園仔（竹山）
10	陳佛照	乾隆25年～道光12年（1760～1833）	73	海澄	水沙連保社寮庄（竹山）
11	張天球	乾隆37年～道光27年（1772～1847）	76	龍溪	水沙連保社寮庄（竹山）
12	洪善述	乾隆47年～道光8年（1782～1828）	47	漳浦	南北投保頂茄荖庄（草屯）
13	黃天惠	嘉慶4年～光緒5年（1799～1879）	81	漳浦	自社寮遷水社（由竹山遷魚池）
14	張煥文	嘉慶9年～咸豐6年（1804～1856）	53	龍溪	水沙連保社寮庄（竹山）
15	陳希亮	嘉慶9年～咸豐11年（1804～1861）	58	南靖	沙連保林圮埔（竹山）
16	洪璠	？～同治3年（？～1865）	30餘	漳浦	北投保新庄（草屯）
17	洪欉	？～同治3年（？～	30	漳浦	北投保新庄（草屯）

		1864）	餘		
18	莊文蔚	道光～同治	？	南靖	南北投保北投街（草屯）
19	吳聯輝	嘉慶 16 年～同治 9 年（1811～1870）	60	漳浦	南投保康壽庄（南投市）
20	張春華	嘉慶 18 年～光緒 10 年（1813～1884）	72	平和	南北投保南投街（南投市）
21	林鳳池	嘉慶 24 年～同治 6 年（1819～1867）	49	龍溪	沙連保粗坑庄（鹿谷）
22	劉玉章	？～道光 29 年（？～1849）	？	南靖	沙連保東埔蠟（竹山）
23	陳再裕	？～同治 2 年（？～1863）	？	漳浦	牛牯嶺皮仔寮、公館（名間）
24	陳再月	嘉慶 22 年～同治 13 年（1817～1874）	57	漳浦	牛牯嶺皮仔寮、公館（名間）
25	洪鐘英	嘉慶 24 年～光緒（1819～？）	？	漳浦	北投保頂茄荖庄（草屯）
26	陳再悅	？～同治 2 年（？～1863）	？	漳浦	牛牯嶺皮仔寮、公館（名間）
27	陳雲龍	道光 8 年～同治 10 年（1828～1871）	44	漳浦	南投保番仔寮（名間鄉）
28	簡化成	道光 9 年～？（1829～？）	50餘	南靖	北投保林子頭庄（草屯）
29	洪玉麟	道光 11 年～大正 3 年（1831～1914）	84	漳浦	北投保番子田莊（草屯）
30	李定邦	道光 11 年～光緒 21 年（1831～1895）	65	平和	北投保草鞋墩下庄（草屯）
31	陳上治	道光 15 年～光緒 26 年（1835～1900）	66	海澄	沙連保三塊厝（竹山）
32	林春祈	道光16年～光緒16年（1836～1890）	55	南靖	北投保北投埔（草屯）
33	董榮華	道光 17 年～光緒 17 年（1837～1891）	55	長泰	沙連保濁水庄（名間）
34	曾長茹	道光 20 年～明治 40 年（1840～1907）	68	南靖	南投保內轆庄（南投市）
35	陳上達	道光 21 年～明治 34 年（1841～1901）	68	海澄	沙連保三塊厝（竹山）
36	吳朝陽	道光 23 年～光緒 17 年（1843～1891）	49	漳浦	南投保康壽庄（南投市）

37	陳長江	道光 25 年～昭和 8 年（1845～1933）	89	漳浦	集集保橋頭庄（集集）
38	陳安邦	同治光緒年間	？	龍溪	沙連保頂林庄（竹山）
39	陳志文	咸豐 5 年～光緒 34 年（1855～1908）	54	漳浦	松柏坑崁腳（名間）
40	李昌期	咸豐 9 年～昭和 15 年（1859～1940）	81	平和	草鞋墩下庄（草屯）
41	陳天龍	咸豐 10 年～明治 44 年（1860～1911）	52	漳浦	集集保柴橋頭庄（集集）
42	望麒麟	咸豐 11 年～光緒 21 年（1861～1895）	35	埔社	埔社（埔里）

參、清代南投縣人物展現的歷史意義

　　清代南投縣人物所展現的歷史意義可以從許多角度來觀察。先從出生年代看，出生於順治年間（一六四四－一六六一）有一人，出生於康熙年間（一六六二－一七二二）有一人，出生於雍正年間（一七二三－一七三五）有一人，出生於乾隆年間（一七三六－一七九五）有六人，出生於嘉慶年間（一七九六－一八二○）八人，出生於道光年間（一八二一－一八五○）十一人，出生於咸豐年間（一八五一－一八六一）有四人。不詳者十一人。列成表二如下：

表二：清代南投縣人物出生年表

順治	康熙	雍正	乾隆	嘉慶	道光	咸豐	不詳	總數
1	1	1	6	8	11	4	10	42

　　自統計可見雍正以前人少，雍正之後多起來，與南投縣開發歷史吻合。南投縣竹山鎮有林圮於鄭經時率軍入墾，[5]為時最早；其餘名間、草屯、南投各地都在康熙、雍正年間始有移民入墾；而在乾隆年間移民

5　林圮入墾時間當在永曆十八年以後，二十二年之前。據連橫《台灣通史》〈林圮林鳳傳〉及〈撫墾志〉推知。其時間即西元一六六四到一六六八年。即康熙三年到康熙七年。見陳哲三〈鄭氏部將林圮〉載《鄭成功與台灣》頁二一三～二一七，廈門大學，二○○三年。

人數遽增。[6]表內中出生年不詳者有十人，占總數百分之二十三，可見本縣歷史之缺乏記載與缺乏研究，以致史實湮沒不彰。

次自人物年齡看，製成表三。可見年齡最大是八十九歲，最小是三十五歲。五十歲以下者占百分之一七，七十一歲以上占百分之二十一，五十一歲到七十歲占百分之三十八。如計五十一歲以上則占百分之五十九。可知要成為歷史人物，對歷史有所貢獻，時間長很重要，年齡長才可能有更多機會去做更多事。另外，不詳的有十人，占百分之二十四，也證實南投縣史之缺乏記載與研究。不詳的人物是林圯、黎朗買奕、許國樑、王增榮、莊文蔚、劉玉章、陳再裕、洪鐘英、陳再悅、陳安邦。除外，洪璠、洪欉，簡化成也不知其確實年齡。這些都待今後繼續做進一步的調查研究。

表三：清代南投縣人物年齡表

30～40	41～50	51～60	61～70	71～80	81～90	不詳	總數
3	4	9	7	3	6	10	42

三、看人物的祖籍，製成表四。其中同安一人即林圯，同安屬泉州府。林圯是同安人，依據的是連橫《台灣通史》〈林圯林鳳傳〉，但連橫根據什麼史料，無法得知。一個泉州人率眾首先開墾的地方，後來住的百分之九十以上都是漳州人，這是不可解的歷史謎題。又北投社一人，即黎朗買奕；埔社一人，即望麒麟。二人是原住民。除以上三人外，全屬漳州府的人，而以漳浦縣最多，占百分之三十八。南靖縣次之，占百分之十九。平和縣人又次之，占百分之一二。三縣已占百分之六十九。此一祖籍分佈，可與後來之研究做對比。[7]

6　　參見劉枝萬《南投縣沿革志開發篇稿》頁一〇一～一〇二，南投縣文獻委員會，民國四十七年。劉枝萬〈南投縣人文景觀〉載《南投文獻叢輯（二）》頁一三～三一，南投文獻委員會，民國四十二年。

7　　一九〇一年（明治三十四年）台中縣管下居住民族調查表所載南投辦務署居民籍貫籍戶口如下：

籍　貫	戶　數	人　口
泉　州	五七八	二五四七

表四：清代南投縣人物祖籍表

同安	平和	詔安	漳州府	南靖	龍溪	漳浦	海澄	長泰	北投社	埔社	總數
1	5	1	1	8	4	16	3	1	1	1	42

　　四、看人物的住地，製成表五。以今日之鄉鎮統計，草屯鎮最多，十五人，占百分之三十六；竹山鎮次之，十一人，占百分之二十六；名間鄉居三，六人，占百分之一四。其次依序爲南投市、集集鎮、鹿谷鄉、魚池鄉、埔里鎮。有四個鄉缺如，即中寮鄉、國姓鄉、仁愛鄉、信義鄉。這一情況和南投縣開發的路線和方向是符合的。台灣的開發自南而北，自西到東，從平原到山地，南投縣的竹山鎮、名間鄉、南投市、草屯鎮正位於平原進入山地的邊緣地帶，所以成爲南投縣境最早開發的地區。如以清代土牛紅線觀察，情形更爲清楚，乾隆中葉的土牛紅線就在竹山鎮、名間鄉、南投市、草屯鎮的東邊山腳下，[8]如圖一、二所見。也就是乾隆中葉土牛紅線以東還是界外番地，移民的禁地。此一禁地要在乾隆末年以降到光緒年間始陸續解禁，移民也才陸續入墾，人文始有開啓跡象。至於仁愛、信義之泰雅族、布農族則要到日治方才進入現代文明的世界。所以清代南投縣人物分佈集中於土牛紅線以西，實爲歷史之必然。草屯人物最多，則與其平原最大，土地肥沃，水利發達，經濟富庶有關。

漳　　州	九七八七	四二七五八
興　　化	三	六
廣　　東	四七二	二三二〇
湖　　南	九	三三
熟　　番	六八八	三五一五
化　　番	六六	二七一
總　　共	一一六〇三	五一四五〇

以戶數計，漳州籍占百分之八十四。以口數計，漳州籍占百分之八十三。見劉萬枝《南投縣沿革志開發篇稿》頁一〇一。

8　〈清乾隆中葉台灣番界圖〉、〈彰化縣新舊界與隘寮座落圖〉、柯志明、陳兆勇繪〈台灣番界圖〉均見柯志明《番頭家－清代台灣族群政治與熟番地權》之卷首，頁一七五及封底裡。中央研究院社會學研究所，民國九十年。施添福〈紅線與藍線－清乾隆中葉台灣番界圖〉載《台灣史田野研究通訊》19 期，頁四六～五〇，中央研究院台灣史田野研究室，民國八十年六月。

表五：清代南投縣人物住地表

南投市	草屯鎮	竹山鎮	集集鎮	埔里鎮	鹿谷鄉	名間鄉	魚池鄉	總數
4	15	11	3	1	1	6	1	42

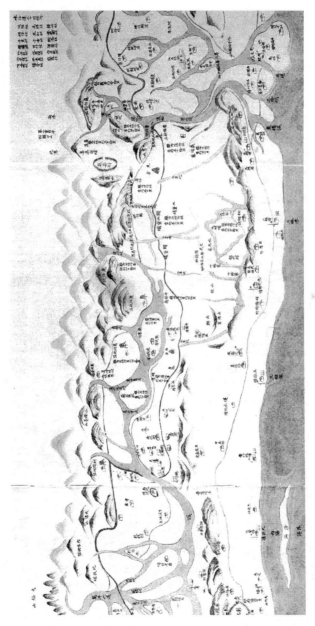

本圖為乾隆中葉番界圖南投縣境部分

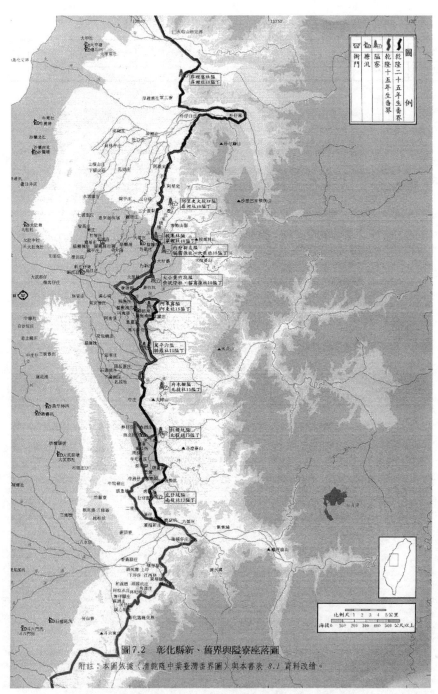

圖 7.2 彰化縣新、舊界與隘寮座落圖

附註：本圖依據《清乾隆中葉臺灣番界圖》與本書表 8.1 資料改繪。

本圖取自柯志明《番頭家》頁 175

　　五、看人物的身份。先看有無科舉功名。其中文舉人二人，武舉人二人，文秀才九人，武秀才五人，計十八人，占總人數百分之四十三。這些人因為有科舉功名而成為地方上的領袖，平時從事文教工作，有事時領袖一方保鄉衛國；只有極少數成為反政府的領導人。

　　文舉人即鹿谷鄉的林鳳池及草屯鎮的簡化成。二人都在咸豐年間中舉。[9]二人都在同治朝戴潮春事件中助官軍平亂，林鳳池是內閣額外中書因軍功免補中書以同知優先選用，並賞戴藍翎。[10]簡化成是以軍功奉旨以直隸州州同不論雙單月選用，賞戴藍翎，加六品銜。[11]

　　武舉人即草屯的許國樑及竹山的陳安邦。許國樑在乾隆三十五年（一七七〇）中舉。[12]陳安邦則在同治五年中舉。[13]許國樑因乾隆四十七年漳泉械鬥案，被「斬決梟示」，其子照例斬決，妻女給付功臣之家為奴，財產抄沒入官。[14]陳安邦則除知助築雲林縣城外，[15]事蹟不詳。

　　秀才平時除文教工作外，也倡導公益事業；地方有事則號令一方，成為領導人。戴潮春案中，洪璠是秀才。他因弟弟洪欉的反清，也自然成為反清的主謀。其實洪璠對登瀛書院的創立、朝陽宮的維護都有貢獻。[16]相反的，所有那時代的舉人、秀才都投入助官平亂的行列中。前

9　林鳳池是咸豐五年（一八五五）中舉。見林文龍〈林鳳池傳〉載陳哲三總纂《竹山鎮志》下頁一四五六～一四五七，竹山鎮公所，民國九十年。簡化成係咸豐九年（一八五九）己未恩科中舉。見林文龍〈簡化成傳〉載洪敏麟總編輯《草屯鎮志》頁九四一～九四二，草屯鎮志編纂委員會，民國七十五年。

10　丁曰健《治台必告錄》〈親赴彰化內山督軍剿滅全股踞逆摺〉、〈隨摺保獎清單〉頁四七七～四九一，台灣銀行經濟研究室，民國四十八年。

11　林文龍〈簡化成史蹟初探〉載林文龍《台灣史蹟叢論》中冊，頁一二三～一三八，國彰出版社，民國七十六年。

12　周璽《彰化縣志》卷八〈人物志〉頁二四一武舉條，台灣銀行經濟研究室，民國五十一年。

13　倪贊元《雲林縣采訪冊》〈沙連堡〉〈科貢〉頁一六三武舉人條，台灣銀行經濟研究室，民國四十八年。

14　〈內閣抄出福建水師提督黃等奏摺〉載《台案彙錄己集》頁二六七～二七三，台灣銀行經濟研究室，民國五十三年。

15　在陳世烈撰〈雲林縣竹城旌義亭記〉中寫建城時有句云：「各董事與武孝廉陳安邦率鄉眾負鍤爭先」見劉枝萬《南投縣沿革志開發篇稿》頁二四三；另見林文龍〈記雲林縣首任知縣陳世烈〉載林文龍《台灣史蹟叢論》中冊〈人物篇〉頁七九～九七。此雲林縣城在今竹山鎮。

16　林文龍〈洪璠傳〉載洪敏麟總編輯《草屯鎮志》頁九一一～九一二。

面提到林鳳池、簡化成，不贅。秀才如陳上治助林鳳池立保全局，助官軍平亂。[17]陳再悅平戴案有功，官鹿港水師游擊。吳聯輝在戴案時為義首，收復南投街有功。張春華也參與北勢湳之役。洪鐘英平戴案有功，以訓導歸部儘先選用，加五品銜，賞戴藍翎。[18]其他文秀才有張煥文、陳希亮、劉玉章、李昌期、望麒麟；武秀才陳朝魁、陳上達、陳志文、洪玉麟等 都各有其成就。

　　六、看土地與水利的開發。最早到南投縣境開發的人物是林圮，他大約在鄭經退保東都，擴大屯墾時率所部到竹山開墾，時間當在永曆十八年到二十二年間，即康熙三年到七年，西元一六六四到一六六八年之間，因為林圮在永曆二十二年被殺。[19]此後有葉初、李元光、王增榮、洪登榜、陳佛照、張天球、洪善述、黃天惠、陳希亮、曾長茹都分別在各地開墾土地與開鑿水利。如葉初之開竹山羌仔寮圳，[20]李元光之經營草屯舊圳，[21]王增榮之開墾魚池鄉，[22]洪登榜之開墾草屯萬寶新庄，[23]陳佛照之開鑿竹山社寮隆興圳，[24]張天球之開墾社寮、中寮、鹿谷，並開鑿當地水圳；[25]洪善述之開鑿草屯媽助圳，[26]黃天惠之育化開墾魚池鄉，[27]陳希亮築竹山三角潭仔圳，[28]曾長茹之修築復源圳、成源圳。[29]具有開

17　倪贊元《雲林縣采訪冊》〈沙連堡〉頁一六四～一六五，兵事條。

18　陳哲三〈戴潮春事件在南投縣境之史事及其史蹟〉載《台灣史蹟》第三十六期，頁三二～五六，中華民國台灣史蹟研究中心，民國八十九年六月三十日；吳德功《戴案紀畧》台灣省文獻委員會，民國六十一年；蔡青筠《戴案紀畧》台灣銀行經濟研究室，民國五十三年。

19　陳哲三〈鄭氏部將林圮〉載《鄭成功與台灣》頁二一三～二一七，廈門大學，二〇〇三年。

20　倪贊元《雲林縣采訪冊》〈沙連堡〉頁一五六～一五八〈水利圳陂〉羌仔寮陂條。

21　陳哲三〈清代草屯地區的水利〉載《逢甲人文社會學報8》頁一四九～一八一，逢甲大學人文社會學院，二〇〇四年五月。

22　劉枝萬〈王增榮、陳坑傳〉載劉枝萬《南投縣人物志稿》頁八～九。

23　林文龍〈洪登榜傳〉載洪敏麟總編輯《草屯鎮志》頁八九一～八九二。

24　倪贊元《雲林縣採訪冊》〈沙連堡〉頁一五六～一五八〈水利圳陂〉隆興陂條。

25　林文龍〈張天球傳〉載陳哲三總纂《竹山鎮志》頁一四二五～一四二六；林文龍〈張天球傳〉載林文龍《社寮三百年開發史》頁一五五～一六一，社寮文教基金會，民國八十七年。

26　許錫專《草屯地區開發史資料集》頁四五，台灣洪氏家廟，民國八十七年；林文龍〈洪善述傳〉載洪敏麟總編輯《草屯鎮志》頁九二七。

27　劉枝萬〈黃天惠傳〉載劉枝萬《南投縣人物志稿》頁七〇。

28　劉枝萬〈陳希亮傳〉載劉枝萬《南投縣人物志稿》頁八六；倪贊元《雲林縣采訪冊》〈沙連堡〉〈水利圳陂〉頁一五六～一五七「三角潭仔圳」條。

29　李連鎮《台灣省南投農田水利會會誌》頁二六～二七，南投農田水利會會誌編輯委員會，

發背景的十一人，占總數百分之二十六。其中大多數生存在乾隆嘉慶年間，可知南投縣境之開拓時間實在乾嘉時期。

七、熱心社會公益事業，如莊捷三助彰化縣建磚城。[30]陳朝魁捨住宅爲竹山城隍廟。[31]陳希亮與張煥文、劉玉章等組郁郁社，捐建聖蹟亭，與林鳳池等修建竹山連興宮。[32]莊文蔚與洪璠等倡建登瀛書院，結梯雲社，重建慶安宮。[33]董榮華繼父郁文之志與吳朝陽等募捐得銀二千八百元買田十段，建永濟義渡。[34]陳長江捐建長濟義橋田產，倡建明新書院。[35]

八、維護種族利益，如黎朗買奕身爲北投社頭目，而北投社所有土地，竟被楊振文混佔番租，黎朗買奕赴官控訴，台灣府縣不得直，赴省呈控，遂得保全。[36]又如埔社望麒麟以祖產被占，呈控取回，又爭得埔社亢五租，使埔社族人生活有依。[37]

九、從文舉武舉產生時間的差異看，文舉林鳳池是咸豐五年（一八五五）中舉，武舉是許國樑乾隆三十五年（一七七〇）中舉，二者相差八十五年。草屯產生武舉是在漢移民自雍正年間入墾之後四十餘年。[38]鹿

民國八十五年；連慧珠〈曾長茹傳〉載周國屏《南投市志》頁五六九，南投市公所，二〇〇二年十二月。

30　林文龍〈莊捷三傳〉載洪敏麟總編輯《草屯鎮志》頁九二六。

31　陳玉衡〈竹山城隍廟序〉碑，豎立於竹山城隍廟埕右側。

32　劉枝萬〈陳希亮傳〉；林文龍〈沙連舉人林鳳池事蹟新探〉載林文龍《台灣史蹟叢論》中冊〈人物篇〉頁七～三三。

33　林文龍〈莊文蔚傳〉載洪敏麟總編輯《草屯鎮志》頁九二八。

34　吳淑慈《南投縣永濟義渡古文契書選》頁一一～一三，南投縣文化中心，民國八十五年。

35　劉枝萬〈陳長江傳〉載劉枝萬《南投縣人物志稿》頁七六；參〈長濟義橋田產諭示碑〉載劉枝萬《台灣中部碑文集成》頁一一八～一一九，台灣經濟銀行研究室，民國五十一年；張志相〈陳長江傳〉載陳哲三總纂《集集鎮志》頁八五八～八五六，集集鎮志編纂委員會，民國八十七年。

36　〈嘉慶元年北投社屯外委余仕成等同立請約字〉載《清代台灣大租調查書》頁六三〇，台灣銀行經濟研究室，民國五十二年；林文龍〈黎朗買奕傳〉載洪敏麟總編輯《草屯鎮志》頁九二六～九二七。

37　簡史朗〈埔社古文書導讀〉載簡史朗、曾品滄《埔社古文書選輯》頁一〇～五八，國史館，民國九十一年。

38　雍正七年定漢人入墾草屯有文獻可據的年代。見陳哲三〈清代草屯地區開發史－從北投社到草鞋墩街，以地名出現庄街為中心〉載《逢甲人文社會學報》，頁一一九～一四一，逢甲人文社會學院，二〇〇一年十一月。

谷之產生文舉則在林圮入墾竹山被殺之後的一百八十七年。可見開拓之初，要與各種力量對抗，武事受到重視，中武舉似是順理成章的事。但文舉則要在安居樂業之後，人從勞動中解放出來，才可能坐下來悠閒論道習藝。武先文後，原因似乎如此。南投縣沒出過進士，而文武舉人只有四人。全台清代有進士三十六人，文舉人三〇四人。南投縣顯然偏低，表示南投縣開發較晚，人文發展比較遲滯。

十、從人物的親屬關係看，其中有父子、兄弟、祖孫。如李定邦是李元光的曾孫，李昌期又是李定邦之子。張煥文是張天球之子。陳上治、陳上達是兄弟。吳聯輝、吳朝陽是父子。陳再欲、陳捷三、陳捷元是兄弟。洪鐘英是洪善述之子。洪欉、洪璠是洪登榜之孫。可見家世家學之重要影響。

十一、從傳記之有無看，竹山之陳朝魁、劉玉章、陳安邦，名間之陳雲龍、陳再裕、陳再悅、陳志文，南投市之張春華無傳。計九人無傳，佔總人數之百分之二十一。自此可見這三地之歷史研究之不足。相對的，草屯的十五人都有傳，可見草屯史料的保存比較完整，研究也比較深入。

肆、調查研究的新發現

本次調查研究，人物的墓地、家族譜及遺留文件是重要對象。在這三方面也有新發現，足以補正過去的歷史。

墓地的調查，四十二人中，有十五人沒有，其中除少數進塔外，大多是年代久遠子孫疏於照顧而湮沒於蔓草之間。這十五人是：陳朝魁、陳安邦、陳希亮、王增榮、林天龍、黃天惠、曾長茹、吳朝陽、黎朗買奕、洪登榜、莊捷三，莊文蔚、林錫爵、洪欉、洪璠。其中洪欉、洪璠因戴潮春案被抄家滅族，洪登榜是他們的祖父，可能也被牽連，所以沒有墳墓。[39]但同樣被梟示的許國樑有墳墓。[40]為何如此，有待再研究。

---

[39] 許錫專、洪敏麟多方訪查，找到洪欉的後代，也知洪璠有後代而未聯絡上。但迄未能找到洪欉、洪璠的墳墓。見許錫專《草屯地區開發史資料集》頁一四八～一四九。

　　這次墳墓調查最清楚的是舉人林鳳池的家族墓地，包含林鳳池墓的神道碑及墳墓，林鳳池之母墓，林鳳池之祖父母墓道碑及祖母墓。這些墓碑及神道碑之文字如下圖。林鳳池部份可以知道他生前的官職及其後裔名字人數，從其父神道碑、墓碑文字「覃恩勑封徵仕郎內閣中書晉封奉直大夫加一級」，從其祖父母墓道碑文字「貤贈文林郎」「旌表節孝陳氏太孺人」，可以了解到清代的誥封制度，世俗所說：「榮宗耀祖」就是如此。

40　許國樑墳墓在草屯鎮虎仔山公墓，墓碑為花崗石，立碑時間是乾隆癸卯。碑文：誥贈鄉進士諡英烈許公之墓。立碑人：孝男斛珠、斗瑞、千。見許錫專《草屯鎮的文化資產及震災紀實》頁一〇二，草屯鎮公所，民國八十九年。

龍

誥授奉政大夫例授即補廣東分府賞戴藍翎諡文勤林公之佳城

邑

同治庚午年吉置

男作擢作生作哲孫等仝立石
作樂作駒降服男作勵

林鳳池墓碑

皇清誥授奉政大夫例授即補廣東分府賞戴藍翎諡文勤林府君神道

林鳳池神道碑

皇清

覃恩勅封徵仕郎內閣中書晉封奉直大夫溫恭林公墓

同治三年秋九月

長男鳳池降服男鳳卿等仝敬立
次房孫安邦男象魏曾孫

林鳳池之父林溫恭墓碑

皇清

覃恩勅封徵仕郎內閣中書晉封奉直大夫加一級林溫恭神道

林鳳池之父神道碑

　　家譜、族譜、世系表、四十二人中有三人沒有，三人爲陳安邦、王增榮、黎朗買奕。主要原因是找不到他們的後裔。找到的家譜、族譜有些是新的發現。列如下：

　　1.李禎祥《渡台始祖創公派下族譜書》印刷，民國六十四年。
　　2.先祖父敦仁公紀念集，印刷，民國五十五年。
　　3.吳步初《七十年回憶錄》，印刷，民國五十年。
　　4.陳長江家譜，毛筆原件。
　　5.葉氏家譜，印刷，民國四十八年。
　　6.陳家族譜，毛筆手抄，乙丑年。
　　7.祖先歷代系統，毛筆手抄，民國五十二年。
　　8.陳氏家譜，鋼筆手抄。
　　9.陳元龍《歷代祖先暨宗親記》，打字，昭和十七年。
　　10.陳氏家譜，鋼筆手稿。

　　上列十種家譜，第一種有草屯李元光、李定邦、李昌期史料。第二種有埔里望麒麟史料。第三種有南投市吳聯輝、吳朝陽史料。第四種有集集陳長江史料。第五種有竹山葉初史料。第六、七、八都是竹山社寮陳佛照後裔家譜，都有陳佛照的史料，但對陳佛照的生卒年紀載不一，產生研究上的困難，此問題留待下一節討論。第九、十都是竹山陳希亮有關史料。這個家族後來出了彰化縣長陳錫卿，所以也是陳錫卿的史料。

　　遺留文件最重要的是郁郁社、謙謙社社員名簿及昭和五年以降郁郁社、謙謙社社員出席者名簿。關於郁郁社、謙謙社，過去只有《雲林縣采訪冊》〈沙連堡〉「社學」條中有郁郁社、謙謙社，梯瀛社、三益社、彬彬社、濟濟社。[41]郁郁社之文云：「在林圯埔街（縣治東二十五里）。未有文祠之先，社長恩貢生張煥文、訓導陳希亮、廩生劉玉章招諭士子講學，會文結社，以爲敬業樂群之所；今名蓮峯齋。有社學租在文祠內，爲香煙祭品之資」。謙謙社之文云：「在林圯埔街文祠內；亦有社學租，配祭貲費」。現在有此二份名簿，則此二社之成員、繼承、收費及二社

――――――――――――――――――
41　倪贊元《雲林縣采訪冊》頁一五八。

團關係等情形均可明白。對清代咸豐以後以竹山爲中心的文化活動有突破性的認識。以昭和五年以降出席者名簿爲例,先是郁郁社社員出席者名簿六頁,謙謙社社員出席者名簿七頁。然後又是郁郁社社員出席者名簿。名簿分七欄,依序是舊社員氏名,相續人氏名,元住所,現住所,出席年月日,出席印,備號。郁郁社、謙謙社社員出席者名簿之第一頁影印如下。

　　自出席者名簿,郁郁社的舊社原有張煥文、林鳳池、陳希亮、劉玉章、陳宗器、陳希白、劉漢中、林克安、陳捷元、張春華、陳朝魁、陳上治等七十人。謙謙社的舊社員有陳貞元、陳次仁、陳朝魁、魏林科等八十七人。包羅當時中台灣的名人。自名簿之元住所,可知社員之地理分佈十分廣大,以竹山爲中心,包含鹿谷、集集、名間、南投、霧峰、二水、田中、社頭、林內、彰化、北斗。由此可知該社之重要。此一名簿之發現,可解百年歷史之謎。

　　另在竹山陳錦江家發現其先人陳朝魁、陳朝祥塑像[42],並在陳朝魁塑像背後孔中找到字紙,上書「目綵原籍漳州府南靖縣吾宅總吾崁社,今移居台灣府彰化縣沙連保林圮埔街菜園仔。生于乾隆己丑年三月廿九日寅時,卒于道光丙申年貳月初五日子時。現在葬於中崎庄下沉潭⋯⋯」自此,陳朝魁的生卒年及祖籍等獲得確定。

　　又本次調查研究也有糾正過去錯誤之發現,如陳佛照之祖籍,過去都作南靖,但自家譜及墓碑,知道海澄才對。[43]又如陳長江之生卒年齡,過去作生於道光二十八年(一八四八),卒於昭和八年(一九二三),享年八十六歲。家譜則作生於道光二十五年(一八四五),所以應是八十九歲,成爲本調查研究中最長壽的人物。

---

[42]　塑像照片見劉耀南《竹山風情錄》頁 145,竹山鎮公所,2003 年。

[43]　陳佛照在鹿谷鄉清水村陳家巷檳榔園內,墓碑碑額即是「澄邑」二字。

郡郡社社員出席者名簿

舊社員氏名	張焜文	陳希亮	劉玉章	陳宗器	李從虎	石鐘元	林鳳文	游炳池	陳希白	陳貞元	李盧中	劉漢中
相續人氏名	張文元	陳元龍	劉煥章	陳	李建勳		林如漢		陳牧羊	陳荔輝		劉成淵
元住所	社簑	林圯埔	東埔蚋	林圯埔		許厝寮	初鄉		沙仔崙	陳	林圯埔	東埔蚋
現在所	社簑	庄左簡庄李下坪二二	全湓林字東埔蚋三六六	三六三一八七	庄出		庄底太庄初鄉五九		庄林庄江林字坪仔埔界	呂林郡田中左四中	新嵩郡角池左六三	
出席												
備考	遊元气	劉煥章	陳之紈				陳如漢		張經			劉成淵

轉之社之員出席者名簿

旧社員氏名	相續人氏名	元住所　現在所	備考
陳貞元	陳芳輝	沙仔崙　甲庄田甲	
陳次仁	陳求	林圯埔　岩庄竹	
陳清渠	陳綿	仝	
廖永靖	廖塗永定		
陳德生	陳牧羊	坪頂埔　岩庄㳂林頂頂埔	
陳上策	陳鳳飛	林圯埔　仝 三二六	
陳春禄	陳和	頂林　右大坑庄頂林三九	
陳進恩	陳天恩	林圯埔　仝	
陳建閂	陳炳南	仝	
陳寬淵	陳龍池	硌硋　岩庄竹圍子硌硋	
林横西	林拔芳	林圯埔　仝	
林左薇	林子宏	阿罩霧霧峰庄	

伍、調查研究之難題

　　有些難題，前文已經提到，如人物的後裔找不到，則要人物的相關文物史蹟便十分困難，這些人如黎朗買奕、王增榮、陳安邦是。洪樣的後裔雖找到，但對祖先事蹟完全不知。

　　另外也有資料上的衝突矛盾，需要其他史料互相印證才能得其真相；如缺乏其他史證，則謎題依舊不能破解。如陳佛照的生卒年齡，本次調查先找到三房〈陳家族譜〉，看到十六世初渡台灣開基社寮佛照公，生於嘉慶癸亥年八月十二日己時，卒於道光癸巳年六月二十一日己時。嘉慶癸亥即是嘉慶八年（一八○三），道光癸巳即是道光十三年（一八三三）如此一算，陳佛照只有三十一歲。此與過去所記他享年七十三歲，差距太大。後再找到二房〈陳氏家譜〉及大房〈祖先歷代系統〉，均作生於乾隆庚辰年元月二十一日寅時，卒於道光壬辰年十一月十七日戊時。乾隆庚辰即乾隆二十五年（一七六○），道光壬辰即道光十二年（一八三二），正好七十三歲。印證陳佛照墓碑年月是道光癸巳年吉旦，是下葬立碑於道光十三年，死在前一年十一月十七日，合乎台灣民俗，可以接受。回頭查才發現是三房傳抄錯誤，三房將陳佛照的生卒年寫給其父陳一天。

　　又如簡化成卒於何年，也查訪不到資料。問大宗祠，沒有，說後代直系裔孫抄出了；問後代裔孫，說沒抄出。查墓碑，墓已經過改建，墓碑年代是改建的中華民國五十一年冬季。[44]如洪鐘英也查訪不到其卒年，林文龍〈洪鐘英傳〉寫他卒於光緒年間，[45]但他的墓碑是壬申年仲秋立，是夫婦合葬墓，[46]查此壬申年應 是同治十一年，而不會是晚六十年的壬申。同治十一年一八七二年。如他該年卒，則上距生於嘉慶二十四年（一八一九）應是五十四歲。但因為是夫婦合葬墓，如此推論仍有

---

[44]　簡化成與妻合葬，墓在草屯鎮山腳里內灣公墓，碑文為：顯祖考化成咸豐己未鄉進士簡公妣陳氏呂氏之佳城。見許錫專《草屯鎮的文化資產及震災紀實》頁一○一，草屯鎮公所，民國八十九年。

[45]　林文龍〈洪鐘英傳〉載洪敏麟《草屯鎮志》頁九○六～九○七。

[46]　洪鐘英墓在草屯鎮新庄公墓。

不周延之虞。但可知林文龍文卒於光緒年間之說可能就不對了。

陸、結論

　　從上文的論述，可得結論六點：一、南投縣是一個開發較晚的地方，所以在清代出現許多開墾土地，開鑿水圳的人物，這些人占人物總數的百分之二十六。財富累積的手段主要也依靠土地與水利。二、南投縣開發晚，乾隆之後移民始漸多，而以土地開墾為主要工作，求溫飽已不易，自無餘暇從事文教活動。看南投藍田書院建成於道光十三年（一八三三），[47]草屯登瀛書院建成於道光二十八年。[48]竹山文昌祠建於同治元年，[49]集集文昌祠（明新書院）建成於光緒十一年，[50]可知比西部市鎮晚，比台灣第一個書院——崇文書院之創辦於康熙四十三年（一七○四）[51]要晚一百三十年以上。這就足以說明南投縣沒出進士，而文武舉人只各二人的人文遲滯情況。

　　三、南投縣具科舉功名之人在台灣的比例偏低，但在南投縣境他們就是社會領袖，地方士紳，以天下國家為己任，大多數人對地方做出了正面貢獻。他們占人物總數的百分之四十三。可見科舉功名在傳統社會是提升身份地位的重要因素。

　　四、人物的地理分佈，草屯最多，竹山次之，民間第三，南投市第四，集集鎮第五。這一方面與開發之早晚有關，一方面與地方經濟力有關。草屯之第一，一來草屯在雍正年間漢人已經入墾，二來草屯為開墾較早地區中最富庶之地，因此人文薈萃，人物輩出。

　　五、人物的祖籍，除兩個原住民，一個同安人外，全部都是漳州人，比例是百分之九十三，這種漳州人佔最大多數的人口結構到今天沒有改

47　劉枝萬《南投縣風俗志宗教篇稿》頁一六六～一六七，南投縣文獻委員會，民國五十年。
48　劉枝萬《南投縣風俗志宗教篇稿》頁一六七～一六八。
49　劉枝萬《南投縣風俗志宗教篇稿》頁一六八～一六九。
50　劉枝萬《南投縣風俗志宗教篇稿》頁一六九～一七○。
51　王啟宗《台灣的書院》頁18、20，行政院文化建設委員會，民國七十八年四版。

變。漳浦、南靖、平和三縣最多的情況似也沒有改變。[52]

　　六、出生年不詳的有百分之二十四，年齡不詳的有百分之三十一。還有找不到後裔，找不到墓地的。南投縣歷史仍有許多不明白的地方。這些都反映出調查研究之不足，有待今後之繼續努力。

---

[52]　全縣的情形尚缺乏研究報告，而集集鎮的數據即是漳浦、南靖、平和三縣最多。見張永楨〈住民志〉載陳哲三總纂《集集鎮志》頁二六六。

參考書目

〈清乾隆中葉台灣番界圖〉原圖藏中央研究院傅斯年圖書館。

《台案彙錄己集》，台灣銀行經濟研究室，民國五十三年。

《南投文獻叢輯（二）》，南投文獻委員會，民國四十二年。

《清代台灣大租調查書》，台灣銀行經濟研究室，民國五十二年。

丁曰健《治台必告錄》，台灣銀行經濟研究室，民國四十八年。

王啟宗，《台灣的書院》，行政院文化建設委員會，民國七十八年四版。

吳淑慈，《南投縣永濟義渡古文契書選》，南投縣文化中心，民國八十五
　　　年。

吳德功，《戴案紀畧》台灣省文獻委員會，民國八十一年。

李連鎮，《台灣省南投農田水利會會誌》，南投農田水利會會誌編輯委員
　　　會，民國八十五年。

周國屏《南投市志》，南投市公所，二○○二年十二月。

周璽，《彰化縣志》，台灣銀行經濟研究室，民國五十一年。

林文龍，〈記雲林縣首任知縣陳世烈〉載林文龍《台灣史蹟叢論》中冊
　　　〈人物篇〉，頁七九～九七。

林文龍，《社寮三百年開發史》，社寮文教基金會，民國八十七年。

林文龍，《南投縣志‧人物志》未刊稿，存於南投縣政府文化局。

林文龍《台灣史蹟叢論》中冊，國彰出版社，民國七十六年。

施添福〈紅線與藍線－清乾隆中葉台灣番界圖〉載《台灣史田野研究通
　　　訊》19 期，頁四六～五○，中央研究院台灣史田野研究室，民
　　　國八十年六月。

柯志明，〈彰化縣新舊界與隘寮座落圖〉載柯志明《番頭家》，頁一七五。

柯志明，《番頭家－清代台灣族群政治與熟番地權》，中央研究院社會學
　　　研究所，民國九十年。

柯志明、陳兆勇繪，〈台灣番界圖〉載柯志明《番頭家》封底裡。泉州
　　　市政協、南安市政協，《鄭成功與台灣》，廈門大學，二○○三年
　　　十月。

洪敏麟總編輯《草屯鎮志》，草屯鎮志編纂委員會，民國七十五年。

倪贊元《雲林縣采訪冊》，台灣銀行經濟研究室，民國四十八年。

張永楨，〈住民志〉載陳哲三總纂《集集鎮志》，頁二六六。

張志相，〈陳長江傳〉載陳哲三總纂《集集鎮志》，頁八五八～八五六。

許錫專，《草屯地區開發史資料集》，台灣洪氏家廟，民國八十七年。

許錫專，《草屯鎮的文化資產及震災紀實》，草屯鎮公所，民國八十九年。

連慧珠，〈曾長茹傳〉載周國屏《南投市志》，頁五六九，南投市公所，
　　　二〇〇二年十二月。

連　橫，《台灣通史》中華叢書委員會，民國四十四年。

陳玉衡〈竹山城隍廟序〉碑，豎立於竹山城隍廟埕右側。

陳哲三，〈清代草屯地區的水利〉載《逢甲人文社會學報第八期》，逢甲
　　　大學人文社會學院，二〇〇四年五月。

陳哲三，〈清代草屯地區開發史－從北投社到草鞋墩街，以地名出現庄
　　　街為中心〉載《逢甲人文社會學報》，頁一一九～一四一，逢甲
　　　人文社會學院，二〇〇一年十一月。

陳哲三，〈鄭氏部將林圯〉載《鄭成功與台灣》，頁二一三～二一七，廈
　　　門大學，　二〇〇三年。

陳哲三，〈戴潮春事件在南投縣境之史事及其史蹟〉載《台灣史蹟》第
　　　三十六期，中華民國台灣史蹟研究中心，民國八十九年六月三十
　　　日。

陳哲三，《南投縣先賢史蹟調查研究》未刊稿，存於南投縣政府文化局。

陳哲三總纂《集集鎮志》，集集鎮志編纂委員會，民國八十七年。

陳哲三總纂《竹山鎮志》，竹山鎮公所，民國九十年。

劉枝萬，《南投縣人物志稿》南投縣文獻委員會，民國五十一年。

劉枝萬，《南投縣沿革志開發篇稿》南投縣文獻委員會，民國四十七年。

劉枝萬，《南投縣風俗志宗教篇》，南投縣文獻委員會，民國五十年。

劉耀南，《竹山風情錄》，竹山鎮公所，民國九十二年。

蔡青筠，《戴案紀略》台灣銀行經濟研究室，民國五十三年。

簡史朗，〈埔社古文書導讀〉載簡史朗、曾品滄，《埔社古文書選輯》，

頁一○～五八，國史館，民國九十一年。

簡史朗、曾品滄，《埔社古文書選輯》，國史館，民國九十一年。

家族譜

先祖父敦仁公紀念集，印刷，民國五十五年。

吳步初《七十年回憶錄》，印刷，民國五十年。

李禎祥《渡台始祖創公派下族譜書》印刷，民國六十四年。

祖先歷代系統，毛筆手抄，民國五十二年。

陳元龍《歷代祖先暨宗親記》，打字，昭和十七年。

陳氏家譜，鋼筆手抄。

陳氏家譜，鋼筆手稿。

陳長江家譜，毛筆原件。

陳家族譜，毛筆手抄，乙丑年。

葉氏家譜，印刷，民國四十八年

Significant Figures in Nantou County and Related Issues in Ching Dynasty

Che-San Chen

Abstract

This study investigates dates of birth, ages of decease, origins of family, places of residence and identities of forty-two significant figures in Natou County in Ching Dynasty. By the investigation, this study recognizes some new information of these celebrities in Nantou County. For example, the major origins of these celebrities' families are Zhanpu, Nanjing and Pinho County. The condition remains the same for the significant figures in Nantou County today.

As to the places of residence, by statistics, most of them lived in Tsaotun, Zhushan, Mingjang and Nantou (in an order of frequency). These towns were located on the west side of the boundary in the mid Chanlong period between the territories of the Han people and the aborigines, and were the several earliest legitimatized areas for reclamation for the Han people.

Among these forty-two figures, about half of them had an official rank through imperial examinations. By this fact, the imperial examinations were proved to be the most effective means for ones to promote their social rankings then. Also, by the fact that the first official position, rather than military officers, was assigned as late as in the fifth year of the XianFong period, the educational developments in Nantou County were also confirmed to be rather stagnant than other counties in Taiwan. A lot of social conditions of Nantou County in Ching Dynasty still call for research, which may require more endeavors from historians in the future.

Keywords: Ching Dynasty, Nantou County, Celebrities

竹山媽祖宮歷史的研究－以僧人住持與地方官對地方公廟的貢獻為中心

摘要

本文旨在釐清竹山媽祖宮歷史中的若干問題。

先以契書確認廟地由李裕蔥、盧友弘二人所喜捨。至媽祖宮創建年代有五說，但以《彰化縣志》之「乾隆初、里人公建」，最可相信。

次探究媽祖宮名，先有天上宮、聖母宮、天后宮、天后聖母廟之名、連興宮要到光緒八年才出現。所以不是創廟便叫連興宮。

第三確定媽祖宮有僧人當住持，時間約一百四十年，自乾隆中葉到日治初。可能是清代台灣的普遍現象。

最後論定長、胡邦翰、李振青長生祿位的適當性，認為定長似無惠政，李振青解決水沙連地方竹木放流出口的困難，又增加媽祖宮的收入；胡邦翰貢獻最大，豁免舊欠，減則、沿山一帶一九抽的配入媽祖宮為香油費，都是他努力促成的。當然，沒有巡台御史李宜青的上奏，胡邦翰也不一定能實現他愛民的理念。李宜青也當受香火紀念。

李宜青、胡邦翰、李振青的惠政，水沙連地方的人民稅負輕、貨物暢，土地迅速開發，地方富庶繁榮，更使媽祖宮香火興旺，成為水沙連地方宗教的中心，也是沿山一帶墾殖的推動者。

關鍵詞：媽祖宮、連興宮、水沙連保、李宜青、胡邦翰、李振青

壹、引言

竹山媽祖宮，也即媽祖廟，匾額名連興宮。稱媽祖宮，是從俗的說法。竹山，屬清代之水沙連保，以林圯埔之名爲世所知，係入水沙連內山二十四社之總路。清季開山、撫番、建省，有「前山第一城」之美名。林圯埔之名於一九二○年日人以遍地翠竹，改名竹山。

竹山開發史中，媽祖宮佔有重要地位。媽祖宮除了是水沙連保的信仰中心外，也是沿山一帶開墾的業戶，又在竹木對外運輸的過程中扮演重要角色。尤其在清乾隆、嘉慶、道光年間似無另一公私機構在水沙連保比媽祖宮更具支配力。因此之故，對媽祖宮歷史之研究，大有助於對竹山歷史之了解。何況，今日一般人對媽祖宮歷史的認知有許多錯誤，這些錯誤應該早日獲得糾正。

本文之作，即在滿足上述要求。有當與否、敬祈方家不吝指正。

貳、媽祖宮土地的取得與創建時間

媽祖宮留下的史料不多，所以媽祖宮的歷史隱晦不明。本節先考述土地的取得與創建時間。

有關連興宮的宮址，現在在竹山鎮竹山里竹山路二號，土地座落是中正段六七九號、七一二號。面積是點一○一四公頃和點○○○二公頃。點一○一四公頃是祠，換算是三○六坪。點○○○二公頃是道路。[1]日治明治三十年（一八九七）的調查是建物一五二坪，用地二百四十八坪。[2]在民國五十年劉枝萬的調查是：址在竹山鎮竹山里竹山路三八號。境域二百七十餘坪，基地一百二十餘坪，係磚、木造平屋，規模宏敞。[3]三個史料的面積不完全相符，原因不明。但更早期的面積更大，

---

[1] 見〈竹山連興宮所有土地明細表〉連興宮。87年8月30日製表王三河。常務監事林山，主任委員許民衡。

[2] 溫國良《台灣總督府公文類纂宗教史料彙編》台灣省文獻委員會，頁三九○，民國八十八年六月。

[3] 劉枝萬《南投文獻叢輯（九）－南投縣風俗志宗教篇稿》南投縣文獻委員會，頁八九，民國

可能是今日竹山路以西，下橫街以北、農會以東、祖師街以北的一塊土地。道光二十一年十月〈天上宮住持僧慈玉立給定界配納油香字〉[4]提供一些相關訊息。因爲本史料對媽祖宮十分珍貴，摘其大部分如下：

> 事緣本宮廟地原是李裕薆、盧友弘二人喜捨，並無契字訂立界址。廟埕左畔只有栽種松樹一欉，右畔栽種莿竹一列，由來已久。近有無知之徒，佔廟埕爲祖業，搭簝出稅，橫橫雜雜，欺人慢神，致姜笋桃李，無可移頓。茲僧傳聞總董各庄耆街耆公議，俱欲革清公地，礙眾口紛紛不一，難以如意。惟有張佳聲之店，原是李裕薆林家出賣，前至車路，眾等念其原時喜捨之功不少，許其照契，前至車路，……逐年配納本宮油香壹錢。……不許別人生端爭佔。

從這件「立給定界配納油香字」，可以確定水沙連林圮埔街媽祖宮宮址土地是李裕薆、盧友弘二人喜捨，而當時未有契字以定界址，只是廟埕左畔栽種松樹一欉，右畔栽種刺竹一排，想來松、竹就是界址標記。因爲到道光年間有無知之徒，佔廟埕搭寮出稅，所以住持僧慈玉請來保內總理、董事、庄耆、街耆公議，除了張佳聲外，不准別人爭佔。張佳聲所以例外，是因爲張佳聲的店就是李裕薆賣出的店，念李裕薆當年喜捨之功不小，所以許其「前至車路」，但也不是就任張佳聲佔有，他必須每年配納天上宮油香壹錢。這裡李裕薆之店也即張佳聲之店，位置大致在今竹山路和下橫街交叉處之東北一角，就是曾任竹山鎮鎮長林如璋故居一帶。從這一點看，盧友弘喜捨的土地，可能是靠近祖師街的部分。因爲缺乏史料，只能做此推測。

以下試討論創建年月。記載媽祖宮創建年代的史料不多，只有五種，過去也沒有人認眞面對此一問題。

最早記載媽祖宮的史籍，是周璽《彰化縣志》，他在〈祀典志〉〈祠廟〉〈天后聖母廟〉有云：「一在沙連林圮埔，乾隆初，里人公建。廟

五十年六月三十日。

[4]　竹山陳藏竹山古文書。

後祀邑令胡公邦翰祿位。」[5]這裡提到的「乾隆初，里人公建」。

其次是倪贊元《雲林縣采訪冊》〈沙連堡〉〈祠廟〉〈連興宮〉云：「在林圯埔街（縣東二十五里），宮殿三座，祀天上聖母。乾隆中，里人公建。前彰化縣邑令公胡邦翰捐置山租若干，爲寺僧香火之資。廟貌巍峨；歲時，村社迎迓，演戲酬神。咸豐丙辰年，孝廉林鳳池等勸捐重修。附祀福建巡撫定公之長生祿位，彰化縣令胡公邦翰祿位、李公振青祿位。」[6]這裡提到的是「乾隆中，里人公建」。

第三是日人大正四年到五年的調查，在《南投廳寺廟調查書》中記連興宮「創立年代凡一百二十年前的乾隆二十一年頃。」[7]似爲後二說之所本。

第四是陳鳳儀在《竹山郡管內概況》〈社寺廟宇〉中說：「乾隆二十一年頃。」[8]

第五是劉枝萬在《南投縣風俗志宗教篇稿》中云：「沿革緣起不詳」，接著引《彰化縣志》、《雲林縣采訪冊》之文，又云：「相傳，乾隆二十一年居民割香於北港朝天宮，募捐創建。號稱連興宮，蓋寓『水沙連興旺』之意也。」[9]這裡又提到「乾隆二十一年居民割香於北港朝天宮，募捐創建。」

第六是《南投縣寺廟名錄》〈連興宮〉條云：「緣起竹山連興宮（媽祖廟），奉祀湄洲媽祖，係於乾隆七年（西元一七四二）菊月初六日入火安座以來，經有三次大修建，迄至本年（民國八十六年）已有兩百五十年之悠久歷史。」[10]這裡提出一個最早而且最詳細的年月日，是「乾隆七年菊月初六日」。

從上引史料，可見最早的道光年間說建廟時間是「乾隆初」，六十

5　周璽《彰化縣志》臺灣銀行經濟研究室。頁一五四，民國五十一年十一月出版。

6　倪贊元《雲林縣采訪冊》臺灣銀行經濟研究室，頁一五九，民國四十八年四月出版。

7　《南投廳寺廟調查書》手寫影本藏中央研究院台灣史研究所籌備處1915年10月至1916年3月間調查。本件係林文龍先生所惠贈。

8　陳鳳儀《竹山郡管內概況》毛筆原稿，昭和七年春，竹山陳宗火先生藏。

9　同註2。

10　南投縣政府民政局《南投縣寺廟名錄》，頁一五一－一五二，民國八十六年十月。

年後到光緒時說是「乾隆中」，二十二年後日本人調查是創建於「乾隆二十一年頃」。再十五年的昭和七年繼承前說「乾隆二十一年頃」，又過三十年說「相傳乾隆二十一年」，又三十六年後確定是「乾隆七年九月六日入火安座」。把這些數字列一個表如下：

連興宮創建年代諸說表

序號	創建時間	出處及年代
1	乾隆初	彰化縣志（1832）
2	乾隆中	雲林縣采訪冊（1894）
3	乾隆二十一年頃	南投廳寺廟調查書（1915-1916）
4	乾隆二十一年頃	竹山郡管內概況（1931）
5	相傳乾隆二十一年	南投文獻叢輯（九）（1961）
6	乾隆七年九月六日	南投縣寺廟名錄（1997）

看上表，不禁要問，那一個年份才對？

「乾隆初」是《彰化縣志》在道光初年調查所得，因為寫作時間上距創建的年份約為九十年，其他五個史料上距創建年份更久，分別為一五〇年、一七〇年、一八五年、二二〇年、二六〇年。在沒有新史料的發現下，自以最接近的《彰化縣志》所說為可靠。況且，《彰化縣志》寫作態度十分嚴謹，在寫縣境「天后聖母廟」也表現出這種認真，知道創建時間、人物的，就記；不知道的就缺。知道時間的有七間，不知道的有十六間。沙連林圮埔的正是知道時間的最後一間。

劉枝萬民國五十年寫到連興宮的創建，感到十分困擾。先說「沿革不詳」，又引《彰化縣志》的「乾隆初，里人公建」，繼引《雲林縣采訪冊》的「乾隆中里人公建」，最後竟把大正時代調查所得及陳鳳儀的「乾隆二十一年頃」說成「相傳，乾隆二十一年……募捐創建」。可見沒有資料可供劉氏判斷何者為是，只好把四個說法全寫下來。

最後一個完整的年月日，乾隆七年九月六日，是在建廟大約二六〇年後忽然跑出來，查不到依據什麼史料。理論上，前面的人更接近事件發生的時代，理應更為正確；後代的人除非有可靠證據，否則不可能知道前人所不知道的事。所以對這一年月日，科學態度是要存疑。

　　整個說來，《彰化縣志》的「乾隆初」應該最可靠。理由除上面所說寫作時間距創廟時間最近外，另一方面是當時正是媽祖宮的全盛時期，有住持僧人主持廟務，而且沿山一帶以至山區的開墾都要得到媽祖宮的給墾字，也就是都要對媽祖宮繳十分之一的租稅。想來媽祖宮對本身權益的維護必然小心謹慎，對相關資料必然小心保存。所以當道光十二年《彰化縣志》纂修時，媽祖宮一定有可資徵信的史料。這一點從上引道光二十一年十月住僧慈玉的「立給定界配納油香字」對喜捨人清楚無誤，可以證明。

參、媽祖宮的名字就是連興宮？

　　現在媽祖宮的廟名匾是「連興宮」，很多人都以為竹山媽祖宮在乾隆初年建廟，就叫「連興宮」。前引劉枝萬之文就是代表。劉氏更進一步說明「蓋寓水沙連興旺之意也。」這樣記述，很有說服力。其實不然。

　　細讀《彰化縣志》很清楚的寫廟名叫「天后聖母廟」。可是後人不察，以為那不是廟名。今據志書，古文書碑刻所見，竹山媽祖宮之名字，計有：聖母宮、媽祖宮、天后宮、天上宮、天后聖母廟、連興宮等六種。茲將各種名字出現時間，依據史料列表下：

媽祖宮名字異名表

序號	名字	時間	史料類別
1	聖母宮	乾隆 34 年（1769）4 月	契約
2	媽祖宮	乾隆 39 年（1774）9 月	契約
3	天后宮	乾隆 43 年（1778）9 月	馬示碑
4	天上宮	嘉慶	契約
5	天后聖母廟	道光 12 年（1832）	彰化縣志
6	連興宮	光緒 8 年（1882）10 月	契約

　　根據上表可知最早記載媽祖宮的史料是乾隆三十四年（一七六九）四月的一件杜賣契約。其中提到買賣的標的物是在「水沙連林圯埔街尾」

「聖母宮前」[11]到現在，媽祖所在地依舊叫「街子尾」。從此契約可推當時媽祖宮民間或正名就叫「聖母宮」。

乾隆三十九年（一七七四）九月的一件杜賣契約有云：「遞年付媽祖宮抽的」[12]所謂「抽的」就是一九抽的。似與胡邦翰山租有關，詳後。可知此時媽祖廟民間也叫「媽祖宮」。此一稱呼，歷經二三〇年沒有改變。

乾隆四十三年九月二十四日，彰化知縣馬鳴鑣為胡邦翰捐置山租一九抽的所立告示碑，中有「配入天后宮抽的作香油」、「配入媽祖香燈一九之」[13]之語。（如附圖一）可見又有「天后宮」之稱。此後嘉慶十七年[14]、二十一年[15]，以至道光年間均在契約上出現天后宮。

嘉慶十七年（一八一二）六月林圯埔天后宮住持僧脫塵所立出墾單字[16]，內文有「配入天后宮香資」，但契約上鈐蓋二方戳記，此二方戳記又見於道光十四年八月的契書。一方是

11　竹山黃英輝藏竹山古文書原件。

12　竹山黃英輝藏竹山古文書原件。

13　註碑上有橫字「正堂馬示」四字，故可名「正堂馬示碑」。原在連興堂右壁，只剩上半。九二一之後自牆壁脫掉，現收在正殿右側牆下。該殘碑係林文龍於連興宮舊料堆中所發現。

14　有一件嘉慶十七年六月天后宮住持脫塵的給墾單字即有「配入天后宮香資」。見竹山黃英輝藏竹山古文書原件。

15　一件嘉慶二十一年八月的杜賣盡根契字有「年納林圯埔天后宮租粟臺斗」。見吳淑慈《南投縣永濟義渡古文契書選》南投縣立文化中心，頁六，民國八十五年六月。

16　同註14。

一方是

可見一方是廟的，一方是住持僧的，廟的叫天后宮，住僧的叫天上宮。住僧的是「正堂胡」即彰化縣正堂胡邦翰所頒。這一方戳記一直被使用到同治六年八月[17]。到同治十年六月，出現同一形式的戳記，只是「天上宮」改爲「天后宮」[18]。也就是把「上」改「后」。而此後便不見這二式戳記的使用。契約上天上宮一直到光緒十三年七月。因此似可推知胡邦翰的時代，乾隆二十七年到二十九年，林圮埔媽祖宮是叫「天上宮」，到馬鳴鑣立碑的乾隆四十三年是叫「天后宮」。

「天后聖母廟」似爲道光年間所有媽祖宮的通稱。前引《彰化縣志》〈祠廟〉「天后聖母廟」條可證。另在〈官秩志〉〈列傳〉「胡邦翰」條在記述胡氏的善政時說，「而惠最無窮者，莫如減則一案」，最令人民感念歌誦不忘，「今沙連天后聖母廟，其後胡公祿位祠，凡遇胡公誕辰，家家慶祝，如奉生佛然。」[19]從可知媽祖宮原來在廟後有「胡公祿位祠」，水沙連林圮埔地方凡是胡邦翰生日，家家慶祝。因爲減則二甲作一甲納租，負擔減輕一半。此事詳後。這裡的「天后聖母廟」，在咸豐元年十月的一件契約出現「聖母宮前」[20]，同治十年六月的契約出現「天后宮聖母」、「聖母」[21]外，較少被使用。

---

17 見吳淑慈《南投縣永濟義渡古文契書選》，頁一一八。

18 見吳淑慈前揭書，頁一一七。

19 周璽《彰化縣志》卷三〈官秩志〉，台灣銀行經濟研究室，頁一〇三─一〇四，民國五十一年十一月出版。

20 竹山黃英輝藏竹山古文書原件。

21 同註18。

　　最後，最晚出現的「連興宮」，在光緒八年十月才出現在一份契約中。契中有「年配納連興宮香燈粟貳斗」[22]之語。之後，就是光緒二十年的《雲林縣采訪冊》。現在媽祖宮的廟名匾也就是「連興宮」。想來他是咸豐年間林鳳池重修時起的新名。因爲從光緒八年向上推最大的最近的一次大修就是咸豐六年（一八五六）林鳳池主持的一次大修[23]。只有這種大修，以及最爲地方仰望的大人物才可能更換廟名。

　　至於何以叫聖母宮、媽祖宮、天后宮、天上宮等等請容另文討論。

肆、媽祖宮確有僧人當住持

　　媽祖宮有僧人當住持，這似乎奇怪。因爲媽祖宮拜媽祖，是道教或民間信仰。僧人即和尚，屬佛教。爲什麼道教廟宇卻由佛教僧人當住持？這是竹山媽祖宮的個別特殊現象？或是當時台灣的普遍現象？又可以因爲和尚當住持就證明媽祖宮是佛教寺廟嗎？

　　媽祖宮主祀神是媽祖，俗名林默娘。一般劃歸民間信仰，或是道教。是本土的，不是外來的。媽祖也許是女巫，但不是和尚尼姑。但竹山媽祖宮卻真有僧人當住持。上引《雲林縣采訪冊》記胡邦翰捐置山租「爲寺僧香火之資」，已透露此一消息。

　　劉枝萬在民國五十年也注意到了。他在記述「連興宮」的管理時說：「創建未幾，香火鼎盛時便有住僧一人，主持廟務，並管理財產租賸民人事宜。但廢絕於一九〇四年（明治三十七年，光緒三十年），自一九〇七年以降，改置顧廟一人。」[24]這個說法如果正確，至少從乾隆二十八年（一七六三）到一九〇四年的一百四十年間是有和尚當住持的。現存連興宮古文物中有一方「沙連堡天上宮勅封二十三位將軍爺並和尚一派蓮座」[25]，可以和此記述相印證。可是「二十三位將軍爺」和「和尚」

22　吳淑慈前揭書，頁一一一。

23　同註6。

24　同註3。

25　原物現供奉於連興宮正殿左側。

的史實，除七位和尚的名字外，全無所知。

這一方蓮座，照其形式抄錄如下：

臨濟正宗潭公
臨濟宗塵戒公
臨濟宗藏宗公
沙連堡勅
天上宮封
二十三位將軍爺並和尚一派蓮座
臨濟正宗善公
臨濟正宗心公　德
山　臨濟宗
定成公
雍道公

影照如下：

近年永濟義渡契約文書的出土，使水沙連保的研究大有進展，連興宮有僧人當住持乙事也在該契約得到證明。林文龍即找到六件有住持僧

的契約，並據以列成一表。[26]最早是嘉慶，最後是同治十年，住持僧為脫塵、志煥、慈玉、什崇。脫塵二張，慈玉二張，志煥、什崇各一張。可知自嘉慶到同治約七十年間，有四位住持僧。再查永濟義濟以外的契約文書，以及其上面所留戳記，又有更多的發現[27]，茲先立連興宮住持僧表，再來探討。

連興宮住持僧及圖記表

序號	年代	相關文字	圖記
1	嘉慶 17 年（1812）	立出墾單字 林圯埔天后宮 住持僧脫塵	
2	嘉慶	立給佃批人 水沙連保林圯埔 天后宮住僧脫塵	
3	道光元年（1821）	立出給墾字人沙連保 埔街天后宮住僧慈玉	圖記如上
4	道光 14 年（1834）	立給墾字沙連保林圯 林圯埔街天后宮住持僧脫 塵	圖記如上
5	道光 14 年（1834）	親立給墾字人水沙連 保林圯埔天后宮住持 贈志煥	圖記如上 又一圖記
6	道光 18 年（1838）	立出給墾字人沙連保 林圯埔天后宮住持僧	圖記如一

[26] 林文龍《社寮三百年開發史》社寮文教基金會，頁六九，民國八十七年，又見陳哲三總纂《竹山鎮志》第三篇〈開拓志〉林文龍纂，竹山鎮公所，頁三六四，民國九十年十二月。

[27] 林文龍《社寮三百年開發史》，頁六九。

		慈玉	
7	道光 21 年（1841）	立給定界配納油香字人水沙連保林圯埔街天上宮住持僧慈玉	圖記如一
8	同治 6 年（1867）	立出給墾字人沙連保林圯埔天后宮住持僧慈玉	圖記如一
9	同治 10 年（1871）	立給定界配納油香字人水沙連保林圯埔街天上宮住持僧慈玉	文天上宮
10	光緒 12 年（1886）	立給墾字水沙連保林圯埔街天后宮住持僧什崇天上宮住持智鑑	圖記如一式，但內改天后宮

　　嘉慶十七年（一八一二）的立出墾單字是第一個鈐蓋住持僧圖記的文件，該文件雖是嘉慶十七年，但圖記卻是胡邦翰所頒，則應是乾隆二十八年、二十九年之物，所以圖記上的住持僧該是胡邦翰頒發圖記時的住持僧，因此雖然未見到乾隆時代文件上鈐蓋此一圖記，只能認為是鈐蓋此一圖記的契約均已軼失或尚未出土，不能否認其不曾存在。故可說從乾隆到光緒年間媽祖宮住持僧有五人，一百四十年間五人，一個任期平均二十八年。其傳承與任住持時間如下：

脫塵 → 慈玉 → 志煥 → 什崇→智鑑
乾隆　　道光　　道光　　同治　光緒

　　從給墾字看自乾隆到光緒元年都是脫塵所立，計三件；慈玉自道光至同治計四件，志煥在道光有一件，什崇在同治一件，智鑑在光緒一件。

其間脫塵的任期自乾隆二十八年到道光元年，約六十年。比較同一時段北港朝天宮住持僧竟有十四位[28]，而連興宮只有五位，似乎有所遺漏。尤其再和上錄〈沙連堡天上宮勅封二十三位將軍爺並和尚一派蓮座〉對照，二者幾乎無一吻合。蓮座和尚名字列成傳承表如下：

善公 → 藏宗公 → 心公 → 塵戒公 → 定成公 →潭公
　　　　　　　　　　　　　　雍道公

　　有人將蓮座認為是觀音亭故物，因為日人來台觀音亭毀廢，才將神明與蓮座等文物遷到連興宮[29]。從蓮座上「沙連堡天上宮」字樣，即知是媽祖宮舊物，如前所述「天上宮」正是媽祖宮胡邦翰時期的廟名。但是這一方蓮座製作時間甚晚，因為寫「沙連堡」，用「堡」而非「保」，其時間不能早於光緒，也許晚到日治時代。

　　又圖記第一式「正堂胡」頒給「脫塵圖記」一直用到同治十年，最後一件光緒十二年有無圖記，因未見原件不得而知。此「正堂胡」即彰化知縣胡邦翰，他給脫塵的圖記是最早的圖記，因為一九抽的山租給媽祖宮當香火之資是胡邦翰所捐置，也就是媽祖宮可以將近山荒埔給墾的權利是胡邦翰下放的，所以他頒的圖記也具有法律地位，這個圖記成了媽祖宮權力的依據，因此一直被使用到同治十年，甚至光緒年間。知縣換了再換，住持僧也換了又換，但圖記就是一個，持續鈐用。到同治十年出現的一個圖記，形式印文都相同，就差一個字，「天上宮」變成「天后宮」。另刻圖記的原因可能是舊圖記遺失，只好重刻，重刻時不知原是「天上宮」，而用後來較為通用的「天后宮」。也可能是廟名由天上宮改為天后宮，圖記不能不改。

伍、媽祖宮中胡邦翰為什麼有長生祿位

28　蔡相煇《北港朝天宮志》北港朝天宮董事會、頁二四五－二五六。民國八十四年一月增訂出版。

29　黃素真《沿山鄉街的「存在空間」－以林圯埔街為例》國立台灣師範大學地理學系碩士論文，頁九三，民國八十六年六月。

　　胡邦翰是今日媽祖宮中清代三位被供奉長生祿位者之一。一位是乾隆朝福建巡撫署閩浙總督的定長，一位是乾隆朝彰化知縣胡邦翰，一位是道光朝彰化縣知縣李振青（如附圖二）。從上引《彰化縣志》「胡邦翰傳」可知道光時廟後有胡公祿位祠，也就是專祠，只供胡邦翰。什麼時候又加定長、李振青？可能也是咸豐六年林鳳池大修之後的事。

　　李振青，貴州興義人，監生，道光三年十月任，到六年三月卸職[30]。他對竹山地區的貢獻是解決了竹木由清水溪、濁水溪放流出售，下游東螺溪洲居民藉埠勒索錢文的糾紛。道光三年七月十七日調處結果「以清濁二溪載竹從觸口溪洲經過，無論大小，首尾共四節為一排，定錢式百文，聽該總正舉出公正之人鳩取，年充沙連保林屺埔天后宮及分配溪洲元帥廟為香燈諸費。」[31]勒石立碑「各宜凜遵毋違」的人便是「特調福建台灣府彰化縣正堂加六級記大功二次紀錄十次李」的李振青。立碑時間是道光四年五月。這當然使媽祖宮的香燈費更為充足。這是他得享長生祿位之故。嚴格講調處的時間是道光三年七月十七日，李同年十月上任，也就是不是他，應該是前任，前任杜觀瀾三年七月署[32]。但又不知是七月十七日以前，還是以後。如果以後，則又是前任的龐周，他是二年十月署。[33]如果只是勒石立碑就可享長生祿位，那立「正堂馬示碑」的知縣馬鳴鑣似也該享長生祿位之供奉，因為是他立石將胡邦翰的惠政落實了。

　　至於定長、胡邦翰都是乾隆中葉任官，都和水沙連保的豁免舊欠、田園減則有關，胡氏則又捐置山租，真是惠最無窮。

　　《彰化縣志》「胡邦翰傳」寫他是浙江餘姚人，乾隆十七年進士，二十六年調彰化知縣，到任後，興利除害，美不勝記。如置義塚，設留養局等，實心實政，無日不軫念民艱。又說：「而惠最無窮者，莫如減則一案。」本案的原委，志文寫道：

---

[30]　周璽《彰化縣志》卷三〈官秩志〉，頁八○。

[31]　石碑立於竹山媽祖宮右側。

[32]　同註30。

[33]　同註30。

　　先是水沙連荒埔墾闢成田，已報陞科，忽連年水災，沖崩壓壞者，
　　不可勝數；又年不順，成穀無半獲。民受課累，日追逋欠。邦翰
　　知民疾苦，為請大吏，備陳情狀。適制憲巡台抵彰，邦翰即躬導
　　制軍詣勘，跋涉畎畝間，不辭勞瘁；復為哀籲再三。制憲憫其誠，
　　乃為奏請豁免水沖田園數千甲，舊欠供課數萬石。仍請減則，詔
　　報可。[34]

　　傳文講到二件事，一是豁免舊欠，一是減則。先談豁免舊欠。追本
溯源，向皇帝奏報水沙連保地瘠租重，水沖沙壓，舊佃逃散，查明豁免
的人是巡台漢御史李宜青。李宜青，號荊川，江西寧都人，乾隆元年（丙
辰）進士，掌江南道監察御史，乾隆二十八年五月與滿人永慶任巡台御
史。二人於同年十一月十五日抵台，次年五月四日離台。[35]李宜青於乾
隆二十九年三月間按巡北路，到達水沙連地區。了解到彰化縣水沙連官
莊[36]，原是流寓無業貧民所開墾以資日食。嗣於乾隆十六年已成田園奏
報入官，奉文自乾隆十七、十八兩年，每粟一石，折征銀六錢；十九年
以後，概征本色。所有自乾隆十九年至二十六年止，除正供粟每年應征
二千三百四十九石，俱經清完外，其應征餘租，尚欠餘租粟一萬二千七
百四十石。又十七、十八兩年粟價及節年耗羨餉，尚欠銀六千六百四十
四兩八錢。李宜青查出欠粟欠銀的原因，他說：

　　臣於本年三月按巡北路，據該地民人黃重等以地瘠租重，原佃逃
　　散，不能以現在頂耕之民，彙追十餘年積欠等因具呈到臣。於時
　　猶以佃民未可盡信，沿途體察，咸稱該處地近內山，所在荒埔外，
　　多浮土沙石排列，地本瘠薄。而傍溪環澗，每多沖決，泥去石見，
　　遂成棄壞。舊佃力不能支，逃散屬實。及詢之該縣，與從前檄委
　　台、諸二縣查勘各令備述情形，亦異口同聲。然督撫所由尚未題

34　同註 19。

35　余文儀《續修台灣府志》（上）卷三〈職官〉，臺灣銀行經濟研究室，頁一二五。民國五
　　十一年四月出版；何孟興《清初台灣巡察御史之研究》東海大學歷史系研究所碩士論文。
　　頁一四九─一五一、二二○。民國七十八年五月。

36　有關水沙連官莊可參考柯志明《番頭家─清代台灣族群政治與熟番地權》中央研究院社會
　　學研究室，頁一六三─一六七，民國九十年三月。

請者，蓋以事關額賦，不敢遽行議豁，原屬慎重錢糧之意。[37]

李宜青在奏中建議比照藍興莊官莊丈溢田畝應征餘租，以舊佃轉徙，經督撫題請恩豁舊例，對水沙連舊佃逃散並田畝坍沒處所，「應請下該督撫另委員履訪確勘，是否屬實，再行奏明辦理。」

因為李宜青沒有在台灣與滿御史永慶會銜入奏，又沒在回京復命時上奏，竟是回京日久之後到九月才獨自上奏，違背了慣例，受到皇帝的傳旨申飭。但對李宜青所奏各事，仍交戶部議奏。戶部在十一月五日議奏，有云：

> 查台灣府彰化縣屬水沙連地方，民人私墾田園一千五百七十甲零，先據原任閩浙總督喀爾吉善題准照官莊之例征租。自乾隆十九年為始，概收本色，其十七、十八兩年應追未繳租粟，照依採買定價，每石折收價錢六錢，照數完解等因。嗣據該督冊報前項田園，除每年額征供粟二千三百四十九石三斗三升七合一勺零，耗粟一百九十五石七斗六升八合零外，共應征租粟二千五百八十九石三斗五升六合三勺零。又十七、十八兩年應征粟價及節年耗羨餉等銀，除節欠征收，尚欠銀五千八百八十六兩七錢二分八釐六毫零。經戶部行令催征完報各在案。……查各省地畝如有水沖沙壓，難施耕種者，例准題豁糧租。……現據署閩浙總督定長查明前項田園舊欠各年餘租粟價餉耗等銀，實係地畝坍荒，彙追日積，以致貧佃力難完納，委實無可著追，題請豁免，並將荒缺田園，分別確查，另行題請除糧，應於彼案內查核辦理題覆。[38]

十二月初八日奉旨「依議」。

由上述史實，可見與水沙連地方豁免舊欠粟銀案有關的人，主動上奏的是巡台御史李宜青。李氏在巡查過程中也「詢之該縣」，這個「該縣」就是彰化知縣胡邦翰。胡氏「備述情形，亦異口同聲。」但證以《彰

---

[37] 《明清史料》戊編第二本，「戶部為內閣抄出巡台御史李宜青奏移會」中央研究院歷史語言研究所，頁一一六—一一八。民國四十三年；《台案彙錄丙集》臺灣銀行經濟研究室，頁三〇九—三二一，民國五十二年十一月出版。

[38] 同註37。

化縣志》所寫：「邦翰知民疾苦，爲請大吏，備陳情狀。適制憲巡台抵彰，邦翰即躬導制軍詣勘，跋涉畎畝間，不辭勞瘁；復哀籲再三。制憲憫其誠，乃爲奏請豁免水沖田園數千甲舊欠供課數萬石。仍請減則，詔報可。」則主動人應是胡邦翰，胡氏自乾隆二十六年六月到任，到二十九年三月，差三月就三年，他是親民之官，在二十七年秋就已「親臨駕勘」[39]他當然比李宜青初來乍到更了解民間疾苦。所以前文所謂「爲請大吏，備述情狀」，「躬導制軍詣勘」、「制憲憫其誠，乃爲奏請豁免」，其中「大吏」「制軍」「制憲」都指總督。那時正好福建巡撫定長署閩浙總督。閩浙總督楊廷璋因案在乾隆二十九年六月二十四日奉諭「解任來京候旨」[40]，另派蘇昌調補閩浙總督。在蘇昌未到任間，由定長署總督之職。定長只是暫時代理，而且從李宜青的奏文及戶部的議奏，可知定長是在被動的情形下才奉命查明題奏。他並未主動發掘民隱，主動上奏水沙連官莊佃戶的艱苦，只在戶部奉旨查辦時，「查明前項田園舊欠……實係地畝坍荒；……委屬無可著追，題請豁免。」定長在查案時有否到台灣水沙連？不可能。從公文往來時間不到二個月。九月十六日到戶部，戶部十一月五日議奏。判定不可能來回台灣。[41]所以，上奏的資料來源還是彰化知縣胡邦翰所上報。從此，可以弄清一件事，也糾正《彰化縣志》以來的錯誤，就是胡邦翰陪著勘災的「大吏」，不是巡撫署總督的定長，不是制軍制憲，而是巡台御史李宜青。

　　以上是豁免舊欠。以下再論減租。

　　在上引李宜青奏文及戶部議奏文都未有減租請求。只有戶部奏文之未有：「至將荒缺田園，分別確查，另行題請除糧，應於彼案內查核辦理題覆。」這些後續工作，因爲胡邦翰在二十九年十一月卸任，而皇帝

---

[39]　同註 13。

[40]　《清高宗實錄選輯（上）》臺灣銀行經濟研究室，頁一三八，民國五十三年六月出版。

[41]　道光二十七年間閩浙總督劉韻珂到台灣履勘水沙連六社番地之行程如次：二十七年三月二十四日自福州起程，四月十四日自廿江放洋，次日到鹿港。五月十三日在南投換坐竹輿，由集集入山，二十日出山，由北投回彰化縣城。到此已用去近二個月。何時回到福州，不見記載。但他的〈奏勘番地疏〉。是在八月十六日奏。也即八月十六日前業已回到福州。見劉韻珂〈奏勘番地疏〉，載丁曰健《治台必告錄（上）》臺灣銀行經濟研究室，頁二一二─二二八。民國四十八年七月出版。

批可是十二月八日，所以是後　來幾任知縣：韓琮、成履泰、王執禮、
張可傳、馬鳴鑣的事。[42]奏文中「荒缺」，是土地業已拋荒不再能耕種；
或已被水沖沙壓，不堪耕種。都要報請永遠除去糧籍。要確定荒缺面積，
最正確是農民申報，官吏勘查，重新丈量。是不是在上報荒缺案時同時
要求減則，因為文獻無徵，不能下斷語。所以對減租的了解，要從其他
史料留下的蛛絲馬跡來查考。

　　永濟義渡文書中有三件彰化縣所頒執照，時間為乾隆二十九年三
月、六月、九月，頒給人正是彰化縣知縣胡邦翰。執照中寫有：「彰化
正堂胡為地瘠租重等　事今給水沙連保後埔仔庄佃民……今勘實詳請減
則，年納充公田園。甲。分。釐。毫，現請減則」[43]字樣。自二十九年
三月執照看，不是李宜青二十九年九月上奏，十二月皇帝依議才辦的
案。而且從該執照係刻板印刷，三月件已是「彰字第貳佰陸貳號」，六
月件是參百肆拾號，九月件是肆百玖拾貳號。照此發件數量推估，發件
可能要早到二十八年，最晚也當是二十九年年初就開始。那麼，減則乙
事和李宜青的按巡北路無關。可以確定的是胡邦翰在二十八年已經向上
級請求減則了。所以才有「現請減則」之語。而從後來成為事實，可知
他的請求獲得裁可。可惜未能見到減則的奏摺。至於減則是如何減？直
接文獻也未曾發現。只能自相關史料抽絲剖繭，庶得其真相。

　　今在乾隆三十六年十月彰化知縣王執禮給曾寧執照[44]，乾隆三十九
年十一月彰化知縣張可傳所立「奉憲示碑」[45]，嘉慶五年十月彰化知縣
胡應魁所給官批[46]，以及嘉慶十九年彰化知縣李雲龍所立「沙連保地棍
阻墾示禁碑」[47]，似可得其蹤跡。茲將相關文字照錄，再為討論。乾隆
三十六年縣給執照有云：「沙連保原報續丈充公田園詳請減則給批輸納

<hr>

[42]　周璽《彰化縣志》卷三《官秩志》頁七七—七八。

[43]　見吳淑慈《南投縣永濟義渡古文契書選》，頁八○、八六、八七。其中頁八○之三月件上
　　　缺。後二件完整。引用文字後二件。

[44]　見吳淑慈前揭書，頁四九。

[45]　原碑立於竹山社寮通後埔仔公路右側，九二一倒塌，經整修後存於社寮文教基金會。

[46]　見吳淑慈前揭書，頁九四。

[47]　原碑立於竹山和溪厝通林內右側公路邊，後倒塌今棄置在當地一廢棄屋空地上。劉枝萬作
　　　「沙連保地棍阻墾示禁碑」。

在案，今據前後埔仔庄佃呈報墾溢，經本署縣按丈盈溢及築圳難成，詳請列憲將原給印批田園照額輸納，所有盈溢一概照園納租……後開原給耕田園照例輸納外，共墾溢田園每一甲年納官租二石。」之後記「現耕原田園」若干，「今丈溢園參甲一分七釐捌毫伍系陸忽，年應完納課租陸石參斗壹升柒合壹勺」。

乾隆三十九年十一月「奉憲示碑」，一般作「二甲作一甲碑」[48]，其實稱「請免改則陞科碑」[49]似較允當。此碑係沙岩雕刻，年久風化，缺字不少，經林文龍辨認得四百三十字，約原碑七成。[50]此碑提供不少史實，分點述之如下。

第一、鄭學海等在前后埔仔等庄報墾田四十甲九分，瘠園一九六甲六分，定例每田一甲完租六石，每園一甲完租貳石。

第二、胡邦翰親訊，前後埔仔鳩工築圳，設計動費浩大，又水勢湍急，沖毀堤圳，修理費用不貲，逐年已用去一千數百兩，萬難築成，未便六年陞田完賦。又因水沖沙壓，不堪耕種，已經報請減則，每佃可於田頭地角竭力墾補二甲作一甲之額。

第三、乾隆三十三年各佃呈報請改田則，經知縣王執禮丈報，撥抵張天等被沖田園，免改則陞科。

第四、各佃於乾隆三十六年五月呈請免改則陞科，經蒙于荒缺糧籍案內請列憲，溢田一百三十七甲五分仍然每甲二石完納，又免改則加征，並於三十九年八月七日奉批允准。

五年十月知縣胡應魁給佃戶陳各執照有：「原耕田園」「今溢園」「共應完租」字樣。

嘉慶十九年正月二十八日李雲龍所立碑有云：「據沙連保和溪厝莊蔡顯等呈稱：竊顯等佃耕沙連瘠土，配納租餉耗銀兩。乾隆二十八年間，佃民石子言等以向隅疾苦事簽呈，蒙前邑主韓，前府憲蔣批：

48　倪贊元《雲林縣采訪冊》即作「兩甲作一」碑，見該書頁一六一。

49　劉枝萬主張作「田園減則陞科諭示碑」見劉枝萬《台灣中部碑文集成》台灣銀行經濟研究室，頁一六七，民國五十一年九月出版。

50　林文龍《社寮三百年開發史》，頁六四。

查沙連地瘠租重，准二甲作一甲完納；詳請憲示，奉文如詳飭遵。於乾隆三十年二月間，給各佃印照，准於山頭地角墾補二甲作一甲之額。」

將此四件史料綜合互證，可理出減則史實。

水沙連官莊之租額，定例為田一甲六石，園一甲二石。此見「奉憲示碑」。此後因為地瘠租重，舊佃逃散，引出豁免舊欠案，又引出荒缺糧籍案，因此有二甲作一甲田頭地角墾補水沖沙壓的變相減則，以及原耕田園照舊完納，丈溢田園每年納官租二石之減則案。比較其他地方，如草屯地區，田每甲納租八石，則水沙連的竹山地區相對的租負輕薄。所以說竹山地區是因為從嘉慶十九年碑可知原來只是水沙連官莊今社寮地區的減則，也以水沙連之擴大解釋而包含整個水沙連保之範圍，所以和溪厝地方也以「查沙連地瘠租重，准二甲作一甲完納」而「准於田頭地角墾補二甲作一甲之額。」

使水沙連保竹山地方人民得享此惠政的官員是誰？

從上引乾隆二十九年胡邦翰所頒執照有「彰化正堂胡為地瘠租重等事……；今勘實詳請減則」之語，可知胡邦翰最晚在乾隆二十九年初已開始請求減則。參照嘉慶十九年李雲龍碑則知請求減則在二十八年。因碑文有言「乾隆二十八年間，佃民石子言等以向隅疾苦事簽呈」所謂「向隅」是別人有我沒有。社寮地區減則，和溪厝沒有減則。該碑文透露「於乾隆三十年閏二月間，給各佃印照，准於田頭地角墾補二甲作一甲之額。」這個時間，應該就是減則允准的時間。據此，可知乾隆三十九年「奉憲示碑」是處理社寮地區的特殊情況，而且時間從胡邦翰的乾隆二十六年，一直到乾隆三十九年立碑方告結案。此間牽涉到築圳、水沖、減則、陞科完賦等問題。而其最初的發動者就是胡邦翰。而嘉慶五年的執照表示雖然中間經過林爽文之變，「檔柵焚毀」[51]仍然照原耕今溢也即二甲作一甲收租。所以此一惠政應該一直延續到光緒年間劉銘傳清丈才有改變。所以可以得到結論：這件減則惠政，功勞最大的就是胡邦翰。

51　同註46。

豁免舊欠是對水沙連官莊的惠政，減則則是對水沙連保的惠政。文獻上除前述和溪厝也蒙減則外，三角潭莊也有契約可資證明。[52]至於直接使媽祖宮興旺，使媽祖宮成為水沙連保沿山一帶的業主的是胡邦翰捐置山租乙事。胡邦翰捐置山租，除前引《雲林縣采訪冊》所云：「前彰化縣邑令胡邦翰捐置山租若干，為寺僧香火之資」外，還有其他更早更詳細的史料印證。這些史料包含乾隆四十三年一方殘碑及契約文書三十二件，前論住持僧節所引契書即其一部分。茲再引數件以為證。

先看乾隆間四十三年九月二十四日的「正堂馬示碑」，知縣馬鳴鑣在碑文云：「（乾）隆二十七年秋，親臨駕勘，諭……例配入天后宮抽的作香油……竊念為崇神起見，合情相率呈……以安身而寶殿長輝，鐘磬時……（水沙）連保二十四莊民人等知悉……稻穀配入媽祖香燈一九之」[53]這殘碑如對照下引住持僧給墾字則內容更為清楚。但就現存文字，也可知胡邦翰在乾隆二十七年秋，在他上任第二年就到水沙連保親臨駕勘，而且就做了保內沿山一帶土地一九抽的配入天后宮的諭示。

再看媽祖宮住持僧所立給墾字，寫出給墾的法律依據就是來自知縣胡邦翰。給墾單最早的是嘉慶年，最晚的是光緒十二年。道光十四年二件均寫得十分明白，茲錄道光十四年八月件為例。該件相關文字照錄如下：

> 立給墾字人水連保林圮埔街天后宮住僧慈玉為出墾招佃耕作事，緣蒙前邑主胡奏准施恩，將保內沿山一帶除完正供以外，餘有浮鬆瘠土，山麓洲嶼，不堪報課，配入本宮以為香燈之資。又經邑主馬示諭立石炳據，付僧招佃開墾，按一九抽的之例以崇神光，以資香祀。[54]（見附圖三）

這件契字說的很明白，前知縣胡邦翰奏准施恩，將水沙連保內沿山一帶除乾隆二十八年之前已完正供之田園外，其他浮鬆瘠土，山麓洲嶼，不堪報課，都配入媽祖宮為香燈之資。此事又經胡邦翰之後第五任

---

[52] 竹山陳文學先生藏古文書；又見陳哲三總纂《竹山鎮志》林文龍撰〈開拓志〉，頁三六一。
[53] 同註13。
[54] 吳淑慈前揭書，頁一○一。

知縣馬鳴鑣立石示諭，想來是因爲胡邦翰奏准後，有佃民不遵辦，所以
要立碑重新確認，碑文最末才說：「縣稟以憑拏究，爾等各佃民亦」，
意思是向縣稟報就會拏究，佃民不要以身試法。

　　給墾字及殘碑都說是一九抽的，即是抽的租，抽十分之一的生產量
爲租稅。但名義上是一九抽的，實際則是定額租。如上引道光十四年八
月件，就是「逐年配納香燈租銀壹錢」。又如嘉慶年件，是「逐年願納
香燈粟參斗」[55]，道光元年件是「逐年完納香燈租銀穀參斗」[56]。

　　自現見契約，可知向媽祖宮完納香燈粟或租銀的確是遍及水沙連保
的沿山一帶，最南到車店子，頂林，最北則是後埔仔地區。茲將契約標
的地名列舉如下：

> 土名新莊仔樹頭坑、內仔寮庄、獅尾堀坑口、獅仔頭坑、土名牛
> 崎腳，獅尾屈咬狗坑口、獅仔屈庄、內獐仔寮抄封曆後傍坑、內
> 獐仔寮庄、咬狗坑、咬狗坑庄外暗坑山田、柳寮坑蕉仔潭口、中
> 心崙山後反崙、內獐仔寮竹興庄後壁山、抄封曆內燒灰坑、茭藔
> 崙腳、三層崎、茭層坑、山仔頂、崎仔寮、岩仔坑、竹崙、柿仔
> 林庄、德興庄後、圳頭坑、大埔。

　　上錄都是契約中的地名，獅仔屈庄以上的地名大約在今後埔仔地
區，德興庄後以上的地名在今大坑、中山崙、頂林一帶，圳頭坑在今桂
林里與延平里交界處，大埔在今德興里，過去的車店子。這個範圍正是
清代水沙連保濁水溪南之沿山一帶，大坑部份則已深入山區，其南以田
子溪與嘉義縣轄之鯉魚頭保爲界。這個現象也可做爲清代彰、嘉兩縣在
山區的界線。

陸、結論

　　媽祖宮的興建年月，從現在史料，還以《彰化縣志》所記「乾隆初，

---

[55]　吳淑慈前揭書，頁一〇四。
[56]　吳淑慈前揭書，頁一一三。

里人公建」為是。以後各說都缺可靠史料之依據。尤其最晚出的乾隆七年說，雖有年月日，更不可信。

媽祖宮的廟地是李裕蔥、盧友弘二人喜捨，當年廟埕左畔有松樹一棵，左側有刺竹一列。李、盧二人照各地廟宇都有功德主的長生祿位，有些有名姓，有些為總牌，如鹿港天后宮之供施世榜長生祿位例[57]，得享長生祿位之供奉。

媽祖宮的名字，現在正式名稱是連興宮，民間則仍稱媽祖宮。依史料，「聖母宮」「媽祖宮」「天后宮」「天上宮」「天后聖母廟」之名，都在「連興宮」之前出現。

這裡有一事須略說明，對媽祖的稱呼，有兩個系統，一個是官方的，一個是民間的。官方的稱呼以宮廷內女性的封號來封諡，宋代先封夫人，晉封妃，元代又晉封為天妃，明代除天妃外，又有聖妃、元君，清康熙二十三年平台，晉封天后。也就是經歷夫人→妃→天妃→天后的過程。而民間的是姑、娘、媽、祖、婆，也連成娘娘、娘媽、媽祖、媽祖婆。依民間女性自幼到老的人生階段來稱呼，比較親切。比較親切的稱呼，獲救更快速而有效。道光末淡水同知曹士桂來台赴任，在泉州渡海前到天后宮進香祈求保護，他在日記裡寫道：「俗謂遇險時，如呼天后娘娘救濟，少緩；蓋須排輿盛服乃出。如呼媽祖婆，則立即現身，常服不裝飾。」[58]另外，媽祖故鄉莆田地方林姓婦人外出工作時常把兒童帶到廟中，請這位家族中慈祥的長輩照看。方志中記載：「按今莆田林氏婦人，將赴田或採捕者，以其兒置廟中，祝曰：『姑好看兒』，去終日，兒不啼不饑，不出閾，暮各攜歸。」[59]

連興宮之名，最早見於光緒八年十月的一件契約，之後就是光緒二十年的《雲林縣采訪冊》。從光緒八年往上推，同治光緒年間看不到廟史中有大到改名的大事，除非再上推到咸豐四年到六年林鳳池主持的一

[57]　鹿港天后宮廟地由施世榜所獻。今天后宮右廂房有一間供奉施世榜長生祿位。
[58]　曹士桂《宦海日記校註》雲南省文物普查辦公室，頁一五〇，一九八八年八月第一版第一刷。
[59]　王瑛曾《重修鳳山縣志》卷五〈典禮志〉臺灣銀行經濟研究室，頁一五一，民國五十一年十二月初版。

次重大修建。[60]改用連興宮之廟名，最有可能即咸豐六年。

　　媽祖宮確有僧人當住持，而且是臨濟宗的和尚。臨濟宗為禪宗之一派，元代以後流行於中國南方，北方則流行曹洞宗。北港朝天宮也是臨濟宗和尚當住持。媽祖宮有住持自胡邦翰時，即乾隆中葉，持續到日治初，約有一百四十年。可惜今廟中僅存一方「沙堡天上宮勅封二十三位將軍爺並和尚一派蓮座」。從「沙連堡」的寫法，不是「水沙連保」，也不是「沙連保」來判斷，這方蓮座出現的時間當在光緒年間，也即清統治的末期，說不定要晚到日治時期。因為「沙連堡」之使用從光緒開始，而普遍於日治時期。這一方蓮座的和尚人數少，名字又與契約所見不相符。所以無法知道住持僧一共多少位？順序如何、名號是什麼？今天能肯定的是：媽祖宮確有住持僧主持廟務一百四十年。

　　又台南大天后宮[61]，北港朝天宮、中港慈裕宮[62]、鹿耳門媽祖宮、基隆慶安宮、北投關渡宮、淡水福佑宮、新港奉天宮[63]都有和尚當住持，可能可以確定為當時臺灣普遍的現象。所以學者有如下的看法，「清代台灣媽祖宮由僧人住持與置產，幾乎是官建與民建媽祖廟的共同特色。」[64]

　　媽祖宮中長生祿位的問題，定長、胡邦翰、李振青三位是否合適，以及應增應減的考量，從上文的討論，可以知道定長似無什麼惠政，他只是正好是巡撫署總督，官位最大。李振青解決了放流竹木出口的糾紛，又增加了媽祖宮的香油資。胡邦翰是對水沙連地區貢獻最大，對媽祖宮的財政收入貢獻最大的人。但胡邦翰之所以能有此惠政，他的愛民

---

[60]　連興宮山川殿兩根石柱即咸豐重修留存之物，可證為一次大修。

[61]　有關台南大天后宮有住持僧之史實，在蔣毓英《台灣府志》卷九〈外志、宮廟〉有「後有禪室、付住持曾奉祀。」再劉良璧《重修福建縣府志》卷九〈祠祀〉「有香燈園二十一甲在安定里，年得租票一百二十五石；諸邑令季麒光置，交廟僧掌收。」又高拱乾《台灣府志》卷九〈宮廟〉有「後構禪室，以住僧焉。」見石萬壽《台灣的媽祖信仰》台原出版社，頁二三○，二四二及二四四。民八九年一月。

[62]　許葉全《中港慈裕宮志》中港慈裕宮管理委員會，頁四一三、民國六十九年七月。

[63]　王見川、李世偉《台灣媽祖廟閱覽》，頁三○、六八、七七、九一、一五七，博揚文化公司，民國八九年八月。

[64]　王見川、李世偉前揭書，頁三四。

的理念得以實現，是因為巡台御史李宜青的巡查訪視，違制上奏。所以，把定長換成李宜青也許更妥當，或者至少應該加上李宜青的長生祿位。當然，要加，還要加喜捨廟地的李裕蒽和盧友弘。因為沒有他們二人的喜捨，那來媽祖廟。各地媽祖廟的慣例如此。

　　胡邦翰為水沙連地方做了三件大事。第一豁免水沙連官庄的舊欠，第二請准水沙連田園減則，第三奏准沿山一帶土地墾種以一九抽的的租額納入媽祖宮為香燈之費。胡氏果敢的做了一個循吏所該做的事，水沙連地方農民負擔減輕不止一半，這或許是清代水沙連地方繁榮的重要原因之一。胡氏也因此能享水沙連地方民眾二百九十年的香火。

　　水沙連保之土地，因夾在清水溪與濁水溪之間，雨季颱風，難免水沖沙壓，田園很容易變成荒埔，佃農無以為生，也便逃散。乾隆年間社寮地區開始有水利灌溉工程[65]，但濁水溪洪水暴發，土堤崩壞，其情形即前張可傳「奉憲示碑」所云：「因水勢湍急，土堤……迭任……沖……修理動費……不堪耕種。」在知縣大人的履勘，在巡台御史的奏報，在列憲的復勘轉呈，戶部同意，皇帝批准，水沙連地方豁免舊欠，減則二甲作一甲，溢盈田園依園納租，沿山一帶一九抽的配入媽祖宮為香燈費。在二甲作一甲，在田頭地角補墾，在盈溢田園照園納租的鼓勵下，原來的空地不再任其拋荒，可墾土地都成了綠野平疇。對水沙連地方的開墾大有助益。另外，媽祖宮享有沿山一帶一九抽的的權利，也大為促進沿山丘陵地的墾殖，竹山的竹，如刺竹、桂竹、麻竹、孟宗竹之大量種植都在此一時期之後。大坑、中山崙地區的開發都在嘉慶中葉以後可以證明。竹山媽祖宮成了沿山一帶土地的業主。媽祖宮財源固定而充足，殿宇輝煌，鐘鼓時鳴，成為水沙連地方住民信仰的中心。清代竹山媽祖宮所扮演的角色，已經超過宗教的層面，這可能不是其他地方的神明所能比擬的。

65　永濟義渡文書中有三件足以證明，一件乾隆二十一年十一月的杜賣契約有「今開碑圳，照舊灌溉」、又乾隆二十二年十二月的永杜絕賣契有「東至浮圳」，又乾隆二十六年十一月杜賣契有「帶大圳水肆百伍，長流灌溉，其界址東至浮圳」。又在契末有「一批明，此田原帶咬狗坑圳水灌溉，至乾隆二三年庄眾議築大圳通流灌溉。」咬狗坑圳稱小圳，大圳似即引濁水溪之圳。以上三件契書見吳淑慈前揭書，頁六二、八九及九一。

正堂馬示

特調福建臺灣府彰化縣正堂加……

月二十三日據水沙連保佃民……

富劉寧賴勤陳守杜猛黃茂……

洲媽祖水德配天母儀稱后……

聖世紀重海邦沙連立廟共沐福……

股平坦者各莊墾闢經丈納課……

以資糊口初年新墾少有浮土……

荒蕪草依然此乃棄物之地……

隆二十七年秋親臨駕勘諭……

例配入天后宮抽的作香油……

竊念爲崇神起見合情相率呈……

以安身而寶殿長輝鐘磬時……

連保二十四莊佃民人等知悉……

稻穀配入媽祖香燈一九之……

縣稟以憑拏究爾等各佃民亦……

乾隆四十三年九月二十四日給……

附圖一

附圖二

附圖三

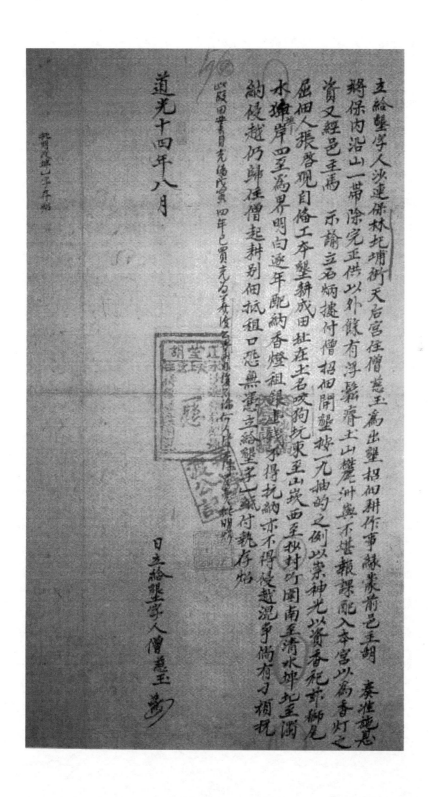

參考文獻

《台案彙錄》丙集，臺灣銀行經濟研究室，民國五十二年十一月。

《明清史料》戊編第二本，中央研究院歷史語言研究所，民國四十三年

《南投縣寺廟名錄》南投縣政府民政局，民國八十六年十月。

《南投廳寺廟調查書》手寫影本藏中央研究院台灣史研究所籌備處，
　　　　1915 年 10 月至 1916 年 3 月調查。

《清高宗實錄選輯（上）》臺灣銀行經濟研究室，民國五十三年六月

「沙連堡天上宮敕封二十三位將軍爺並和尚一派蓮座」。

丁曰健《治台必告錄》臺灣銀行經濟研究室，民國四十八年七月。

王三河《竹山連興宮所有土地明細表》連興宮，民國八十七年八月三十
　　　　日製。

王見川、李世偉《台灣媽祖廟閱覽》博揚文化公司，民國八十九年八月。

王瑛曾《重修鳳山縣志》臺灣銀行經濟研究室，民國五十一年十二月。

石萬壽《台灣的媽祖信仰》台原出版社，民國八十九年一月。

竹山陳文學先生藏古文書。

竹山黃英輝先生藏竹山古文書。

何孟興《清初台灣巡察御史之研究》東海大學歷史研究所碩士論文，民
　　　　國七十八年五月。

余文儀《續修台灣府志》臺灣銀行經濟研究室，民國五十一年四月。

吳淑慈《南投縣永濟義渡古文契書選》南投縣立文化中心，民國八十五
　　　　年六月。

李振青所立石碑。

李雲龍立〈沙連保地棍阻墾示禁碑〉。

林文龍《社寮三百年開發史》社寮文教基金會，民國八十七年。

周　璽《彰化縣志》臺灣銀行經濟研究室，民國五十一年十一月。

柯志明《番頭家－清代台灣族群政治與熟番地權》中央研究院社會學研
　　　　究所，民國九十年三月。

倪贊元《雲林縣采訪冊》臺灣銀行經濟研究室，民國四十八年四月。

馬鳴鑣「正堂馬示碑」。

高拱乾《台灣府志》臺灣銀行經濟研究室，民國四十九年。

張可傳立〈奉憲示碑〉。

曹士桂《宦海日記校注》雲南省文物普查辦公室，一九八八年八月一版
　　　　一刷。

許葉金《中港慈裕宮志》中港慈裕宮管理委員會，民國六十九年七月。

陳哲三總纂《竹山鎮志》竹山鎮公所，民國九十年十二月。

陳鳳儀《竹山郡管內概況》毛筆原稿，昭和七年春，竹山陳宗火先生藏。

黃素貞《沿山鄉街的「存在空間」以林屺埔街為例》國立台灣師範大學
　　　　地理學系碩士論文，民國八十六年六月。

溫國良《台灣總督府公文類纂宗教史料彙編》台灣省文獻委員會，民國
　　　　八十八年六月。

劉良璧《重修福建台灣府志》臺灣銀行經濟研究室，民國五十年。

劉枝萬《台灣中部碑文集成》臺灣銀行經濟研究室，民國五十一年九月。

劉枝萬《南投文獻叢輯（九）－南投縣風俗志宗教篇稿》南投文獻委員
　　　　會，民國五十年六月三十日。

劉韻珂《奏勘番地疏》。

蔣毓英《台灣府志》台灣省文獻委員會，民國八十二年六月。

蔡相煇《北港朝天宮志》北港朝天宮委員會，民國八十四年一月增訂初
　　　　版。

Clarification of the History of the Ma-Chu Gong (Shrine) in Chu-Shan in Focus of the Contribution of the Buddhist Abbots and the Local Officials to Local Shrines

Che-San Chen

Abstract

The purpose of this essay is (1) to clarify several issues and incorrect understandings of the history of the Ma-Chu-Gong in Chu-Shan, (2) to complement the previous omissions, and, thus, reveal the truth of several historical issues of the Ma-Chu Gong in Chu-Shan.

This essay, first, affirms the contributor of the estate of the Ma-Chu Gong, second, examines the establishment date of the Ma-Chu Gong, third, investigates the development of the shrine's name—Ma-Chu Gong, forth, ascertains that, in the entire Ching Dynasty, the Lin-Ji-Chung (a sect of Buddhism) monks lived in the Ma-Chu Gong as administrators, and last, explains the context of erecting the three Chang-Sheng-Lu-Wei (three planks as symbolic identities of three persons, who are enshrined and worshiped) in Ching Dynasty.

The above issues, excluding the establishment date of the shrine, which is confined to a year in ChyuanLong era, are all clarified, and the problems accompanying these issues are also answered. Above all, the policy of the tax regulations in favor of the Shoei-Sha-Lian (Chu-San) area,

which are attributed to the magistrate of Chang-Hwa County—Hu, Bang-Hung, is now distinct.

Keywords: Ma-Chu Gong (Shrine), Lian-Hsin Gong (Shrine), Shuei-Sha-Lian-Bao, Yi-Chin Lee, Bang-Hung Hu, Cheng-Chin Lee

從水沙連茶到凍頂烏龍茶
—鹿谷凍頂烏龍茶移入傳說考[1]

摘　要

　　本文旨在釐清鹿谷凍頂烏龍茶移植之史實。首先辨明凍頂烏龍茶非康熙以來之水沙連茶。水沙連茶係台灣野生茶，凍頂烏龍茶係福建傳入之茶種。次辨明移入時間及人物，非咸豐時舉人林鳳池，而係光緒初年凍頂莊民自北部台灣移入。末說明林鳳池移入神話係詩人張達修為彰美凍頂烏龍茶所創造。

關鍵詞：凍頂烏龍茶、水沙連茶、林鳳池、張達修

---

[1] 本文在東海大學通識中心（2000.11.25-26）所舉辦第四屆台灣歷史與文化研討會上宣讀，當時對談人是許雪姬教授，主席為賴澤涵教授。許教授曾有若干指教。今因獲得新史料—張達修《醉草園文集》，遂加以補充改寫，正式發表。

壹、前言

　　茶葉自清咸豐台灣開埠之後，逐漸成為台灣北部的經濟作物，也逐漸成為台灣主要的輸出品之一。

　　北台灣茶葉種植雖多，但最享盛名的，品味較高的，價錢最貴的，還是中部南投縣鹿谷鄉的凍頂烏龍茶。清代文獻即指出北部所產「茶味薄，不如武夷。」[2]而凍頂茶區自古就是史志中有名的水沙連茶的產區。就歷史論，這是台灣最古老的茶區。但凍頂茶的由來，凍頂茶與水沙連茶的關係，凍頂茶與林鳳池的關係，其中歷史與傳說至今混淆不清，治史者實有加以釐清的必要，期使歷史歸歷史，傳說歸傳說。本文因此而作。

貳、史志上的水沙連茶

　　在台灣的史志方面，最早記錄水沙連茶的，似為《諸羅縣志》，該志成書於康熙56年（1717）。書中有二條史料：

> 一、茶，北路無種者。水沙連山中有一種，味別，能消暑瘴。武夷、松蘿諸品，皆至自內地。[3]
> 二、水沙連內山茶甚夥，味別，色綠如松蘿。山谷深峻，性嚴冷，能卻暑消脹。然路險，又畏生番，故漢人不敢入採。又不諳製茶之法，若挾能製武夷誌品者，購土番採而造之，當香味益上矣。[4]

　　這兩條史料，告訴我們，康熙末年，北路沒人種茶，只有在水沙連山中深峻山谷中有很多野生茶，這種茶色綠如松蘿，味道很特別，能卻暑消脹。但因為道路危險，又畏懼生番出草殺人，所以漢人不敢入山採

2　陳培桂，〈風俗考〉，《淡水廳志》，卷 11（台灣省文獻委員會，民國 82 年 6 月），頁 299。
3　周鍾瑄，〈物產志〉，《諸羅縣志》，卷 10（台灣省文獻委員會，民國 82 年 6 月），頁 194。
4　周鍾瑄，〈雜記志〉〈外紀〉，《諸羅縣志》，卷 12，頁 295。

製。

　　這兩條史料，後來一再被引用。如康熙 60 年（1711）追隨來台平朱一貴之亂的藍廷珍族弟藍鼎元，在所寫〈紀水沙連〉一文中就寫：「水沙連內山產土茶，色綠如松蘿，味甚清冽，能解暑毒，清腹脹，亦佳品云。」[5]如首任巡台御史黃叔璥在康熙 61 年（1712）到任，在所著〈赤崁筆談〉中也寫道：「水沙連茶在深山中。眾木蔽虧，霧露濛密，晨曦晚照，總不能及。色綠如松蘿，性極寒，療熱症最效。每年，通事於各番議明入山焙製。」[6]藍鼎元指出是「土茶」、「味甚清冽」、「亦佳品云」。黃叔璥提到一個新史實，透過通事和「各番議明，入山焙製」。《諸羅縣志》才說路險畏生番，「不敢入採」，五、六年後已經獲得協議入山焙製，真是證明了開拓事業一日千里。

　　到乾隆初年劉良璧修《重修福建台灣府志》只有「茶，出水沙連社，可療暑疾。」[7]而且此一說法為乾隆 11 年（1746）范咸修《重修台灣府志》[8]及乾隆 25 年（1760）余文儀修《續修台灣府志》[9]一字不改的繼承。可以注意的是原來的「水沙連山中」或「水沙連內山」變成「水沙連社」。這一變化使水沙連茶的產地縮小了許多，因為只說「水沙連」或「水沙連內山」、「水沙連山中」，其範圍相當於今日竹山、鹿谷、集集、水里、魚池、仁愛、埔里、國姓、到草屯九九峰。如坐實「水沙連社」則最大可以指是水沙連二十四社，最小只能指為日月潭的水社（水裡社、邵族）。[10]但由文字看，劉志以下太簡單，顯然是就《諸羅縣志》等康熙、雍正時期的記載照抄，因為不覺重要，所以隨意而寫。劉志開其端，

5　周璽，〈藝文志〉，《彰化縣志》，卷 12（台灣省文獻委員會，民國 82 年 6 月），頁 442-443。
6　黃叔璥，〈赤崁筆談〉，〈物產〉，《台海使槎錄》（台灣省文獻委員會，民國 85 年 9 月），卷 3，頁 62。
7　劉良璧，〈風俗〉，〈物產附〉，《重修福建台灣府志》（台灣省文獻委員會，民國 82 年 6 月），卷 6，頁 110。
8　范咸，〈物產〉，《重修台灣府志》（台灣省文獻委員會，民國 82 年 6 月），卷 17，頁 492。
9　余文儀，〈物產（一）〉，《續修台灣府志》（台灣省文獻委員會，民國 82 年 6 月），卷 17，頁 592；另在〈貨幣〉，附考中也抄錄黃叔璥〈赤崁筆談〉「水沙連茶，在深山中」文。見同書同卷頁 594。
10　陳哲三，〈「水沙連」及其相關問題之研究〉，載《台灣文獻》，第 49 卷，第 2 期（民國 87 年 6 月 1 日），頁 35-69。

范志、余志都一字不改的照抄。相對其他各志，《諸羅縣志》寫志態度之嚴謹，[11]應更可信賴。則《諸羅縣志》寫作「水沙連山中」或「水沙連內山」才是正確的，比較大範圍的水沙連是討論本問題應該接受的地理背景。

乾隆後的嘉慶年間，未見有水沙連茶的記載。直到道光 12 年（1832）周璽修《彰化縣志》，才又記：「茶，出水沙連山，能卻暑消瘴。其餘武夷諸品，皆來自內地。」[12]自此可知「水沙連山中」，變成「水沙連社」，又變成「水沙連山」。修《彰化縣志》的人一定覺得寫「水沙連社」不對，因此他看到《諸羅縣志》寫「水沙連山中」或「水沙連內山」，他簡化成「水沙連山」。又「卻暑消瘴」也是《諸羅縣志》的原文。另外提到武夷茶來自內地，可能也來自《諸羅縣志》。

道光之後是咸豐，有彰化舉人陳肇興在咸豐 10 年（1860）寫〈大坪頂〉[13]詩，起頭是「朝經水沙連，暮宿大坪頂。石紉高百盤，槎枒爭一梃。」中有句云：「絕頂忽開張，桑麻近千頃。耕鑿數百家，茅舍亦修整。有如桃花源，雞犬得仙境。」又云：「修篁四森布，巨可任斫盤。峨峨高半天，嶺上疊諸嶺。居人扳木末，雲際摘山茗。」末云：「何當結茅屋，長此事幽屏。閉戶有名山，願言養心靜。」

此詩讚美鹿谷之自然景觀有如桃花源，有如仙境。物產方面提到修篁、山茗。寫山茗是「居人扳木末，雲際摘山茗。」意思是鹿谷人攀樹木，爬上樹巔，在雲端摘採茶葉。顯然這種茶是生長在巖阿間的野生茶，而不是種植的茶。

光緒 20 年（1894）倪贊元寫《雲林縣采訪冊》在〈崠頂山〉條下有言：「在縣東三十八里。其山自鳳凰山分龍，蜿蜒六七里，路皆平坦；

11　修《諸羅縣志》者對其所修之志十二分自信，在卷 1，〈封域志〉，〈山川〉之後有言：「右山川所紀，較『郡志』加詳，亦多與『郡志』異。『郡志』據所傳聞，云其略而已。即如玉山，在縣志之背，全台之望也；大武巒為縣治主山，青峰闕為縣南扼要海口；而『郡志』皆不載，又何論其小者乎！……茲卷或躬親遊歷或遣使繪圖，三復考訂，乃登記載。假而千秋百世陵谷依然，雖未敢謂毫髮無爽，亦庶幾得其大概云。」足見態度之謹嚴。

12　周璽，〈物產志〉，《彰化縣志》，卷 10，頁 358。

13　陳肇興原著，鄭喜夫校訂，《陶村詩稿全集》（台灣省文獻委員會，民國 67 年 6 月），頁 71-72。

至大水窟頭，束脈聳起。山二三里，高低無一；森然屹峙，明媚幽雅；巖頭時有白雲封護。居民數十家，自成村落。巖隈曲徑，多植茶樹。昔藍鹿洲遊台，曾到水沙連，稱此茶爲佳品；謂氣味清奇，能解暑毒，消腹脹，邑人多購焉。」[14]這位藍鹿洲即前面提到寫〈紀水沙連〉的藍鼎元。從這條史料，可見倪贊元是認爲光緒年間的崠頂山茶，就是康熙年間的水沙連茶。這條史料似也指陳光緒時鹿谷產茶以崠頂山最多、最好、最有名，而且已經有相當大的市場。

到日治初（民國初年），連橫（雅堂）寫《台灣通史》[15]在〈農業志〉中有云：「台灣產茶其來已久。舊志稱水沙連之茶，色如松蘿，能辟瘴卻暑。至今五城之茶，尙售市上，而以凍頂爲佳。」[16]此「五城」應指五城堡，即今魚池。凍頂則鹿谷之凍頂。在清末日治初分屬二個不同行政區域，前者屬埔裏社廳五城堡，後者屬雲林縣之沙連堡。另外，凍頂附近有頂城，二城地名，連氏遂誤以五城名之，也是一個可能。連氏仍將康熙時之水沙連茶連接凍頂茶。也指出凍頂茶較他茶「爲佳」。

在中西接觸之後也有關於凍頂茶的記載，如 1875 年（光緒元年）《海關報告》打狗部分，有云：南部雖不宜種，但山地亦多野生茶樹，由客家、平埔番採摘，日晒之後供應島內消費，有時生番亦由內山帶下，當漢番交易之用。重要的野生茶產地有：大山母、蕃薯寮、加蚋埔、火燒嶼、林杞埔、六古里（或今六股）。後兩處且有少量的茶出口，但在出口最多的 1875 年，也不過是 67.95 擔，比起北部台灣出口幾千、幾萬擔，南部台灣的產茶量仍然很小。[17]這裡的「林杞埔」就是今日竹山，竹山原不產茶，產茶在今鹿谷。當時鹿谷屬沙連堡，而沙連堡之行政中心、經濟中心在林杞埔街。林杞埔街成爲附近物產的集散地，鹿谷茶也

---

14 倪贊元，〈沙連堡〉，〈山〉，《雲林縣采訪冊》（台灣省文獻委員會民國 82 年 6 月），頁 147-148。

15 連橫（雅堂），《台灣通史》民國 7 年完成，民國 10 年出版。見連震東〈連雅堂先生家傳〉，載《台灣通史》（中華叢書委員會本，民國 44 年 8 月），下冊書後。

16 連橫，〈農業志〉，《台灣通史》（中華叢書委員會，民國 44 年 8 月），下冊卷廿七，頁 500。

17 《海關報告》，中央研究院近代史研究所所藏有微捲，本文轉引自林滿紅，《茶糖樟腦業與台灣之社會經濟變遷（1860-1895）》（聯經出版公司，1997 年 4 月），頁 59-60。

集中此地銷售，所以有林圯埔茶之稱。自此條史料可知光緒前後鹿谷茶
仍是野生茶，且有少量出售。

　　1905 年（清光緒 31 年、日本明治 38 年）臨時台灣舊慣調查會《經
濟資料調查報告》指出沙連下堡、沙連堡的茶戶都在一百戶以下。[18]沙
連下堡就是今日名間鄉，沙連堡即今竹山鹿谷。沙連堡的產茶地還是鹿
谷。[19]1900 年前後林圯埔茶葉產量是：明治 31 年（1898）400 斤、33
年 106,300 斤，34 年 4,062 斤，35 年 14,000 斤。[20]相對於當時台灣每年
出口茶葉在一千萬斤以上，鹿谷茶顯得微不足道。

　　近年鹿谷茶之栽種面積擴大，生產增加，是與台灣經濟之發展不可
分。民國 60 年之後，台灣經濟起飛，國民所得增加，民國 55 年每人年
所得 236 美元、60 年每人 441 美元、65 年 1,122 美元、70 年 2,632 美
元。[21]國民所得增加，消費能力增強，茶葉的需求也跟著增加。政府為
了提高鹿谷茶的品質及產量，於民國 63 年 7 月成立鹿谷高級茶生產專
業區，經 69 年推行專業茶區面積 126 公頃，參加茶農 271 戶。茶農分
布在彰雅、鳳凰、永隆。[22]其中凍頂所在的永隆 144 戶最多。在民國 64
年茶樹種植面積為 175 公頃年產量為 52 公噸。[23]到民國 82 年鹿谷種植
面積增加到 1,781 公頃，比 64 年增加了十倍。年產精製茶約 1,445 公噸。

---

[18] 臨時台灣舊慣調查會，《臨時台灣舊慣調查會調查經濟資料報告第二部》，上卷（東京三
　　秀舍，1905 年），頁 60-62；另見林滿紅前揭書，頁 60。

[19] 林啟三譯，《日據時期南投廳行政事務及轄內概況報告書》（大正 7 年）（南投縣立文化
　　中心，民國 84 年 6 月），頁 31。茶條云：本廳茶之產地位於武東堡松柏坑庄，五城堡魚池
　　庄，沙連堡大水堀庄三地為主。又說總督府自明治 44 年以來，除補給肥料大豆粕外，也培
　　養優良之茶苗免費供應。林啟三譯，《日據時期竹山郡轄內概況》（昭和 14 年 3 月）（南
　　投縣立文化中心，民國 84 年 6 月），頁 136-137。凍頂烏龍茶條云：郡轄鹿谷庄大水堀段
　　及凍頂地方，種有茶樹成園；品質之絕優素來名聞全省，昭和 5 年實施茶樹更新增植獎勵，
　　年產量達 6084 台斤。

[20] 《臨時台灣舊慣調查會第二部調查經濟資料報告》，上卷（東京市三秀舍，明治 38 年 3 月
　　30 日發行），頁 631。

[21] 天下編輯，《一同走過從前》（天下雜誌，1990 年 4 月 11 日），頁 199。

[22] 簡俊堂，〈南投縣鹿谷高級茶生產專業區的設置與展望〉載《南投文獻》（南投縣政府，
　　民國 64 年 2 月 28 日），第 21 輯，頁 99-113。

[23] 同註 21。

24

參、凍頂茶之茶種及其移入傳說

凍頂茶的茶種，是原始野生種？或是自中國福建移入的武夷茶？中國福建移入的茶種什麼時候由何人移入？果真是咸豐時舉人林鳳池到福州鄉試所攜回？

先回答第一個問題，據茶葉專家林啓三的研究，野生茶與今凍頂茶確實不同。水沙連地區自古生長野生茶，在南投縣仁愛鄉眉原山目前且尚有野生茶，面積約 41 公頃，2700 多株。日本當局曾於民國 14 年在魚池司馬鞍採集山茶播種研究。又魚池茶葉改良分場在民國 60 年調查發現樹齡 195 年的野生大茶樹，己為政府指定「原始茶樹野生林保護區」。眉原山的野生茶樹，經中日學者的研究，確定與印度大葉種或台灣所種的福建小葉種種類完全不同，不但形態上有明顯差異，製茶品質也沒有台灣半發酵茶所具備的基本特色。因此推斷，過去台灣中南部深山所採製的茶葉與近一百多年台灣所栽培的茶樹毫無關連，更無親緣關係。[25]

至於後面二個問題，從上面的討論，自康熙到光緒元年間的水沙連茶（含林圮埔茶、鹿谷茶）都是野生茶。光緒年以前屬野生茶，1875年的海關報告可以證明。

那麼，中國福建茶種何時入台灣？何時入鹿谷？果真和林鳳池有關，需要用更長的篇幅來討論。試論述如後。

連橫在《台灣通史》〈農業志〉中說：「台北產茶近約百年，嘉慶時，有柯朝者歸自福建，始以武夷之茶，植於魚桀魚坑，發育甚佳；既以茶子二斗播之，收成亦豐，遂互相傳植。」[26]這是中國福建武夷茶移入台灣的最早記錄。但到 1850 年（道光 30 年）北部台灣仍只有深坑、

---

[24] 林啓三，《南投縣茶業發展史》（南投縣立文化中心，民國 84 年 3 月），頁 62。

[25] 林啓三，前揭書，頁 13。

[26] 同註 14。其中「魚桀魚坑」，《淡水廳志》作「鯽魚坑」。見該志卷 3〈建置志〉頁 61。

坪林兩地產茶。[27]1860 年台灣開港之後，茶的栽種日廣，到 1878 年（光緒 4 年），彰化至石門間的丘陵台地都種茶樹。這其間寶順洋行創辦人杜德（John Dodd）在 1864 年（同治 3 年）自福建安溪引入茶苗，貸款給茶農種植，又引入茶師，提高台茶品質，並將市場拓展到美國，[28]杜德推廣之功最大。

　　從福建茶引入台灣的歷史，雖然嘉慶時已在台北栽種，但到道光 30 年，並未在北部擴展，只局限在深坑坪林。真正普遍栽種是杜德倡導之後，也就是同治 3 年以前還局限在北部，同治 3 年以後才從北部擴散。再據光緒元年（1875）海關報告，當時的林圯埔茶仍是野生茶。則光緒之前福建茶種已引入鹿谷栽種之命題，顯然不能成立。換句話說，鹿谷凍頂茶之武夷茶種是咸豐 5 年（1855）由林鳳池自福州攜歸種植的命題也不能成立。

　　凍頂茶不是林鳳池移入之說，還有其他證據。第一，與林鳳池同時代的彰化舉人，與林鳳池一同反擊戴萬生之黨的陳肇興，在他的詩作中，沒有一句提到林鳳池和茶的關係。[29]他們為反擊戴萬生之黨羽，第一次在同治元年（1862）聚會於北投保之倚南軒，同治 2 年 4 月又共同促成六保聯莊，以助官軍。這是林鳳池福州應試中舉之後的第六年、第七年，如果真有鄉試帶回茶苗乙事，茶樹種植三年即可採收，則六年後正值茶樹成長最佳採摘數量最多的時候，林鳳池理當拿出來展寶獻客，可是共同作戰而以詩作傳世的友人，寫茶，寫到鹿谷，還喝了鹿谷茶，卻無一字道及林鳳池的武夷茶，豈不可疑？

　　第二，傳說林鳳池帶回 36 株武夷山茶苗，分植於自宅、崠頂、清

27　J.W. Davidson 原著、蔡啟恆譯，《台灣之過去與現在》（台灣銀行經濟研究室，民國六十一年），第二冊，頁 261；另據〈賦役志〉，《淡水廳志》，卷 4，〈茶釐〉云：「淡北石碇、泰山二堡，居民多以植茶為業。」。卷 12，〈物產考〉云：「茶，產大坪山、大屯山、南港仔山及深坑仔內山最盛。」是記錄同治 10 年之情形。

28　林滿紅，前揭書，頁 21 及 108。唯寶順洋行杜德事在連橫《台灣通史》中作「時英人德克來設德記洋行，販運阿片樟腦，深知茶業有利，（同治）4 年，乃自安溪配至茶種，勸農分植，而貸其費，收成之時，悉為採買，運售海外。」見卷 27，〈農業志〉，頁 500。

29　同註 12。

水溝等處，繁衍而成今日之凍頂茶。[30]針對此一傳說，可討論的有二點。首先帶回種子有可能，帶回茶苗不可能。長期擔任南投縣農業局技正，對茶有專門研究的林啓三說：「以當時的技術將壓條苗運到鹿谷，由於所費時間太長且壓條苗軟弱，茶苗必定枯萎，並無成活的可能。如果是帶回種籽，我想比較有種活的希望。但凍頂茶如果是播種者應該是蒔茶而不是『軟枝烏龍』。」[31]又說：「我於民國39年初次到凍頂調查茶園情況時，看到很多蒔茶老樹被蘚苔寄生、茶樹衰老情形，多數青心烏龍種茶園間作甘藷致發育很差。由此二點可以推察凍頂的蒔茶是播種而來，青心烏龍是種植壓條苗而來，兩者都由本省北部引入的可能較大。」[32]何時自北部引入，日治初期的調查是約30年前（按即光緒初年）凍頂庄民自台北移植引入新品種，茶葉乃以大水堀庄爲中心逐漸發展，幾乎每一戶均種植新的品種，大水堀成爲林圮埔的主要產茶地。[33]日政府對台灣茶葉頗爲重視，日治中期又推行品種更新（青心烏龍）遂奠定凍頂茶獨特的風味，也奠定凍頂茶的良好名聲。[34]

其次，野生茶自康熙年代就有，與嘉慶出生的林鳳池無關；福建茶種種遍北台灣是杜德同治3年以後倡導的結果。引入鹿谷又已到光緒初年。在1970年代以前沒有任何文獻提到林鳳池和茶葉的關係，包括和他共同作戰而且詩中寫到鹿谷茶的友人。

那麼，林鳳池移入凍頂茶的傳說又是如何形成？林啓三說：「又林鳳池舉人攜回茶苗36株之故事，據鹿谷鄉鳳凰村老農林氏說民國60年時，中部詩人張達修先生常到鳳凰村林勳老先生家喝茶談天，當時他感到凍頂茶並無由來可流傳，所以將林鳳池舉人的事蹟結合編出頗有人情味的故事宣揚出去，就這樣流傳下來。」[35]

---

[30]　林文龍，〈沙連舉人林鳳池事蹟新探〉，載林文龍《台灣史蹟叢論（中冊）》（台中國彰出版社，民國76年9月），頁7-33。

[31]　林啟三，前揭書，頁16。

[32]　同註29。

[33]　《臨時台灣舊慣調查會 第二部 調查經濟資料報告》，上卷，頁630。

[34]　莊英章，《林圮埔—一個台灣市鎮的社會經濟發展史》（中央研究院民族學研究所，民國66年6月），頁91及126。

[35]　同註30。

這個陳述，可以從張達修的詩作中得到證實。張達修，號篁山，鹿谷人，光緒 31 年（1905）生，民國 72 卒。能詩擅書，有《醉草園詩集》傳世。今據其詩作考之，從 22 歲起，凡提到茶、提到林鳳池、提到鹿谷史事的摘錄如後。

廿二歲（戊辰，民國 17 年）〈雨後過凍頂莊〉云：

> 垂垂露李迎眸滴，簇簇芳茶撲鼻香。[36]

五十九歲（甲午、民國 43 年）〈小暑後五日陪雨亭翁錕鋙兄避暑竹山〉有句：

> 主人如陸羽，茶譜頗精詳。殷勤烹烏龍，舌本舀芬芳。緬懷吳光亮，隻手開鴻荒。悠悠二百載，煙火成名鄉。[37]

五十一歲（丙申，民國 45 年）〈清明登鳳凰山〉有云：

> 下有城郭人安康，春茶冬筍年豐穰。吳公當年闢洪荒，即今僻壤成名鄉。[38]

五十五歲（庚子，民國 49 年）〈耶誕節偕謝條榮訪林勳鳳凰村不遇〉有句云：

> 我來鳳凰村，夾道茶香烈。村連山之阿，竹屋儼成例。緬懷開荒人，吳公信人傑。[39]

五十八歲（癸卯，民國 52 年）〈南投縣行腳〉寫「鹿谷鄉即事」有句：

> 親朋相見欣無恙，穀雨新嘗凍頂茶。[40]

〈小暑後二日遊鳳凰村賦贈林勳姻叔〉有云：

---

[36] 張達修，《醉草園詩集》林文龍編校本（自印），卷 4，頁 14。
[37] 張達修，《醉草園詩集》，卷 30，頁 141。
[38] 張達修，《醉草園詩集》，卷 32，頁 157。
[39] 張達修，《醉草園詩集》，卷 36，頁 202。
[40] 張達修，《醉草園詩集》，卷 39，頁 230。

主人如鴻漸，淪茗有奇術。茶煙裊幽齋，宛入芝蘭室。……攜家茲卜鄰，茶經重撰述。[41]

五十九歲（甲辰，民國53年）〈暮春登凍頂山〉有云：

劫後喬松餘葛藟，雨前新葉長旗槍。[42]

六十歲（乙巳，民國54年）〈林勳前輩餽凍頂茶詩以謝之〉有云：

鳳凰山下摘來新，綠葉青芽凍頂香。焙製多虧煩處士，殷勤翻愧賦勞人。[43]

同年，有〈品茗〉詩云：

新泉活火對爐紅，泛綠含黃七椀中。自愛茶經翻陸羽，誰將水厄笑王濛。香分芽葉寒宵裏，但約梟鷗水閣東。嘗到凍峰鄉味好，詩脾沁罷腋生風。[44]

六十二歲（丁未，民國56年）〈春晚遊小半天〉有詩云：

爽文廢壘餘荊棘，光亮豐功照簡編。[45]

六十四歲（己酉，民國58年）〈元月14日東興仲山金水偕遊鳳凰山〉之一云：

借問王為誰，但知王姓莊。當年率壯士，來此開洪荒。……遂令蠻瘴地，茶筍成名鄉。[46]

之二有句：

敲門訪親朋，茶香酒正馥。……緬維昔吳公，勒碑茲嶂腹。[47]

41　張達修，《醉草園詩集》，卷39，頁233-234。
42　張達修，《醉草園詩集》，卷40，頁243。
43　張達修，《醉草園詩集》，卷41，頁252-253。
44　張達修，《醉草園詩集》，卷41，頁255。
45　張達修，《醉草園詩集》，卷43，頁267。
46　張達修，《醉草園詩集》，卷45，頁283-284。
47　同註46。

六十五歲，〈庚戌，民國 59 年〉〈初夏過田家〉有云：

> 課兒愛讀豳風卷，欸客頻烹凍頂茶。[48]

六十六歲（辛亥，民國 60 年）〈啜凍頂新茶口號〉云：

> 鳳凰山下採來鮮，嫩葉新芽愛雨前。難得清泉烹活火，閒情渾似陸茶顛。[49]

六十七歲（壬子，民國 61 年）〈三月十六日詣鳳凰寺兼奉林勳三叔〉有句云：

> 當年吳總兵，開山得神庇。[50]

七十歲（乙卯，民國 64 年）〈夏日喜表弟林丕耀來訪〉有句：

> 鑿險憶吳公，撫番揚我族。……蒼蒼凍頂茶，猗猗孟宗竹。[51]

同年，〈凍頂茶〉有句云：

> 名茶史溯咸豐時，移植人傳自鳳池。三十六枝勤選拔，沙連分植不容疑。鳳池本是林家子，黃卷青燈勤礪砥。買棹迢迢入福州，棘闈一展屠龍技。果見真才宴鹿鳴，聲華一日遍燕京。……。閩海歸來爭餞酒，贈以茶苗當折柳。……。春風載滿孝廉船，卅六靈株樹樹妍。雲霧窟中和露種，幾時青遍翠微巔。[52]

又在〈冬日遊鳳凰村呈林勳姻叔兼示丕承丕耀丕煥鴻盛〉云：

> 神武懷吳公，當年此披棘。鑿險通東陲，豐碑留石泐。遂令榛莽鄉，今成安樂園。[53]

七十一歲（丙辰，民國 65 年）〈春日遊鳳凰村〉有句：

[48] 張達修，《醉草園詩集》，卷 46，頁 296。
[49] 張達修，《醉草園詩集》，卷 47，頁 308。
[50] 張達修，《醉草園詩集》，卷 48，頁 322。
[51] 張達修，《醉草園詩集》，卷 51，頁 348。
[52] 張達修，《醉草園詩集》，卷 51，頁 357。
[53] 張達修，《醉草園詩集》，卷 51，頁 359。

青青凍頂茶，猗猗孟宗竹。緬懷昔吳公，撫番張我族。[54]

七十二歲（丁巳，民國 66 年）〈清明偕諸弟侄遊鳳凰山〉有詩云：

鑿險懷吳公，勒碑此山麓。[55]

同年，〈經凍頂〉詩云：

移植靈苗自武夷，凍峰凍頂長槍旗。孝廉德澤垂千載，合建專祠祀鳳池。[56]

並有註云：

凍頂茶初鄉莊先賢林鳳池於咸豐年間，赴閩鄉試，得中舉人，後攜武夷茶苗三十六株返鄉，植於凍頂，迄今百餘年，繁植甚廣，四村茶戶均蒙其澤。[57]

七十三歲（戊午，民國 67 年）〈南投縣名勝紀遊歌〉有句：

鹿車共挽回鹿谷，雲橫凍頂茶初熟。鳳凰山下憶吳公，碑碣摩挲喜重讀。茶種人傳林鳳池，崇功合為建崇祠。茶經異日重編纂，好把名山並武夷。[58]

七十四歲（己未，民國 68 年）〈大寒遊鳳凰村〉有云：

緬懷昔吳公，開山光我族。[59]

七十五歲（庚申，民國 69 年）〈鳳凰山寺進香詞〉詩云：

觀光勝地此蓬壺，拓土人豪憶姓吳。凍頂烏龍推第一，彞陵九曲合齊呼。[60]

54　張達修，《醉草園詩集》，卷 52，頁 361。
55　張達修，《醉草園詩集》，卷 53，頁 370。
56　張達修，《醉草園詩集》，卷 53，頁 375。
57　同註 56。
58　張達修，《醉草園詩集》，卷 54，頁 385-386。
59　張達修，《醉草園詩集》，卷 55，頁 406。
60　張達修，《醉草園詩集》，卷 56，頁 411。

另在《醉草園文存》〈讀鳳凰山石碑記〉一文中頌吳光亮盛績，萬年不朽。[61]

以上是記錄鹿谷人張達修自廿二歲到七十五歲，從民國 17 年到民國 69 年與凍頂茶、鹿谷歷史有關的詩句，很清楚可以看到廿二歲的小伙子只聞到撲鼻的茶香，其他什麼都不知道。此後他作客他鄉，到中年才又回到故鄉，四十九歲遊竹山，就想到吳光亮，那一位開八通關古道的人，以後不論是喝了春茶、吃了冬筍，都只想到吳光亮，那一位人傑，有時他也想到陸羽，有時喝了好茶想寫詩，但就是沒有林鳳池。直到他七十歲，民國 64 年才第一次說凍頂茶和林鳳池的關係，咸豐的年代出現了，卅六株也有了，分植各地也提到，他的說法是「移植人傳自鳳池」，是「人傳」人家傳說，只是「人傳」不是史載。但二年後，他七十二歲，民國 66 年，他已經很肯定林鳳池從福建移來武夷茶苗種在凍頂山上的事。而且認爲林鳳池的德澤垂千載，所以理合建專祠來祭拜。七十三歲，又提到「茶種人傳林鳳池，崇功合爲建崇祠。」在二千四百多首的詩中爲什麼只有三首提到林鳳池？而且又是用「人傳」的不確定語態。又爲什麼到七十歲民國 64 年才第一次提到林鳳池？更何況他還是林鳳池的同鄉詩人。回答上面問題的最簡明答案是張達修根本不知道林鳳池和凍頂茶有關，因爲凍頂茶本來和林鳳池無關。所以他聞到茶香，喝了凍頂茶，想到的只是吳光亮和陸羽。他四十九歲就開始「緬懷吳光亮」了。一直到七十歲，才在吳總兵之外又多了鹿谷舉人林鳳池。七十歲正是民國 64 年，正是前面提到台灣經濟逐漸起飛的年代，國民收入增加，生活品味提高，喝茶逐漸成爲風尚，由喝茶而要喝好茶，鹿谷凍頂烏龍茶就是這個好茶。政府在 63 年定了鹿谷茶葉生產專業區，64 年上半年辦理第一期，中央政府補助五十七萬五千元。[62]64 年正是凍頂茶受到重視的一個重要年份。有關凍頂茶的報導也逐漸多起來。

以上論點，好似只是推論。直接證據在民國 95 年終於出現。

95 年 4 月張達修子女爲紀念其父百歲冥誕，特出版《醉草園文集》

---

[61]　張達修，《醉草園文存》，附《醉草園詩集》之後，頁 422。

[62]　載《南投文獻叢輯（廿四）》（南投縣政府，民國 67 年 6 月），頁 157-158。

[63]及《生事歸清恬》[64]二書,並在溪頭明山別館舉行新書發表會。在《醉草園文集》中有一文二函可以用來印證上面的論證。

1932 年 7 月 13 日,張達修廿六歲的作品〈鳳凰山茗談〉有云:「(鳳凰山)山下層巒疊巘,錯落蜿蜒,直與凍頂相啣接,有烏龍茶樹數萬株,古色古香,真奇種也。相傳是茶於百餘年前,有蘇姓者由閩地移十四株植於凍頂,翌年茁芽,以香味遠勝內地,大異之,遂廣栽分植,由是大小水崛暨頂城、二城及下埔等處,均為烏龍名產地。台灣舊志所謂沙連種者,即指此也。」文末又云:「美不自美,因人而彰。……今空山異茗,孤芳獨抱,……余也生長斯郡,以桑梓名產,不可久沒,爰請該地有志林朝陽君,表其茗為鳳凰山茶,藉以介紹內外,得見吉光片羽,得與武夷小崐炫香味於茶譜也。豈非一大快事哉!」[65]可見張達修自青年時代便很愛家鄉,廿六歲就立志要彰美鳳凰山麓的茶,而且他也知道該茶是由凍頂莊蘇姓移入。移入十四株,不是七十歲時說的卅六株。另外他說是自閩移入,又說就是方志上的水沙連茶,那是錯誤,已如前述。而且當時也沒有名字,他希望叫「鳳凰山茶」。

以後他東西南北奔忙,如上所引,喝到鹿谷茶也只想到吳光亮開闢之功,想到陸羽撰著茶經。七十歲後才開始創造林鳳池移入的神話。這一部份,他的二函可以印證。

民國 66 年,張達修七十二歲,在 1 月 29 日覆林文龍的函中云:「聞足下收拾凍頂茶史實,甚善!惟須以林鳳池舉人由武夷攜手(疑錯字)分植為凍頂茶之開基,始不致前後矛盾。弟留意及之。」[66]

這函信透露的訊息是,如果凍頂茶果真是林鳳池移入,何必特別交代。如果過去現在都是林鳳池移入的說法,有什麼前後矛盾?事實是張達修自己知道凍頂茶是凍頂莊蘇姓移入,和林鳳池無關。林鳳池移入之

---

63 著者張達修,主編林文龍,《醉草園文集》(南投:全益印刷廠,2006 年 4 月 30 日出版),非賣品,全部文稿 160 餘篇,有論說、序跋、雜記、傳狀、哀祭、書啟及附錄,凡十二卷。

64 原著張達修,編撰者;江寶釵、林文龍、李知灝,《生事歸清恬》(台北:駱駝出版社,2005)。

65 張達修,《醉草園文集》,頁 205-207。

66 張達修,《醉草園文集》,頁 247-248。

說是他近二年才創造出來的。

又在同年 2 月 4 日，覆林文龍函中更附寄蔡文見（記者，筆名紫痕）所寫凍頂茶資料一篇，並云「似可參考」。[67]蔡文見正是在報上大力宣傳林鳳池移入說的記者，見下。所以張達修將蔡文附寄林文龍參考。因此，林文龍在所寫林鳳池或凍頂茶各文，[68]均不敢違背師訓。

凍頂烏龍茶非林鳳池移入，到此可以大白。有關蔡文見文略作交代如下。在民國 63 年 6 月 28 日聯合報記者蔡紫痕發表一篇〈鹿谷通訊〉，說凍頂茶是林鳳池道光 11 年由福建武夷帶回來的。並說帶回來的是軟枝的烏龍種。筆者看到後甚感不安寫了一篇商榷的文稿，後來以讀者投書的形式登在 64 年 2 月 19 日的台灣新生報。又經過改寫，載於 67 年的《南投文獻叢輯（二十四）》，[69]標題是〈凍頂茶不始於林鳳池之移植說〉。但蔡紫痕不知道是沒有看到，還是不相信，他在 65 年 4 月 30 日世界日報，66 年 4 月 31 日、6 月 3 日、68 年 4 月 21 日的聯合報繼續寫林鳳池帶回軟枝烏龍茶卅六株的故事。原先筆者對茶樹茶種不懂，後來看到茶葉專家林啓三寫的《南投縣茶業發展史》，帶回壓條苗軟枝烏龍茶苗是不可能的，已引如上述，而且林啓三並確定林鳳池移入凍頂烏龍茶是張達修創造出來的神話。但追查最早記錄這一個傳聞的文獻，不是張達修 64 年的詩，也不是蔡紫痕 63 年 6 月的〈鹿谷通訊〉，而是筆者陳哲三在民國 61 年 12 月出版的《竹山鹿谷發達史》四〈特產〉〈凍頂茶〉在記其來源時有此一段「又據林遊龍先生告余曰：『凍頂小種茶，乃先人林鳳池自大陸攜歸者』未知確否，姑存其說」[70]，林遊龍正是林鳳池的曾孫，筆者以歷史學者的看法，訪問他就該將他的說法記錄下來，但因不敢確定其對錯，所以「姑存其說」以待他日之研究，沒想到

67　張達修，《醉草園文集》，頁 248。

68　林文龍除上文所引〈沙連舉人林鳳池事蹟新探〉一文寫林鳳池移植烏龍茶外，又有〈凍頂山茗　遍遍邇—南投鹿谷的凍頂茶〉一文，載所著《台灣中部的人文》（台北：常民文化，1998 年），頁 72-88，其文開宗明義即說：「凍頂茶為舉人林鳳池衣錦榮歸之際，由出產名茶的福建武夷山攜回故里分栽。」

69　《南投文獻叢輯（廿四）》（南投縣政府，民國 67 年 6 月）。

70　陳哲三，《竹山鹿谷發達史》（台中啟華社，民國 61 年 12 月），頁 126。

產生出許多的波瀾，打了三十年筆墨官司。仔細查考，原來自己也是神話的創造者之一。

肆、結語

　　茶樹的生長條件是氣溫約在華氏 53 度至 82 度（即攝氏 11.67 度至 27.78 度）之間，年雨量不低於 80 至 100 釐，雨季最好在年初，年初的早晨最好有霧，土壤最好富含有機質，排水良好，故以礫質黏土或黏質壤土所構成的丘陵地最適宜。[71]

　　水沙連地區，也即今日南投縣境自竹山、鹿谷、集集、水里、魚池、埔里、仁愛、國姓地區的丘陵地山地正符合這些條件，自古就以水沙連茶出名，被史志所記錄。[72]直到 1875 年（光緒元年）的記錄，竹山（林圯埔）仍是野生茶的產地之一。可知中國福建茶種的引入要在此之後，日本當局 1900 年的調查茶戶不到一百，是種野生茶或是福建茶？不得而知。也許福建茶種已在光緒之後由北部傳入。此後經日治中期之茶種更新，已奠定烏龍茶特有的風味，並以此風味聞名全台。民國六十年代政府設立生產專區更大大推動新茶種的種植和面積的推廣。

　　水沙連茶是台灣野生茶，不是今天製造凍頂烏龍茶的茶樹。製造凍頂烏龍茶的茶樹最早只能推到光緒初年，杜德大力倡導種茶之後，所以要說咸豐 5 年（1855）林鳳池就從福建帶回軟枝烏龍茶苗，那是不能成立的。

　　林鳳池移入凍頂烏龍茶苗的神話，原來是陳哲三在民國 61 年訪問林鳳池曾孫林遊龍，記錄林遊龍的說法，在該年年底出書，63 年因茶

---

[71] 台灣銀行經濟研究室，《台灣之茶》（台灣銀行，民國 38 年），頁 23；林滿紅，前揭書。頁 58-59。

[72] 史志中另有僅只一見的是貓螺茶，見吳廷華〈社寮雜詩〉詩云：「才遇穀雨覓貓螺，嫩綠旗槍映翠蘿。獨惜未經嫻茗戰，春風辜負採茶歌。」自註云：「貓螺，內山地名，產茶，性極寒，番不敢飲」。見《淡水廳志》，卷十五（下），附錄二文徵（下），頁 430。吳廷華，雍正 3 年任福建海防同知，嘗奉檄查台灣倉庫。詩中之「貓螺」有貓螺社、貓螺山、貓螺溪，均在今日芬園鄉、草屯鎮之地，屬烏溪水域，為入埔裏社、水沙連社之北路，仍可解為水沙連茶。

業生產專區要設立，鹿谷記者蔡文見（紫痕）寫入他的報導，64 年以後張達修寫入他的詩中並到處宣傳，於是成為大家喝凍頂烏龍茶時的話題，一般人真偽莫辨，而且還是美麗的神話，能使凍頂烏龍茶更添神秘色彩。這就是神話產生的背景與流程。其實林鳳池自有其偉大的地方，並不必借凍頂烏龍茶增其色彩。站在歷史的角度論，希望今後歷史的歸歷史，神話的歸神話。

　　按：黃素真〈由地方現存史料談清代大坪頂（鹿谷鄉）的茶葉發展〉，《臺灣文獻》第 62 卷第 2 期。該文已由契約文書證明道光年間凍頂蘇家已經種茶。

參考文獻

《南投文獻叢輯》（廿四），南投縣政府，民國 67 年 6 月。

《臨時台灣舊慣調查會第二部調查經濟資料報告》，上卷，東京市三秀
　　舍，明治 38 年 3 月 30 日發行。

J.W. Davidson 原著、蔡啓恆譯，《台灣之過去與現在》（第二冊），台灣
　　銀行經 濟研究室，民國 61 年。

天下編輯，《一同走過從前》，天下雜誌，1990 年 4 月 11 日。

台灣銀行經濟研究室，《台灣之茶》，台灣銀行，民國 38 年。

余文儀，《續修台灣府志》，台灣省文獻委員會，民國 82 年 6 月。

吳廷華，〈社寮雜詩〉，《淡水廳志》，卷 15，（下）附錄二文徵（下），
　　頁 430。

周　璽，《彰化縣志》，台灣省文獻委員會，民國 82 年 6 月。

周鍾瑄，《諸羅縣志》，台灣省文獻委員會，民國 82 年 6 月。

林文龍，〈沙連舉人林鳳池事蹟新探〉，《台灣史蹟叢論（中冊）》，台中
　　國彰出版社，民國 76 年 9 月。

林文龍，〈凍頂山茗遍邇遐—南投鹿谷的凍頂茶〉，《台灣中部的人文》，
　　台北：常民文化，1998 年。

林啓三，《南投縣茶業發展史》，南投縣立文化中心，民國 84 年 3 月。

林啓三譯，《日據時期竹山郡轄內概況》（昭和 14 年 3 月），南投縣立文
　　化中心，民國 84 年 6 月。

林啓三譯，《日據時期南投廳行政事務及轄內概況報告書》（大正 7 年），
　　南投縣立文化中心，民國 84 年 6 月。

林滿紅《茶糖樟腦業與台灣之社會經濟變遷（1860-1895）》，聯經出版
　　公司，1997 年 4 月咸，《重修台灣府志》，台灣省文獻委員會，
　　民國 82 年 6 月。

倪贊元，《雲林縣采訪冊》〈沙連堡〉，〈山〉台灣省文獻委員會，民國
　　82 年 6 月。

張達修著，江寶釵、林文龍、李知灝等編，《生事歸情恬》，台北：駱駝

出版社，2005。

張達修著、林文龍編，《醉草園文集》，南投：全益印刷廠，2006 年 4 月 30 日。

莊英章，《林圯埔—一個台灣市鎮的社會經濟發展史》，中央研究院民族學研究所，民國 66 年 6 月。

連　橫，《台灣通史》下冊，中華叢書委員會，民國 44 年 8 月。

連震東，〈連雅堂先生家傳〉，《台灣通史》下冊，中華叢書委員會，民國 44 年 8 月。

陳哲三，〈「水沙連」及其相關問題之研究〉，載《台灣文獻》第 49 卷，第 2 期（民國 87 年 6 月 1 日），頁 35-69。

陳哲三，〈凍頂茶原始於林鳳池之移植說〉，載《南投文獻叢輯》（廿四），南投縣政府，民國 67 年 6 月。

陳哲三，《竹山鹿谷發達史》，台中啓華社，民國 61 年 12 月。

陳培桂，《淡水廳志》，台灣省文獻委員會，民國 82 年 6 月。

陳肇興原著，鄭喜夫校訂，《陶村詩稿全集》，台灣省文獻委員會，民國 67 年 6 月。

黃叔璥，《台海使槎錄》，台灣省文獻委員會，民國 85 年 9 月。

劉良璧，《重修福建台灣府志》，台灣省文獻委員會，民國 82 年 6 月。臨時台灣舊慣調查會，《臨時台灣舊慣調查會調查經濟資料報告第二部》，上卷東京三秀舍（1905 年）。

簡俊堂，〈南投縣鹿谷高級茶生產專業區的設置與展望〉，《南投文獻》，第 21 輯，南投縣政府，民國 64 年 2 月 28 日。

From Shui-sa-lian Tea to Dong-ding Wu-long Tea–An Investigation on the Legend of the Transplantation of Dong-ding Wu-long Tea in Lugu

Che-San Chen

Abstract

This study clarifies the history of the transplantation of Dong-ding Wu-long Tea in Logu. First, the study distinguishes Shui-sa-lian Tea, which has been cultivated from the Kang-Xi period in Taiwan, from Dong-ding Wu-long Tea: Shui-sa-lian Tea belongs to the indigenous tea species of Taiwan, while Dong-ding Wu-long Tea is an alien species been transplanted from Fujian. Second, this study explores the time of transplantation and the identity of the transplanter: In the early Guang-Xu period, the locals in Dong-ding village, instead of Sir Fong-Chi Lin, transplanted the species from northern Taiwan. Last, the study illustrates that the legend of the transplantation, which attributes it to Sir Fong-Chi Lin, is a myth created by the poet, Da-Xiu Chang, to adorn Dong-ding Wu-long Tea.

Keywords: Dong-ding Wu-long Tea, Shui-sa-lian Tea, Fong-Chi Lin, Da-Xiu Chang

清代臺灣草屯地區阿轆治圳考辨

摘要

　　本文旨在針對道光周璽《彰化縣志》記載「阿轆治圳」之謎，以古文書嘗試破解之，期使近二百年之謎團得以大白。因爲契文中一再出現「阿力肚」、「阿力肚圳」、「阿力肚洋」，所以知道自乾隆 30 年代已有阿力肚圳。在契約中也指明今草屯鎮石川里之過溪仔，原住民即名曰「阿力肚」。石川古稱石頭埔，屬茄荖庄，過溪仔也屬茄荖庄。而「阿轆治」台音近「阿力肚」，撰修《彰化縣志》時似因採訪人口述採訪，未見相關文獻，聽音尋字寫成「阿轆治」。遂成不解之謎。本文以 14 張契約及相關史料証《彰化縣志》之「阿轆治圳」即是該志所未紀錄，而頻頻出現於契約文書之「阿力肚圳」。

　　關鍵字：阿轆治圳、阿力肚圳、古文書、彰化縣志、草屯。

壹、引言

筆者在 2004 年 5 月發表的《清代草屯地區的水利》[1]一文中,對阿轆治圳有兩處提及。第一處在「貳、《彰化縣志》中的草屯水利」一節之末云:

> 《彰化縣志》既有調查不周之弊,可能也有調查錯誤之處,如草屯地區之險圳、馬助圳、半壁泉在後來文獻均可找到對應之記載,獨有阿轆治圳在後來之文獻無影無踪。

第二處在「陸、問題與討論」一節之末云:

> 阿轆治圳,《彰化縣志》未見開鑿時間、開鑿人。日人調查及《水利會誌》都缺文。《草屯鎮志》寫乾隆中許國樑所開,銜接茄荖媽助圳。在契約文書上此圳名從未出現,似不存在。而字「阿轆」台音近「茄荖」,且《彰化縣志》所記此圳與茄荖圳之水源、灌溉面積,灌溉地域幾乎雷同。似可斷阿轆治圳即茄荖圳。《彰化縣志》調查時在同音異字下寫成二個圳名,遂以為二圳。後人不察,延其錯誤,竟錯了一百七十年。且為彌縫其錯誤,而造出許多假歷史。在此可見存疑精神在歷史研究之重要。
> 茄荖圳,《彰化縣志》無此圳,日人調查只說是媽助圳之支圳,《草屯鎮志》寫乾隆初洪姓族人開茄荖圳,道光年間,洪關雎及石頭埔媽祖會董事,加以延長,稱媽助圳,乃併為茄荖媽助圳。契約文書的茄荖圳遲到光緒朝才出現。但如阿轆治圳就是茄荖圳,則至少可上推到道光初年。

這兩處所提到的問題,疑阿轆治圳即茄荖圳之說,在後來筆者的研究已知其誤。阿轆治圳非茄荖圳,而茄荖圳之開鑿時間可推到乾隆 15 年（1750）之前。[2]至於阿轆治圳確未在現存古文書中出現;古文書中

---

[1]　該文原載《逢甲人文社會學報》,第 8 期（2004 年 5 月）,頁 149-181。後又收入陳哲三著,《古文書與臺灣史研究》（臺北文史哲出版社,2009 年 1 月）,頁 269-305。

[2]　陳哲三,〈媽助圳的一張關鍵契約〉《臺灣古文書學會會刊》,第 4 期（2009 年 4 月）,頁 1-4。

則出現「阿力肚圳」。筆者推論古文書之「阿力肚圳」即《彰化縣志》
之「阿轆治圳」。

　　筆者最先在 2003 年修撰《南投農田水利會志》之時，從水利會所
藏〈抄封埤關係書類〉[3]中看到兩張有阿力肚的契約。之後又從逢甲大
學古文書數位典藏資料庫找到 8 件，之後又從南投縣文化局的典藏中找
到 1 件，在《草屯地區開發史資料集》[4]中找到 3 件。總計 14 件。再查
臺大、中央研究院數位資料庫則無所見。知道要另外找到阿力肚圳的資
料恐怕一時之間不容易，因此，用此 14 張古文書解決阿力肚和阿轆治
圳的問題，似乎是目前可以嘗試之事。本文將此一論證過程一一陳述，
請方家正之。

貳、十四張阿力肚、阿力肚洋、阿力肚圳的古文書

　　由於〈抄封埤關係書類〉之兩件契約，無法解決阿力肚之所有謎團，
因此再自有關數位資料庫中找尋。〈國立臺灣大學歷史數位圖書館
（THDL）〉中並無相關史料。結果在逢甲大學數位資料庫中找到 8 件相
關契約，又自南投縣文化局的蒐藏中找到 1 件，在《草屯地區開發史資
料集》中找到 3 件，總計 14 件，自忖可以嘗試解決阿力肚圳或阿轆治
圳的問題，所以草擬本文。以下將以時間為序，逐張看 14 張契約中的
相關訊息。

一、乾隆 39 年（1774）汪士百立永杜賣斷根田契[5]

契文如下：

---

[3]　《抄封埤關係書類》毛筆原件，大正 13 年，南投農田水利會藏。

[4]　許錫專，《草屯地區開發史資料集－洪姓故事篇》（臺灣洪氏家廟財團法人洪氏子女獎學金
　　基金會，民國 87 年 2 月）。

[5]　毛筆原件，逢甲大學歷史與文物研究所藏，本文出自逢甲大學古文書數位典藏資料庫，編號
　　LBA257350，原件影本如附圖 1。

　　立永杜賣斷根田契人汪士百，有明買過水田壹段，坐落下茄茇庄前過溪仔，土名阿力肚。東至戴家田，西至圳，南至［圳］，北至陳宜承田，四至明白為界。受丈過壹甲式分伍厘正，年配納番租粟拾叁石壹斗正，帶阿力肚坡圳水灌溉。今因乏銀別創，自情願將此田出賣。先盡問房親兄弟叔姪人等，不能承受。外托中引就，招賣與洪鍊觀出首承買，三面言議時值價銀叁佰陸拾大員正。銀契即日憑中交收足訖。其田隨即踏明四至界址，交付與銀主前去召佃、耕作、收稅、納租，永為己業。自此一賣千休，永斷葛藤，日後價值千金，不敢異言阻當，以及洗找取贖之理。保此田係百自己明買過物業，與兄弟叔姪人等無干，亦無重張典掛他人財物，及來歷不明情弊。如有此等情弊，百自力抵當，不干銀主之事。此係二比甘願各無抑勒反悔。今欲有憑，立永杜賣斷根田契壹紙，併上手買契壹紙，墾單叁紙共伍紙。送執為炤。
即日收過賣契內銀叁佰陸拾大員正完足再炤

業主　胡必達（花押）

眉系蘭（花押）

為中人吳敬□（花押）

知見人弟敏生（花押）

男益老（花押）

代筆人曾宗勸（花押）

乾隆叁拾玖年拾月　日立永杜賣斷根田契人汪士百（花押）

　　在本契中其水田坐落在「下加茇庄前過溪仔土名阿力肚」，此句明示過溪仔即是阿力肚。即阿力肚為原住民地名，過溪仔為漢式地名。其位置在下加茇庄前。今過溪仔地名仍在。其四至方位示意如下：

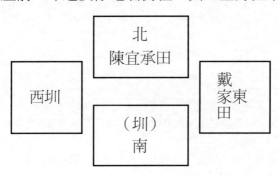

其中南至□，□中一個字，自其殘述及文意推測應是「圳」字。如是，則此水田南、西兩面都是圳。此圳是何圳？契文說此水田「受丈過壹甲式分伍厘正，年配納番租粟，拾叁石壹斗正，帶阿力肚坡圳水灌溉」、「三面言議時值價銀叁佰陸拾大員正」。所以此水田之西、南兩面都有阿力肚圳流過。以乾隆朝草屯地區地價論，平均價為每分地 21.81 銀員，最高價為 30.77 銀員[6]，則此水田每分價為 28.8 銀員，是很高的價，原因可能是灌溉水充足。又從「阿力肚坡圳」文，可知有埤（坡，即陂）有圳。

二、乾隆 43 年（1778）山頂薛門林氏立永杜賣契[7]

契文如下：

> 立永杜賣契人山頂薛門林氏，有承夫薛當觀遺下自創水田壹段，坐落茄荖庄阿力肚貳處。上處帶竹圍在內，帶古黨番租粟壹石伍斗。東至水圳，西至水圳，南至陳宜珍田界。又下處帶目大霞番租粟叁石伍斗。東至水圳，西至陳如浩田界，南至徐廷田界，北至汪百田界，四至明白為界。此田前年李蛤肉與曾以榮合夥全買過徐登騰阿力肚水田貳處。其曾以榮均分壹分，聽榮收管。其李蛤肉壹分盡賣與氏夫薛當觀，二比均分明白外。今因乏銀使用，先盡問族親人等，不願承交。外托中引就送賣與黃宅章官、變官合夥出頭承買。三面言議着下時銀貳百壹拾大變官員正。其銀即日憑中三面交訖。其田隨即踏付與銀主掌管、耕作、納租、取稅，不得異言生端滋事。此田原帶目大霞、古黨二番租粟共伍石。乾隆肆拾貳年拾貳月縣主馬明丈共出大租粟壹石壹，共番租粟陸石，又帶眉系嘮圳路租粟柒斗正。自此以後，一賣終休，後日子子孫孫及親人不得言找言贖等情。亦無重張胎借及來歷不明等

6　陳哲三，《清代草屯地區的地價及其相關問題》，《逢甲人文社會學報》，第 7 期（2003 年 11 月），頁 89-116。又收入陳哲三著，《古文書與臺灣史研究》（臺北文史哲出版社，2009 年 1 月），頁 237-267。

7　毛筆原件，逢甲大學歷史與文物研究所藏，本文出自逢甲大學古文書數位典藏資料庫，編號 LBA257351，原件影本如附圖 2。

情。如有此等，氏自己抵當，不干銀主之事。保此田果係氏承夫物業，與族親兄弟伯姪人等無干。後日不敢異言生端，永付銀主世世掌管物業。此係二比甘愿，各無抑勒反悔。今欲有憑，立杜斷賣契壹紙，併上手退佃字、合約字、繳典字、給仗字共伍紙。付執為炤。

即日收過契內銀貳百壹拾大員足訖，再批炤。

內改亦字、紙字共貳字，批明再炤。

代書人女婿蔡如蘭（花押）

仝為中　　戴納觀（花押）

蔡如蘭（花押）

知見　次男薛奐水（花押）

長男薛興宗（花押）

三男薛傳祖（花押）

乾隆肆拾叁年閏陸月　日立永杜斷賣契人薛門林氏（花押）

在本契中，相關契文有「承夫薛當觀遺下自創水田壹段，坐落茄荖庄阿力肚貳處。上處帶竹圍在內，帶古黨番租粟壹石伍斗。東至水圳，西至水圳，南至陳宜珍田界。又下處帶目大霞番租粟叁石伍斗。東至水圳，西至陳如浩田界，南至徐廷田界，北至汪百田界，四至明白為界。此田前年李蛤肉與曾以榮合夥仝買過徐登騰阿力肚水田貳處。其曾以榮均分壹分，聽榮收管。其李蛤肉壹分盡賣與氏夫薛當觀……又帶眉系囒圳路租粟柒斗正。」

其上處四至方位示意如下：

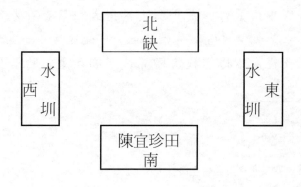

其下處四至方位示意如下：

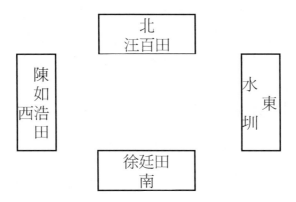

從「茄荖庄阿力肚」知道阿力肚在茄荖庄，與上契「坐落下茄荖庄前過溪仔，土名阿力肚」印證，地點更為明確。上處田東、西均為水圳，下處田東為水圳。另外圳路系社番眉系囒土地，所以要納眉系囒圳路租粟柒斗正。這裡的水圳，沒有名字，因為在阿力肚，而且開鑿時間不久，還向圳路所有人納圳路租粟，疑是阿力肚圳初開鑿之情形。因為後來圳路權全流入漢人手中，草屯地區古文書中難得看到社番收取圳路租的記載。[8]

三、乾隆 48 年（1783）陳宜承立杜賣田契[9]

契文如下：

立杜賣田契人陳宜承，先年有承父遺下，有下茄荖庄土名阿力肚水田四處。係大陂圳水灌溉。四至界址踏明照原契內載明，經丈田甲，年納貓羅社番業主老老阿咯桔仔日咯斗六溪女婿大霞馬暹南蛤內大霞啟光大斗內哆羅萬捷咯子等。共納大租粟參拾柒石正。今因無銀應用不及情愿，儘問房親叔伯兄弟人等，俱各不能承領，請中引就與汪百觀出首承買。當日憑中三面言定時值田價花邊銀伍佰大元正。即日全中契價兩交足訖。中間無應，並無債

8　陳哲三，《清代草屯地區的水利》，《逢甲人文社會學報》，第 8 期（2004 年），頁 149-181。
9　許錫專，《草屯地區開發史資料集－洪姓故事篇》（臺灣洪氏家廟財團法人洪氏子女獎學金基金會，民國 87 年 2 月），頁 283，原件影本如附圖 3。

貨准折短少等情。亦無重張典掛等契。其田委□自己承父遺下之
田，並不曾包賣與數兄弟人等他人之田。倘有上手來歷不明，不
干銀主之事。係賣主一力抵當。其田自賣之後交于銀主耕管。永
遠為業。價極糧盡，一賣千秋，永斷葛藤。此係二比甘願，兩無
抑勒。恐口無憑，立杜賣契壹帋，付為永遠執炤。即日批明實領
到契內價銀伍佰大元正，所領足定，批照。

為中人　耿斐琬

宜良

在場見兄　礼妹　　在見親　李坤黃

兩生　　　　　曾如榮

依口代筆叔斐璣

乾隆肆拾捌年陸月　　　　　　　日立杜賣契人陳宜承

本契係杜賣水田契，係其父所遺下，址在下茄荖庄，土名阿力肚，
有四至界址載原契內，有大陂圳水灌溉。年納貓羅社番業主大租粟 37
石。番業主人數多人。田價銀花邊銀伍佰大元。杜賣人陳宜承，買田人
汪百。

由於契文未有四至界址，自本文乾隆 39 年件，可知在 39 年件之北，
也在本文乾隆 43 年件下處之北。

另外，契文「有大陂圳水灌溉」此「大陂圳」似非阿力肚圳，因與
媽助圳、茄荖圳相比，阿力肚圳只是小圳。因此，乾隆 41 年石頭埔地
方已是「小水圳」「媽祖圳」並存，似可推定此「大陂圳」即指媽助圳。
當地水田番租粟一甲年納 8 石，本契 37 石，應是 4.625 甲。[10]

四、嘉慶 19 年（1814）薛振發立找洗田契[11]

契文如下：

---

[10] 〈乾隆 41 年李喬基同胞任同立杜賣田厝契〉，《清代大租調查書》（臺北：臺灣銀行經濟
研究室，民國 52 年），頁 203-205。

[11] 毛筆原件，逢甲大學歷史與文物研究所藏，本文出自逢甲大學古文書數位典藏資料庫，編
號 LBA257352。

　　立找洗田契字人薛振發，有承祖父買過阿力肚洋水田壹段式處。
東西四至及大租聲俱登載上手大契內明白。因早年祖媽立杜賣盡
根契字，付與黃文章豹變耕種掌管，永遠為業。今因振發家貧，
欲措借無門，無奈托洪衡向文章之子成技懇求，施出銀拾柒大
員，以為找洗之資。即日憑房親眷戚交收足訖。自此休找，日後
永不敢異言生端滋事。恐口無憑，立找洗契字壹帋，付執為炤。
即日收過找洗契內銀拾柒大員正。完訖再炤。

代筆人　謝斗本（花押）

公親人　洪衡（花押）

知見人姑娘　薛氏（花押）

日立找洗契字人薛振發（花押）

嘉慶拾玖年三月

再註契內房一字

　　本契係找洗契，找洗人爲薛門林氏之孫薛振發。薛門林氏立杜賣契
時間爲乾隆 43 年（西元 1778），本找洗時間爲嘉慶 19 年（西元 1814），
也即杜賣後的 37 年再找洗。當日杜賣契中有「一賣終休，後日子子孫
孫及親人不得言找言贖等情」之語，而且已過 37 年，超過官方允許找
洗年限。[12] 找洗人以「家貧」來找洗，買方第二代也接受找洗。當年成
交價爲 210 大員，找洗銀爲 17 大員，找洗銀爲 杜賣價之百分之八。在
杜賣契中水田坐落爲「茄荖庄阿力肚」，找洗契之地點爲 「阿力肚洋」，
可知茄荖庄阿力肚等同阿力肚洋。阿力肚洋之「洋」即指平原。

五、道光 12 年（1832）黃盛黃賢等同立找洗田契[13]

契文如下：

　　仝立找洗田契字人，族親盛賢仝侄隨景，有承祖父與族伯文章合
買阿力肚水田壹所，其東西四至界址，以及租聲、銀員、水分，
俱各登載在上手契內明白。先年祖父在日，應份對半田額經已絕

12　陳哲三，《清代草屯的找洗契字及其相關問題》，《逢甲人文社會學報》，第 12 期（2006
　　年 6 月），頁 217-237。又收入陳哲三著，《古文書與臺灣史研究》（臺北文史哲出版社，
　　2009 年 1 月），頁 379-400。

13　毛筆原件，逢甲大學歷史與文物研究所藏，本文出自逢甲大學古文書數位典藏資料庫，編
　　號 LBA257353。

賣歸與族伯文章，價值數足。今回盛胞兄不幸身故，缺乏喪費，
無處措借，托中引就與章之孫百川、為、約兄弟等，找洗出應份
對半田價銀伍拾式大員正。其銀即日全中交訖。自找洗以後，其
田日后價值千金，乃係百川兄弟之福，盛等不敢異言生端滋事。
此係二比甘愿，各無反悔，恐口無憑，全立找洗契字壹紙，付執
為炤。

即日全中收過找洗田契字內佛面銀伍拾式大員，完足再炤。

代書族侄居政

主持親戚歐然

公道宗親德芳

為中總理曾文旦

在場知見胞嫂洪氏

胞侄景、隨

道光拾式年拾月　　　　　　　日全立找洗田契字人族親盛、賢

　自本找洗契可知，乾隆 43 年黃（文）章、黃（豹）變自薛門林氏
購入水田，後黃變所分對半田額絕賣其兄黃章。道光 12 年黃變之子黃
盛、賢因胞兄身故，缺乏喪費，所以兄弟與兄二子（隨、景）向伯父（伯
祖父）之孫百川、百為、百約找洗。其水田坐落乾隆 43 年契為「水田
壹段，坐落茄荖庄阿力肚式處」，本契直稱「阿力肚水田」。

六、咸豐 11 年（1861）洪容立杜賣盡根田契[14]

契文如下：

立杜賣盡根田契字人，族姪洪容有承父明買過洪尾仔兄弟應份水
田式段，坐落土名阿力肚洋，經丈五分，帶圳水通流灌溉充足。
東至洪家田，西至圳，南至圳，北至黃家田。又一段水田式坵，
東至圳，西至黃家田，南至圳，北至黃家田。共式段，四至界址
俱載明白。今因乏銀費用，自情願將此二段水田出賣。先盡問叔

14　毛筆原件，含光緒 7 年 11 月之契尾，逢甲大學歷史與文物研究所藏，本文出自逢甲大學古
文書數位典藏資料庫，編號 LBA257354，原件影本如附圖 4。

兄弟直親房人等，不欲承受，外托中引就向與族叔洪孔、誥兄弟二人出手承買。當日全中三面議定時值田價銀陸拾大元正。其銀即日全中交收足訖。□□田式段隨即照界踏明界址，□□族叔洪孔、誥兄弟二人前去起耕、掌管，任從收租、納課，永為己業。自此一賣千休，片土不留。異日雖價值千金容等子子孫孫永不敢言及找贖情由，亦不敢反悔異言生端滋事。保此二段水田明係容承父明買過物業，與別房親人等無干，亦無重張典掛他人財物為碍，又無上手來歷交加不明等情。如有不明，容出首一力抵當，不干銀主之事。此係二比甘願，各無抑勒反悔。口恐無憑，今欲有憑，立杜賣盡根契字壹紙，併帶上手契式紙。又壹段上手契式紙，合共伍紙，付執為炤。

即日全中實收過立杜賣盡根契字內銀陸拾大元正，完足再炤。

一批明其有番業主大租粟以經尚存全年應納租尾參斗正，批明再炤。

代筆人　王振勳

為中人　洪金水

任場知見人　洪老惠

日立杜賣盡根田契字人洪容

咸豐拾壹年陸月

再此明內註田字契字二字批炤

　　由本契可見水田式段「坐落土名阿力肚洋，經丈五分，帶圳水通流灌溉充足」其四至中，西至圳，南至圳。另一段水田式坵，東至圳，南至圳。因乏銀費用，賣與族叔洪孔洪誥價銀 60 大元正。此水田係洪容之父置自洪尾仔兄弟應分水田。從面積五分之水田之四至與前引乾隆 39 年汪士百立永杜賣斷根契，似同一田地。本契之四至示意如下：

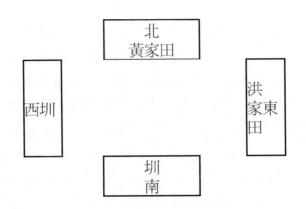

　　當年汪士百賣給洪鍊，中間經過二次買賣（契中有上手契弍紙）從乾隆到咸豐計 88 年，到洪尾仔兄弟手中，土地由原來的壹甲弍分五厘，分割之後剩下五分。同在阿力肚，其四至中，西是圳，南是圳，似與本契水田相同，但其東原是戴家田，北原是陳家田，88 年後都已轉手。又本件有光緒 7 年 11 月彰化縣給業戶洪誥、洪孔契尾。買入價銀 42 兩正納稅銀 1 兩 2 錢 6 分。契內議定價銀 60 大元，是佛銀按中部成規[15]七兌後成庫平銀 42 兩無誤。而契稅 3%，42 兩之 3%，正是 1 兩 2 錢 6 分。

七、同治 8 年（1869）7 月洪棕、洪高立典埤圳契[16]

契文如下：

> 立典埤圳契字人埔里庄洪棕、洪高兄弟等，有承祖父開築歸管埤圳一條，址在阿力肚洋。東至洪溪埔界，西至貓羅溪園界，南至陳振南園界，北至洪溪埔界，四至界址明白。全年阿力肚洋眾佃約納水租參拾弍石正。今因乏銀費用，願將此埤圳水租出典。先盡問房親人等，各不欲承典，外托中引就與埤長洪振隆、洪清源同出首承典。當日三面議定時值價銀參拾伍大元正。其銀字即日同中兩相交收足訖，其埤圳水租隨即踏明交付銀主前去掌管，以為己業。其典限至拾年為滿。自同治己巳年拾月冬起至己卯年冬成止。典主若備契面銀齊足贖回原契字，銀主不得刁難；如銀未

15　毛筆原件，逢甲大學歷史與文物研究所藏，本文出自逢甲大學古文書數位典藏資料庫，編號 LBA257353。

16　《抄封埤關係書類》（大正 13 年），毛筆原件，南投農田水利會藏。原件影本如附圖 5。

備，依舊掌管，不在此限。口恐無憑，今欲有憑，立典埠圳水租
契字壹紙付為炤。

即日同中實收過典契字內佛銀參拾伍大元正完足再炤。

原筆批明對丙秀才手內去佛銀伍大元又炤

代筆人　　洪克榮（花押）

為中人　　洪俊卿（花押）

知見人　母親曾氏（花押）

同治捌年柒月　日立典埠圳水租契字人洪高（心）、棕（正）

批明添註洪字二字改埔字二字

本契開頭云「有承祖父開築歸管埠圳一條」。說明該圳係其祖父與
他人合夥開築，而後歸管其祖父所有。即開築人有洪姓可以無疑。

契約中出現「阿力肚洋」，是埠圳出典契，在「阿力肚洋」的埠圳
依情理推論自然是「阿力肚圳」，本契也即是阿力肚圳出典契。阿力肚
圳灌溉地域即阿力肚洋，契內阿力肚洋四至為「東至洪溪埔界，西至貓
羅溪園界，南至陳振南園界，北至洪溪埔界」以方位示意繪圖如下：

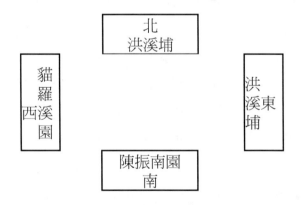

以上四地點內之地域即阿力肚圳灌溉之範圍，西面貓羅溪園自然在
貓羅溪邊，北、東兩面都在洪溪埔，原契寫溪埔，後各加「洪」字，指
明溪埔屬洪家。此溪埔、洪溪埔何在？因為面積不大，且《彰化縣志》
指稱阿轆治圳灌溉「石頭埔等庄田五百餘甲」[17]則此溪埔應是隘寮溪埔。

---

[17]　周璽，〈規制志〉〈水利〉，《彰化縣志》，卷二（臺北：臺灣銀行經濟研究室，民國51
年），頁58。

也即北面以隘寮溪埔與新庄為界，東面以隘寮溪埔與下茄荖為界，西面則接近貓羅溪，南面不詳。以「草屯鎮水系圖」[18]說明，即阿力肚圳的圳頭在石頭埔東方的小聚落過溪仔，位置在隘寮溪南方，即自此引水灌溉過溪仔、石頭埔，到下埔仔一片水田。也即自過溪仔到下埔仔之地稱阿力肚洋。如以南投農田水利會繪製之石頭埔灌溉系統圖[19]，可見取水自隘寮溪之取水口，應在過溪仔聚落附近。如圖箭頭所指處（見附圖7）。

其灌溉面積《彰化縣志》寫「五百餘甲」，可能太過誇大，本契眾佃約之水租只有「參拾弍石」，以鄰近馬助圳權衡之，馬助圳水租一甲一石至一石五斗，則參拾弍石水租，約在 30 甲到 40 甲地之間。

又從其灌溉地域限於石頭埔附近，即阿力肚洋，都在隘寮溪南側，則其水源取自隘寮溪當無可疑。如此則《彰化縣志》云：「阿轆治圳，在馬助圳下，水源亦同」[20]，也即阿轆治圳的水源與馬助圳相同。再看《彰化縣志》寫馬助圳，「在隘圳下，源從烏溪分出，灌上下茄荖田五百餘甲。」[21]可知，《彰化縣志》認為阿轆治圳的水源來自烏溪。但如阿轆治圳即是阿力肚圳，則《彰化縣志》所說水源也錯誤。是來自隘寮溪而非烏溪。也因為水源取自隘寮溪，水量不大，灌溉面積也不大。相關契約從未出現烏溪以南，隘寮溪以北之田地，即因水源不來自烏溪之故。北投社所開舊圳即草鞋墩圳，也是取水自隘寮溪，灌溉面積也只有40 餘甲。只有取自水量大的烏溪，其灌溉面積才可能數百甲以至於一千甲。[22]

18　洪敏麟總編輯，《草屯鎮志》（第二篇地理，草屯鎮志編纂委員會，民國 75 年），頁 55。如附圖 6。

19　〈石頭埔灌溉系統圖〉，《編入地圖》（南投水利組合，昭和 14 年）。原件藏南投農田水利會。如附圖 7。

20　毛筆原件，逢甲大學歷史與文物研究所藏，本文出自逢甲大學古文書數位典藏資料庫，編號 LBA257353。

21　同前註。

22　陳哲三，《清代草屯地區的水利》，《逢甲人文社會學報》，第 8 期（2004 年），頁 149-181。又收入陳哲三著，《古文書與臺灣史研究》（臺北文史哲出版社，2009 年 1 月），頁 269-305。

八、同治 8 年（1869）7 月洪海立杜賣盡根田契[23]

契文如下：

> 立杜賣盡根田契字人，貓羅堡下茄荖庄洪海觀，有承祖父明買過水田壹所，坐落土名在阿力肚水田。東至上三房田為界，西至良田為界，南至上三房清池田為界，北至尾田為界，帶水份通流灌溉。今因乏銀應用，情願將此田出賣，先盡問房親人等，不能承受，外托中引就與洪愿兄弟出首承買。當日言議時值田價銀三拾大員正。其銀即日同中契價兩交收明白足訖。今欲有憑，立杜賣盡根田契字壹紙，併帶上手鬮分字壹紙，合共式紙，付執永遠存照。

代筆人　洪有周（花押）
為中人　洪有得（花押）
知見人　洪涼觀（花押）
　　　　洪門林氏

同治捌年柒月　　　　　　　　日立杜賣盡根田契字洪海觀

　　此契是洪海將承祖父明買在阿力肚水田杜賣洪愿兄弟，價銀三拾大員正。買方洪愿之「愿」字，康熙字典查不到。明治 34 年（1901）契尾寫的是「洪阿呆」[24]，可見「愿」字可能是「憨」或「戇」。[25]與本文光緒 16 年立找洗田契的「洪戇何」疑為同一人。

　　本契所附契尾係臺中縣所發，發給日期為明治 34 年 9 月 18 日，田位置在貓羅西堡百字第 1488 號，面積壹分式厘七毫六絲。本契以地籍番號登載，未見阿力肚。

九、光緒 6 年（1880）8 月件洪文連、洪高、侄協立杜賣

23　毛筆原件，南投縣文化局藏。原件影本如附圖 8。

24　〈契尾〉，明治 34 年 9 月 18 日臺中縣授與。其中賣渡人為小租戶洪海。買受人為小租戶洪阿呆。契尾原件為同治 8 年 7 月洪海立杜賣契捻裱一起。

25　「愿」字，本文審查人一疑為「惡」字之異體字。

盡根田埔埤圳契字[26]

契文如下：

親立杜賣盡根田埔埤圳契字人洪文連、洪高、侄洪協，有承伯父明買過歸管田二段併埤圳埔園，坐址在下埔仔庄尾，東至下厝仔為界，西至溝界，南至石埒界，北至溝仔界；又一段在崁下，東至洪溫恭田界，西至阿力肚圳併抄田界，南至貓羅溪界，北至旱溪仔界，四至界址明白。配納番租谷六斗帶下埔仔圳水通流，灌溉充足。今因乏銀費用，情願將此歸管田埔園埤圳出賣。先問房親人等，不欲承受，外托中引就向與下茄荖庄洪榮順號出首承買，三面議定于前年對洪俊卿手佛銀式佰壹拾大員正，又己巳年對洪木城埤底佛銀四拾大員，又于庚辰年再支佛銀式拾大員正，計共式佰柒拾大員正。其銀契即日同中收訖，其田埤圳埔地隨即踏明界址交付買主前去掌管耕作，永為己業。自此一賣千休，子孫日后不敢言找贖。保此田係連歸管物業，與別房無干，亦無重張典掛他人財物，以及來歷交加不明等情。如有此情，連等出首一力抵當。此係二比甘願，各無抑勒反悔。口恐無憑，今欲有憑，立杜賣盡根契字一紙，帶上手契字五紙，共六紙，付執為炤。
即日同中實收過契字內佛銀式拾大員併前二次佛銀
計共式佰柒拾大員正完足再炤

　　　　　　　　　　　　　　為中人　　洪肇群（花押）
　　　　　　　　　　　　　　在場知見人　曾氏（花押）
光緒六年捌月　日立杜賣盡根田埔園埤圳契字人洪　文連（花押）
批明此二段田內在前年有葬祖坟壹穴，明約抽在外。高（花押）
日後子孫或修方或整頓，任從修理，照顧坟墓，買主不得侄協（花押）
藉言係伊田額，勢迫遷移，致生多端，此係明約過，二比甘願，批明又照。

本契所透露的消息。契中所杜賣田二段，一段在下埔仔庄尾，一段

26　毛筆原件，南投農田水利會藏。附契尾（光緒 8 年 7 月），原件影本如附圖 9。

在崁下。 下埔仔庄尾田之四至以方位示意爲：

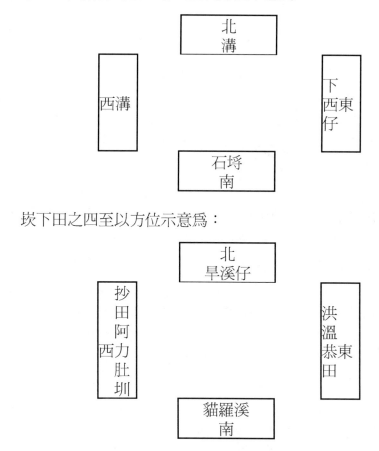

崁下田之四至以方位示意爲：

在上面四至示意中，下埔尾田知在下埔仔庄尾，東到下厝仔；崁下田知在崁下，其南至貓羅溪，北至旱溪，西至阿力肚圳并抄田，並且「帶下埔仔圳水通流灌溉充足」。爲什麼不是阿力肚圳，卻是下埔仔圳水通流灌溉充足？除非下埔仔圳是阿力肚圳的支圳。另外既有「下埔仔」，當然有「上埔仔」。因爲旁邊就是抄田。下埔仔疑即今日之抄封埤。而上埔仔，即阿力肚圳之埤，其位子在過溪仔段的隘寮溪上。因爲過溪仔原名阿力肚，所以該圳才叫阿力肚圳。由此觀之，上埤與下埤中間的灌溉渠道，即爲阿力肚圳。而抄封埤流出之水渠，即爲下埔仔圳。

十、光緒 12 年（1886）洪得貴、洪澄清同立杜賣歸管田

契[27]

契文如下：

得貴仝立杜賣歸管田契字人，胞姪洪澄清洪得貴兄弟等，有承父
與二伯合置水田式段，址在阿力肚洋，經丈五分正。原帶圳水通
流溉足。東至洪家田界，西至圳界，南至圳界，北至黃家田界。
又壹段田式坵，東至圳界，西至黃家田界，南至圳界，北至黃家
田界。共式段，四至界址明白。

今因乏銀費用，願將應份水田壹半出賣。先問房親人等不欲承
受，外托中引就與二伯洪孔出首承買。三面議定時值應份壹半田
價銀陸拾伍大員正，平肆拾伍兩伍錢足。其銀即日仝中交收足
訖，其水田式段，應得對半，隨即踏明界址，交付與二伯孔前去
掌管、起耕、招佃、耕作、收租、納課，永為己業。自此一賣終
休，日後價值多金，子孫永不敢言及找贖之理。保此田式段應份
對半，的係貴承父與二伯買之業，與別房親人等無干，亦無重張
典掛他人財物為礙，以及上手來歷交加不明等情；如有上手不
明，伯姪協力抵當。此係二比甘愿，各無反悔。口恐無憑，今欲
有憑，仝立杜賣歸管字壹紙，併帶上手契式紙。又壹段上手契式
紙，買契壹紙，共陸紙。付執為炤。

即日仝中實收遇杜賣歸管字內佛銀陸拾伍大員正，平肆拾伍兩伍
錢足。完足再炤。

一批明：仝年對半應納番業主租尾壹斗伍升正，批炤。

代筆人　　魏盈科
中人　堂兄洪阿柱
知見人　　妻黃氏

光緒拾式年六月　　日仝立杜賣歸管田契字人胞姪洪澄清洪得貴

自本契可見洪孔、洪誥於咸豐 11 年買入的水田二段，到光緒 12 年
洪誥之子得貴、澄清因乏銀費用，將水田壹半的所有權賣給伯父洪孔。

---

[27] 毛筆原件，逢甲大學歷史與文物研究所藏，本文出自逢甲大學古文書數位典藏資料庫，編
號 LBA257356，原件影本如附圖 10。

咸豐 11 年到光緒 12 年，也只有 26 年。26 年間，家道有變，有人變窮，有人變富，田產就要易手。洪孔在光緒 14 年 6 月劉銘傳清丈時留下一張坐落貓羅堡阿力肚庄下則田參分參釐玖毫弎絲的丈單。

十一、光緒 14 年（1888）6 月臺灣布政使司丈單[28]

丈單如下：

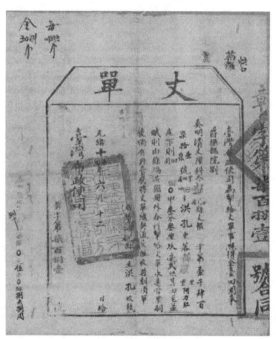

此丈單係劉銘傳清丈時彰化縣所給田主洪孔，其田坐落貓羅堡阿力肚庄係下則田參分參釐玖毫弎絲。洪孔出現在光緒 12 年契及光緒 16 年契。

28　丈單原件，逢甲大學歷史與文物研究所藏，本文出自逢甲大學古文書數位典藏資料庫，編號 LBA257358。

十二、光緒 15 年（1889）8 月丈單[29]

　　此一丈單係劉銘傳任臺灣省巡撫全面清丈臺灣田地所發丈單。由臺灣布政使　司所發給。田主洪新喜，坐落貓羅堡阿力肚庄，面積肆分弍厘六毫肆絲。

十三、光緒 16 年（1890）洪戇何立找洗田契[30]

契文如下：

> 立找洗田契字洪戇何，有承父遺下應份水田叁處，壹段在阿力肚洋水田伍分正，又壹段在本庄竹圍後水田伍分正，又壹坵在本厝後。其叁處界址，以及大租載明在契內明白。此叁處水田，前年間何兄弟經杜賣過二伯洪孔，田價銀亦俱收足。今因胞兄色不幸身故，乏銀喪費，措借無門，是以嫂叔相商，再托別中向與堂兄洪木材懇求出佛銀式拾柒員正，秤壹拾捌兩玖錢足，以為喪費之

29　許錫專，《草屯地區開發史資料集－洪姓故事篇》（臺灣洪氏家廟財團法人洪氏子女獎學金基金會，民國 87 年 2 月），頁 282。

30　毛筆原件，逢甲大學歷史與文物研究所藏，本文出自逢甲大學古文書數位典藏資料庫，編號 LBA257357。

用。其銀即日全中交訖，其田叁處仍交付與原買主掌管、收租、納稅，永遠為業。何自此一找千休，日後價值千金，何等子孫永不敢再言找贖之理，亦不敢異言生端滋事。此係二比甘愿，各無反悔。口恐無憑，立找洗田契字壹紙，付執為炤。

即日全中實收過找洗字內佛銀弍拾柒員正，秤壹拾捌兩玖錢足。完足。再炤。

代筆人　魏錦潼
　　　　和　尚
為中人　洪戀英
在場知見人　嫂黃氏

光緒拾六年　　臘　月　　　日立找洗田契字人　洪戀何

自本契知洪孔兄弟之水田全歸洪孔所有，侄洪戀何在兄身故後，乏銀喪費，托中向洪孔之子洪木材找洗佛銀弍拾柒員。本契中在阿力肚洋水田伍分正，即光緒 12 年契中「址在阿力肚洋，經丈五分正」之水田。更可上溯咸豐 11 年契「坐落土名阿力肚洋，經丈五分」之水田。

十四、明治 35 年（1902）10 月 27 日契尾[31]

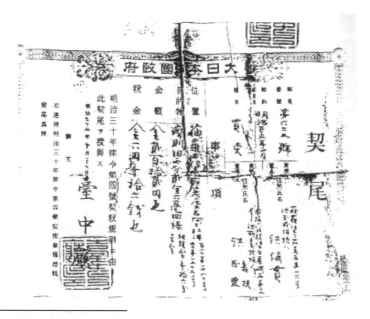

31　許錫專，《草屯地區開發史資料集－洪姓故事篇》（臺灣洪氏家廟財團法人洪氏子女獎學金基金會，民國 87 年 2 月），頁 282。

此一契尾由臺中廳所發給，出賣田地人爲光緒 15 年 8 月丈單田主洪新喜之繼承人洪壽扶、洪茂盛，承買人洪漏貫，田地位置在貓羅堡下茄荖庄土名阿力肚洋，面積四分弍厘六毫四絲，金額弍佰拾弍円，稅金六円壹拾六錢。洪新喜係南投廳北投堡牛屎崎人。洪漏貫是貓羅堡茄荖庄人。

参、阿力肚圳與阿轆治圳之關連

以上 14 張契字，依其時間排列，乾隆 3 張，嘉慶 1 張，道光 1 張，咸豐 1 張，同治 2 張，光緒 5 張，明治 1 張。依其契約種類分，杜賣契 7 張，典契 1 張，找洗 3 張，丈單 2 張，契尾 1 張。由於篇幅限制，不能將影本全部附載，只將杜賣契及典契影本列爲附件。

這 14 張契字，提供多少阿力肚圳的訊息？又能否解決《彰化縣志》所載阿轆治圳之謎團？凡此均需依據史料一一考證。試依時間自乾隆 39 年杜賣契往看。

1、乾隆 39 年杜賣契：水田壹段，坐落下茄荖庄前過溪仔土名阿力肚。西至圳，南至圳。帶阿力肚坡圳水灌漑。

2、乾隆 43 年杜賣契：水田壹段，坐落茄荖庄阿力肚貳處。上處東至水圳，西至水圳。下處東至水圳。又帶眉系囒圳路租粟柒斗正。

3、乾隆 48 年杜賣契：有下茄荖土名阿力肚水田四處。係大陂圳水灌漑。

4、嘉慶 19 年找洗契：找洗田爲乾隆 43 年杜賣者，歷 37 年，由原賣人之孫向原買人之子找洗。本契田址寫「阿力肚洋」。與賣契「茄荖庄阿力肚」文字不完全相同。

5、道光 12 年找洗契：黃（文）章、黃（豹）變乾隆 43 年買入阿力肚弍處水田後，嘉慶 19 年經薛門林氏之孫薛振發向文章之子找洗一次。後黃變之持分 又歸管杜賣黃章，黃變之孫在本年向黃章之孫找洗。

6、咸豐 11 年杜賣契：洪容將承父明買洪尾仔兄弟水田兩段，坐落土名阿力肚洋，經丈五分，帶圳水通流灌漑充足。一段西至圳，南至圳，

又一段東至圳，北至圳。賣與族叔洪孔、洪誥。

7、同治 8 年 7 月典埤圳契：洪棕、洪高兄弟將承祖開築歸管埤圳一條，址 在阿力肚洋，東至洪溪埔，西至貓羅溪園，南至陳振南園，北至洪溪埔，出典十年，價值参拾伍大元正。

8、同治 8 年 7 月杜賣契：洪海將得自祖父明買鬮分所得阿力肚水田以三十大員賣與洪愿兄弟。

9、光緒 6 年 8 月杜賣契：洪文連、洪高、侄洪協將承伯父明買歸管田弍段 併埤圳埔園，出賣與洪榮順號，計共弍佰柒拾大元正。

10、光緒 12 年 6 月杜賣契：洪得貴、洪澄清將承父洪誥與二伯洪孔合買水田弍段，址在阿力肚洋，經丈五分中之壹牛出賣給二伯洪孔。洪孔、洪誥買入阿力肚洋水田五分，即指咸豐 11 年 6 月杜賣契之買賣。而此五分水田即乾隆 39 年杜賣契中洪鍊買過鬮分後面積較小之水田。

11、光緒 14 年 6 月丈單：洪孔土地在劉銘傳清丈時丈單，內載「坐落貓羅堡阿力肚庄下則田参分参厘玖毫弍絲」。

12、光緒 15 年 8 月丈單：田主洪新喜，坐落貓羅堡阿力肚庄，面積肆分弍厘六毫肆絲。

13、光緒 16 年 12 月找洗契：洪戀何兄弟前年將阿力肚洋水田伍分等三段杜 賣二伯洪孔，因兄身故，乏銀喪費，向二伯洪孔之子洪木材找洗佛銀弍拾柒員，秤壹拾捌兩玖錢。

14、明治 35 年 10 月 27 日契尾：田地位置在貓羅堡茄荖庄土名阿力肚洋，面積四分弍厘六毫四絲，金額弍佰拾弍円，稅金六円壹拾六錢。

再將上述簡化成為：

乾隆 39 年：茄荖庄前過溪仔土名阿力肚帶阿力肚坡（陂）圳水灌溉。

乾隆 43 年：茄荖庄阿力肚。

乾隆 48 年：下茄荖庄土名阿力肚。

嘉慶 19 年：阿力肚洋。

道光 12 年：阿力肚。

咸豐 11 年：阿力肚洋。

　　同治 8 年：阿力肚洋。

　　同治 8 年：阿力肚。

　　光緒 6 年：阿力肚圳併抄田帶下埤圳灌溉充足。

　　光緒 12 年：阿力肚洋。

　　光緒 14 年：阿力肚庄。

　　光緒 15 年：貓羅堡阿力肚庄。

　　光緒 16 年：阿力肚洋。

　　明治 35 年：貓羅堡茄荖庄土名阿力肚洋。

　　計出現：阿力肚 5 次，阿力肚坡（陂）1 次，阿力肚圳 1 次，阿力肚洋 6 次，下埤仔圳 1 次，阿力肚庄 2 次。

　　在 14 張契字中，從未出現阿轆治圳。而阿力肚、阿力肚洋、阿力肚圳則不斷出現，也出現阿力肚庄。在 14 張契字中，除光緒 6 年 8 月契出現「下埤仔圳水通流灌溉充足」外，凡圳、埤圳，似皆指阿力肚圳。而且時代越早愈清楚。試看乾隆 39 年契，「坐落下茄荖庄前過溪仔土名阿力肚」「帶阿力肚坡圳水灌溉」。乾隆 48 年契有「下茄荖庄土名阿力肚」。「下茄荖」「過溪仔」地名今尚通用。而「阿力肚」土名，已無人知曉。「土名」即「原住民之原名」。而「阿力肚坡圳」在乾隆 39 年之前已經存在，已經用之灌溉，可推知阿力肚圳開鑿時間更早於乾隆 39 年。乾隆 43 年契，「坐落茄荖庄阿力肚」「又帶眉系嘮圳路租粟柒斗正」，可確知阿力肚在茄荖庄，又知圳路由社番提供土地開築，所以要納圳路租粟。嘉慶 19 年契係對乾隆 43 杜賣之找洗，而水田坐址已稱「阿力肚洋」。所謂「洋」即如汪洋一片的平地，可以確知開墾已經到成熟階段。

　　乾隆 43 年薛門林氏杜賣給黃章、黃變之阿力肚水田，黃變之持分又歸管杜賣黃章，道光 12 年黃變之孫向黃章之孫找洗。咸豐 11 年洪容將父明買阿力肚洋水田兩段，杜賣與洪孔、洪誥。此水田之一段四至中西至圳，南至圳，與乾隆 39 年契中阿力肚水田相同。疑即同一塊水田。同治 8 年洪海將得自祖父之阿力肚水田杜賣與洪慁兄弟。此「慁」字連康熙字典均無，而在丈單中名為洪阿呆。所以「慁」字疑為「憨」字或「戀」字，皆為呆、愚、癡意。與光緒 16 年立找　洗字人洪戀何疑即

同一人。若然，則該字應寫作「戀」。

同治 8 年（1869）洪棕、洪高兄弟將承祖父開築歸管埤圳一條，址在阿力肚洋，出典埤長洪振隆、洪清源，年限 10 年，價銀 35 大元。此埤圳正如前所論述，疑即阿力肚圳。因契中所指東西南北四至及灌溉範圍的阿力肚洋眾佃約納水租參拾弍石，可知面積在四十甲以內。而從出現阿力肚洋，阿力肚圳之地名有：下茄荖庄前過溪仔土名阿力肚、茄荖庄阿力肚、下茄荖庄土名阿力肚、阿力肚洋、阿力肚水田、下埔仔庄、崁下、抄田界、下埤仔圳、阿力肚庄、貓羅溪園，可知其東在過溪仔，經石頭埔、崁下下埔仔、下埤仔（即今抄封埤）到貓羅溪園為界。即古石頭埔範圍，畧同今石川里範圍。是其埤在過溪仔，過溪仔即水圳之源頭，水源來自隘寮溪。而乾隆 39 年契「茄荖庄前過溪仔土名阿力肚」是將新舊地名連結起來最好的證據。到此，阿力肚圳應已有一相當清晰的面貌。以下試論第二個問題，阿轆治圳是一條什麼樣的水圳？假設阿力肚圳即阿轆治圳，即《彰化縣志》所載：「阿轆治圳，在馬助圳之下，水源亦同，灌石頭埔等庄田五百餘甲。」從上面的論述只有灌石頭埔是對的，其他都錯，它不在馬助圳之下，水源與馬助圳 取自烏溪也不同，也沒有灌溉五百餘甲，五十甲可能都不到。

那麼「阿力肚圳」是不是「阿轆治圳」？從上面的論述，只有肯定說是，否則將是無解。試列理由如下：

第一，「阿轆治圳」的再次出現已經是民國 75 年了。為何其間 155年全然無影無踪？而毫無史料依據的在 155 年後又冒出來，並且有了許姓開築人。[32]何以「阿轆治圳」在清代方志契約中只出現在《彰化縣志》？而且只有一次。何以契約文書從乾隆 39 年（1774）到明治 35 年（1902）都只是出現「阿力肚」之相關文字，其間乾隆 39 年出現「阿力肚坡圳」，光緒 6 年（1880）出現「阿力肚圳」更是明確的訊息。

第二，《彰化縣志》之所以出錯，正如前述因為修纂人是口述採訪，而非根據文獻。如果根據契約，一定是阿力肚圳，但是口述採訪，則「阿

---

[32] 《草屯鎮志》〈水利篇〉有云：「迨至乾隆中期山腳許國樑開築阿轆治圳，以銜接茄荖媽助圳，灌溉石頭埔地方。」見洪敏麟，《草屯鎮志》，頁 563。

力肚」與「阿轆治」台語音相近。以台語音阿力肚爲 a^1 lik^8 too^7，阿
轆治爲 a^1 lak^8 ti^7 很易混淆。《彰化縣志》所記既與道光前之契約不同，
又與道光後之契約不同，而且獨一無二，未在任何清代文件看到同樣記
載，《彰化縣志》之錯誤似無可疑。

　　第三，前述阿力肚圳相關地名，均在今過溪仔（古阿力肚）、石頭
埔、下埔仔一帶，也即在隘寮溪之南，從無隘寮溪之北之地名出現。如
果阿力肚圳也取水源於烏溪，則自烏溪到隘寮溪間之大片土地應是其灌
溉範圍，則其地名應與阿力肚圳同時出現。然依《彰化縣志》說媽助圳
「灌上下茄荖田五百餘甲」[33]。也就是媽助圳才是灌溉烏溪到隘寮溪間
土地之水圳。阿轆治圳則「灌石頭埔等庄田五 百餘甲」[34]。爲什麼阿轆
治圳只灌石頭埔的田？原因是阿轆治圳不取水自烏溪，而是取自隘寮
溪，所以只能灌溉隘寮溪南之田地。參看草屯地區水系圖[35]（見附圖 6），
水利會藏日治石頭埔灌溉圖（見附圖 7）[36]及《臺灣地形圖新解》[37]（見
附圖 11）可知。今日石頭埔地帶已是茄荖媽助圳之灌溉範圍，其圳水
來自水汴頭經隘寮溪溪床下之鋼筋水泥渠道引到過溪仔再分灌石頭埔
等地。疑古代埤圳之位置即在今水圳穿流之位置附近，故該地得名水汴
頭。

　　第四，下埤子，即今抄封埤[38]，地屬下埔仔。台語「埔」有草埔、
石頭埔、荒埔等不同形式之埔，但總歸是未開發土地。石頭埔即充滿石
頭未開發之地。下埔仔，即在石頭埔下方（地勢較低）未開發之地。在
本文同治 8 年典埤圳契中有兩方位的洪溪埔，是溪邊未開發之地。洪敏

---

[33]　周璽，〈規制志〉〈水利〉，《彰化縣志》，卷二（臺北：臺灣銀行經濟研究室，民國 51 年），
　　頁 58。
[34]　同前註。
[35]　洪敏麟總編輯，《草屯鎮志》（草屯鎮志編纂委員會，民國 75 年，第二篇地理），頁 55。
[36]　繪圖原件，昭和 14 年，南投縣農田水利會藏。
[37]　大日本帝國陸地測量部、臺灣總督府民政部警察本署編著，《臺灣地形圖新解》（臺北縣
　　汐止市：上河文化，民國 96 年），頁 50。
[38]　洪敏麟，〈敷榮堂於抄封埤地區的墾荒與蔗作〉，《草鞋墩鄉土文教季刊》，第 19 期（2007
　　年 1 月），頁 7-15。

麟寫〈敷榮堂於抄封埔地區的墾荒與蔗作〉[39]一文，寫日人治臺，草屯洪聯魁、洪得中、洪火煉父子在抄封埔附近官有地申請開荒種蔗近二十甲。可知在日治前下埔仔一帶還多荒埔，並未完全開墾。所以清代阿力肚圳灌溉地域以過溪仔到石頭埔一帶為主。

第五，石頭埔附近另有其他水圳存在，如乾隆 41 年 10 月契出現小水圳、媽助圳[40]，道光 15 年 6 月契出現中圳[41]，咸豐 4 年 6 月契、同治 13 年 10 月契，出現媽助圳[42]。也就是石頭埔灌溉的水圳，不單只有阿力肚圳。由於阿力肚圳的水量小，所以功能逐漸式微，尤其移民視稻作為最高經濟作物，對水量需求更大，這似乎是乾隆時期取水自烏溪的媽助圳已灌溉石頭浦的原因。到日本人治臺，私人埤圳在埤圳公共化、水利組合形成後，阿力肚圳在此過程中遂消失不見，猶如草鞋墩圳（舊圳）在北投新圳開鑿後，也併入新圳而消失不見。其過程是 1903 年（明治 36 年）媽助圳、茄荖圳、抄封埔等併為公共埤圳茄荖媽助圳，1923 年（大正 12 年），又改為茄荖媽助水利組合，到 1939 年（昭和 14 年）與其他水利組合又合併為南投水利組合。[43]

歸納上面論述，阿力肚圳即阿轆治圳應無可疑。《彰化縣志》採訪人將「媽助圳」寫成「馬助圳」[44]，而成《彰化縣志》之志文，其錯誤原因與「阿轆治圳」之錯誤相同。可見《彰化縣志》因採訪致誤者，不止此一端。

---

[39] 許錫專，《草屯地區開發史資料集－洪姓故事篇》（臺灣洪氏家廟財團法人洪氏子女獎學金基金會，民國 87 年 2 月），頁 282。

[40] 〈乾隆 41 年李喬基同胞侄同立杜賣田厝契〉，《清代大租調查書》（臺北：臺灣銀行經濟研究室，民國 52 年），頁 203-205。契文內日人當年調查人員將媽祖圳寫成「媽耶圳」。咸豐 4 年、同治 13 年件可証當是媽助圳。

[41] 謝嘉梁，《草屯地區古文書專輯》（南投：臺灣省文獻委員會，民國 88 年），頁 158。

[42] 同前註，頁 140、142。

[43] 陳哲三總纂，《南投農田水利會志》（南投：南投農田水利會，2008 年 12 月），頁 245。

[44] 前引《彰化縣志》只要是引文均寫「馬助圳」，正確書寫應是「媽助圳」。參見陳哲三，〈媽助圳的一張關鍵契約〉，《臺灣古文書學會會刊》，第 4 期（2009 年 4 月），頁 1-4。

肆、結語

　　從以上的論證，「阿轆治圳」即是「阿力肚圳」應無可疑。《彰化縣志》所以致誤之原因，在於採訪人未看文獻，只依口述。否則自乾隆以下古文書歷歷在目，當不致寫出一個千古獨一無二，在清代文獻從沒再次出現的「阿轆治圳」。

　　從古文書可以看到從乾隆 39 年（1774）到日本明治 35 年（1902）阿力肚、阿力肚圳之名書寫出現從不間斷，存在時間歷時 128 年。今日訪問則已無人知曉。

　　從本文之考辨，可知阿力肚圳圳頭即在過溪仔，即古阿力肚，故名阿力肚圳。水源來自隘寮溪，而非烏溪。其灌溉範圍自過溪仔，到石頭埔，到下埔仔，到崁下。古稱阿力肚洋，灌溉面積在 30～40 甲之間。今抄封埔，古稱下埤仔，以對應阿力肚圳埤之上埤仔。抄封埤以下之水圳稱下埤圳。下埤圳後因土地被抄封，又名抄封埤。附近抄封土地稱抄封田。日治後，阿力肚圳、抄封埤併入茄荖媽助圳，又併入南投水利組合，舊圳名於是漸被遺忘。

參考文獻

《抄封埤關係書類》（大正十三年），南投農田水利會藏。

《清代大租調查書》（臺北：臺灣銀行經濟研究室，民國 52 年）。

南投縣文化局典藏古文書。

逢甲大學古文書數位典藏資料庫。

逢甲大學歷史與文物研究所典藏古文書。

大日本帝國陸地測量部、臺灣總督府民政部警察本署編著，《臺灣地形圖新解》（臺北縣汐止市：上河文化，民國 96 年）。

周　璽，《彰化縣志》（臺北：臺灣銀行經濟研究室，民國 51 年）。

洪敏麟，〈敷榮堂於抄封埤地區的墾荒與蔗作〉，《草鞋墩鄉土文教季刊》，第 19 期（2007 年 1 月），頁 7-15。

洪敏麟總編輯，《草屯鎮志》（草屯鎮志編纂委員會，民國 75 年）。

許錫專，《草屯地區開發史資料集－洪姓故事篇》（臺灣洪氏家廟財團法人洪氏子女獎學金基金會，民國 87 年 2 月）。

陳哲三，〈媽助圳的一張關鍵契約〉，《臺灣古文書學會會刊》，第 4 期（2009 年 4 月），頁 1-4。

陳哲三，《臺灣清代契約文書中的銀幣及其相關問題》，《逢甲人文社會學報》，第 22 期（2011 年 6 月），頁 101-137。

陳哲三，《清代草屯地區的水利》，《逢甲人文社會學報》，第 8 期（2004年），頁 149-181。

陳哲三，《清代草屯地區的地價及其相關問題》，《逢甲人文社會學報》，第 7 期（2003 年 11 月），頁 89-116。

陳哲三，《清代草屯的找洗契字及其相關問題》，《逢甲人文社會學報》，第 12 期（2006 年 6 月），頁 217-237。

陳哲三總纂，《南投農田水利會志》（南投：南投農田水利會，2008 年 12 月），頁 245。

謝嘉梁，《草屯地區古文書專輯》（南投：臺灣省文獻委員會，民國 88 年）。

附圖 1：乾隆 39 年（1774）汪士百立永杜賣斷根田契

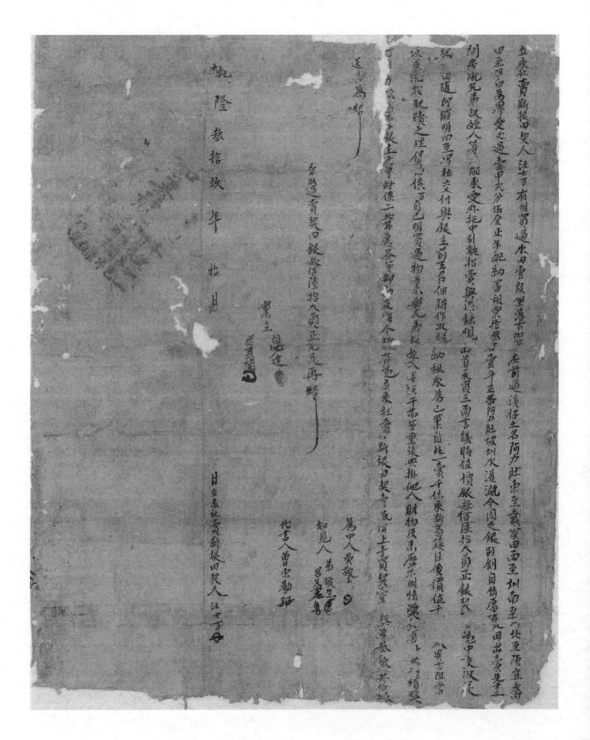

附圖 2：乾隆 43 年（1778）山頂薛門林氏立永杜賣契

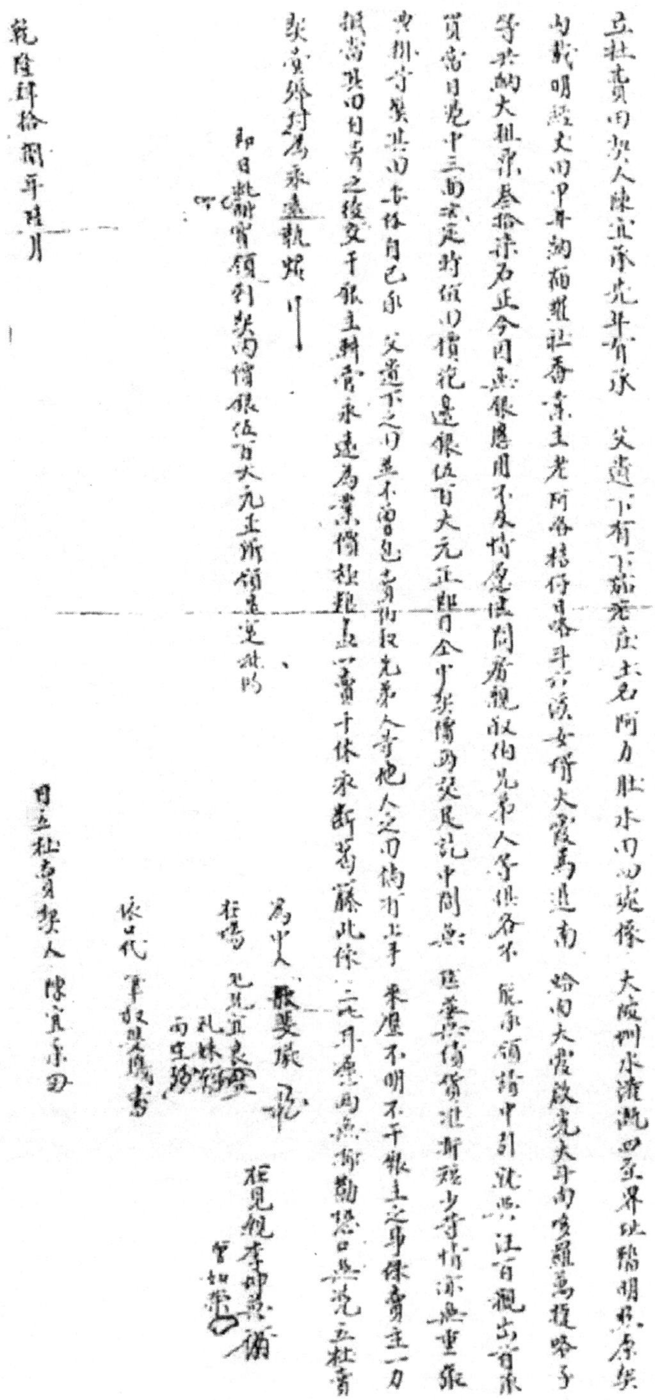

附圖 3：乾隆 48 年（1783）陳宜承立杜賣田契

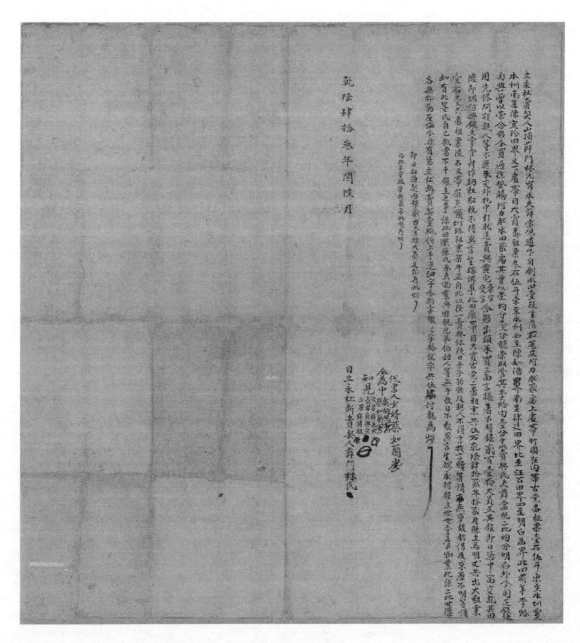

附圖 4：咸豐 11 年（1861）洪容立杜賣盡根田契

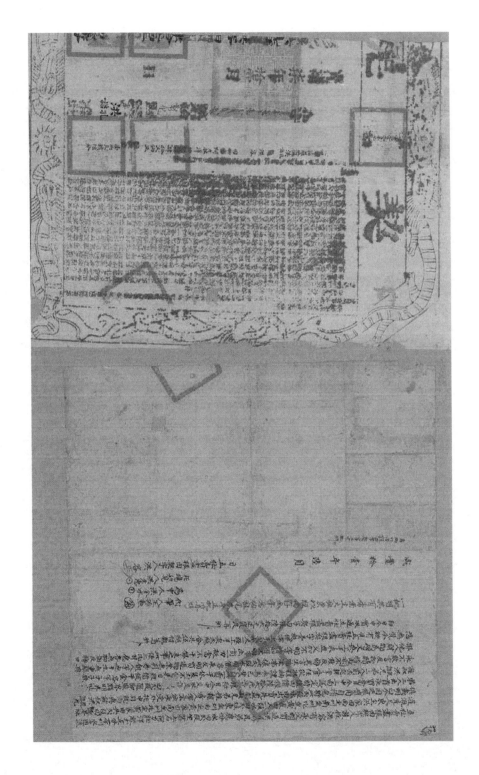

附圖 5：同治 8 年（1869）7 月洪棕、洪高立典埠圳

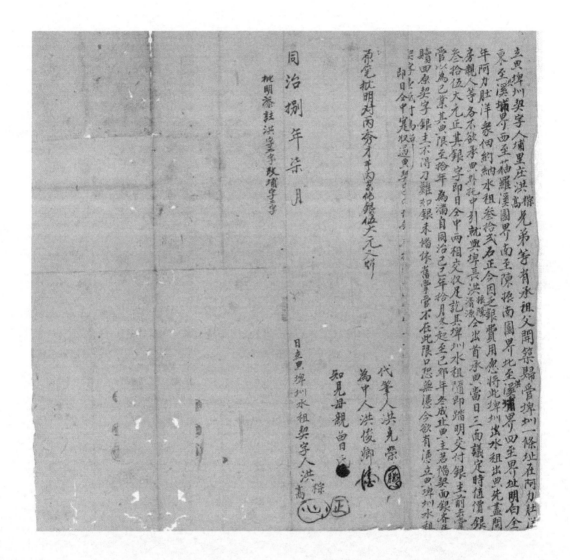

附圖 6：草屯地區水系圖

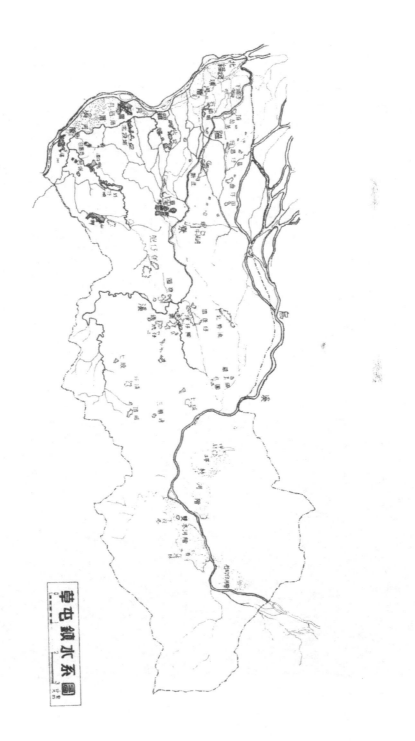

附圖 7：石頭埔灌溉系統圖

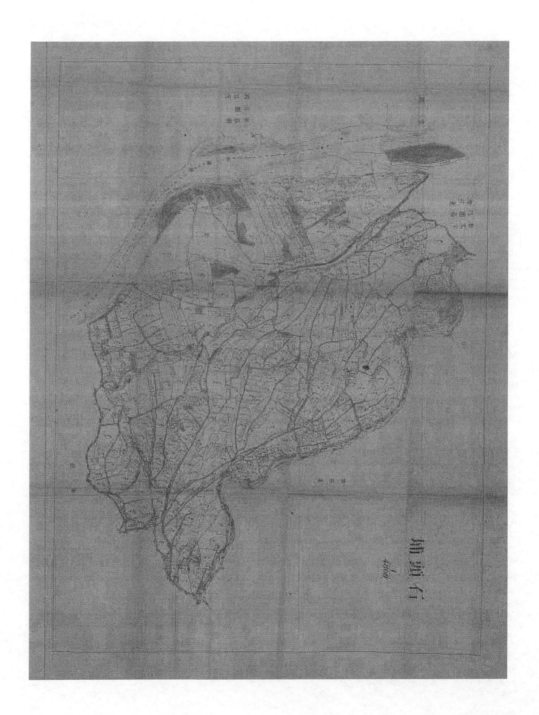

附圖 8：同治 8 年（1869）7 月洪海立杜賣盡根田契

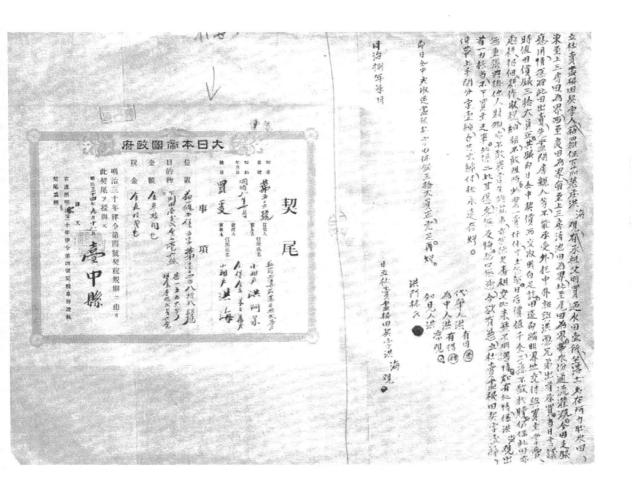

附圖9：光緒6年（1880）8月件洪文連、洪高、侄協立
杜賣盡根田埔埤圳契字

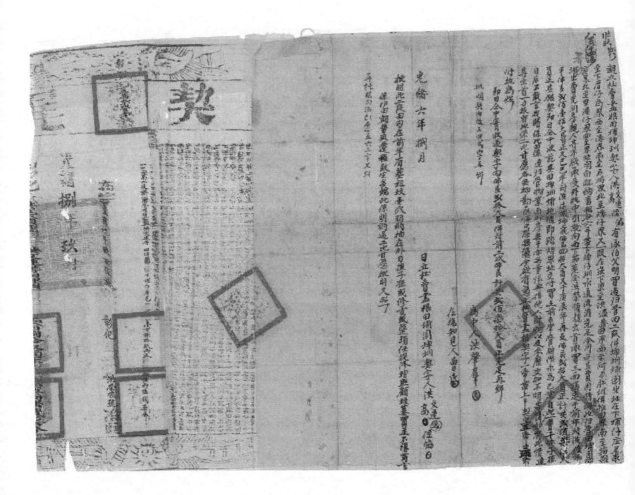

附圖 10：光緒 12 年（1886）洪得貴、洪澄清同立杜賣歸管田契

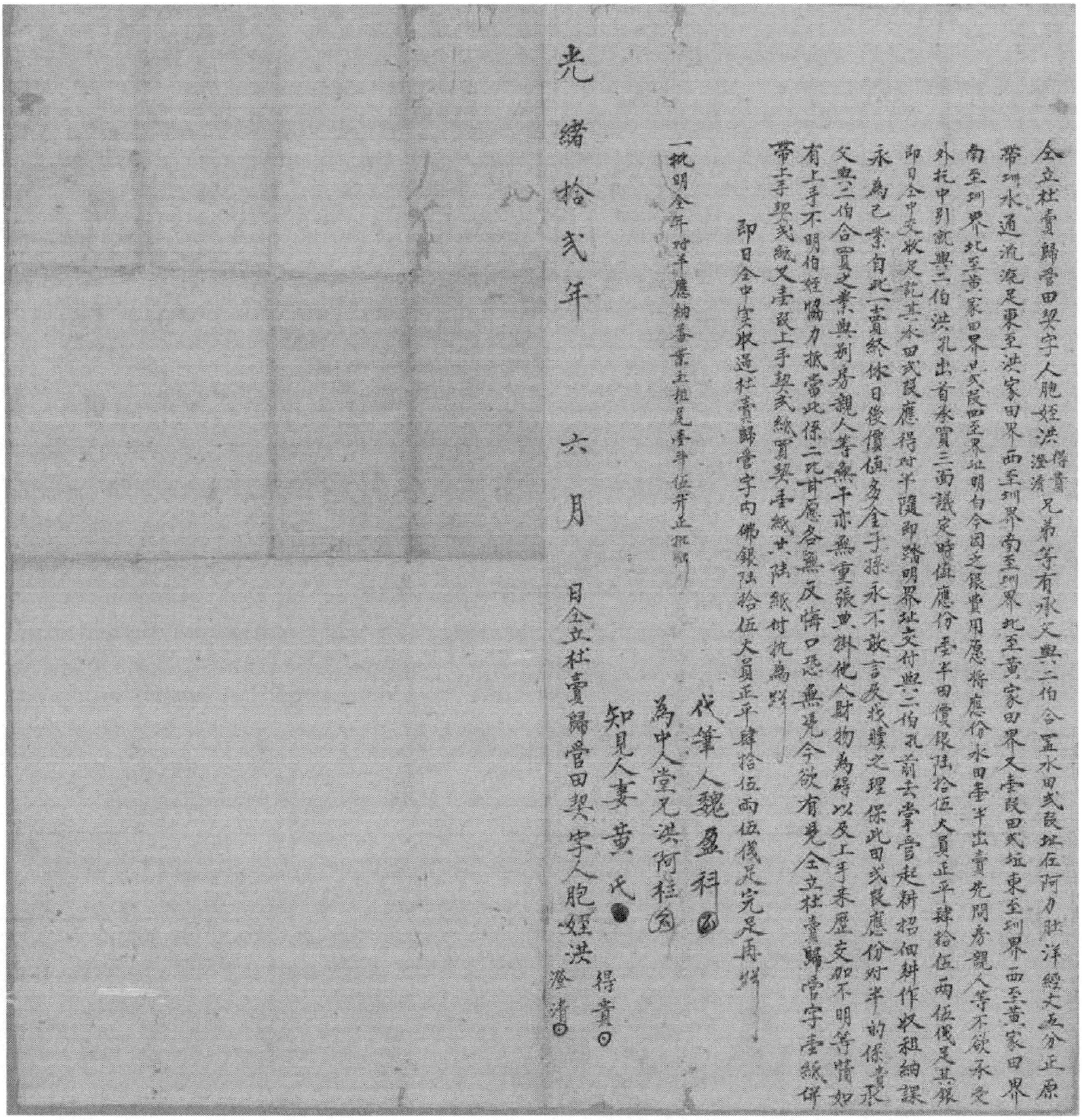

仝立杜賣歸管田契字人胞姪洪得貴、澄清兄弟等有承父與二伯合置水田貳段址在阿力肚洋經丈五分正原帶圳水通流灌足東至洪家田界西至圳界南至圳界北至黃家田界又壹段田貳坵東至圳界西至黃家田界南至圳界北至黃家田界共貳段四至界址明白今因乏銀費用愿將應份水田壹半出賣先問房親人等不欲承受外托中引就與二伯洪孔出首承買三面議定時值應份壹半田價銀陸拾伍大員正平肆拾伍兩伍錢足其銀即日仝中交收足訖其水田貳段應得对半隨即踏明界址交付與二伯孔前去掌管起耕招佃耕作收租納課永為己業自此一賣終休日後價值多金子孫永不敢言及找贖之理保此田貳段應份对半的係貴承父與二伯合買之業與別房親人等無干亦無重張典掛他人財物為碍以及上手來歷交加不明等情如有上手不明伯姪協力抵當此係二比甘愿各無反悔口恐無憑今欲有憑仝立杜賣歸管字壹紙併帶上手契貳紙又壹段上手契貳紙買契壹紙共陸紙付執為炤

即日仝中實收過杜賣歸管字內佛銀陸拾伍大員正平肆拾伍兩伍錢足完足再炤

一批明仝年对半應納番業主租粟壹斗伍升正批照

代筆人魏盈科

為中人堂兄洪阿桂

知見人妻黃氏

光緒拾貳年 六月 日仝立杜賣歸管田契字人胞姪洪得貴
澄清

附圖 11：臺灣地形圖新解

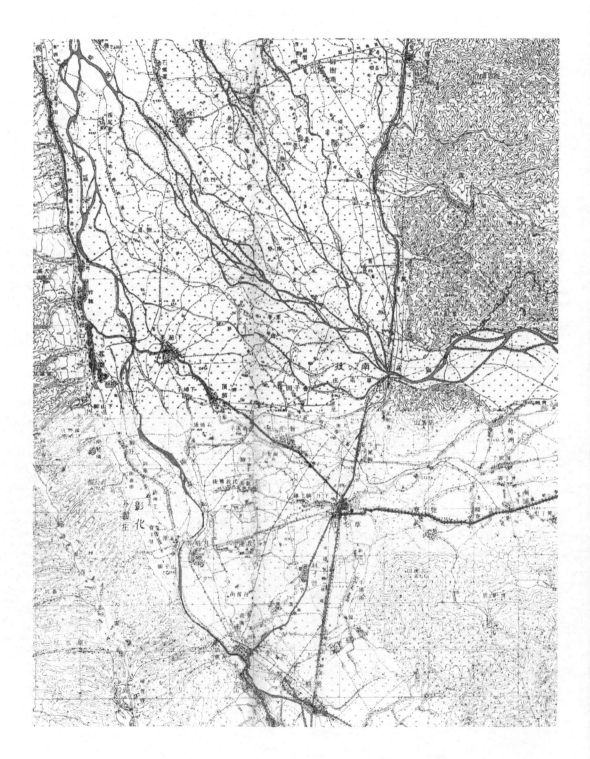

Textual Research on the Aluzhi zhun in Caotun Area of Taiwan during the　Qing Dynasty

Che-San Chen

Abstract

The study aims to explore the mystery of the Aluzhi stream recorded in the Zhanghua County History written by Zho Xi during the period of Daoguang in the Qing Dynasty by using the ancient texts so that this nearly 200-year mystery can be unveiled. Alidu, Ali zhun and Alidu yang （ocean） were always repeated in the agreements; the researcher therefore knew that Alidu zhun existed in the 30 years of Cianlong in the Qing Dynasty. The present Guoxizhi located in Shizhuan Li, Caotun was the Alidu, an aboriginal name mentioned quite often in the agreements. The ancient name of Shizhuan was Shitopu, and it belongs to Cielaozhuang as well as the Guoxizhi. The phonetics of Aluzhi sounds like Alidu in Taiwanese. Related literatures were not found while writing the Zhanghua County History and interviews were carried out at that period; consequently, Aluzhi was heard and the mystery resulted. Fourteen agreements and relevant historical documents of the Zhanghua County History were reviewed in the study. Aluzhi zhun was not found at all in the records but Alidu zhun appears in the agreements.

Keywords: Aluzhi zhun, Alidu zhun, ancient texts, Zhanghua County History, Caotun.

臺灣清代契約文書中的銀幣及其相關問題

摘要

　　本文以清代臺灣自南到北之古文書爲史料，以其契中銀幣之統計、分析、比較再與貨幣史學者之論著互証，以了解清代臺灣流通之外國銀幣之種類，流行時間與地點上之差異。以期解開清代臺灣外國銀幣之種種謎團。

　　本研究結論是清代臺灣確有許多外國銀幣行用，而且臺人非外國銀幣不用。在不同時間流通行用不同銀幣，不同地區也有名稱與種類之差異。而行用的時間是自南，而中，而北，即南部早於北部。在外國銀幣中流通時間最久，流通地域 最廣的是佛銀。後來南部出現六八（一三）（0.68）佛銀，中部出現七兌（0.70）佛銀。北部沒有六九佛銀之名，而其銀員與銀兩之折算率則爲 0.69。

關鍵字：臺灣、清代、契約文書、銀幣、佛銀

壹、前言

　　臺灣清代契約文書中的交易貨幣，以銀幣為主。然而銀幣種類繁多，不同時間有不同銀幣，不同地區有不同名稱，令研究者多所困惑。針對此一問題，過去不僅有北山富久郎[1]、謝國城[2]、蘇震[3]、張庸吾[4]、周憲文[5]、吳耀輝[6]、詹德隆[7]等臺灣貨幣史學者的論著，討論臺灣幣制；也有陳昭南[8]、林滿紅[9]論中國銀錢比價。另有王世慶論清代北臺灣貨幣流通與銀錢比價[10]，劉澤民對清代外國銀幣的討論[11]，筆者也曾在〈金門與臺灣清代契約文書的異同〉[12]略有涉及。但因討論的層面之侷限性，都未能將整個問題做全面性解決。本文即擬針對此不足加以補救，有當與否，尚祈方家指正。

　　以目前臺灣古文書數位資料庫及出版之古文書專輯而言，古文書數量已經很多。但為研究的方便，本文擬就已出版之古文書，在臺北、臺

---

[1] 北山富久郎，〈臺灣秤量幣制及日本幣制政策〉，原名〈臺灣に於ける秤量幣制と我が幣制政策－銀地金を流通せしむる金本位制〉，《臺北帝國大學文政學部政學科研究年報》，第二輯（臺北：臺北帝國大學，1935 年）。

[2] 謝國城，〈臺灣貨幣考（上）－日本領臺以前的臺灣幣制〉《臺灣省通志館館刊》，1（2）（1948 年），頁 10-13。

[3] 蘇震，〈光復前臺灣貨幣制度之演進〉，《臺灣經濟史初集》（臺北：臺灣銀行經濟研究室，1954 年），頁 1-15。

[4] 張庸吾，〈清季臺灣貨幣流通考〉，《臺灣經濟史初集》（臺北：臺灣銀行經濟研究室，1954 年），頁 16-30。

[5] 周憲文，《清代臺灣經濟史》（臺北：臺灣銀行經濟研究室，1957 年）。

[6] 吳耀輝，《臺灣省通志稿》，卷四，經濟志金融篇（臺北：臺灣省文獻委員會，1959 年）。

[7] 詹德隆，〈光復前臺灣流通貨幣新探〉，《臺北文獻》，直字 89（1989 年）。

[8] 陳昭南，《雍正乾隆年間的銀錢比價變動（1723-95）》（臺北：中國學術著作獎助委員會，1966 年）。

[9] 林滿紅，〈嘉道錢賤現象產生原因「錢多錢劣論」之商榷〉，《中國海洋發展史論文集》，第五輯（臺北：中央研究院中山人文社會科學研究所，1993 年），頁 357-426。

[10] 王世慶，〈十九世紀中葉臺灣北部銀錢比價變動初探〉，《契約文書與社會生活 1600-1900》（臺北：中央研究院臺灣史研究所籌備處，2001 年）。

[11] 劉澤民，〈從古文書看十三（六八）銀的出現年代〉，《臺灣古文書學會會訊》，創刊號（南投：臺灣古文書學會，2007 年），頁 20-22。

[12] 陳哲三，〈清代金門與臺灣契約文書異同之比較研究〉，《逢甲人文社會學報》，第 21 期（臺中市：逢甲大學，2010 年 12 月），頁 61-92。

南、臺中、高屏地區中選取《楊雲萍藏臺灣古文書》[13]、《草屯地區古文書專輯》[14]、《臺南縣平埔族古文書集》[15]、《古鳳山縣文書專輯》[16]四本為取樣加以研究。再以數位資料庫相關古文書及論著相印証，以期對清代臺灣流通銀幣之種類及流通情形有更深入明晰的認知，希望看到時間上之變化，也希望看到地區上的差異。

貳、《楊雲萍藏臺灣古文書》中的銀幣

《楊雲萍藏臺灣古文書》含 5 部份，即八芝蘭案卷，里族、塔塔悠案卷，沙轆、牛罵頭案卷，鹿港、彰化案卷及其他，僅取北部八芝蘭案卷，里族、塔塔悠案卷以代表北部情況。

八芝蘭部份統計其銀幣名稱有 8 種，如表 1。

表 1：八芝蘭契約銀幣表

序號	名稱	出現次數	出現契約年月	出現頁碼	備註
1	銀	9	雍正 13 年 10 月	頁 28	雍正 13 年 10 月件單位為兩。乾隆 49 年 8 月、乾隆 53 年 8 月、嘉慶 1 年 2 月、嘉慶 3 年 11 月、嘉慶 11 年 6 月、咸豐 1 年 5 月、明治 33 年 1 月，以上有 5 件單位為大員，1 件為員。明治 38 年 1 月件單位為圓。
			乾隆 49 年 8 月	頁 32	
			乾隆 53 年 8 月	頁 36	
			嘉慶 1 年 2 月	頁 38	
			嘉慶 3 年 11 月	頁 40	
			嘉慶 11 年 6 月	頁 42	
			咸豐 1 年 5 月	頁 50	
			明治 33 年 1 月	頁 126	
			明治 38 年 1 月	頁 136	
2	佛面銀	7	道光 9 年 5 月	頁 44	其中 2 件契中寫銀，契末才寫佛面銀。
			咸豐 2 年 11 月	頁 52	
			咸豐 11 年 9 月	頁 58	

13　張炎憲、曾品滄主編，《楊雲萍藏臺灣古文書》（臺北：國史館，2003 年）。
14　謝嘉梁，《草屯地區古文書專輯》（南投：臺灣省文獻委員會，1999 年）。
15　林玉茹主編，《臺南縣平埔族古文書集》（臺南：臺南縣政府，2009 年）。
16　唐榮源，《古鳳山縣文書專輯》（高雄：高雄市文獻委員會，2004 年）。

			光緒 4 年 11 月	頁 92	
			光緒 6 年 11 月	頁 100	
			光緒 11 年 8 月	頁 108	
			明治 29 年 10 月	頁 118	
3	佛銀	15	道光 24 年 10 月	頁 48	其中 8 件契中寫銀，契末才寫佛銀。
			光緒 4 年 11 月	頁 84	
			光緒 4 年 11 月	頁 86	
			光緒 4 年 11 月	頁 88	
			光緒 4 年 11 月	頁 90	
			光緒 5 年 10 月	頁 96	
			光緒 5 年 11 月	頁 98	
			光緒 6 年 12 月	頁 102	
			光緒 7 年 7 月	頁 104	
			光緒 7 年 10 月	頁 106	
			光緒 17 年 10 月	頁 110	
			光緒 19 年 12 月	頁 112	
			光緒 19 年 12 月	頁 114	
			明治 31 年 6 月	頁 120	
			明治 31 年 6 月	頁 124	
4	番頭銀	1	同治 7 年 10 月	頁 54	本件契中寫銀，契末才寫番頭銀。
5	清水佛銀	1	同治 5 年 11 月	頁 62	
6	紋銀	1	同治 11 年 11 月	頁 68	
7	足色庫平紋銀	1	光緒 4 年 10 月	頁 82	
8	龍銀	2	明治 34 年 2 月	頁 125	
			明治 35 年	頁 134	

里族、塔塔悠部份統計銀幣名稱的有 8 種，如表 2。

表 2：里族、塔塔悠契約銀幣表

序號	名稱	出現次數	出現契約年月	出現頁碼
1	銀	6	乾隆 16 年 6 月	頁 144
			乾隆 26 年 10 月	頁 148
			乾隆 38 年 12 月	頁 154
			嘉慶 9 年 10 月	頁 168
			道光 23 年 11 月	頁 180

			光緒 6 年 11 月	頁 204
2	劍銀	1	道光 39 年 11 月	頁 44
3	清水銀	1	乾隆 50 年 12 月	頁 162
4	清水佛銀	2	嘉慶 2 年 11 月	頁 164
			嘉慶 3 年 12 月	頁 166
5	清水佛面銀	4	嘉慶 20 年 11 月	頁 174
			道光 7 年 11 月	頁 176
			咸豐 9 年 3 月	頁 190
			光緒 10 年 11 月	頁 208
6	佛銀	3	嘉慶 18 年 3 月	頁 170
			嘉慶 19 年 11 月	頁 172
			咸豐 1 年 4 月	頁 188
7	佛面銀	5	道光 19 年 11 月	頁 178
			道光 27 年 9 月	頁 184
			同治 2 年 2 月	頁 194
			同治 2 年 7 月	頁 196
			同治 12 年 11 月	頁 202
8	紋庫銀	1	道光 25 年 9 月	頁 182

再將表 1、表 2 整合成兩地比較表，如表 3。

表 3：八芝蘭、里族塔塔悠契約中銀幣比較表

八芝蘭	里族、塔塔悠
銀 9	銀 6
番頭銀 1	劍銀 1
足色庫平紋銀 1	清水銀 1
龍銀 2	清水佛銀 2
清水佛面銀 1	清水佛面銀 4
佛銀 15	佛銀 3
佛面銀 7	佛面銀 5
紋銀 1	紋庫銀 1

從表 1，看到八芝蘭，即今士林地區，清代契約中出現的銀幣種類
有 8 種，其出現時間排序為：銀、佛面銀、佛銀、番頭銀、清水佛銀、
紋銀、足色庫平紋銀、龍銀，然佛面銀、佛銀、番頭銀、清水佛銀明顯

是同一銀幣之異稱，可歸爲佛銀一類。所以是佛銀出現次數最多，爲最通俗之稱呼。紋銀與足色庫平紋銀可歸爲紋銀一類。則成爲銀、佛銀、紋銀、龍銀四類。銀最早一件雍正 13 年 10 月，單位爲兩，是康熙年間民間使用外國銀幣以重量行用而非以個數。其它清代則 1 件用員，5 件用大員。至於紋銀，即成份純之白銀，「足色庫平」是純銀之條件，故此二件之單位皆爲「兩」，光緒 4 年件有兩、錢。與銀幣之以「員」爲單位者不同。至於龍銀出於明治 34、35 年，日人統治已 6、7 年，其單位爲圓，此應爲日本銀幣。在「銀」項中，明治 38 年件，其單位爲圓，疑爲日本龍銀。

再自表 2 看里族、塔塔悠，即今內湖、松山地區，清代契約計出現 8 種貨幣名稱，按出現時間排序：銀、劍銀、清水銀、清水佛銀、佛銀、清水佛面銀、佛面銀、紋庫銀。其中銀之使用時間自乾隆 16 年（1751）6 月到光緒 6 年（1880）11 月，跨 130 年；八芝蘭地區更長，自雍正 13 年（1735）到明治 38 年（1905），跨 171 年，而其所跨之契約年間，有許多通用貨幣，故銀之名稱，實爲當時通用貨幣之最通俗性稱呼。亦即「銀」項中，實包含多種貨幣，只有在同一契約中，契內寫銀，契末寫佛銀時，才知銀即爲佛銀。類似寫法，俯拾皆是。其次清水銀、清水佛銀、清水佛面銀、佛面銀四項均爲佛銀之異稱，可合併爲「佛銀」一項。道光 25 年 9 月原契中，契中寫「紋庫銀肆佰參拾肆兩」，契末寫「收過佛面銀折　紋庫銀肆佰參拾肆兩完足」可見紋庫銀即庫平銀，即成色純的紋銀，而契約實是以佛面銀計價，再加折算紋銀。所以表 2 可歸爲銀、劍銀、佛銀、紋銀（庫平銀）四項。

自表 3，看到八芝蘭（士林），里族、塔塔悠（內湖、松山）同在台北，同樣出現八種貨幣，可是貨幣名稱有同有異，並不完全一樣。相同的有銀、清水佛面銀、佛銀、佛面銀 4 項，不同的在八芝蘭有番頭銀、紋銀、足色庫平紋銀、龍銀，在里族、塔塔悠有劍銀、清水銀、清水佛銀、紋庫銀。如果再將上面名異實同者歸類後之分類再加比較，八芝蘭：銀、佛銀、紋銀、龍銀，里族、塔塔悠：銀、劍銀、佛銀、紋庫銀。可見二地實際差異只在劍銀和龍銀，但名稱差異卻有 8 項之多。臺灣北部

的銀幣可以王世慶的研究加以印証。

王世慶爲研究 19 世紀中葉臺灣北部銀錢比價變動，製有〈清代臺灣北部銀元與紋銀之折率（1755-1894）〉，根據統計表，計有劍銀、花邊劍銀、佛銀、番銀員四種。就其出現年代劍銀自乾隆 24 年（1759）到乾隆 45 年（1780）與紋銀之折率爲 0.66。花邊劍銀出現年代爲乾隆 44 年（1779）、乾隆 49 年（1884）及嘉慶 9 年（1804）其折率爲 0.73。佛銀出現於嘉慶 3 年（1798）到光緒 20 年（1894），其折率爲 0.69。番銀員出現時間最早爲乾隆 20 年（1755），第二件爲道光 4 年（1824），其次道光 5 年（1825）、道光 2 年（1822）、同治 13 年（1874）、光緒 5 年（1879）、光緒 17 年（1891）及光緒 19 年（1893）。其折率乾隆件 0.65，道光以後 0.69。只光緒 5 年件 0.70。[17]和前文表 1，表 2 比較，劍銀出現在乾隆 24 年，比里族、塔塔悠的 39 年早 15 年。佛銀表 2 嘉慶 2 年的清水佛銀最早，王文嘉慶 3 年，差 1 年。花邊劍銀、番銀員則前兩表均未出現。可見取樣越多，可靠性越高。

參、《草屯地區古文書專輯》中的銀幣

本書計收草屯契約 287 件，時間最早爲乾隆 16 年，最晚爲昭和 4 年。茲將契約中有銀幣者 205 件加以統計，做成表 4。

表 4：草屯契約銀幣表

序號	銀員名稱	出現次數	佔百分比
1	花邊劍銀	1	
2	劍銀	1	1.5%
3	花劍	1	
4	時價銀	5	
5	銀	33	28%
6	時值價銀	20	
7	佛面銀（佛銀、佛頭銀）	129	63%
8	柒兌佛銀	1	

17　王世慶，〈十九世紀中葉臺灣北部銀錢比價變動初探〉，《契約文書與社會生活 1600-1900》（臺北：中央研究院臺灣史研究所籌備處，2001 年）。

9	柒秤銀	2	
10	柒兑銀	1	
11	柒兑秤銀	1	6%
12	七兑銀	5	
13	柒兑平銀	1	
14	柒兑番銀	1	
15	洋銀	1	1.5%
16	光銀	2	

資料來源：陳哲三〈金門與台灣清代契約文書的異同〉[18]

　　表4中16種銀員名稱，1~3可成第一組3次，4~6成第二組58次，7~8成第三組130次，9~14成第四組11次，15~16成第五組4次。第一組佔總數1.5%，第二組佔28%，第三組佔63%，第四組佔6%，第五組佔1.5%。第二組、第三組、第四組是指同一銀員，即西班牙銀元，合併起來佔97%強，所以可以看到清代草屯的買賣價全是以銀員計價。分開可以有17種名稱，將名異實同者合併之後，只有4種，即花邊劍銀、佛銀、洋銀、光銀。其出現時間不同，劍銀在乾隆16年[19]，花劍在乾隆22年[20]，花邊劍銀在乾隆51年[21]，佛面銀出現於乾隆44年[22]，佛銀出現於乾隆47年[23]，柒兑銀出現於光緒4年（1878），日治初期明治時契約還大量使用。洋銀出現於光緒19年[24]，光銀出現在明治34年，明治35年（1901~1902）。劍銀類為荷蘭所鑄，佛銀為西班牙在墨西哥所鑄，洋銀為外國銀幣之泛稱，光銀疑為日本龍銀。詳細情形容後討論。

肆、《臺南縣平埔族古文書集》中的銀幣

[18] 陳哲三，〈清代金門與臺灣契約文書異同之比較研究〉，《逢甲人文社會學報》第21期，（臺中市：逢甲大學，2010年12月），頁61-92。

[19] 謝嘉梁，《草屯地區古文書專輯》，（南投：臺灣省文獻委員會，1999年），頁107。

[20] 謝嘉梁，《草屯地區古文書專輯》，（南投：臺灣省文獻委員會，1999年），頁137。

[21] 謝嘉梁，《草屯地區古文書專輯》，（南投：臺灣省文獻委員會，1999年），頁7。

[22] 謝嘉梁，《草屯地區古文書專輯》，（南投：臺灣省文獻委員會，1999年），頁235。

[23] 謝嘉梁，《草屯地區古文書專輯》，（南投：臺灣省文獻委員會，1999年），頁236。

[24] 謝嘉梁，《草屯地區古文書專輯》，（南投：臺灣省文獻委員會，1999年），頁160。

　　本書計收 130 件古文書，依性質分 4 類，土地租權之典賣轉移，墾佃批字，完租收單執照，借銀單字。本文只用前 2 類。取其中有銀幣者列成表 5。

表 5：臺南縣平埔族契約銀幣表

序號	銀員名稱	出現次數	出現契約時間	佔百分比
1	銀	23	乾隆 20 年－光緒 18 年 1 月	35%
2	劍銀	7	乾隆 30 年 10 月－乾隆 54 年 10 月	29%
3	番劍銀	5	乾隆 30 年 10 月－嘉慶 3 年 6 月	
4	番銀	2	乾隆 31 年 3 月	
5	清水宋劍銀	2	乾隆 44 年 1 月	
6	花邊劍銀	1	乾隆 55 年 4 月	
7	花邊銀	2	乾隆 49 年 4 月	
8	佛銀	6	乾隆 55 年 12 月－咸豐 8 年 2 月	36%
9	佛面銀	4	嘉慶 8 年 11 月－道光 2 年 1 月	
10	佛頭銀	6	乾隆 45 年 1 月－道光 3 年 12 月	
11	佛銀一三（68）	1	光緒 4 年 9 月	
12	一三（68）銀	3	同治 3 年 2 月－光緒 2 年 2 月	
13	一三（68）佛面銀	1	光緒 9 年 2 月	
14	一三（68）平銀	1	光緒 8 年 3 月	
15	一三（六八）佛銀	2	嘉慶 15 年 2 月－光緒 13 年 11 月	

　　從表 5 看到台南縣平埔族契約中的貨幣名稱竟然多到 15 種。名稱雖多，卻多數異名同實，而且差異其實很微小。如 2 到 7 有 6 種名稱，但比較多數地方通用的是劍銀。又如 8 到 15 有 8 種名稱，最通用的就是佛銀。此一論點自表 5 之出現次數可知，自表 1、表 2、表 4 的統計可知。「銀」的名稱之使用時間自乾隆 20 年（1755）到光緒 18 年（1892），其間通用多種貨幣，所以應解爲是當時通用貨幣之通俗名稱。猶如台灣人，今天仍稱紙幣爲「銀票」，稱金屬零錢爲「銀角」。至於六八（一三）銀的問題，容後討論。

伍、《古鳳山縣文書專輯》中的銀幣

本書係唐榮源就所藏契約文書中選取 110 件，分成 6 大類，並每件加以解說，甚具價值。其時間上起康熙 57 年（1718 年）下止明治 42 年（1909）。所分 6 大類為：1.賣契 2.典契、借契 3.鬮分契、申請書 4.丈單 5.納戶執照 6.土地台帳謄本。本文只取內有銀幣者列成表 6。

表 6：古鳳山縣契約銀幣表

序號	銀員名稱	出現次數	出現年月	頁碼	佔百分比	備註
1	番銀	6	康熙 57 年 12 月	頁 1	19%	單位兩錢 單位兩廣銀 單位番正廣 乾隆 41 年－番員銀折重，番員銀 130 大員折重 72 兩 8 錢
			乾隆 10 年 3 月	頁 2		
			乾隆 17 年 11 月	頁 3		
			乾隆 35 年 3 月	頁 5		
			乾隆 39 年 11 月	頁 6		
			乾隆 41 年	頁 7		
2	銀	7	乾隆 35 年 3 月	頁 5	23%	乾隆 35 年 3 月－銀 124 員折番銀 99 兩 2 錢 乾隆 39 年 11 月－銀 190 大員折重番銀 152 兩正 乾隆 47 年 8 月－銀 110 大元折重 88 兩
			乾隆 39 年 11 月	頁 6		
			乾隆 47 年 8 月	頁 32		
			嘉慶 7 年 2 月	頁 11		
			道光 26 年 11 月	頁 15		
			咸豐 4 年 2 月	頁 16		
			同治 11 年 2 月	頁 37		
3	劍銀	1	乾隆 35 年 11 月	頁 31	3%	
4	佛頭銀	3	乾隆 54 年 2 月	頁 9	10%	
			嘉慶 14 年 7 月	頁 13		
			道光 12 年 4 月	頁 33		
5	佛銀	4	嘉慶 16 年 2 月	頁 34	13%	
			道光 19 年 2 月	頁 66		
			同治 3 年 11 月	頁 18		
			光緒 3 年 1 月	頁 68		
6	大三（68）佛銀	7	咸豐 9 年 1 月	頁 35	23%	
			同治 5 年 7 月	頁 19		

			同治 11 年 1 月	頁 20		
			同治 11 年 2 月	頁 36		
			同治 12 年 9 月	頁 23		
			光緒 19 年 2 月	頁 26		
			明治 35 年 2 月	頁 39		
7	亠三(68)重紋銀	1	光緒 3 年 3 月	頁 24	3%	
8	亠8(75)光銀	2	明治 36 年 8 月	頁 40	7%	
			明治 39 年 6 月	頁 41		

　　自表 6，可見最早一張契約文書是康熙 57 年（1718）12 月，最後一張是明治 39 年（1912）6 月。自 1718 到 1906 年，跨 189 年。從清康熙，到日治明治。契約文書中的銀幣有 8 種。即番銀、銀、劍銀、佛頭銀、佛銀、68 佛銀、68 重紋銀、75 光銀。

　　劉澤民對力力社古文書契抄的研究，指出屏東力力社的古文書中的外國銀幣有劍銀、花邊銀、雙柱銀、佛面銀、清水銀及洋銀六種。比表 6 多出四種，即雙柱銀、清水銀、花邊銀、洋銀。[25]

　　番銀中乾隆 10 年（1745）件契中寫「番銀式拾壹廣兩銀」契末「銀式拾壹兩廣」，可知「番銀」可省為「銀」，反之，寫「銀」可能即為「番銀」。乾隆 17 年（1752）件契中寫「銀壹佰兩番正廣」契末寫「銀壹佰○五兩番正」，可知「番正廣」可省為「番正」。廣字解說中說是形容「可敲打記號，驗成色之足洋銀」。[26]但「廣」也可能是指「廣戥」，即廣州秤量。

　　銀項中乾隆 35 年（1770）3 月件，寫「銀壹百式拾肆員折番銀玖拾玖兩式錢」。乾隆 39 年（1774）11 月件，寫「銀壹佰玖拾大員，折重番銀壹佰伍拾式兩正」。乾隆 47 年（1782）8 月件寫「銀一佰一十大元折重八十八兩正」以上 3 件之銀圓折銀均為八折，可稱八○銀。八○銀是何國鑄的銀幣容後說明。

[25]　陳緯一、劉澤民，〈導讀〉，《力力社古文書契抄選輯－屏東崁頂力力社村陳家古文書》（南投：國史館臺灣文獻館，2006 年），頁 50。

[26]　唐榮源，〈價銀解說〉，《古鳳山縣文書專輯》（高雄：高雄市文獻委員會，2004 年），頁 3。

　　佛頭銀、佛銀是異名同實，台灣各地皆然。嘉慶 16 年（1811）2 月件，契文中寫「佛銀式百捌拾員」契末寫「銀式百捌拾員」，另嘉慶 25 年（1800）5 月 21 日寫出「佛頭銀拾伍大員」。同一契中，佛銀、銀、佛頭銀交互使用。此種現象，似爲當時人一般性的習慣。對洋銀，劉澤民認爲是外國銀元之泛稱。[27]

　　一三（68）佛銀，68 重紋銀二種也是異名同實。同治 5 年（1866）7 月件契中寫「時值杜價陸錢捌佛銀式佰大員」契尾寫「杜價陸捌佛銀式佰大員」。同治 11 年（1872）正月件契文寫「時價一三佛銀式佰大員」，「一三」爲蘇州碼，即六八，陸捌，陸錢捌分。也即每員重白銀陸錢捌分。光緒 3 年（1877）3 月件，寫「一三重紋銀玖拾大員」，從契尾中投契銀兩爲 61 兩 2 錢，正是 90 員完足折六錢八分後之數目。自此可見，68 佛銀、68 紋重銀均在銀員六八折後得其銀之實際重量。而所有佛銀在此一時間均六八折。所以佛頭銀、佛銀、68 佛銀、6 重紋銀均爲異名同實，此自明治 35 年（1902）2 月件可以証明，該件寫「六八重佛銀 100 大元正」。另六八重紋銀之紋銀顯然有誤，因紋銀已是接近純銀，無再六八折之理。因此可歸爲一類，即佛銀或佛頭銀，或佛面銀。

　　乾隆 35 年（1770）11 月契之劍銀，即荷蘭馬劍銀圓。[28]至於明治 36 年（1903）、明治 39 年（1906）兩件中之「光銀」即日本龍銀。[29]

　　高屏地區的銀幣如再對照《力力社古文書契抄選輯》[30]、《大崗山地區古契約文書匯編》[31]的契字，似可以修正表 1。據《力力社古文書契抄選輯》〈契字簿契抄導讀〉〈表二〇本書契字所使用的外國銀幣種類一覽表〉[32]可見銀元種類有劍銀、花邊銀、雙柱銀、佛面銀、清水銀、洋

---

[27]　陳緯一、劉澤民，〈導讀〉，《力力社古文書契抄選輯－屏東崁頂力力社村陳家古文書》（南投：國史館臺灣文獻館，2006 年），頁 53。

[28]　唐榮源，《古鳳山縣文書專輯》（高雄：高雄市文獻委員會，2004 年），頁 31。

[29]　唐榮源，〈價銀解說〉，《古鳳山縣文書專輯》（高雄：高雄市文獻委員會，2004 年），頁 41。

[30]　陳緯一、劉澤民，《力力社古文書契抄選輯－屏東崁頂力力社村陳家古文書》（南投：國史館臺灣文獻館，2006 年）。

[31]　陳秋坤、蔡承維，《大崗山地區古契約文書匯編》（高雄縣鳳山市：高雄縣政府，2004 年）。

[32]　陳緯一、劉澤民，〈導讀〉，《力力社古文書契抄選輯－屏東崁頂力力社村陳家古文書》

銀共 6 種。劍銀有 5 件，時間在乾隆 10 年到乾隆 41 年，甚至到乾隆 57 年。花邊銀 2 件，使用時間乾隆 41 年。雙柱銀（雙燭銀）2 件，使用時間乾隆 47 年。佛面銀（番佛銀）（番頭銀）（佛銀）（佛頭銀）共 11 件，使用時間自乾隆末到光緒年間。最早的乾隆 51 年。但作者也提到另有乾隆 39 年、乾隆 45 年、乾隆 48 年的契約。清水銀（鏡銀），使用於 乾隆 41 年。洋銀，多見於道光 7 年以後。[33]

再看《大崗山地區古契約文書匯編》內的契字，外國銀幣有劍銀、番頭銀、員大錢、員劍、花邊銀、花邊劍銀、清水銀、清水劍銀、清水宋劍銀、番銀、銀、佛銀、佛頭銀、一二（六八）佛銀。計 14 種名稱。但從名稱或契字內容可以看到異名同實的情形。如員大錢、員劍是同一種，劍銀、番劍銀是同一種。員劍又和劍銀相同。花邊銀、花邊劍銀相同。又都同為劍銀。也即以上 9 種全相同。乾隆 41 年 10 月件，契內寫員劍，契末寫劍銀。[34]乾隆 55 年 4 月件，契內寫花邊銀，契末寫先收過花邊銀，再找佛頭銀。由 2 件契字可証員劍即劍銀。花邊劍銀即花邊銀。而佛頭銀的使用較晚。至於其使用時間，只提最早，劍銀，乾隆 30 年 10 月。[35]番劍銀、乾隆 32 年 4 月。[36]員劍，乾隆 41 年 10 月。[37]花邊銀、乾隆 49 年 4 月。[38]花邊劍銀，乾隆 55 年 4 月。[39]清水劍銀，乾隆 39 年 2 月。[40]清水宋劍銀，乾隆 44 年 1 月。[41]清水銀，乾 9 年 2 月。[42]佛銀、

（南投：國史館臺灣文獻館，2006 年），頁 50。

[33]　陳緯一、劉澤民，〈導讀〉，《力力社古文書契抄選輯－屏東崁頂力力社村陳家古文書》（南投：國史館臺灣文獻館，2006 年），頁 50-51。

[34]　陳秋坤、蔡承維，《大崗山地區古契約文書匯編》（高雄縣鳳山市：高雄縣政府，2004 年），頁 40。

[35]　同前註，頁 32、303。

[36]　同前註，頁 35。

[37]　同前註，頁 40。

[38]　同前註，頁 33。

[39]　陳秋坤、蔡承維，《大崗山地區古契約文書匯編》（高雄縣鳳山市：高雄縣政府，2004 年），頁 124。

[40]　同前註，頁 441。

[41]　同前註，頁 100-1。

[42]　同前註，頁 331。

佛頭銀、一三佛銀，都是佛銀。佛銀最早出現於乾隆 5 年 2 月[43]，其次是乾隆 42 年[44]，佛頭銀出現於乾隆 45 年[45]，一三佛銀出現在乾隆 30 年 11 月[46]，第二件則要到咸豐 10 年[47]。至於番銀、銀都是以兩、錢爲單位。另外，清水銀，乾隆 9 年件時間似乎太早。佛銀，乾隆 5 年件似乎也太早。一三佛銀，乾隆 30 年可能也嫌太早。這幾件契約的真僞值得注意。因前者與第二件差 30 年，中者與第二件差 37 年，後者與南部一三佛銀通行時間也差距太大。但因未見原契，無法判斷，姑且照契論述。

　　據上面討論，對表 6 加以修正，如劍銀，表 6 爲乾隆 35 年，力力社爲乾隆 10 年，大崗山爲乾隆 30 年。花邊銀，表 6 未有，力力社出現於乾隆 41 年，大崗山出現於乾隆 49 年。佛銀，表 6 最早乾隆 54 年，力力社乾隆 51 年，大崗山乾隆 5 年。至於雙柱銀只力力社出現於乾隆 47 年，表 6 及大崗山未見。至於一三（六八）佛銀出現時間，表 6 最早咸豐 9 年，大崗山第一件乾隆 30 年，第二件咸豐 10 年，力力社咸豐 8 年實際計算使用（每元重陸錢八分），同治 6 年才出現一三（六八）佛銀。

陸、臺北、臺中、臺南、高屏四地銀幣異同之比較

　　本節目的在看到臺灣從南到北在清代使用的銀幣名稱上，或實質在銀幣種類上之異同，以了解臺灣各地之情況。表 1 表 2 代表臺北，表 4 代表中部，表 5 代表南部，表 6 代表高屏，茲以上面各節所得結果列比較表如下：

---

[43]　同前註，頁 329。
[44]　同前註，頁 335。
[45]　同前註，頁 103。
[46]　同前註，頁 495。
[47]　同前註，頁 421。

表 7：臺北、臺中、臺南、高屏銀幣異同表

銀幣名稱　地方	臺北	臺中（草屯）	臺南	高屏
番銀		七兌番銀	V	V
		光緒 4.4		
銀	V	V	V	V
劍銀	V	V	V	V
		花邊劍銀	番劍銀	
			清水宋劍銀	
		花劍	花邊劍銀	
			花邊銀	
佛面銀	V	V	V	
佛銀	V	V	V	V
佛頭銀		V	V	V
番頭銀	V			
柒兌佛銀		V		
		柒秤		
		柒兌平銀		
		柒兌銀		
		柒兌秤銀		
		柒兌銀		
		柒秤銀		
亠三（六八）佛銀			佛銀68	68 佛銀
			68銀	
			68佛面銀	68 重紋銀
			68平銀	
			六八佛銀	
清水銀	V			V
清水佛銀				
清水佛面銀	V			
紋銀	V			
紋庫銀	V			
庫平紋銀	V			
洋銀		V		V
龍銀	V			
光銀		V		亠8（七五）光銀

從表 7 臺北、臺中、臺南、高屏之比較，四地區之間確有同有異。

番銀，臺北、臺中未曾出現，臺南、高屏出現。銀，臺北、臺中、臺南、高屏都出現。劍銀或花邊劍銀、花劍，臺北、臺中、臺南、高屏都出現。而以臺南名稱最多樣，有番劍銀、清水宋劍銀、花邊劍銀、花邊銀；臺中次之，有花邊劍銀、花劍。

佛銀，臺北、臺中、臺南、高屏都出現。而其名稱最多，差異也最多。臺北八芝蘭有佛面銀、佛銀、番頭銀、清水佛銀四種名稱，里族、塔塔悠有清水銀、清水佛銀、清水佛面銀、佛銀、佛面銀五種名稱。綜合之，有佛面銀、佛銀、番頭銀、清水佛面銀、清水銀、清水佛銀等 6 種名稱。臺中草屯有佛銀、佛面銀、佛頭銀等 3 種。臺南有佛銀、佛面銀、佛頭銀等 3 種。高屏有佛頭銀、佛銀 2 種。

至於佛銀加計純銀重量的，臺北有紋銀、足色庫平紋銀 2 種。臺中有庫秤銀兩、平重銀兩、平足重、秤足重、七兌番銀、七兌平佛銀、七兌銀、七兌正、柒秤等 9 種。臺南有佛銀一三（68）、一三（68）銀、一三（68）佛面銀、一三（68）平銀、一三（六八）佛銀等 5 種。高屏有一三（68）佛銀、一三（68）重紋銀 2 種。似以臺中草屯之 9 種最多，臺南 5 種次之，臺北、高雄都只有 2 種。

洋銀只出現在臺中、高屏，龍銀只出現在臺北，光銀出現在臺中、高屏，而高屏稱二ㄖ（75）光銀。

臺北如補王世慶研究，可加花邊劍銀、番銀員 2 種。高屏補力力社、大崗山文書，可增加雙柱銀 1 種。

柒、各類銀幣使用時間之探討

番銀在臺南契約中出現在乾隆 31 年（1766）3 月新港社沙來等立典契，原文「時價番銀陸拾伍兩」。[48]及乾隆 40 年（1775）11 月新港社礁及賢目立典契，原文「時價員大錢玖拾個，每個重捌錢行□番銀柒拾弍兩正」。[49]番銀在高雄契約中出現在康熙 57 年 12 月葉執有賣園契中，

[48]　林玉茹主編，《臺南縣平埔族古文書集》（臺南：臺南縣政府，2009 年），頁 77。
[49]　同前註，頁 81。

原文「時價番銀七兩正」。[50]又出現在乾隆 10 年 3 月李捷老立絕賣契，原文「值價番銀弍拾壹兩廣」。[51]計共 4 件，最早是康熙 57 年（1718），最晚是乾隆 40 年 11 月（1775-6）。其單位爲兩，當時銀幣一員重捌錢。也即銀幣八折係爲銀兩。何種銀幣八折成銀兩，容後說明。至於臺北，表 1，表 2 未有，王世慶的研究是乾隆 20 年出現番銀員。已如前述。

　　銀，從南到北行用，臺北八芝蘭（士林）最早是雍正 13 年（1735）10 月，但本件單位爲兩。以員（大員）爲單位者，最早爲乾隆 49 年（1784）8 月到日明治 33 年（1900）。明治 38 年（1905）件用圓，單位似爲日圓。銀在臺北里族、塔塔悠（內湖、松山）最早爲乾隆 16 年（1751）6 月，最晚爲光緒 6 年（1880）11 月。銀在臺中草屯出現在乾隆 24 年（1759）、乾隆 37 年（1772）、乾隆 43 年（1778）、乾隆 45 年（1780）單位均爲員（大員）。銀在高屏出現在乾隆 17 年（1752）到同治 11 年（1872）。乾隆 17 年件契內寫「時價銀壹佰〇五兩番正廣」[52]契末寫「銀壹佰〇伍兩番正完足」[53]，從番字知爲外來，而「廣」字可寫可不寫，與金額無關。「廣」字似指廣戥，即廣東秤。劉澤民認爲與乾隆 15 年臺灣知府方邦基規定「番錢交納以廣戥秤重」有關。可是高屏最早一件出於乾隆 10 年。早方邦基的規定 5 年。只能說方邦基前已有此習慣，方邦基只是加以官方的認可。乾隆 35 年件寫「賣過銀壹佰弍拾肆員折番銀玖拾玖兩弍錢」[54]可見銀員八折成爲銀兩。乾隆 47 年件契文「時價銀一百一十八大元折重八十八兩正」[55]除外的「銀」全屬佛銀。由其前後契契內寫銀，契末寫佛銀，可推全是佛銀。由上討論可見八折銀員使用時間在乾隆 35 年到乾隆 47 年。

　　劍銀，北、中、南、高屏有。臺北在里族、塔塔悠（內湖、松山）出現於乾隆 39 年（1774）11 月林金生立杜契，契文「時出劍銀壹拾捌

---

[50]　唐榮源，《古鳳山縣文書專輯》（高雄：高雄市文獻委員會，2004 年），頁 1。

[51]　同前註，頁 2。

[52]　唐榮源，《古鳳山縣文書專輯》（高雄：高雄市文獻委員會，2004 年），頁 3。

[53]　同前註，頁 3。

[54]　同前註，頁 5。

[55]　同前註，頁 32。

大員」。[56]王世慶的研究，臺北劍銀則提早到乾隆24年。花邊劍銀爲乾隆44年。臺中草屯出在乾隆16年（1751）8月，乾隆22年（1757）11月，乾隆51年7月，其名稱分別爲劍銀、花劍、花邊劍銀。乾隆16年原契文，「值時價劍銀伍員」[57]，乾隆22年林程氏杜賣契原契文「時值價銀花劍捌拾大員清正」契末寫「即日收過契內銀捌拾員完足再炤」[58]。乾隆51年（1786）北投社番婦阿祿同男斗六、自仔立杜賣斷根田契，原文「時價花邊劍銀參百肆拾大員正」[59]，從以上3件，可知劍銀、花劍、花邊劍銀3者名異實同。自乾隆22年件知「大員」「員」是指同一種銀員。有「大」沒有「大」無關。臺南出現在乾隆30年。高屏出現在乾隆35年。而力力社早在乾隆10年，大崗山是乾隆30年。

　　佛銀、佛面銀、佛頭銀、番頭銀，四個是同實異名的銀幣，佛銀是自南到北都用的名稱，番頭銀則似只出現在臺北，佛頭銀則在中、南、高屏出現，佛面銀出現北、中、南。佛銀在臺北最早出現在嘉慶18年3月的契約中，王世慶的研究是嘉慶3年。臺中最早出現在嘉慶14年3月，臺南最早出現在乾隆55年12月，高屏最早出現在嘉慶16年2月。臺南在乾隆55年12月麻豆社謝宗揚立杜賣契原文「時價佛銀肆拾參員足」[60]。力力社出現於乾隆51年，大崗山出現於乾隆5年。所以是大崗山最早，臺南、臺中、臺北約在同時。大崗山乾隆5年2月的佃批字契上是「佛銀參拾參大員」，但其真偽存疑。佛面銀，臺北最早出現在道光9年（1829）5月，臺中最早出現在嘉慶9年（1804）10月，臺南最早出現在嘉慶8年（1803）11月。臺南嘉慶8年11月番婦他里務立賣杜絕盡根契，原文「時價佛面銀陸拾參大員正」[61]。力力社出現在嘉慶17年（1812）11月。[62]所以是臺南、臺中在嘉慶初年，高屏在嘉慶

[56] 張炎憲、曾品滄主編，《楊雲萍藏臺灣古文書》（臺北：國史館，2003年），頁158。

[57] 謝嘉梁，《草屯地區古文書專輯》（南投：臺灣省文獻委員會，1999年），頁107。

[58] 同前註，頁137。

[59] 同前註，頁7。

[60] 林玉茹主編，《臺南縣平埔族古文書集》（臺南：臺南縣政府，2009年），頁58。

[61] 林玉茹主編，《臺南縣平埔族古文書集》（臺南：臺南縣政府，2009年），頁60。

[62] 陳緯一、劉澤民，《力力社古文書契抄選輯－屏東崁頂力力社村陳家古文書》（南投：國史館臺灣文獻館，2006年），頁88-89。

中，臺北晚到道光。

佛頭銀，臺中最早出現在嘉慶 19 年（1814）12 月，臺南最早出現在乾隆 45 年（1780）1 月，高雄最早出現在乾隆 54 年（1789）12 月。臺南乾隆 45 年 1 月新港社番落毛立典契，原文「典與陳宅出頭承典，佛頭銀伍大員」。[63]番頭銀只出現在臺北，而且只有 1 件，即咸豐 7 年 10 月在契中寫「值時價銀壹拾大員」在再批中「即日同中交收過字內番頭銀壹拾大員正」。[64]臺南最早，高雄次之，臺中又次之，臺北似未出現。

番頭銀，只出現在臺北，而且只有 1 件，即咸豐 7 年 10 月，契內寫「值時價銀壹拾大員正」，再批寫「即日同中收過字內番頭銀壹拾大員正。」[65]

柒兌銀、七兌平銀、柒兌秤銀、柒秤番銀、柒秤銀、柒兌佛銀、七兌價銀、七兌平佛銀、銀七兌、七兌番銀、庫秤、庫重、庫平銀，這些名稱都指同一事實，即佛銀七折。舉草屯道光 12 年 9 月轉典契有「價銀貳佰五拾元庫秤壹百柒拾五兩正」[66]，草屯咸豐 11 年 2 月蕭逢川、蕭連厚立杜賣盡根田契契中「時價銀壹佰參拾員，庫重玖拾壹兩」契末「收過賣字內佛銀壹佰參拾員」[67]。草屯光緒 4 年 4 月找盡契有「備繳柒秤番銀參百貳拾員」「合共銀肆百大員平貳百捌拾兩正」[68]，明治 33 年 7 月繳典契有「銀柒兌平佛銀五百大元」[69]。可見佛銀與庫平銀的比重是 10：7，也即七兌、柒秤。這種例子在《草屯地區古文書專輯》俯拾皆是。七折為中部地區通行的折率。

佛銀一兰（68）、一兰（68）銀、一兰（68）佛面銀、一兰（68）平銀、六八佛銀、一兰（68）重紋銀都是指一個銀幣折 6 錢 8 分的佛銀，

[63]　林玉茹主編，《臺南縣平埔族古文書集》（臺南：臺南縣政府，2009 年），頁 91。

[64]　張炎憲、曾品滄主編，《楊雲萍藏臺灣古文書》（臺北：國史館，2003 年），頁 54。

[65]　同前註，頁 33。

[66]　謝嘉梁，《草屯地區古文書專輯》（南投：臺灣省文獻委員會，1999 年），頁 150。

[67]　同前註，頁 74。

[68]　同前註，頁 160。

[69]　同前註，頁 98。

可能按其銀成分折 6 錢 8 分，也許是一個銀幣即重 6 錢 8 分。從明治 35 年 2 月（1902）鳳山嘉 祥內里李固、李預立典契文「典與同里南安老庄施添信觀六八重佛銀壹佰大元正」[70]，即是一個銀幣重 6 錢 8 分。其中 68 或寫六八，或寫⼆三。這是南臺灣的銀員與銀兩之折率。

　　另外出現在北臺灣的清水銀、清水佛銀、清水佛面銀，乾隆 41 年出現在力力社的清水銀。大崗山有 2 張，一張乾隆 9 年，一張乾隆 39 年。[71]均指乾淨完整如新的銀幣，不是被磨、被挖的爛佛銀（粗銀）。至於出現在臺北的紋銀、紋庫銀、庫平紋銀，和高雄的紋銀⼆三重紋銀。從紋庫銀、庫平紋銀可見即為庫平銀。

　　臺北還出現龍銀，從其出現在明治 34 年（1901）、明治 35 年（1902）可以知道是日本龍銀，不是清光緒龍銀。

　　臺中光緒 19 年（1893）出現洋銀，明治 34 年、35 年出現光銀，高雄明治 36 年（1903）、明治 39 年（1906）出現 75 光銀（75 寫⼆δ）。按出現時間，龍銀、光銀、75 光銀似即日本龍銀。據袁穎生指出日本龍銀 1 圓重 26.9563 公克，換算庫平銀 7.2267。[72]接近 7.5 因其完美，民間以 75 兌換。

　　總結以上的論述，知道臺灣自南到北各地所用銀幣大同小異，異在名稱之差異，及銀元與銀兩比例之差異。全名相同的是銀、劍銀、佛銀。不同的是番頭銀只臺北用。臺中佛銀與銀兩兌換比例為七兌，臺南、高屏則為六八。臺北用較多的清水銀、清水佛銀、清水佛面銀、紋銀、紋庫銀、庫平紋銀，臺中都用七兌平銀、七兌銀、七兌庫平銀、柒秤銀、柒秤佛銀，臺南有⼆三（68）平銀，高屏有⼆三（68）重紋銀。龍銀出現在臺北，臺中出現洋銀、光銀，高屏出現 75（⼆δ）光銀。

　　至於出現時間，以最早的來看。

　　番銀：高屏出現於康熙 57 年（1718）12 月，另乾隆 10 年（1745）

---

70 唐榮源，《古鳳山縣文書專輯》（高雄：高雄市文獻委員會，2004 年），頁 39。
71 陳秋坤、蔡承維，《大崗山地區古契約文書匯編》（高雄縣鳳山市：高雄縣政府，2004 年），頁 331、441。
72 袁穎生，第一表「臺灣在日據時期日人調查之各國銀幣重量、成色、純銀量對照表」，《臺灣光復前貨幣史述》（南投：臺灣省文獻委員會，2001 年），頁 94。

出現番廣銀，乾隆 17 年（1752）出現番正廣，臺南出現於乾隆 31 年 3 月，以上都以兩爲單位。臺中光緒 4 年（1878）出現七兌番銀，是以員 爲單位。可見此番銀即佛銀。

　　劍銀：高屏出現於乾隆 31 年、乾隆 35 年。大崗山是乾隆 30 年， 力力社是乾隆 10 年。臺南出現於乾隆 30 年、乾隆 32 年、乾隆 41 年、 乾隆 48 年、乾隆 54 年，幾乎同一時間也出現番劍銀（乾隆 30－31 年、 乾隆 45 年、乾隆 55 年、嘉慶 3 年），也出現清水宋劍銀（乾隆 44 年、 乾隆 45 年），也出現花邊劍銀（乾隆 55 年，花邊銀於乾隆 49 年、乾隆 55 年）。臺中出現於乾隆 16 年，花劍出現於乾隆 22 年，花邊劍銀出現 於乾隆 51 年。臺北只在乾隆 39 年出現劍銀。王世慶研究把臺北出現劍 銀提早到乾隆 24 年。

　　佛銀：高屏出現於乾隆 5 年，用到光緒 3 年。力力社出現於乾隆 51 年。臺南出現於乾隆 55 年，用到咸豐 8 年。臺中出現於嘉慶 14 年， 用到道光 29 年，之後的佛銀要加平足、平重、庫秤、七兌等。臺北出 現於道光 24 年，用到明治 31 年。佛面銀：臺北出現於道光 9 年，用到 明治 29 年。王世慶研究是嘉慶 3 年。佛頭銀：高屏出現於乾隆 54 年， 用到道光 12 年。臺南出現於乾隆 45 年，用到道光 3 年。臺中出現於嘉 慶 19 年、嘉慶 20 年。以上三者同實異名，最早出現是佛頭銀，在臺南， 10 年後出現佛銀，似可以推定。佛銀爲佛頭銀之簡稱。

　　番頭銀：臺北出現於咸豐 7 年。七兌銀、柒兌平銀、柒兌庫平銀、 秤、平足、平足重、庫秤、庫平、七兌正、七兌平佛銀、七兌番銀：臺 中最早出現於道光 6 年用到明治 36 年。六八銀、六八佛銀、六八佛面 銀、六八重紋銀：高屏最早出現於嘉慶 16 年，用到明治 35 年。大崗山 最早是乾隆 30 年，次件是咸豐 10 年。力力社咸豐 8 年有六八兌，到同 治 10 年才出現六八佛銀之名。臺南最早出現於嘉慶 15 年，用到光緒 13 年。

　　清水銀，臺北出現於乾隆 50 年。力力社出現在乾隆 41 年，是唯一

1 張。[73]清水佛銀，臺北出現於嘉慶 2 年、嘉慶 3 年。清水佛面銀，臺北出現於嘉慶 20 年到光緒 10 年。三者同實異名，可見最早出現是清水銀。

紋庫銀，臺北出現於道光 25 年。紋銀，臺北出現於同治 11 年。足色庫平紋銀，臺北出現於光緒 4 年。三者單位是兩錢，可見即是庫平銀。

洋銀，臺中出現在光緒 19 年。光銀，臺中出現於明治 34 年、明治 35 年。高屏 75 光銀出現於明治 36 年、明治 39 年。龍銀，臺北出現在明治 34 年、明治 35 年。將上面銀幣按第一次出現時間排列，如下：

番銀（兩）	康熙 57 年（1718）（高屏）
佛銀	乾隆 5 年（1740）（高屏、大崗山）
	乾隆 55 年（1790）（臺南）
劍銀	乾隆 16 年（1751）（臺中）
	乾隆 10 年（1745）（力力社）
花劍	乾隆 22 年（1757）（臺中）
番劍銀	乾隆 30 年（1765）
清水宋劍銀	乾隆 44 年（1779）
佛頭銀	乾隆 45 年（1780）（臺南）
雙燭銀	乾隆 47 年（1782）（高屏）
清水銀	乾隆 50 年（1785）（臺北）
	乾隆 41 年（1776）（高屏、力力社）
花邊劍銀	乾隆 51 年（1786）（臺中）
七兌銀	道光 6 年（1826）（臺中）
佛面銀	道光 9 年（1829）（臺北）
	嘉慶 3 年（1798）（臺北、王世慶文）
紋庫銀（兩）	道光 25 年（1845）（臺北）
六三（六八）銀	嘉慶 15 年（1810）（臺南）
	乾隆 30 年（1765）（高屏、大崗山）
番頭銀	咸豐 7 年（1857）（臺北）

以上是就 4 本古文書集再加王世慶研究及大崗山、力力社古文書所取樣的結果。如果再進入臺大古文書數位資料庫（THDL 資料庫）[74]看

---

[73] 陳緯一、劉澤民，《力力社古文書契抄選輯－屏東崁頂力力社村陳家古文書》（南投：國史館臺灣文獻館，2006 年），頁 86。

[74] 國立臺灣大學臺灣歷史數位圖書館（THDL），網址：http://thdl.ntu.edu.tw/。

到康熙 38 年 4 月大穆降庄杜賣契出現「馬劍銀貳佰兩足」[75]。雍正 9 年（1731）隆恩庄贌耕字出現「原納塭餉五谷駝足番銀壹百伍拾兩」。[76] 雍正 10 年（1732）貓羅社番立開墾契中出現「佛面銀陸拾大員」「收過 佛銀陸拾大員」。[77]乾隆 13 年（1748）水裏社土目給墾字有「給墾埔底 佛銀貳拾兩正」「收過給墾契字內佛頭銀貳拾兩正」。[78]乾隆 49 年，臺北 杜賣契有「花邊劍銀拾肆大元」。[79]嘉慶 22 年，金包里杜賣契「收過銀 柒大元」「洋銀七大元正」。[80]嘉慶 6 年，打貓東下堡「六八銀五拾大元 正」。[81]嘉慶 24 年，水裏社契「庫平柒錢重」。[82]嘉慶 25 年，水裏社契 「佛面銀庫秤拾肆兩正」。[83]同治 8 年，芝蘭三堡杜賣「佛番頭銀」。[84]乾 隆 54 年 1 月臺南寧 南坊典契有「番頭銀五十大元」。[85]

　　其中，康熙 38 年馬劍銀在大穆降庄屬臺南，雍正 9 年駝足番銀在 隆恩庄屬臺南，雍正 10 年貓羅社的佛面銀、佛銀屬臺中，乾隆 13 年水 裏社的佛銀、佛頭銀屬臺中[86]，乾隆 54 年寧南坊的番頭銀屬臺南。此一 結果與上面 4 本書所得比較，多出康熙 38 年的馬劍銀（兩）。至於雍 正 9 年駝足番銀（兩），雍正 10 年佛面銀、佛銀（員），乾隆 13 年佛銀 （兩）、佛頭銀（兩），乾隆 54 年番頭銀也都 比上面所提的各個名稱銀 員出現年代較早。另外，劉澤民在〈從古文書看一二三（六八）銀的出現 年代〉一文中提到在臺灣總督府檔案中找到旗后庄乾隆 45 年賣杜契有 「一二三佛銀」，又一件乾隆 28 年，灣里街賣杜契有「一二三貳佰陸拾大

---

[75] 同前註，檔名：cca100003-od-ta_04418_000110-0001-u.xml。

[76] 同前註，檔名：cca100003-od-ta_04394_000317_02-0001-u.xml。

[77] 同前註，檔名：ntul-od-bk_isbn9789570000020_0044400445.txt。

[78] 同前註，檔名：cca100067-od-c1_10001_0385-0001.txt。

[79] 同前註，檔名：cca110001-od-tcta0077-0001-u.txt。

[80] 同前註，檔名：ntul-od-bk_isbn9789570157925_c04s17_219219.txt。

[81] 同前註，檔名：cca100003-od-ta_02155_010041-0001-u.xml。

[82] 同前註，檔名：cca100067-od-c1_10001_0406-0001.txt。

[83] 同前註，檔名：cca100067-od-c1_10001_0407-0001.txt。

[84] 同前註，檔名：cca100003-od-ta_01821_000512-0001-u.xml。

[85] 同前註，檔名：ntul-od-bk_isbn9789570000030_0134301344.txt。

[86] 經查第一次收錄該文書之洪麗完，《臺灣中部平埔族群古文書研究與導讀》（臺中縣立文 化中心，2002 年），頁 21，該文書確出現佛銀與佛頭銀，唯未見原契圖版，怕有傳抄錯誤。

員」。對一三銀出現時間更爲提早。佛頭銀也出現於乾隆 35 年卓猴社的典契中。[87]茲重新排序如下：

馬劍銀（兩）	康熙 38 年（1699）臺南
番銀（兩）	康熙 57 年（1718）高屏
佛面銀、佛銀	雍正 10 年（1732）臺中
佛銀、佛頭銀	乾隆 13 年（1748）臺中
劍銀	乾隆 16 年（1751）臺中
六八銀	乾隆 28 年（1763）高屏
清水銀	乾隆 41 年（1776）高屏
雙燭銀	乾隆 47 年（1782）高屏
番頭銀	乾隆 54 年（1789）臺南
七兌銀	道光 6 年（1826）臺中
紋庫銀（兩）	道光 25 年（1845）臺北

　　約略加以統計可見南臺灣出現 6 次，中臺灣出現 4 次，北臺灣出現 1 次。而且南臺灣出現時間比較早。

捌、清代臺灣流通的銀幣的本相

　　自上述各節討論，自南到北，外國銀幣種類有馬劍銀（劍銀、番劍銀、花邊劍銀、花劍、花邊銀、清水宋劍銀）、番銀、佛面銀（佛銀、佛頭銀、番頭銀）、六八（一三）銀（佛銀六八、一三（68）佛面銀、一三（68）平銀、一三（六八）佛銀、一三（68）重紋銀）、庫平紋銀（紋庫銀、庫平紋銀）、洋銀、龍銀、光銀（75（二八）光銀）。上舉銀幣的本相，最簡單的答案，是先以劉澤民《臺灣古文書常見字詞》[88]（以下簡稱《常見字詞》）爲基準，再以相關書籍勾稽互証。

　　第一看劍銀。《常見字詞》無「馬劍銀」，只有劍銀。該條開始即說「一稱馬劍銀」。所以錄「劍銀」如下：

87　劉澤民，〈從古文書看一三（六八）銀的出現年代〉，《臺灣古文書學會會訊》，創刊號（南投：臺灣古文書學會，2007 年），頁 20-22。

88　劉澤民，《臺灣古文書常見字詞集》（南投：臺灣古文書學會，2007 年）。

　　劍銀：一稱馬劍銀、番劍圓錢，因幣面上有武士騎馬執劍，故稱之。在乾隆中葉是最受臺灣人歡迎的銀幣，查《廈門志》有「荷蘭以銀鑄　圓餅錢，中有番人騎馬持劍，名曰馬劍。」按荷蘭馬劍銀由荷蘭各省製造，在乾隆五七年（一七九二）終止鑄造。據《臺灣歷史辭典》所載：「劍銀與紋銀的官定折率為一元折六錢六分對紋銀一兩，俗稱六六銀。」查乾隆一五年臺灣府知府方邦基規定：「各戶用番錢交納，每清水番錢一個計廣戥稱重七錢三分，照例以九一扣算，該紋庫銀六錢六分四釐三毫，再除傾銷紋銀火工四釐三毫，每番錢一個作紋庫銀六錢六分。」亦即每一個完整的銀幣先按廣州秤秤重是七錢三分，再乘以銀幣的成色九一％（約相當於補水），即等於紋庫銀六錢六分四釐三毫，再扣除「傾銷紋銀火工」（約相當火耗）四釐三毫，即得到六錢六分，亦即每一個外國銀幣（番錢）折底紋庫銀六錢六分。[89]

　　千家駒、郭名崗指出：第一批流入中國的外國銀幣是西班牙本洋，海禁漸開後，流入的有荷蘭大馬錢（重庫平八錢以上），墨西哥雙柱花邊錢，葡萄牙大馬錢，威尼斯銀元等。[90] 又彭信威指出：乾隆初年通行中國者有馬錢、花邊錢、十字錢。馬錢又稱劍錢，荷蘭 1659 年鑄，重庫平八錢六、七分，一面騎士手舞寶劍，一面為雙獅。光邊。[91]

　　在上面兩書中均指馬錢，又稱劍錢，大馬錢。是荷蘭於 1659 年鑄，重庫平八錢六、七分（庫平八錢以上）。因此《臺灣歷史辭典》[92] 說：「劍銀與紋銀的折率為一元折六錢六分。」可能是錯的。因為上二書說是庫平八錢以上，甚至到八錢六、七分。

　　知道大馬錢即劍銀，其與紋銀折率為 8 折，才能解開古鳳山縣文書乾隆 35 年、乾隆 39 年、乾隆 47 年之折率。乾隆 35 年 3 月杜賣契「銀壹百貳拾肆員折番銀玖拾玖兩貳錢」[93] 折率一員折 8 錢。乾隆 39 年 11

89　劉澤民，《臺灣古文書常見字詞集》（南投：臺灣古文書學會，2007 年），頁 54。
90　千家駒、郭彥崗，《中國貨幣演變史》（上海市：上海人民出版社，2005 年），頁 183。
91　彭信威，《中國貨幣史》（上海市：上海人民出版社，2007 年），頁 578。
92　許雪姬，《臺灣歷史辭典》（臺北：遠流出版社，2004 年）。
93　唐榮源，《古鳳山縣文書專輯》（高雄：高雄市文獻委員會，2004 年），頁 5。

月杜賣契「銀壹百玖拾大員折重番銀壹百伍拾貳兩正」[94]也是同樣折率。乾隆 47 年 8 月典契「典出時價銀一百一拾大員折重八十八兩正」[95]。彭信威說：康熙年間外國銀元的流通，還是憑重量而不是憑個數。[96]

　　第二看佛銀。《常見字詞》有佛銀、佛面銀、佛頭銀三個詞，另在番銀條中 說「佛銀有時也稱番佛銀」[97]錄佛銀條如下：

> 佛銀：同佛面銀、佛頭銀，意為鑄有人像之錢幣，清代臺灣通用的西班牙、墨西哥銀元，與銀兩之折算比例為〇‧六八到〇‧七六之間。[98]

在《臺灣歷史辭典》中有佛銀條，錄如下：

> 佛銀：指清代臺灣通用的西班牙、墨西哥銀元而言。182 年以前西班牙所鑄的佛銀，稱西班牙銀元，1824 年墨西哥獨立以後，改稱為墨銀。西班牙銀元因幣面畫有王像，故臺灣居民稱其為佛銀、佛頭銀、佛面銀、佛首銀元、清水佛銀、番佛銀、佛番銀等。清中末葉以後至割臺為止，臺灣北部大多通用佛銀，佛銀與清代官鑄紋銀的官定折率為 1 元折 6 錢 9 分對紋銀 1 兩，俗稱六九銀，惟各地折率並不一致，如光緒年間彰化地區的佛銀與紋銀之折率為佛銀 1 元折 7 錢對紋銀 1 兩。亦有因折率而稱六八銀或七二銀，若不說折率，一般都以 1 折 7 錢。[99]

　　千家駒、郭彥崗指出：外國銀元，在 15 世紀，外國銀元已流入中國，西班牙在墨西哥鑄造的「本洋」是第一批，在廣東閩粵沿海行用，叫「番銀」、「花邊銀」。之後，海禁漸開，外貿日盛，流入增多。有「荷蘭大馬錢」、庫平八錢以上。墨西哥「雙柱花邊錢」、葡萄牙「十字錢」和「威尼斯銀元」等。道光後，民間樂用，行用日廣，深入內地。銀幣

94　同前註，頁 6。
95　同前註，頁 32。
96　彭信威，《中國貨幣史》（上海市：上海人民出版社，2007 年），頁 577。
97　劉澤民，《臺灣古文書常見字詞集》（南投：臺灣古文書學會，2007 年），頁 45。
98　劉澤民，《臺灣古文書常見字詞集》（南投：臺灣古文書學會，2007 年），頁 21。
99　許雪姬，《臺灣歷史辭典》（臺北：遠流出版社，2004 年），頁 333-334。

面有西班牙皇帝頭像，叫做「佛頭銀」。成色 90279。1856 年後「鷹洋」取本洋而代之，直到民國初年。[100]

張庸吾說：西班牙銀元上有 Carolus 四世像，稱「本洋」，台灣稱「佛頭銀」、「番頭銀」。說墨西哥銀元上有「鷹圖」，稱「鷹洋」「鷹銀」「鳥銀」。無疵，未鏨印稱白鳥，有鏨印者稱粗銀。[101]

楊端六在《清代貨幣金融史稿》指出在中國的外國銀元最主要兩種，即「西班牙銀元」又稱「本洋」，以及「墨西哥銀元」又稱「墨洋」「鷹洋」「英洋」。前者 1497 年開始鑄造，1535 年大量鑄造，經菲律賓流入中國，19 世紀中葉以前盛行於中國。後者 19 世紀中葉後取西班牙銀元而代之。1821 年墨西哥獨立繼續鑄本洋，到 1840 年停鑄。1824 年開始鑄鷹洋，1854 年流入中國。[102]

自上面諸家所述，可歸納為西班牙在 1487 年開始在墨西哥鑄造銀幣，上有西班牙國王頭像，19 世紀中葉以前盛行於中國。中國人稱之為本洋，一般稱佛銀、佛頭銀、佛面銀、番頭銀等等。其與紋銀之折率為 0.68～0.76 之間。鷹洋則係墨西哥獨立後 1824 年所開始鑄造，1854 年後流入中國。第三看雙柱銀。《常見字詞》云：

> 雙柱銀：為西班牙錢幣的一種，銀幣正面中央有雙地球（代表新世界與舊世界），地球旁有兩柱，如同蠟燭臺，故而稱為雙燭銀，背面為西班牙國徽。[103]

彭信威《中國錢幣史》指出康熙年間流入中國的外國銀元「雙柱」外，還有杜卞通（ducaton）埃居（ēcu）中國人稱外國銀幣為洋銀，廣東人稱番銀。[104]又說：花邊銀，即雙柱。1732 年墨西哥新鑄，邊上有麥穗紋，兩柱間有東西兩半球，兩柱上各有卷軸成 $ $形。大者重七錢

[100] 千家駒、郭彥崗，《中國貨幣演變史》（上海市：上海人民出版社，2005 年），頁 183-185。

[101] 張庸吾，〈清季臺灣之貨幣流通考〉，《臺灣經濟史初集》（臺北：臺灣銀行經濟研究室，1954 年），頁 16-30。

[102] 楊端六，《清代貨幣金融史稿》（武昌：武漢大學出版社，2007 年），頁 253。

[103] 劉澤民，《臺灣古文書常見字詞集》（南投：臺灣古文書學會，2007 年），頁 58。

[104] 彭信威，《中國貨幣史》（上海市：上海人民出版社，2007 年），頁 577-578。

二分。[105]鷹洋，1853 年始鑄，鷹嘴咬蛇，站仙人掌上，爲墨西哥國徽，誤稱英洋。[106]鷹洋似未見於臺灣行用，金門則有之。[107]

　　彭氏之論似有矛盾，雙柱銀 1723 年墨西哥鑄，在康熙年間已流入中國，因 1732 年已是雍正 10 年，康熙年間流入中國實不可能。其它則大致可信。而中國人稱外國銀幣爲洋錢或番銀。雙柱銀也稱花邊錢，因爲邊上有麥穗紋，兩柱間有東西兩半球，兩柱上各有卷軸包裹成 $ $ 形。此即後來以 $ 當銀標法之由來，重 7 錢 2 分。

　　第四看六八銀。錄《常見字詞》如下：

> 六八銀：即是⼀三銀。清代晚期臺灣土地交易中，常見的銀元種類。亦即指該銀元重六錢八分，或指該銀元相當於銀兩六錢八分的價值。官方最早使用六八銀之紀錄是道光二三年（一八四三），而曾澤祿認爲民間出現「六八佛頭銀」一詞可能是在道光七年（一八二七）黃旋立賣盡杜根契字，該契中有「即日全中收過契面六八佛頭銀捌拾大元」。但若干嘉慶年間的契字已使用「六八銀」一詞，甚至乾隆四十五年蔡典立賣地基契書中，也出現⼀三銀，如果該契字並非假造，則六八銀的出現年代可上推到乾隆年間。[108]

　　張庸吾在《清季臺灣貨幣之流通考》中對六八銀有詳細論述，可是並無法得到一個合理的論斷。他起頭的一段文字如下：

> 六八銀「六錢八分。一元」的制度是日本佔據前，以臺南爲中心的南部地方所殘存的價格標準「元」的例子。清代當局曾用這種制度作計算，中國內地卻無前例，是臺灣特有的制度。不過其起源如何，未獲得充分說明的資料，總之，是否先有重量庫平六錢八分的銀幣，而後產生了「68 銀元」計算的制度，抑是兩者的

---

[105]　同前註，頁 578。
[106]　同前註，頁 579。
[107]　陳哲三，〈清代金門與臺灣契約文書異同之比較研究〉，《逢甲人文社會學報》，第 21 期（臺中市：逢甲大學，2010 年 12 月），頁 61-92。
[108]　劉澤民，《臺灣古文書常見字詞集》（南投：臺灣古文書學會，2007 年），頁 9。

關係，前後相反，均無明證。[109]

　　袁穎生在《臺灣光復前貨幣史論》中說六八銀是西班牙所鑄接近庫平六錢八分的銀幣。[110]但此說如能成立，中部地區同樣佛銀的七兌則無法解釋，北部的七二銀更不能解釋。劉澤民在《從古文書看一三（六八）銀的出現年代》一文對六八銀形成的原因仍然沒有答案。[111]

　　第五看七兌銀。因為七兌銀常和庫平等連成一詞，幾個名詞的含意一起說 明。先錄《常見字詞》如下：

> 七兌：銀元與銀兩的折換比率，一個銀元可以折算成七錢銀兩。[112]

> 柒秤：一個銀元折算零點七兩銀兩的比率。[113]

> 庫平：清乾隆六年所制訂衡量重量的標準器具。使用庫平所衡量的銀子，稱為「庫平銀」，官方租稅收取所使用的銀貨。清乾隆十五年臺灣曾規定一銀元值紋銀六錢六分。[114]

　　再看其他學者的看法。千家駒、郭彥崗指出：衡量寶銀的標準叫平（秤）。[115]張庸吾指出：七錢銀最先是因為佛銀與紋銀的折算率原先是七錢以上，因為行用久，變成粗銀（爛版銀），重量減輕，或低於七錢，或高於七錢，為方便計算，均以七錢計算。到後來則成一種「完全抽象的計算單位」。原文錄如下：

> 七錢銀：相當於標準銀量庫平七錢的銀元，在臺灣似向未存在，中部及宜蘭地方所慣行的「一元・七錢制」的起源，是無適當銀幣作其標準的。除認為此係當時以流通較多的一種粗銀，即

[109] 張庸吾，〈清季臺灣之貨幣流通考〉，《臺灣經濟史初集》（臺北：臺灣銀行經濟研究室，1954 年），頁 16-30。

[110] 袁穎生，《臺灣光復前貨幣史述》（南投：臺灣省文獻委員會，2001 年），頁 64。

[111] 劉澤民，〈從古文書看一三（六八）銀的出現年代〉，《臺灣古文書學會會訊》，創刊號（南投：臺灣古文書學會，2007 年），頁 20-22。

[112] 劉澤民，《臺灣古文書常見字詞集》（南投：臺灣古文書學會，2007 年），頁 2。

[113] 同前註，頁 33。

[114] 同前註，頁 36。

[115] 千家駒、郭彥崗，《中國貨幣演變史》（上海市：上海人民出版社，2005 年），頁 175。

choppe ddollar 的平均重量作為其基準的一種慣例之外，別無他法可以說明。在實際上，當日本佔據時，主要流通的銀元，大部分均有鏨印或剝竊的痕跡，因此均為重量銳減的粗銀。而這種粗銀在中部地方及宜蘭地方，特別的多，所以 72 銀為一元的習慣，與現實的通貨重量相差懸殊，想係為便於計算起見，由於粗銀大致的平均重量，產生了「七錢‧一元」的制度。這當然是一種推測，例如：1900 年至 1901 年關於宜蘭地方通貨狀況的臺灣銀行的視察復命書中，曾稱：「宜蘭地方與臺北不同，以重七錢之粗銀一枚為一元，用作物價之標準。」似可作推測的根據。又設事實如此，則更可說明「七錢‧一元」的「元」是完全抽象化的計算單位了。大約重量恰恰磨損至七錢的粗銀，實際上不會十分多的，所以最初即以平均的抽象化的銀元作為價格標準。上述「復命書」中，關於這點，並曾加以說明：「設粗銀不足六錢九分者，即以六錢八分計算……而不足之二分，則由其他貨幣，加以補充……然設超過七錢，即七錢一分者，仍按七錢計算……。蓋七錢上下一分之內，授受之際，並不計算，此為華人間之慣例。但粗銀中鏨印較少，而表面文字易於鑑別者，則毋須秤量（即作七錢使用之意），權宜通用」。由此可知宜蘭地方「七錢‧一元制」，在某一程度內，實將秤量制在事實上依所謂名目通用制的方向加以修正罷了。關於臺中及其他中部地方的這種習慣，缺乏可以引證的資料，不能以上述的實例，來作定論。大約因為臺中、彰化地方與臺南相接鄰，除舊時的「72 銀」外，「68 銀」的慣例相當盛行，「七錢銀」的習慣，想必較新，這是可以斷言的。[116]

引文中提到七錢銀的行用地點是中部地方及宜蘭，令人想到這兩個地方也是漳州人最多的地方，是否和漳州人有什麼關連，值得注意。

對於六八銀、七兌銀、七二銀，似以張庸吾之論為合乎史實，即視之為虛銀，為完全抽象化的計算單位，臺灣各地不同，北部地方庫平七錢二分，中部地方和宜蘭七錢，南部地方庫平銀六錢八分。[117]

---

[116] 張庸吾，〈清季臺灣之貨幣流通考〉，《臺灣經濟史初集》（臺北：臺灣銀行經濟研究室，1954 年），頁 27。

[117] 同前註。

第六看紋銀。錄《常見字詞》如下：

紋銀：純度近於純銀的銀塊。清朝以紋銀爲貨幣以「兩」爲最大單位，而民間甚多使用銀幣，以「元」爲最大單位。臺灣府知府方邦基規定：

> 「各戶用番錢交納，每清水番錢一個計廣戥稱重七錢三分，照例以九一扣算，該紋庫銀六錢六分四釐三毫，再除傾銷紋銀火工四釐三毫，每番錢一個作紋庫銀六錢六分。」亦即每一個完整的銀幣先按廣州秤秤重是七錢三分，再乘以銀幣的成色九一％（約相當於補水），即等於紋庫銀六錢六分四釐三毫，再扣除「傾銷紋銀火工」（約相當火耗）四釐三毫，即得到六錢六分，亦即每一個外國銀幣（番錢）折底紋庫　銀六錢六分。[118]

再錄《臺灣歷史辭典》紋銀條如下：

> 紋銀：指鄭氏時期臺灣使用的銀錠，稱為「時銀」。清代除了晚清以外，政府承認具有法償資格的通貨，有銀兩與制錢等。銀錠（銀兩）有官鑄與私鑄之別：官鑄者稱為紋銀，其重量大小不一，以重 50 兩者最為普通，稱為大元寶銀、馬蹄銀，與中國各地流通者相同。在臺灣，清廷收支用紋銀（銀兩），以重量之兩錢計算。惟因荷西、鄭氏時期以來，對外貿易興盛，民間交易最喜使用荷蘭人所鑄之番銀（其形圓長不一），較少使用庫平紋銀（銀兩）。[119]

千家駒、郭彥崗在《中國貨幣演變史》上說明白銀成分千分之千稱為「純銀」，990 以上稱「足銀」，930 以上稱「紋銀」，900 以上稱標準銀。[120]顯然臺灣民間當時並沒有如此嚴格的認知，所以在用辭上竟可以出現「足重庫平紋銀」。[121]彭信威也指出：紋銀是一種全國性的假想的

---

[118] 劉澤民，《臺灣古文書常見字詞集》（南投：臺灣古文書學會，2007 年），頁 38-39。

[119] 許雪姬，《臺灣歷史辭典》（臺北：遠流出版社，2004 年），頁 669。

[120] 千家駒、郭彥崗，《中國貨幣演變史》（上海市：上海人民出版社，2005 年），頁 175。

[121] 張炎憲、曾品滄主編，《楊雲萍藏臺灣古文書》（臺北：國史館，2003 年），頁 82。光緒 4 年 10 月，楊清潭立杜賣盡根契。

標準銀，成色是千分之九三五點三七四。實際上並不存在，所以稱爲虛銀兩。[122]

第七看清水銀，錄《常見字詞》如下：

清水銀：亦稱鏡銀，清水銀並非指特定之銀幣，文獻中有清水佛銀、清水劍銀、清水花邊銀，都是表示該銀幣銀片光亮平整，沒有戳印。故清水銀是與爛版銀、粗銀相對應，爛版銀是指銀幣品相很差，長期使用經過多次戳印的銀幣。[123]

簡單講，就是完美無疵的佛銀。至於完美無疵的日本龍銀則稱光銀。何以會出現爛銀（粗銀），袁穎生歸納爲三個原因。第一，長期流通的磨損。第二，爲鑑定真僞與成色的削切，鑿取下鑿刻記號。第三，奸徒削切竊取。致銀幣面所鑄 文字及圖像如燒壞之酒杯，多穿小孔，無復原形，至不可辨認。[124]

第八看龍銀、光銀。《常見字詞》未收此兩詞。蘇震在〈光復前臺灣貨幣制度之演變〉中，指出龍銀爲日本鑄造的一圓銀幣。[125]張庸吾也指說：日本圓銀乃貿易銀，1874 傳入，1895 後大量帶入台灣，因有龍紋，稱龍銀。因其較爲新穎美麗，故較粗銀更受歡迎。光緒 14 年（1888）廣東鑄光緒元寶，庫平七錢二分，與日本同有龍紋，也稱龍銀。[126]彭信威說：日本 明治維新（1868）後，鑄銀圓，稱龍銀。[127]

因爲龍銀出現在日治台灣時，所以本文龍銀應是日本龍銀，而非光緒龍銀。另外，上文中「因其較爲新穎美麗，故較粗銀受歡迎」也可以說明出現在明治 36 年、39 年的光銀即是美麗的日本龍銀。猶如美麗無疵的佛銀稱清水銀。

第九看番銀。《常見字詞》番銀條、洋銀條如下：

---

[122] 彭信威，《中國貨幣史》（上海市：上海人民出版社，2007 年），頁 576。

[123] 劉澤民，《臺灣古文書常見字詞集》（南投：臺灣古文書學會，2007 年），頁 42。

[124] 袁穎生，《臺灣光復前貨幣史述》（南投：臺灣省文獻委員會，2001 年），頁 100。

[125] 蘇震，〈光復前臺灣貨幣制度之演變〉，《臺灣經濟史初集》（臺北：臺灣銀行經濟研究室，1954 年），頁 1-15。

[126] 張庸吾，〈清季臺灣之貨幣流通考〉，《臺灣經濟史初集》（臺北：臺灣銀行經濟研究室，1954 年），頁 19。

[127] 彭信威，《中國貨幣史》（上海市：上海人民出版社，2007 年），頁 586。

　　番銀：清朝時期對外國一律視為番，所以外國人使用的銀元稱為
番銀。佛銀有時也稱番佛銀。[128]

　　洋銀：洋銀一詞多見於道光七年（1827）以後，泛指外國銀元，西
班牙銀元稱本洋，墨西哥銀元稱英洋，香港銀元稱香洋。其中墨西哥獨
立後，於 1832 年製造其本國貨幣，一般稱為鷹洋，其銀色一致，通行
全世界。清朝因為各國洋商都使用鷹洋完納，銀色與舊洋相若，而光潔
完全過之，咸豐年間通飭鷹洋及花色洋銀，一體行使。[129]

　　可知不論番銀或洋銀都是對外國銀幣的通稱。綜合以上史料，可以
確定番銀、洋銀是對外國銀元之泛稱。泛稱當時通行之外國銀幣，故當
以出現時間確定其銀幣種類。馬劍銀、劍銀（參見圖 1）則為荷蘭所鑄。
因幣面有騎士手舞寶劍。除荷蘭馬劍銀外，沒有持劍者，故凡帶「劍」
字之銀元，應皆為荷蘭馬劍銀。

　　西班牙銀元，有佛銀，有雙柱、花邊銀。佛銀因幣面有西班牙國王
（皇帝）頭像，又稱佛頭銀、佛面銀、佛銀、番頭銀等（參見圖 2）。
雙柱，即花邊錢，因邊上有麥穗紋（參見圖 3）。墨西哥銀元有老鷹稱
鷹洋、誤為英洋、正英（參見圖 4）。至於龍銀（參見圖 5）出現時是明
治後，日本入治台灣時，應即日本銀圓。光銀是日本銀圓，因其完整無
疵。

玖、結語

　　在本文中所見從北到南的契約文書，自康熙 38 年、康熙 57 年的馬
劍銀、番銀到明治 39 年的番銀。幾乎全是外國銀幣。也即傳統文獻中
的洋銀（錢）番銀（錢）。可知臺灣在近代世界貿易的網絡中，一切買
賣全用外國銀幣。這種情形在清代臺灣甚至到日治初期都沒有改變。臺
灣文獻中有許多可以印証。如康熙（1697）時郁永河說在臺灣「市中用

---

[128] 劉澤民，《臺灣古文書常見字詞集》（南投：臺灣古文書學會，2007 年），頁 45。122 同
　　前註，頁 33。
[129] 同前註，頁 33。

錢，獨尙番錢。番錢者，紅毛人所鑄銀幣也。……臺人非此不用。」[130]
雍正初年（1724）黃叔璥來臺也看到臺灣：「交易最尙番錢，紅毛所鑄
銀幣也。」[131]乾隆 25 年（1760）余文儀來臺任臺灣知府，他看到當時 臺
灣有劍錢重九錢來自西洋。圓錢，一名花欄錢，重七錢二分，方錢、中
錢、芡。皆來自咬留吧、呂宋。[132]咬留吧即爪哇。呂宋即菲律賓。道光
時，（1829）姚瑩也說：「臺民市易皆用番錢。」[133]其實，不只臺灣人愛
用番銀，全用番銀，臺灣對岸的廈門也如是。《廈門志》即言「廈門率
用番錢」。[134]也不是只有臺灣、廈門，中國黃河以南全是如此。道光 9
年（1829）上諭就說：「洋錢在內地行使，自閩、廣、江西、浙江、江
蘇，漸至黃河以南各省，洋銀甚行。」[135]

　　臺灣的外國銀幣，有馬劍銀（劍銀、花邊劍銀、花劍、番劍銀、清
水宋劍銀、花邊銀），佛銀（佛面銀、佛頭銀、番頭銀、清水佛面銀、
清水佛銀），雙柱銀（雙燭銀），龍銀（光銀）。

　　馬劍銀，自 1659 年荷蘭鑄，至庫平八錢六、七分（八錢以上）。一
面騎士馬上舞劍，一面雙獅。康熙 38 年大穆降庄已行用。

　　佛銀，西班牙在 1497 年開始在墨西哥鑄造，1535 年大量鑄造，1840
年停鑄。面有西班牙國王（皇帝）頭像，故稱佛面銀、佛頭銀、番頭銀、
佛銀，臺中貓羅社雍正 10 年已行用。折算紋銀在 0.68 到 0.67 之間。4
本書佛頭銀最早出現是乾隆 45 年，臺大 THDL 則是乾隆 13 年。劉澤民
提到臺南卓猴社典契出現於乾隆 39 年。六八銀也可以早到乾隆 28 年的
灣裡街。

　　雙柱銀也稱雙燭銀，花邊銀。1732 年墨西哥新鑄，邊上有麥穗紋，
兩柱間 有東西兩半球，兩柱上有卷軸裹成 ＄ ＄形。大者重七錢二分。

---

[130] 郁永河，《裨海紀遊》（臺北：臺灣銀行經濟研究室，1959 年），頁 13。

[131] 黃叔璥，《臺海使槎錄》（臺北：臺灣銀行經濟研究室，1957 年），頁 42。

[132] 余文儀，〈物產〉〈鈛〉，《續修臺灣府志》，卷 17（臺北：臺灣銀行經濟研究室，1962
年），頁 595。

[133] 姚瑩，《東槎紀略》（臺北：臺灣銀行經濟研究室，1957 年），頁 27。

[134] 周凱，《廈門志・卷 15・風俗記》（臺北：臺灣銀行經濟研究室，1961 年），頁 654。

[135] 《續通考》卷 19・考 7692，轉引自楊端六，《清代貨幣金融史稿》（武昌：武漢大學出版
社，2007 年），頁 255-256。

臺灣有，但出現不多。

龍銀，以其出現時間均在日治之後，應是日本龍銀。至於六八銀，七兌銀，其實全是佛銀，契約上十分明白。之所以在佛銀前加六八、七兌是因為銀幣行用日久，變成粗銀，銀員成為「完全抽象化的計算單位」。也即成為虛銀。貨幣學者都知道，實銀是實有其物，「虛銀只規定其名稱、重量和成色，並按照當時當地的習慣規定其行用方法，而沒有實物的表現。它是實銀的價值符號。」[136]

另外，鷹洋在中國 19 世紀中葉已取代西班牙本洋之地位，在金門可以看到英銀、鶯銀[137]，而臺灣似未曾出現。這似是臺灣和中國很大的不同。原因為何，有待研究。

在全文論述中，可以知道臺灣北中南高之使用外國銀元之時間、種類署有差異。馬劍銀，康熙 38 年，臺南。番銀，康熙 57 年，高屏。佛面銀，佛銀，雍正 10 年，臺中。佛頭銀，乾隆 13 年，臺中。劍銀，乾隆 16 年，臺中。六八銀，乾隆 28 年，高屏。嘉慶 15 年，臺南。雙燭銀，乾隆 47 年，高屏。七兌銀，道光 6 年，臺中。紋庫銀，道光 25 年，臺北。番頭銀，乾隆 54 年，臺南。清水銀，乾隆 41 年，高屏。如果將臺南、高雄合併為南部，在 11 種外國銀幣的名稱中，南部占 6 種，中部占 4 種，北部占 1 種。而行用時間南部最早，中部次之，北部最晚。此與臺灣開發之由南而中而北之順序契合。原因是有人開發，熱鬧繁榮，有大額貿易，外國銀幣才會流入。

南、北、中一個很大的不同，是佛銀和庫平的折率。前人論述都說南部是 68 折，中部是 7 折，北部是 72 折。但南部其實在乾隆 32 年、35 年、39 年、47 年出現 8 折銀。只是未出現八兌銀之名詞。如乾隆 31 年 3 月件原契寫「銀壹百式拾肆員折番銀玖拾玖兩式錢」是。[138]更特別的是在乾隆 54 年 2 月件是 76 折，原件「佛銀參佰參拾式大元折式佰

[136] 楊端六《清代貨幣金融史稿》（武漢大學出版社，2007 年），頁 68。
[137] 陳哲三，〈清代金門與臺灣契約文書異同之比較研究〉，《逢甲人文社會學報》，第 21 期（臺中市：逢甲大學，2010 年 12 月），頁 61-92。
[138] 唐榮源，《古鳳山縣文書專輯》（高雄：高雄市文獻委員會，2004 年），頁 5。

伍拾弍兩參錢弍分」[139]佛銀的名稱出現，而其折率爲 76。如果乾隆 35 年、乾隆 39 年、乾隆 41 年出現八〇銀，乾隆 54 年出現七六銀，卻同時在乾隆 28 年、乾隆 30 年、乾隆 45 年、乾隆 53 年有六八，原因何在？是不是因爲不同銀幣，折率不同，如八兌銀是荷蘭馬劍銀，其它是西班牙本洋？有待進一步研究。

　　本文仍有許多不能解開的困惑。如劍銀根據千家駒、郭名崗所說是「光邊」，爲什麼出現「花邊劍銀」？劉澤民將雙柱（雙燭）及花邊銀均另立爲一類銀幣，但據上面的論述看來，應是一類。同一銀幣雙柱是面，花邊是邊。又南部六八銀，中部七兌銀都出現在契字中，北部的七二銀卻未見出現於契字中。而且據王世慶的研究，清代北部佛銀兌換紋銀的折算率是 0.69，從嘉慶 3 年到光緒 20 年，無一例外。所以是六九銀，而非七二銀。[140]另有說宜蘭也是七兌銀，但查清代宜蘭契書，似無所見。

---

[139] 同前註。

[140] 王世慶，〈十九世紀中葉臺灣北部銀錢比價變動初探〉，《契約文書與社會生活 1600-1900》（臺北：中央研究院臺灣史研究所籌備處，2001 年）。

附圖一：荷蘭馬劍銀

　　上：取自陳緯一、劉澤民，《力力社古文書契抄選輯－屏東崁頂社村陳家古文書》。

　　中：取自彭信威，《中國貨幣史》。

　　下：取自千家駒、郭彥崗，《中國貨幣演變史》。

附圖二：佛銀

上：取自陳緯一、劉澤民，《力力社古文書契抄選輯－屏東崁頂社村陳家古文書》。中、下：取自彭信威，《中國貨幣史》。

附圖三：花邊、雙柱（雙燭）

上：取自陳緯一、劉澤民，《力力社古文書契抄選輯－屏東崁頂社村 陳家古文書》。中、下：取自彭信威，《中國貨幣史》。

附圖四：墨西哥鷹洋

　　上：取自彭信威，《中國貨幣史》。下：圖取自千家駒、郭彥崗，《中國貨幣演變史》。

參考文獻

千家駒、郭彥崗,《中國貨幣演變史》(上海市:上海人民出版社,2005
　　年)。

王世慶,〈十九世紀中葉臺灣北部銀錢比價變動初探〉,《契約文書與社
　　會生活 1600-1900》(臺北:中央研究院臺灣史研究所籌備處,2001
　　年)。

北山富久郎,〈臺灣秤量幣制及日本幣制政策〉,原名〈臺灣に於ける秤
　　量幣制と我が幣制政策−銀地金を流通せしむる金本位制〉,《臺
　　北帝國大學文政學部 政學科研究年報》,第二輯(臺北:臺北帝
　　國大學,1935 年)。

余文儀,《續修臺灣府志》(臺北:臺灣銀行經濟研究室,1962 年)。

吳耀輝,《臺灣省通志稿》,卷四,經濟志金融篇(臺北:臺灣省文獻委
　　員會,1959 年)。

周　凱,《廈門志》(臺北市:臺灣銀行經濟研究室,民國 1961 年)。

周憲文,《清代臺灣經濟史》(臺北:臺灣銀行經濟研究室,1957 年)。

林玉茹主編,《臺南縣平埔族古文書集》(臺南:臺南縣政府,2009 年)。

林滿紅,〈嘉道錢賤現象產生原因「錢多錢劣論」之商榷〉,《中國海洋
　　發展史論文集》,第五輯(臺北:中央研究院中山人文社會科學
　　研究所,1993 年)。

姚　瑩,《東槎紀略》(臺北:臺灣銀行經濟研究室,1957 年)。

郁永河,《裨海紀遊》(臺北:臺灣銀行經濟研究室,1959 年)。

唐榮源,《古鳳山縣文書專輯》(高雄:高雄市文獻委員會,2004 年)。

耿愛德,《中國貨幣論》(北京:商務印書館,1933 年)。

袁穎生,《臺灣光復前貨幣史述》(南投:臺灣省文獻委員會,2001 年)。

張炎憲、曾品滄主編,《楊雲萍藏臺灣古文書》(臺北:國史館,2003
　　年)。張庸吾,〈清季臺灣貨幣流通考〉,《臺灣經濟史初集》(臺
　　北:臺灣銀行經濟研究室,1954 年)。

許雪姬,《臺灣歷史辭典》(臺北:遠流出版社,2004 年)。

陳昭南,《雍正乾隆年間的銀錢比價變動（1723-95）》（臺北：中國學術著作獎助委員會,1966 年）。

陳秋坤、蔡承維,《大崗山地區古契約文書匯編》（高雄縣鳳山市：高雄縣政府,2004 年）。

陳哲三,〈清代金門與臺灣契約文書異同之比較研究〉,《逢甲人文社會學報》,第 21 期（臺中市：逢甲大學,2010 年 12 月）,頁 61-92。

陳緯一、劉澤民,《力力社古文書契抄選輯－屏東崁頂社村陳家古文書》（南投市：國史館臺灣文獻館,2006 年）。

彭信威,《中國貨幣史》（上海市：上海人民出版社,2007 年）。

黃叔璥,《臺海使槎錄》（臺北：臺灣銀行經濟研究室,1957 年）。

楊端六,《清代貨幣金融史稿》（武漢大學出版社,2007 年）。

詹德隆,〈光復前臺灣流通貨幣新探〉,《臺北文獻》,直字 89（1989 年）。

劉澤民,〈從古文書看一三（六八）銀的出現年代〉,《臺灣古文書學會會訊》,創刊號（南投：臺灣古文書學會,2007 年）。

劉澤民,《臺灣古文書常見字詞集》（南投：臺灣古文書學會,2007 年）。

謝國城,〈臺灣貨幣考（上）－日本領臺以前的臺灣幣制〉,《臺灣省通志館館刊》1（2）（1948 年）。

謝嘉梁,《草屯地區古文書專輯》（南投：臺灣省文獻委員會,1999 年）。

蘇　震,〈光復前臺灣貨幣制度之演進〉,《臺灣經濟史初集》（臺北：臺灣銀行經濟研究室,1954 年）。

引用資料庫

國立臺灣大學臺灣歷史數位圖書館（THDL）,網址：http://thdl.ntu.edu.tw/。

The Silver Coins in the Antique Contracts in the Qing Dynasty in Taiwan and their Relative Issues

Che-San Chen

Abstract

Based on the antique contracts, this paper investigates, analyzes, and compares silver coins used in transactions in the Qing dynasty in Taiwan. Verified with existing monographs in the history of currency, this paper explores the types of silver coins used by the time, the geographical and temporal variations of their circulation. Together, the findings may unfold manifold mysteries of the foreign silver coins in Taiwanese market in the Qing dynasty.

This paper concludes that various types of foreign silver coins were in circulation in the market in Taiwan in the Qing dynasty. Most importantly, foreign silver coins were the only currency used in transactions among Taiwanese, who used different types of silver coins in different periods of time. In different geographical areas, types and names of the silver coins were also different. In a temporal order, the circulation of silver coins spread from the southern Taiwan, to the central Taiwan, and then to the northern Taiwan. This is to say that the circulation of silver coins in the southern Taiwan was earlier than it was in the northern part. Foyin 佛銀 was the type of foreign silver coins circulated for the longest time, and therefore had the widest geographical distribution. Thereafter, liuba foyin 六八佛銀 (0.68) appeared in the southern Taiwan, and qidui foyin 七兌佛銀(0.70) appeared in the central Taiwan. In the northern

Taiwan, although the silver coins were never named as liujiu foyin 六九佛銀, the exchange rate between Chinese silver ingots and the silver coins was 1 to 0.69.

Keywords: Taiwan, Qing dynasty, antique contract, silver coin, foyin

從古文書看清代南投縣境流通的貨幣[1]

摘要

　　本文以五本已出版南投縣境古文書集統計分析清代契約中流通的貨幣，結果顯示南投縣境與臺灣其它地方大同小異。而南投縣境中竹山、草屯、埔里亦有同有異。其同異之因源於歷史因素影響爲多。最明顯的是埔里銀幣種類少，竹山、草屯相對多；竹山在同光時代佛銀加七兌、庫平等限定少，草屯相對多。此種現象似在說竹山歷史更久遠，但同光後，草屯受到的歷史因素之影響更多元，文化面向更多元，商業交易似也更活潑。

關鍵詞：南投縣、古文書、外國銀幣、劍銀、佛銀

---

[1]　本文曾於 100 年 11 月 5 日南投學學術研討會上宣讀，評論人省文獻會簡榮聰前主委有若干指教，今修正後正式發表。

壹、引言

　　有關清代臺灣流通的貨幣，筆者在《清代金門與臺灣契約文書異同之比較研究》[2]、《臺灣清代契約文書中的銀幣及其相關問題》[3]兩文中有若干討論，前文只討論金門和草屯的比較，後文討論全臺灣。雖然二文解決金門、草屯、臺灣的貨幣問題，但對各別的地區則仍所知有限。為求對全南投縣境之了解，因作本文。

　　本文擬以今南投縣境已出版之五本古文書集進行統計分析，雖然五本古文書集並非南投縣境之古文書之全部，但已是大部分，其統計之結果應有代表性與可靠性。故本文所得結果可期具有學術價值。

貳、《南投縣永濟義渡古文契書選》[4]中的貨幣

　　本書撰文者為吳淑慈，由南投縣文化中心出版，主要內容有〈永濟義渡碑記〉、〈永濟義渡——一個清代臺灣義渡的個案研究〉及〈古文契書圖片介紹〉。本文即取其〈古文契書圖片介紹〉部份之有銀幣者加以整理統計。

表一：《南投縣永濟義渡古文契書選》之貨幣

銀幣名稱	出現次數	出現契約年代	契末中收過銀幣	備註
劍銀	3	乾隆 13、13、26 年	26 年中加「員劍」	13 年契見附件 1
清水番劍	1	乾隆 22 年	加「番劍」	

---

[2]　陳哲三，〈清代金門與臺灣契約文書異同之比較研究〉，《逢甲人文社會學報》，第 21 期，（臺中市：逢甲大學，2010 年 12 月），頁 61-92。

[3]　陳哲三，〈臺灣清代契約文書中的銀幣及其相關問題〉，《逢甲人文社會學報》，第 22 期，（臺中市：逢甲大學，2011 年 6 月），頁 101-137。

[4]　吳淑慈，《南投縣永濟義渡古文契書選》（南投：南投縣立文化中心，1996 年）。

佛銀	19	乾隆 60 年 道光 15、29、29 年 咸豐 8、8、10、11 年 同治 4、9、10、13 年 光緒 1、3、3、4、7、7、 16 年	同治 4 年加「平重」	
佛番銀	3	嘉慶 11、16、16 年		
番銀	1	道光 20 年	加「佛銀」	
銀兩	1	乾隆 17 年		單位為「兩」 原契「銀一兩」
銀員	33	乾隆 21、26、35、59 年 嘉慶 11、12、21 年 道光 4、4、5、6、8、8、 18、23、25、25 年	道光年其中 7 件加 「佛銀」 咸豐年全數加「佛 銀」	單位為「員」 或「元」
		咸豐 7、11 年 同治 4、7、8、10、10、11、 12 年 光緒 3、3、3、4、9、11、 13 年	同治年全數加「佛 銀」 光緒 11 年件又加 「平」	

　　從表一可見永濟義渡古文契書，其年代最早為乾隆 13 年（1748），最晚為光緒 13 年（1887），跨時 140 年。其間出現貨幣名稱 7 種，即劍銀、清水劍銀、佛銀、佛番銀、番銀、銀。如再加上契末的「員劍」「番劍」。則為 9 種。

　　將乾隆 17 年（1752）銀兩扣除，為 8 種。扣除銀兩件，疑該件之貨幣為中國傳統銀兩，而非外國銀幣。理由是該契直接用「兩」為單位，寫「時值價銀一兩正」[5]，而不似它件以「員」為單位。如乾隆 21 年（1756）件即寫「時值價銀參百玖拾員正」[6]。從乾隆 26 年（1761）件契約前文寫「劍銀」，後文寫「員劍」[7]。可知「劍銀」也稱「員劍」。從乾隆 22 年（1757）件，前文寫「清水番劍」，後文寫「番劍」[8]，可見「清水番

---

[5]　吳淑慈，《南投縣永濟義渡古文契書選》（南投：南投縣立文化中心，1996 年），頁 45。
[6]　吳淑慈，《南投縣永濟義渡古文契書選》（南投：南投縣立文化中心，1996 年），頁 62。
[7]　吳淑慈，《南投縣永濟義渡古文契書選》（南投：南投縣立文化中心，1996 年），頁 91。
[8]　吳淑慈，《南投縣永濟義渡古文契書選》（南投：南投縣立文化中心，1996 年），頁 89。

劍」是「番劍」。也即劍銀、員劍同實異名，清水番劍、番劍同實異名。

再從道光 20 年（1840）件知「番銀」又稱「佛銀」[9]，則佛銀、番銀、佛番銀三者名異實同。再看道光朝契約有 7 件前文寫「銀員」，後文寫「佛銀」，同治朝契約前文寫「銀員」，後文全數寫「佛銀」，光緒朝相同。可知在道光朝以後，一般說銀員即指佛銀。至於乾隆朝，嘉慶道光前後文都寫銀員。也全為佛銀，容後論述。

參、《后埔仔庄與社寮庄古文書欣賞》[10]中的貨幣

本書由竹山鎮圖書館館長黃文賢將社寮張天球家與后埔子張拱照家所保存古文書編輯、譯文、注解，由社寮文教基金會出版。本文除契約文書外，另有社寮地區姓氏史畧，老照片欣賞。茲將有關銀幣者整理成表二。

表二：《后埔仔庄與社寮庄古文書欣賞》之貨幣

銀幣名稱	出現次數	契約出現年代	契末收過銀幣	備註
員劍銀	2	乾隆 42、45 年	乾隆 42 年件加「員銀」	45 年契見附件 2
佛頭銀	1	乾隆 56 年		
佛番銀	1	嘉慶 15 年		
佛銀	6	道光 5、17、17、18、21 年 明治 36 年	兩張 17 年件均加「佛銀、平重」18 年件加「七兌」明治 36 年件加「平重」	
銀員	50	乾隆 19、30、37、43 年 嘉慶 2、25 年 道光 4、14、15、26 年 咸豐 8、8、10 年 同治 1、6、11、12、13	乾隆 37 年件加「員番銀」 道光 14 年件加「佛面銀」 道光 15、26 年件加「佛銀」 咸豐 8 年件分別加「番銀」「佛銀」	

9　吳淑慈，《南投縣永濟義渡古文契書選》（南投：南投縣立文化中心，1996 年），頁33。
10　黃文賢，《后埔仔庄與社寮庄古文書欣賞》（南投：社寮文教基金會，2008 年）。

		年 光緒 3、6、9、9、12、 17、20、20、20、21 年 明治 30、31、32、33、 34、34、34、34、34、 34、35、35、36、38、 38、38、38、38、39、 39、39 年 大正 11 年	咸豐 10 年件加「佛銀、 平重」 同治 5 件全加「佛銀、平 重」 光緒朝加佛銀 5 件，加番 銀 1 件，加七兌 2 件，加 平重 7 件。 明治年間加佛銀 6 件，加 平重 10 件，加重 1 件，加 平 1 件，加七兌 1 件，加 七平 1 件。

　　自表二可見后埔仔庄與社寮庄古文書最早爲乾隆 19 年（1754），最晚爲明治 39 年（1906），跨時 153 年，古文書中之外國銀幣名稱有員劍銀、佛頭銀、佛番銀、佛銀、銀等 5 種。再加契末的員銀、員番銀、佛面銀、番銀等 4 種，則爲 9 種。

　　從乾隆 42 年（1777）件可知「員劍銀」等同「員銀」[11]。從道光 18 年（1838）件佛銀加七兌[12]，可見佛銀換銀兩之兌換率爲七折。[13]從道光 17 年（1837）件加「佛銀、平重」[14]或其它加「平重」，加「平」加「重」，加「七平」等件可知佛銀換銀，換庫平銀之比率爲七折。從乾隆 30 年（1765）件加「員番銀」[15]，道光 14 年（1834）件加「佛面銀」[16]可知佛銀又稱「員番銀」「佛面銀」。

　　因爲表一、表二皆今日竹山社寮、后埔子地區之古文書，兩表整合，可以看到清代竹山地區的外國銀幣通行情形。

---

[11]　黃文賢，《后埔仔庄與社寮庄古文書欣賞》（南投：社寮文教基金會，2008 年），頁 42。

[12]　黃文賢，《后埔仔庄與社寮庄古文書欣賞》（南投：社寮文教基金會，2008 年），頁 111。

[13]　佛銀重量原本超過七錢，但因行用日久，變成粗銀，所以在兌換銀兩時有折率，通常南台灣爲零點六八，稱六八銀；中台灣爲零點七，稱七兌銀；北部爲零點九，稱六九銀。詳見陳哲三〈台灣清代契約文書中的銀幣及其相關問題〉。

[14]　黃文賢，《后埔仔庄與社寮庄古文書欣賞》（南投：社寮文教基金會，2008 年），頁 105。

[15]　黃文賢，《后埔仔庄與社寮庄古文書欣賞》（南投：社寮文教基金會，2008 年），頁 17。

[16]　黃文賢，《后埔仔庄與社寮庄古文書欣賞》（南投：社寮文教基金會，2008 年），頁 49。

表三：永濟義渡古文書與后埔子庄社寮古文書中貨幣比較表

永濟義渡古文書之貨幣		后埔仔庄與社寮庄之古文書之貨幣	
劍銀	乾隆 13、13、26 年		
清水劍銀	乾隆 22 年		
員劍銀	乾隆 26 年	員劍銀	乾隆 42、45 年
		員銀	乾隆 42 年
番劍	乾隆 22 年		
		員番銀	乾隆 37 年
佛銀	乾隆 60 年	佛銀	道光 5 年～明治 36 年
		佛頭銀	乾隆 56 年
佛番銀	嘉慶 11、16、16 年	佛番頭	嘉慶 15 年
		佛面銀	道光 14 年
番銀	道光 20 年		
銀	乾隆 21 年～光緒 13 年平	銀	乾隆 9 年～明治 39 年 平重、重、平、七兌

　　從表三看，表一、表二相同的只有員劍銀、佛銀、佛番銀、銀四種，其餘均不相同，所以列其不同名稱如下：劍銀、清水劍銀、番劍員銀、員番銀、佛銀、番銀、佛頭銀、佛面銀等九種。相同 4 種，不同 9 種，名稱計十三種。

肆、《草屯地區古文書專輯》[17]中的貨幣

　　本書係臺灣省文獻委員會輯印之第一本古文書專集，只有古文書圖版，而無釋文與註解，但對印戳特別放大處理。除文獻會收藏 202 件外，又有梁志忠收藏 57 件，全書計收 259 件古文書。書末附錄二種：其它文獻相關草屯契書目錄及收錄古文書年代序表，對研究者大有幫助。茲將有關銀幣者整理成表四。

17　謝嘉梁，《草屯地區古文書專輯》（南投：臺灣省文獻委員會，1999 年）。

表四：《草屯地區古文書專輯》中的貨幣

銀幣名稱	出現次數	契約出現年代	契末收過銀幣	備註
劍銀	1	乾隆 16 年		
花劍銀	1	乾隆 22 年		見附件 3
花邊劍銀	1	乾隆 51 年		
佛銀	39	嘉慶 9、14、18、19 年 道光 3、6、7、9、10、12、16、25、29 年 咸豐 7、10 年 同治 1、9、12、12 年 光緒 5、5、6、10、10、11、11、12、12、15、15、16、18、20、20、20 年 明治 30、33、35、35 年		
佛面銀	12	嘉慶 19、23、24 年 道光 4、6、23、26 年 咸豐 4 年 同治 4、10 年 光緒 3、20 年		
佛頭銀	2	嘉慶 19、20 年		
洋銀	1	光緒 19 年		
銀員 139		乾隆 23、24、32、37、37、43、44、45、50、54、57 年	乾隆 37 年件折紋銀，6 折 乾隆 44 年件加佛面銀	乾隆出現 11 次
		嘉慶 2、5、5、10、10、10、12、14、15、16、18、18、19、19、20、20、23、24、24 年	嘉慶 5 年件加佛面銀 嘉慶 10 年件加佛銀 嘉慶 18、19、24 年加佛面銀 嘉慶 19 年件加佛頭銀	嘉慶 19 次 5 次佛面銀 1 次佛銀 1 次佛頭銀
		道光 3、6、6、7、7、7、9、9、10、12、12、12、12、12、12、13、15、16、20、21、21、23、26、26、26、28、29 年	道光 3、7、10、12、13、15、16、26、28、29 年加佛銀 道光 6、12、20、26 年加佛面銀	道光 27 次 11 次佛銀 16 次佛面銀

銀員	139	咸豐 1、4、4、6、7、8、10、10、10、11 年	咸豐 1、4、10、11 年加佛銀 咸豐 4、7 年加佛面銀 咸豐 11 年加庫重	咸豐 10 次 5 次佛銀 2 次佛面銀 1 次庫重
		同治 4、4、9、10、11、11、11、12、12、12、13 年	同治 4、11 年加庫平 同治 10、11、12 年加平重 同治 4、9 年加佛面銀 同治 10、11、12 年加佛銀	同治 11 次 2 次佛面銀 6 次佛銀 5 次平重 2 次庫平
		光緒 1、1、3、3、4、5、6、10、10、10、10、11、12、12、12、13、13、13、15、15、16、16、17、18、18、19、19、20、20、20、20 年	光緒 1、3、5、10、11、12、13、15、18、20 年加佛銀 光緒 1、10、20 年加佛面銀 光緒 3、18、19、20 年加庫平 光緒 4 年加七秤 光緒 5 年加平 光緒 6、16 年加平足重 光緒 13、17 年加秤重 光緒 16、18、20 年加秤足重 光緒 19 年加庫平足重	光緒 31 次 15 次佛銀 3 次佛面銀 1 次番銀 4 次庫平 1 次七秤 1 次平 2 次平足重 2 次秤重 3 次秤足重
		明治 30、30、30、31、32、32、33、33、33、33、33、34、34、34、34、34、34、35、35、35、35、35、35、35、35、35、35、35、37 年	明治 30 年加柒秤 明治 30、32、34 年加平重 明治 31 年加庫秤 明治 32、33、34、35 年加七兌（柒兌） 明治 33 年加庫平 明治 34、35 年加每員銀柒錢重 明治 35 年加秤足重 明治 30、32、33、34、35、37 年加佛銀	明治 30 次 11 次佛銀 2 次柒秤 2 次平重 2 次庫秤 4 次柒兌 6 次七兌 1 次庫平 2 次秤重 1 次秤足重 2 次每員銀七錢重 1 次每員銀秤七錢重 1 次每員庫秤柒錢重

　　自表四可見草屯地區的銀幣計 8 種，即花劍銀、花邊劍銀、佛銀、

佛面銀、佛頭銀、洋銀、銀、光銀。如加契末出現的番銀[18]，則有 9 種
名稱。但從銀員又稱番銀，又稱佛銀，則知番銀實即佛銀。再看在契約
中寫三面議定的價值是「銀」，從乾隆 23 年（1758）到明治 37 年（1904）
不斷出現。但因爲「銀」在不同時代有其不同指涉，即不同時代對「銀」
的認知多有不同，在契約中爲免滋誤會，同時另加限定，或在契末收過
契銀若干之處再加限定。如乾隆 37 年（1772）件指紋銀是六折[19]，乾隆
44 年（1779）件是加佛面銀[20]。以後嘉慶、道光或加佛面銀，或加佛銀，
或加佛頭銀。到咸豐 11 年（1861）出現加庫重兩[21]，以後同治、光緒到
明治或加佛面銀，或加佛銀，而加庫平、平重、七秤、平、平足重、秤
重、秤足重、庫平足重、柒秤、庫秤、七兌、柒兌、每員銀柒錢重、每
員銀秤七錢重、每員庫秤柒錢重等不一。此一複雜現象之原因一時之間
尚不完全明白，有待進一步研究。但與人文進步，文化多元似有關係。
至於洋銀爲對外國銀幣之泛稱，但何以前面都用佛銀，而在光緒 19 年
（1893）出現洋銀，疑洋銀爲當時進入台灣的日本龍銀。此一看法印証
埔里地區明治 33 年（1900）到 38 年（1905）出現 3 次光洋銀 7 次光洋，
都是龍銀可以確知。

伍、《水沙連埔社古文書選輯》[22]中的貨幣

　　本書係埔社番後裔黃大鏐家藏 84 件契約文書，經簡史朗、曾品滄
整理、釋文，由國史館出版。除 84 件契約文書之圖照外，又有釋文，
並有簡史朗所寫〈水沙連埔社古文書導讀〉及〈水沙連埔社古文書索引
表〉，對讀者了解檢索幫助不少。茲將 84 件內有銀幣之契約整理成表。

18　謝嘉梁，《草屯地區古文書專輯》（南投：臺灣省文獻委員會，1999 年），頁 160。
19　謝嘉梁，《草屯地區古文書專輯》（南投：臺灣省文獻委員會，1999 年），頁 268。該件
　　銀 700 大員折紋銀 420 兩。
20　謝嘉梁，《草屯地區古文書專輯》（南投：臺灣省文獻委員會，1999 年），頁 235。
21　謝嘉梁，《草屯地區古文書專輯》（南投：臺灣省文獻委員會，1999 年），頁 74。
22　簡史朗、曾品滄，《水沙連埔社古文書選輯》（臺北縣：國史館，2002 年）。

表五:《水沙連埔社古文書選輯》中的貨幣

銀幣名稱	出現次數	契約出現年代	契末收過銀幣	備註
佛銀	10	同治 6 年 光緒 5、6、13、15、16、19、19、20、21 年	同治 6 年　光緒 6 年加佛面銀 光緒 5 年加銀 光緒 13、16、20 年加平重 光緒 19 年件 1 加庫秤，1 加庫平	加佛面銀 2 次 銀 1 次 平重 3 次 庫秤 1 次 庫平 1 次
銀員	51	同治 6 年 光緒 1、4、6、9、11、12、13、13、13、15、15、15、16、16、18、19、19、19、19、19、20、20、20、20、20、20、20、20 年	同治 6 年 光緒 1、12、13、15、20 年加佛銀 光緒 6、9、19 年加佛面銀 光緒 11、20 年加庫平 光緒 13、20 年加平重 光緒 13、15、19 年加七兌 光緒 16、18、19 年加庫秤 光緒 19 年加洋銀	加佛銀 9 次 佛面銀 3 次 洋銀 2 次 庫平 10 次 庫秤 10 次 平 11 次 七兌 6 次
光洋銀	4	明治 33、35、36 年		

從表五，看到埔社古文書可以統計者，最早為同治 6 年（1867），最晚為明治 36 年（1903），跨時只有 37 年。出現的銀幣種類也不多，只有佛銀、銀、光洋銀，加在契末出現的佛面銀則名稱有 4 種。與前面竹山地區 13 種，草屯地區 9 種相比，埔里的種類確實少了許多，這是因埔里移民進入開發的歷史短，土地買賣的時間更晚到同治 6 年（1867），所以早期的外國銀幣完全未在埔里出現。以下看眉社的情形，是否也如此。

陸、《水沙連眉社古文書研究專輯》[23]中的貨幣

本書所收之眉社古文書主要來自南投縣文化局的收藏，經簡史朗整理、釋文、註解，由南投縣文化局印行。全書收 194 件契約文書。除契

23　簡史朗，《水沙連眉社古文書研究專輯》（南投市：南投縣文化局，2005 年）。

約圖版外，另有〈眉社古文書導讀〉〈古文書用詞解釋〉〈眉社古文書相
關地名釋義〉〈眉社古文書印記解讀、圖錄及索引表〉〈眉社古文書分類
原則及索引表〉〈業戶過戶印單執照索引表〉〈丈單索引法〉〈花戶完納
地丁銀執照索引表〉等。本書內容是現有古文書輯中用力最深之作，對
使用者之閱讀、檢索大有助益。

表六：《水沙連眉社古文書研究專輯》中的貨幣

銀幣名稱	出現次數	契約出現年代	契末收過銀幣	備註
佛銀	10	咸豐 7、8、10 年 同治 13 年 光緒 11、11、11、13、15、17 年	咸豐 10 年 光緒 11 年加佛面銀 光緒 11、17 年加平重 光緒 13 年加每員七兌 光緒 15 年加庫平	加佛面銀 2 次 平重 2 次 庫平 1 次 七兌 1 次
佛面銀	64	咸豐 10 年 同治 2、2、12、12 年 光緒 2、6、6、7、7、12、 12、12、12、14、14、15、 15、15、15、16、16、16、 16、16、16、16、16、16、 16、17、17、17、17、17、 17、17、17、17、18、18、 19、19、19、19、19、19、 19、20、20、20、20、20、 20、20、21、21、21 年 明治 29、29、30、31、32 年	光緒 2、12、15、16、 17、19、20 年加平重 光緒 7 年加佛銀 光緒 16、17、18、19、 20、21 年 明治 29、30、31、32 年加七兌 光緒 14、18 年加平 光緒 17 年加足	加佛銀 2 次 加平重、平足重 30 次 七兌 24 次 足 1 次
佛母銀	2	同治 1 年 光緒 6 年	同治 6 年加平重	加平重 1 次
銀員	67	乾隆 36 年 道光 8、16、16、22、25、27、30 年 咸豐 7 年 同治 6、10、10、11 年 光緒 4、4、5、6、7、7、 7、10、10、11、13、13、	道光 22 年　咸豐 7 年 同治 11 年　光緒 20 年 加佛銀 道光 17 年　同治 11 年 光緒 6 年加佛面銀 光緒 4 年加佛母銀 道光 30 年	

	13、13、13、14、14、14、14、14、15、15、15、15、15、15、17、17、17、17、17、17、19、19、20、20、20、20 年 明治 29、29、29、32、32、33、34、35、35、35、35 年	光緒 13、14、15、20 年 明治 29、32、33 年加七兌 光緒 5、10、14、19 年加平 光緒 7、14、15、17、19、20 加平重 光緒 7 年加秤 光緒 17 年 明治 32 年加庫平	
光洋	9	光緒 20 年 明治 35、35、35、36、36、37、38 年	明治 35 年 3 月件加每員光洋銀 明治 35 年以後單位是大円或円 光緒 20 年 1 月件單位是大員	

　　眉社契約的年代比埔社似乎早些。其最早一件爲乾隆 36 年（1771）9 月的典契[24]，但查原契，立契人是「本縣庄姚地觀」，其自己開墾溪州園「坐落土名東勢溪墘，東至石頭埔坎，……南至溪州仔庄後」，可能該立典契人爲今彰化縣芬園鄉圳墘村人，其土地所在地在今草屯鎮石川里（土名石頭埔）。人與土地均與埔里眉社無關。不知何以攙雜其中。所以真正眉社契約要從道光 8 年（1828）算起，到明治 38 年（1905），跨時 98 年。比埔社所見契約要早。

　　從表六，可見眉社的銀幣有佛銀、佛面銀、佛母銀、銀、光洋計 5 種。比較前文埔社有佛銀、佛面銀、銀、光洋銀四種。眉社似乎多 1 種，即多佛母銀。

柒、南投縣境清代契約中的貨幣

　　爲了解今南投縣境清代流通的貨幣的全貌，將上面表格整合成一表。

24　簡史朗，《水沙連眉社古文書研究專輯》（南投市：南投縣文化局，2005 年），頁 257。

表七：清代南投縣境清代契約中貨幣表

地區　　銀幣名稱	竹山		草屯	埔里		合計	備註
	永濟	后埔社寮		埔社	眉社		
劍銀	3		1			4	
花劍銀			1			1	
花邊劍銀			1			1	
清水番劍	1					1	
員劍銀		2				2	
佛銀	19	6	39	10	10	84	16%
佛頭銀		1	2			3	
佛面銀			12		64	76	14%
佛番銀	3	6				9	
佛母銀					2	2	
番銀	1		1			2	
員番銀		1				1	
銀員	33	55	139	51	67	340	62%
銀兩	1					1	
洋銀			1			1	
光洋銀				4	9	13	2%
合計	62	65	197	65	152	541	

　　從表七可見清代在南投縣境流通的貨幣全是外國銀幣，其名稱有十六種，即劍銀、花邊劍銀、清水劍銀、員劍銀、佛銀、佛頭銀、佛面銀、佛番銀、佛母銀、番銀、員番銀、銀員、銀兩、洋銀、光洋銀。出現最多的是銀員加其它庫平等名稱，次為佛銀，三為佛面銀。根據筆者過去的研究，劍銀、花劍銀、花邊劍銀、清水劍銀、員劍銀，均屬同一種銀幣，即荷蘭人所鑄馬劍銀[25]。銀幣之外型為圓形，一面為騎士騎馬，手舞長劍。如圖1。所謂花可能即指花邊，清水是指潔淨無瑕，員是指其型圓。因為中國傳統銅幣為外圓內方，象徵天地，計算以個、串為單位；銀則從未鑄成圓餅形。故不以個數計算，以重量之兩、錢計算。

　　其次，佛銀、佛頭銀、佛面銀、佛番銀、佛母銀、番銀、員番銀、

25　陳哲三，〈臺灣清代契約文書中的銀幣及其相關問題〉，《逢甲人文社會學報》，第22期，（臺中市：逢甲大學，2011年6月），頁101-137。

銀員皆同一類銀幣[26]。是西班牙人在墨西哥所鑄銀幣,因其一面爲西班牙國王之頭像,中國人以爲是佛像,故稱爲佛銀、佛面銀、佛頭銀。因其來自番邦,故稱番銀、佛番銀,因其爲圓形,故稱員番銀、銀員。如圖 2。至於銀員之爲佛銀,自表一、表二、表四、表五、表六之銀幣欄,在契文銀員之外,另加佛銀、員番銀、佛面銀、佛頭銀、佛母銀等,可知銀員即是佛銀。另外在銀員欄又加平、平重、重、庫重、平足重、秤重、秤足重、七秤、柒秤、七兌、柒兌、每員銀七錢重、每員銀秤七錢重、每員庫秤柒錢重等。此即中臺灣之佛銀在與庫平銀兌換時,是打七折,即佛銀 1 員換庫平銀 7 錢。即「每員庫秤柒錢重」。此一埔里與草屯比較多相同之處,似可推草屯埔里之交通比埔里竹山爲順暢。至於洋銀、光洋銀、光洋都指日本龍銀。

再從三個地方土地買賣契約出現時間早晚,外國銀幣出現時間早晚比較,知道竹山最早,是乾隆 13 年(1748);草屯第二,是乾隆 16 年(1751)。竹山的杜賣契是陳華將在獅尾堀的自墾山園賣給曾宅,賣價是「劍銀拾肆大員」[27]。草屯的是北投社番扶生將應分遺業埔園一塊賣給張宅「劍銀伍員」[28]。埔里地區最早的是乾隆 36 年(1771),次爲道光 8 年(1828),乾隆 36 年件前已說明是草屯的土地買賣,不是埔里的,第二早的道光 8 年,查閱契文[29]發現是石崗鄉的土地承墾權轉讓契,也不是埔里的。真正埔里最早的是道光 22 年(1842)珠仔山庄北投社番田文杜賣厝地給李八的契約賣價是「佛銀捌大員」[30],從這一點也可以印証竹山、草屯開發較早,而埔里較晚的史實。竹山和草屯時間上差不多,比較不同的是竹山是移民(漢人)賣自墾山園,而草屯是北投社番賣自己應分遺業埔園。遺業自然是祖先留下給他的。顯示竹山漢移民入墾的歷史較早。竹山的外國銀幣種類也比較多,可以說明竹山比草屯似

26　陳哲三,〈臺灣清代契約文書中的銀幣及其相關問題〉,《逢甲人文社會學報》,第 22 期,(臺中市:逢甲大學,2011 年 6 月),頁 101-137。
27　吳淑慈,《南投縣永濟義渡古文契書選》(南投:南投縣立文化中心,1996 年),頁 44。
28　謝嘉梁,《草屯地區古文書專輯》(南投:臺灣省文獻委員會,1999 年),頁 107。
29　簡史朗,《水沙連眉社古文書研究專輯》(南投市:南投縣文化局,2005 年),頁 129。
30　簡史朗,《水沙連眉社古文書研究專輯》(南投市:南投縣文化局,2005 年),頁 139。

乎入墾史也早一些。過去說竹山是南投縣境開發最早的地方，外國銀幣的研究結果似乎也可以印証的。但同治、光緒以下將銀員的限定方式則草屯多於竹山，表示到同治、光緒草屯的人文發展、商業交易業已超過竹山。

捌、結論

　　清代南投縣境流通的貨幣和台灣其他地區一樣，在契約上流通的貨幣全是外國銀幣。從五本已出版今南投縣境的古文書集，統計歸納分析，可以明確看到南投縣雖小，但開發歷史不同，各地有各地的特色，在清代契約中所出現的外國銀幣，竹山、草屯、埔里各有不同。竹山出現劍銀、清水劍銀、員劍銀、番劍、佛銀、佛番銀、番銀、銀員、銀兩。其中清水劍銀、員劍銀、佛番銀、員番銀、銀兩未在他處出現。草屯出現劍銀、花劍銀、花邊劍銀、佛銀、佛面銀、佛頭銀、洋銀、銀員。其中花劍銀、花邊劍銀、洋銀未在他處出現。埔里出現佛銀、佛面銀、佛母銀、銀員、光洋銀。其中佛母銀、光洋銀未在他處出現。有同，表示有共同的社會文化來源，有異又表示社會文化有不同來源。竹山和草屯之差異似因一為濁水溪入山孔道，一為烏溪入山孔道，竹山的影響似直接來自臺南，草屯的影響似來自彰化。埔里則因為承受中部地區五族三十餘社平埔族，故其影響來自更大的範圍，只因入埔時間在道光之後，上距荷蘭人據臺已超過 160 年，故未出現荷蘭人所鑄馬劍銀，只見西班牙人所鑄佛銀。而且同光後烏溪孔道入埔更近，又有北投社為先導，草屯和埔里關係的密切度超越竹山。同光之後草屯佛銀加庫平、七兌平重等名目非常多，似乎說明商業交易的熱絡。

　　再將南投縣境與全臺灣比較，可看到更多史實。清代全臺灣流通的外國銀幣種類有馬劍銀（劍銀、番劍銀、花邊劍銀、花劍、花邊銀、清水宋劍銀）、番銀、佛面銀（佛銀、佛頭銀、番頭銀）、六八（一三）銀（佛銀六八、一三（68）佛面銀、一三（68）平銀、一三（六八）佛銀、一三（68）重紋銀）、庫平紋銀（紋庫銀、庫平紋銀）、洋銀、龍銀、光

銀（75（二8）光銀）[31]。比較之下，南投縣境還是名稱比較少。單就馬劍銀而言，馬劍銀、番劍銀、花劍、花邊銀、清水宋劍銀都未出現。也未出現六八銀、75光銀、龍銀。

臺灣外國銀幣第一次出現時間，如下表。[32]

馬劍銀（兩）	康熙 38 年（1699）臺南
番銀（兩）	康熙 57 年（1718）高屏
佛面銀、佛銀	雍正 10 年（1732）臺中
佛銀、佛頭銀	乾隆 13 年（1748）臺中
劍銀	乾隆 16 年（1751）臺中
六八銀	乾隆 28 年（1763）高屏
清水銀	乾隆 41 年（1776）高屏
雙燭銀	乾隆 47 年（1782）高屏
番頭銀	乾隆 54 年（1789）臺南
七兌銀	道光 6 年（1826）臺中
紋庫銀（兩）	道光 25 年（1845）臺北

南投縣境中未有乾隆以前之契約，所以馬劍銀、番銀、佛面銀、佛銀都不可能比其他地方早。至於佛頭銀，最早是后埔子乾隆5年（1791）陳遜選所立借據。[33]

而劍銀則似乎永濟義渡古文契書選中有二張乾隆13年（1748）契，比上表更早。一張是陳華所立賣自墾山園契，賣價是「劍銀拾肆大員」[34]，一張是余開立杜賣承父明買州園，賣價是「劍銀壹拾捌兩正」[35]。因為上表南投縣境只取草屯地區古文書的樣本，未使用竹山地區古文書。可見地區性差異存在的可能性不可忽視。

---

[31] 陳哲三，〈臺灣清代契約文書中的銀幣及其相關問題〉，《逢甲人文社會學報》，第22期，（臺中市：逢甲大學，2011年6月），頁101-137。

[32] 陳哲三，〈臺灣清代契約文書中的銀幣及其相關問題〉，《逢甲人文社會學報》，第22期，（臺中市：逢甲大學，2011年6月），頁101-137。

[33] 黃文賢，《后埔仔庄與社寮庄古文書欣賞》（南投：社寮文教基金會，2008年），頁35。

[34] 吳淑慈，《南投縣永濟義渡古文契書選》（南投：南投縣立文化中心，1996年），頁44。

[35] 吳淑慈，《南投縣永濟義渡古文契書選》（南投：南投縣立文化中心，1996年），頁85。

參考文獻

千家駒、郭彥崗，《中國貨幣演變史》，（上海市：上海人民出版社，2005年）。

吳淑慈，《南投縣永濟義渡古文契書選》（南投：南投縣立文化中心，1996年）。

陳哲三，〈清代金門與臺灣契約文書異同之比較研究〉，《逢甲人文社會學報》，第 21 期（臺中市：逢甲大學，2010 年 12 月），頁 61－92。

陳哲三，〈臺灣清代契約文書中的銀幣及其相關問題〉，《逢甲人文社會學報》，第 22 期（臺中市：逢甲大學，2011 年 6 月），頁 101－137。

陳緯一、劉澤民，《力力社古文書契抄選輯－屏東崁頂社村陳家古文書》（南投市：國史館臺灣文獻館，2006 年）。

彭信威，《中國貨幣史》，（上海市：上海人民出版社，2007 年）。

黃文賢，《后埔仔庄與社寮庄古文書欣賞》（南投：社寮文教基金會，2008年）。

謝嘉梁，《草屯地區古文書專輯》（南投：臺灣省文獻委員會，1999 年）。

簡史朗、曾品滄，《水沙連埔社古文書選輯》（臺北縣：國史館，2002 年）。

簡史朗，《水沙連眉社古文書研究專輯》（南投市：南投縣文化局，2005年）

附圖　1：荷蘭馬劍銀

　　※上：取自陳緯一、劉澤民，《力力社古文書契抄選輯－屏東崁頂
社村陳家古文書》。中：取自彭信威，《中國貨幣史》。下：取自千家駒、
郭彥崗，《中國貨幣演變史》。

附圖 2：佛銀

　　※上：取自陳緯一、劉澤民，《力力社古文書契抄選輯－屏東崁頂
社村陳家古文書》。中、下：取自彭信威，《中國貨幣史》。

附圖 3：上中日本龍銀 下廣東龍銀

※上：取自千家駒、郭彥崗，《中國貨幣演變史》。中下：取自彭信
威，《中國貨幣史》

附件 1：取自吳淑慈，《南投縣永濟義渡古文契書選》（南
投：南投縣立文化中心，1996 年），頁 44。

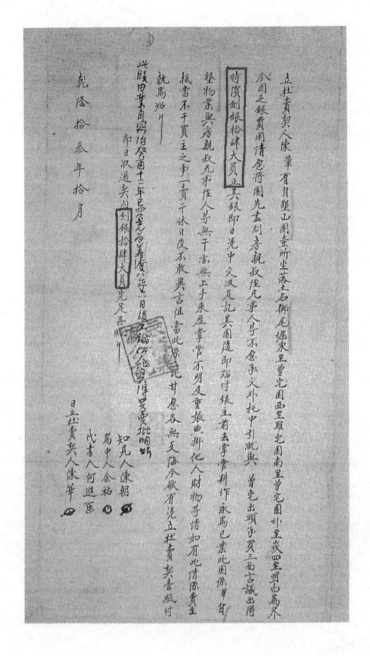

附件 2：取自黃文賢，《后埔仔庄與社寮庄古文書欣賞》
（南投：社寮文教基金會，2008 年），頁 31。

附件 3：取自謝嘉梁，《草屯地區古文書專輯》（南投：臺灣省文獻委員會，1999 年），頁 137。

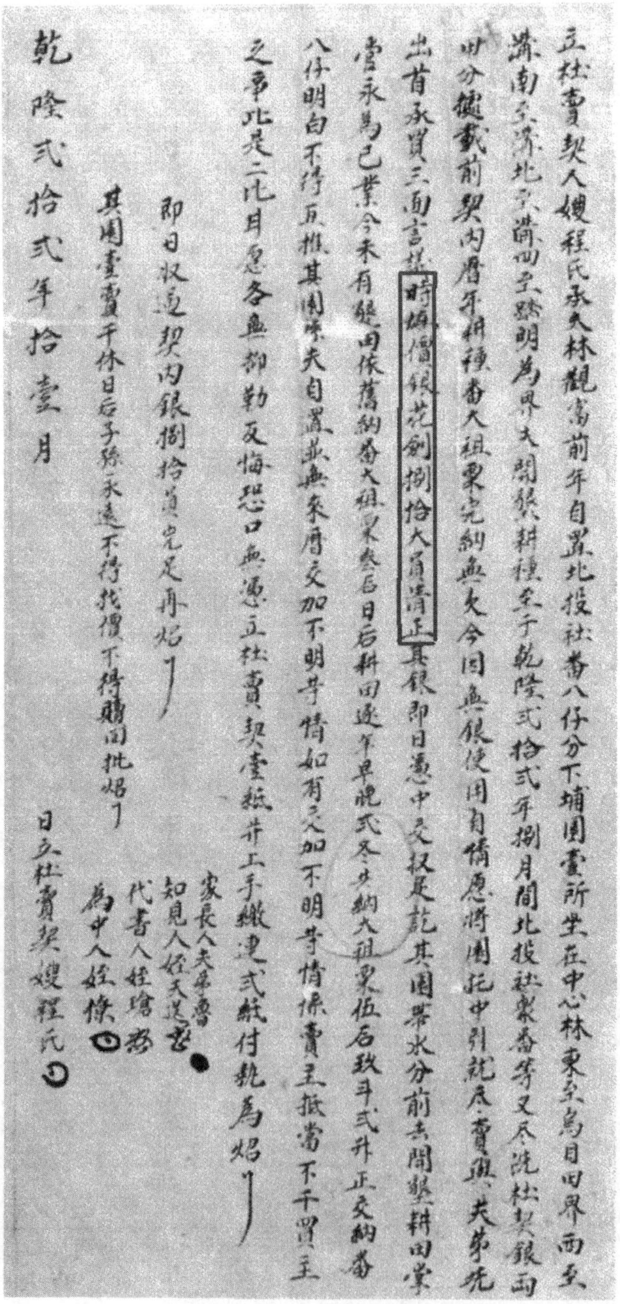

On the Currencies Circulating in Nantou County during the Qing Dynasty by Referring to Ancient Writings[36]

Che-San Chen

Abstract

This study analyzes currencies circulating through contracts in the Qing Dynasty based on five ancient writing collections published in Nantou County. The findings of this research reveal that Nantou showed little difference from other regions of Taiwan in regards to the currency it used. While some currencies in the Zhushan, Caotun, and Puli areas of Nantou County were the same, there is still variation and this should be ascribed to historical factors. Most notable was the fact that there were fewer currency types at Puli, while a greater variety existed at Zhushan and Caotun. The practice of adding "Qidui" and "Kuping"（both are currency exchange rates） to Buddha Coins as explanatory phrases in contracts during the reigns of the Tongzhi and Guangxu Emperors was less common at Zhushan than at Caotun. This phenomenon seems to indicate that, while Zhushan came into existence earlier, Caotun was influenced by more diverse historical factors and was more culturally diverse, in addition to having a more active business climate, after the reigns of the Tongzhi and Guangxu Emperors.

---

[36] This study was once published in the Academic Conference for Nantou Studies held on November 5, 2011. The reviewer Chien Jung-Tsung, also the former chairman of Historical Records Committee of Taiwan Provincial Government, advanced some suggestions regarding the content. This study is hereby officially published after revision.

Keywords: Nantou County, ancient writings, foreign silver coins, Sword Coin, Buddha Coin.

This study was once published in the Academic Conference for Nantou Studies held on November 5, 2011. The reviewer Chien Jung-Tsung, also the former chairman of Historical Records Committee of Taiwan Provincial Government, advanced some suggestions regarding the content. This study is hereby officially published after revision.

清代台灣契約中的人間情義

摘要

本文以古文書中之鬮書與找洗契論述清代台灣在分鬮財產之公平與普遍，對大大小小，活的死的，都獲得周至細膩的安置；在找洗契中，以乏銀費用的原因取得原買主找價的比率高達 81%。凡此，處處展現人間情義。其所以如此的內在因素，最重要的有二：第一是儒家孝悌仁愛思想的實踐，這和漢代以孝治天下，孝道從此成爲此後二千年中國社會道德的核心有關。第二是佛、道宗教三世輪迴，因果報應，行善積德的觀念深入人心，進而左右了人的行爲。這些孔孟思想，宗教觀念等透過善書與啓蒙書籍，教誨了一代一代的台灣人。

關鍵字：**鬮書、找洗契、儒家思想（孝悌仁愛）、宗教觀念（行善積德）、人間情義。**

壹、前言

　　某次會議中簡史朗先生說出賣房地產的人，心中是無比的痛苦，不要輕忽契約背後的那種悲哀。的確如此，但一張杜賣盡根田契，看到契中寫明「今因乏銀費用，合家相議，願將此田出賣盡根。」[1]平淡無奇，就是沒錢花用，但很少再去想到更深層的心理狀態。自從聽到這一席話後，不免心中常想起這一問題，同時也留意到在硬梆梆、冷冰冰的契約中竟無人間情義？其實，在過去寫草屯地區清代的漢番關係時曾看到一個漢人買了北投社番的房地，乾隆47年漳泉械鬥時，「厝宅並地基契券被焚，空身走出逃命」後，北投社番「哀憐慘遭此禍，念業佃情誼，隨即重給契卷」[2]即讚當漢人巧取豪奪之時，原住民則十分寬厚，顯得更有情義。[3]在杜賣契中類此情形，十分罕見。如以契約種類觀察，則鬮書與找洗契比較可以見到這種有情有義的事。可能也因受其中的情義所感動，筆者過去曾寫過與鬮書和找洗契有關的論文。[4]本文即以鬮書與找洗契為例，拈出此一觀念：即法律是一筆一劃都不可輕忽的鄭重，但其中也不乏人間的情義。正合台灣俗話所謂「法律不外乎人情」。

貳、從鬮書看到人間情義

　　鬮書的格式，主要分四部分。[5]

　　第一部分是立鬮書人，立鬮書的原因，分割家業的原則、宗教儀式，以及對分家後的祝福。

---

[1]　明治35年9月〈洪思等仝立杜賣盡根田契〉，詳見謝嘉梁，《草屯地區古文書專輯》（南投市：台灣省文獻委員會，民國88年），頁146。

[2]　乾隆48年5月〈北投社番皆貓六立重給永賣契〉，國史館台灣文獻館藏，原件編號OB860009。

[3]　詳見陳哲三，〈草屯地區清代的拓墾與漢番互動〉，收入陳哲三，《古文書與台灣史研究》（台北：文史哲出版社，2009年），頁339-377。

[4]　陳哲三，〈從鬮書看清代草屯的社會經濟〉《逢甲人文社會學報》第9期（2004-12），頁61-89。陳哲三，〈清代草屯的找洗契及其相關問題〉《逢甲人文社會學報》第12期（2006-6），頁217-237。二文均收入氏著《古文書與台灣史研究》，前文在頁307-338，後文在頁379-400。

[5]　張研、毛利平將程式化的分家文書分序言、析產內容和落款三部分，詳見氏著《19世紀中期中國家庭的社會經濟透視》（北京：中國人民大學出版社，2003），頁71。

　　第二部分是分割家業的具體內容，大多數分長房、次房、三房……分房記述。少部分在分房記述之前，先將所有家業臚列明白。如有存公、養贍，特別份也一一記錄。存公等或記於分房前或記於分房後。

　　第三部分是相關人及立書人及年月日，因為多數是由代書人書寫契約文及名字，當時又沒有印章，所以各名字下都有花押。

　　第四部分是批明，相當於今日之附註。契約文中錯字、漏字，或漏寫事項，均可在原文之末的空白上寫明。有的在年月之前，有的在年月之後。

　　以道光 23 年 11 月同立鬮分字為例。鬮書如附件一。[6]

　　第一部分自「全立鬮分字人」到「各執壹紙為照」。

　　第二部分自「僅將存公鬮分條款逐一開列于左」到「一批其上手林家典契共參紙付四房收存批照」。

　　第三部分自「執筆人益周」「族長文中」「在堂母親林氏」到年月日「全立鬮分字人」。

　　第四部分即「一批四房內添註雙多二字批明照」。

　　在第一部份也即張研、毛立平所謂序言部份，自頭到尾充滿情義。以道光 23 年 11 月任奕弼輔新雍連朋八兄弟之鬮分字為例。

> 竊謂九世同居，此風足慕，百口共食，其則堪效。第因生齒日繁，家務難以調理，人心不古，眾志未能歸一，語云：樹大枝分，世所必有者也。茲當老母在堂，兄弟相商，邀請公親族長到家，將先祖父所建置田園產業以及家器農棋什物等件，盡行配搭均平，至公無私。即日全公親族長人等，秉正踏明定界，照配得宜，當在祖父爐前各房拈鬮為憑。自拈鬮以後，務宜各業各掌，克振家聲，以冀陶朱之富，不許爭長競短，致傷怡怡之誼。此係兄弟具愉悅樂從，終無抑勒反悔。

　　一開始即說「九世同居，此風足慕，百口共食，其則堪效。」這是指歷史上張公藝九世同居，受到北齊、隋唐君王的表揚，是值得羨慕仿

---

[6]　謝嘉梁，《草屯地區古文書專輯》，頁 289。

效的。接著說「第因生齒日繁，家務難以調理，人心不古，眾志未能歸
一，語云：樹大枝分，世所必有者也。」指出人口越來越多，家務越來
越難調理；而且人多口雜，意見分歧，家務更難調理。俗話說：樹大必
然分枝，家大了也必然要分家。說出了分家的原因。以下從「老母在堂」
到「當在祖父爐前各房拈鬮爲憑」是說明經過公親族長主持均匀分配家
產的情形。最後說「自拈鬮以後，務宜各業各掌，克振家聲，以冀陶朱
之富，不許爭長競短，致傷怡怡之誼。此係兄弟俱愉悅樂從，終無抑勒
反悔。」是對家庭的勉勵與祝福。希望兄弟都能有陶朱之富，克振家聲。

　　在台灣的鬮書中，張公藝九世同居是最常出現的歷史典故。此外還
有「紫荊復茂」「大被同眠」「伯氏吹壎，仲氏吹篪」「許武、薛包」「范
稚春」[7]及「千人合食」[8]等。所以也有一契寫兩個典故的，如光緒 9 年
2 月李文聘、李文鄉兄弟 仝立鬮書合同字即寫「荊花唯是田真兄弟，
圖思百忍總無張公藝敦睦和氣。[9]」又如光緒 10 年 10 月李文妙仝侄高
等仝立圖書字寫「紫荊枝下」「樓中合被」[10]凡此均是有情有義的歷史故
事，都是台灣人追求的家庭之理想型式。

　　以下舉例說明。

　　先舉道光 23 年任奕等八兄弟仝立鬮分字[11]爲例。鬮書第一部分即序
言，先說九世同居，此風足慕，再說生齒日繁，家務難以調理，只得將
產業配搭均平，在祖父爐前各房拈鬮爲憑，此後各業各掌，克振家聲。
第二部分也即析產內容，八兄弟自然均分八分。但只有七分。五房不在
兄弟均分之內，原來五弟過繼給二叔。二叔可能早亡，無子。所以五弟
不與其他兄弟均分。另抽出母親瞻養之業、長孫分及二叔的香祀田。此
香祀田五弟（五房）「永爲己業」。另外還有旱田園一段典借銀員，也付

7　王志宇，〈從台灣鬮書用語看國家權力與庶民文化的關係—以 THDL 資料為中心〉《台灣
　　古文書學會會刊》第 6 期（民國 99 年 4 月），頁 7-16。
8　光緒十六年十二月〈李金順兄弟三人同立鬮書〉，詳見林美容，《草屯鎮鄉土社會史資料》
　　（台北：台灣風物雜誌社，1990 年），頁 84-85。此一典故出自元・脫脫，〈孝義〉《宋史・
　　卷 456・列傳 215》（台北：鼎文書局，民國 67 年），頁 1391-1392。
9　詳見謝嘉梁，《草屯地區古文書專輯》，頁 162-163。
10　詳見謝嘉梁，《草屯地區古文書專輯》，頁 164。
11　見附件一。

五房「清還借項，永爲己業，不干七房之事」。也即從母親、早亡二叔、長孫、八房，均得到妥適安排。而且在祖父爐前拈鬮，自然得到祖靈的認同與庇佑。

再看一個家大業大的家庭，陸房分家的安排。這是草屯清末到日治初期最富有的李春盛兄弟。計有水旱田五十餘甲，資產二萬一千餘元。分家時長兄已逝，由長房侄與五位叔父鬮分。此外，存留四段水旱田「給二位母親贍養之資」，存留九段水旱田「按作兄弟妹侄等嫁作妝奩之資，娶爲聘禮之資」又有不少田園借 出款「永存作公業」。另長孫有妻本有長孫份額。[12]李春盛家除六房都鬮分家產外，又存留二位母親的養贍費，還存留兄弟妹侄的娶嫁之資，又存留長孫妻本長孫份額，還有許多永存作公業。不僅是上上下下從母親到侄輩當下滿足，也不必爲將來的嫁娶養贍等事操心。

再舉一例是「奉父命」兄弟侄分家。嘉慶 11 年 9 月〈李東洲兄弟等仝立鬮書〉[13]（影本見附件二）。這是草屯下庄李元光家。李創於乾隆 20 年（1755）攜二子元光、元欽渡台，元欽早逝，遺有二子固才、固獺，元光有五子，東洲、東縣、三邊、康棣、東璧。來台奮鬥 51 年後，於嘉慶 11 年（1806）由元光主持分家。二侄、五子，家產均分七分。按年齡排房，固才是四房，固獺是六房。「田園厝地除存公以外，悉配公平作七房均分，告祖拈鬮爲定」。此即草屯下庄李家傳衍至今的七房公。這裡看到伯父與堂兄弟的情義。不僅如此，在鬮書中，有「長房孫強」「長孫玉印」的特別份。

表一：李創族下世系表

---

12 明治 32 年 5 月〈李春茂、李春盛等六房仝立鬮書合約字人〉，詳見林美容，《草屯鎮鄉土社會史資料》，頁 87-92。

13 嘉慶 11 年 9 月〈李東洲兄弟等仝立鬮書〉，詳見林美容，《草屯鎮鄉土社會史資料》，頁 9。

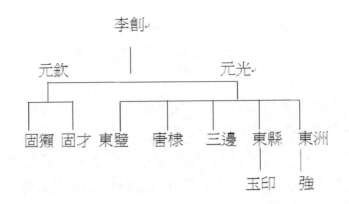

　　長房孫即嫡長子之嫡長子，這是宗法制度留下的影響。他是捧斗人，對祖先祭祀負有特別責任。長孫則是男孫中年紀最長的孫子。何以長孫有一特別份？因為他年紀大，他從小和父叔共同為家業奮鬥多年，也即家產中有他努力的業績。[14]如此安排，傳統習俗照顧到，實際情形也照顧到。真是情義周至。

　　李元光家長孫分得的是單多田壹坵，經丈貳分五厘。李春盛家長孫分得的是妻本式百元，長孫份額式百元。李金順家兄弟鬮書裡，長孫得到「水牛牯壹隻，時值價銀壹拾大員正」李金順家還抽「水牛母壹隻，牛子壹隻，時值價銀柒大員正，抽與金英女婿洪清河，以為帳被之資。」[15]

　　有錢人家給的多，錢少人家給的少。但都設想周到，人人都得到關愛。在上舉第一例八兄弟道光 23 年（1843）鬮分家產的情形，因為二叔無子，五弟過繼給二叔，所以不參與兄弟均分，而是如同母親的贍養之資、長孫份、二叔的香祀田一般先行抽出。餘下的再由七兄弟均分。

　　第二例是明治 32 年（1899）李春盛兄弟及長房侄鬮分家產的事。當時兄長已逝，所以由長房侄和五位叔父計六房均分。鬮書的開頭也有「九世流芳，古風足式」的話，但接著是「爭礙奢儉不一，難保無隙」所以拈鬮均分。除六房均分外，抽存的不少，有二位母親養贍之資、兄

---

[14]　陳哲三，〈從鬮書看清代草屯的社會經濟〉，收入氏著，《古文書與台灣史研究》（台北：文史哲出版社，2009 年），頁 307-338。

[15]　同註 8。

弟妹侄等妝奩聘禮之資，還有長孫份、長孫妻本，更特別的是「存書齋壹座，延請嚴師以爲教訓之域」。

第三例是嘉慶 11 年（1806）李元光主持子侄分家。元光弟早亡，遺有二子，元光將子侄以年齒爲序，家產抽存外均分七分，告祖拈鬮爲定。抽存父養贍資、長房孫份、長孫份。

第四例是光緒 16 年（1890）李金順兄弟分家。「蓋聞九世同居張公流芳百世」「千人合食，陳競著美萬年」但又寫「因生齒日眾，費用甚繁，難以合理」[16]所以酌議均分，拈鬮爲定。抽存長孫姻娶之資，金英女婿帳被之資，埔園壹埒，林桂竹弎所存爲公業。

參、從找洗契看到人間情義

找洗契就是「田宅出賣後，賣方向買方要求增加價金。這種增收代價買賣的契字，稱爲找洗契。」[17]

找洗的格式，先寫找洗契人某，次寫標的物由來座落，三寫前次之買賣行爲，四寫找洗之原因，五寫經過原中人向買主找出若干銀兩並交收足訖，六寫日後子孫永不敢言找，七寫再立找洗契字付執存照，八重申銀項完足及批，九契後有代書人、原中人、年月日立找洗契字人，相關人並在各人名下花押。茲舉光緒 12 年莊闊嘴兄弟仝立找洗字爲例。[18]（見附件三）

此件找洗契，「仝立……侄阿陣等」爲第一部分；「有承祖父……契內明白」爲第二部分；「因咸豐……李安睢官」爲第三部分；「茲因乏銀費用，措借無門」爲第四部份；「無奈托中……交收足訖」爲第五部分；「其業仍付買主……不敢再言找洗之事」爲第六部分；「此係兩願……付執爲炤」爲弟七部分；契末最後一行「即日仝中……完足再炤，批明」是第八部分；自代筆人、爲中人、年月日立契人爲第九部分。

---

[16]　同註釋 8。

[17]　高賢治，《北路淡水》（台北：台北縣立十三行博物館，民國 99 年），頁 98。

[18]　詳見謝嘉梁，《草屯地區古文書專輯》，頁 61。

找洗的理由，陳秋坤[19]、楊國楨[20]、陳鏗[21]、唐文基[22]、岸本美緒[23]、張富美[24]等學者都有論列，在筆者〈清代草屯的找洗契及其相關問題〉一文中曾加論述，茲不贅。本人研究草屯的找洗契，出於貧困（含家事清淡及乏銀費用）最多，占 48%。思鄉例其次，占 30%。二者占 78%。其餘有再丈、取贖控官等。因為草屯只有 23 件找洗契，不能代表台灣。邱正略用 THDL 資料庫 405 件找洗字寫的一篇論文論找洗字的性質與類別又討論人情於救濟，得理與理虧等等原因，頗能見全台面貌，文中指出救濟性質的，佔 55%。[25]又最近余鈞惠用全台灣 700 餘件找洗契進行研究，據文中統計，分乏銀類、非乏銀類及其他。乏銀：契約直接書寫乏銀費用（沒有交代為何乏銀）、欠債、無力耕作、完課社費、天災歹運、無力取贖、親人（生、老、病、死、幼）、喪葬修墳、回唐、娶親等 10 個細項，占 81%。非乏銀，包含：價值未敷、循鄉例、轉手、重給契紙、立嗣・無男・祭祀、產值提高、涉及司法等 7 個細項，占 7%。其他，包含：不詳、其他 2 等個細項，占 12%。[26]

在上面三類找洗原因中，自以乏銀一類最關情義，以下即舉例說明。

1.乏銀費用

上文莊闊嘴兄弟侄全立找洗字，是祖父在咸豐 10 年（1860）賣出厝地基，到光緒 12 年（1866）已經事隔 26 年，而且原買主又轉賣與房

---

[19] 陳秋坤《台灣古書契》（台北：立虹出版社，民國 86 年 6 月），頁 156。

[20] 楊國楨《明清土地契約文書研究》（北京：人民出版社，1988 年 2 月），頁 35。

[21] 陳鏗〈中國不動產交易的找價問題〉《福建論壇》文史哲雙月刊第 42 期（1987 年 10 月 20日），頁 29-35。

[22] 唐文基〈關於明清時期福建土地典賣中的找價問題〉鄭州《史學月刊》第 3 期，河南：河南人民出版社，1992 年 3 月，頁 26-31。

[23] 岸本美緒〈明清時代的「找價回贖」問題〉載寺田浩明主編鄭民欽譯《中國法制史考證》丙編第 4 卷，中國社會科學出版社，2003 年，頁 423-459。

[24] 張富美〈清代典賣田宅律全之演變及台灣不動產交易的找價問題〉載陳秋坤、許雪姬《台灣歷史上的土地問題》，中央研究院台灣史田野研究室，民國 81 年，頁 17-28。

[25] 邱正略，〈再探「找洗字」—以台灣歷史數位圖書館（THDL）為討論中心〉《第四屆台灣古文書與歷史研究學術研討會論文集》（台中市：逢甲大學出版社，民國 99 年），頁 11-34。

[26] 余鈞惠，未刊搞。

親。然而莊姓兄弟仍然從二手買主找出佛銀 5 大員。查原賣契時間爲咸豐 10 年 12 月，立杜賣是莊煙文、豬□兄弟出賣原因是「乏銀費用」，當時賣價爲佛銀 30 大員正。[27]26 年後找洗時理由依然是「乏銀費用」。此次找洗到的金額爲賣錢的六分之一。即賣錢 17%。

2.家親來台、資用乏絕、回唐無資

立洗找字人林桂昌、桂統兄弟有承父自置水田二張及茅屋、菜園等業，於乾隆 28（1763）杜賣與陳旺生，「今因家親清來台，並無利路，資用乏絕。無奈托原中仝公親懇求陳旺生官出洗找銀叄拾伍員正，與統爲回唐之資。」[28]找洗時間爲乾隆 36 年 9 月。

3. 日食難度

再看一張凱達格蘭族大直社番談生立找洗貼字。首記先年將祖父遺下在大直下社物業賣與漢人徐略。次記「今因談生日食難度，飢餓情慘，並無措借」無奈托中懇求「原佃人」「貼納口糧租穀，每年四斗二季交納」「再找出佛面銀 5 員以爲乏命日食」[29]這裡看到平埔族在賣出祖遺土地之後，日食難度，飢餓情慘，措借無門的情形。買主有情有義，找出佛面銀 5 員，又每年貼口糧租 4 斗。

另外也是凱德格蘭族里族社甘武老在水轉腳庄祖遺埔地，先賣漢人又經兌賣數手，「今因困乏無路，又兼雙瞽得病」只得向現田主懇求出佛銀 2 大員。[30]

4.積欠丁銀、糧食無出

27　高賢治，《大台北古契字四集》，頁 74。

28　〈林桂昌、桂統立洗找字人〉載余慧賢、張家榮，《國立中央圖書館臺灣分館館藏臺中地區古文書選輯》（臺北縣：國立中央圖書館臺灣分館，民 98 年），頁 37。

29　謝繼昌，《凱達格蘭古文書》（台北：台灣大學人類學系，民國 88 年），頁 78-79。

30　謝繼昌，《凱達格蘭古文書》，頁 108-109。

　　金包里社己力角老、保生等有承祖遺口糧田壹段，前年杜賣社番親礼勿氏，價銀 50 員。後因洋匪滋擾，田主馬眉報明失落契卷，理合續立賣契，但「己力等茲因積欠丁銀粮食，無從所出，于是托中懇求找貼出佛面銀弍拾伍員正。」[31]賴乾、木、著、墻等，有承祖父遺下芝蘭二保水田，昔年已杜賣劉德記「價足業盡」「但遭遇弗隆，負欠人債」無奈托中找洗佛銀柒拾肆大員正。[32]前件賣價 50 員，找貼 2 員，竟是賣價之 50%。想來是因為買賣契卷遺失之故。

5.父母安葬、身染疾病

　　魏天意，侄觀榮。有承父買得山埔一所，址在秀務（霧）庄，先年賣與白易、白友。「今因父母安葬久年，不得生墳；意身中疾病醫治不痊，費盡無資」「茲央親懇勸，求助觀貼起銀貳拾肆大員正」。[33]

6.年老家貧、兩眼失明、修理風水

　　再看一件因困苦無奈，兩眼失明又要修理風水找洗的情形。光緒 16 年 5 月郭姣立找洗盡甘愿字，記前年間，父乏銀應用，將大龍峒庄港仔尾田園、厝宅、竹圍、廁池、菜園、什物等賣給吳隆源「契盡價足，例不應找」。賣後，其父「年老家貧，日食難度」已經托中找洗兩次。然而郭姣近來「兩眼失明」「修理風水墳墓以及生活」再托中找洗盡佛銀 11 員 8 角。[34]

　　這一件郭父已找洗兩次，郭姣是第三次。因為前面的賣契、找洗契沒有留下來，無法得知更多訊息。

7. 五次找洗原因各異

31　高賢治，《大台北古契字集》（臺北市：臺北市文獻會，民國 91 年），頁 252。

32　高賢治，《大臺北古契字集》，頁 252。

33　高賢治，《大臺北古契字三集》（臺北市：臺北市文獻會，民 94 年），頁 450。

34　高賢治編著，《大臺北古契字集》，頁 74、80。

這是發生在草屯乾隆年到嘉慶年間的事。

陳添妻施氏，承夫鬮分熟園三甲三分，於乾隆 41 年（1776）11 月杜賣給林霸、林恪、林富，時價銀 300 大員。次年正月，施氏以「思鄉例未曾找洗」向三人勸出佛銀 55 大員，契末寫「日后子孫永不敢言洗之事」。乾隆 49 年 10 月施氏以「計出無奈」又向林霸再洗出銀 8 大員，契末寫「日后子孫永不敢再添言洗之理」。乾隆 50 年 9 月施氏之子陳傳祖又以「思出無奈」向三人添洗去銀 4 大員，契末仍寫永不敢言洗之事。嘉慶 5 年 9 月施氏之孫陳景、鶴又向三家洗去銀 14 大員，其契言「自祖媽施氏已洗數次，又胞叔傳祖再洗乙次，茲因日食無奈」契末寫「日后萬世子孫永不敢言洗之理」。其中林霸、林恪似已不在，換成林泉、林法與林富三人。洗時人已到第三代。時間已經過去 24 年。但還有第五次，嘉慶 21 年（1816）3 月，陳景、鶴又向林泉、林陞洗出銀 4 大員。時間上距杜賣已有 40 年。雙方當時賣買人都已死亡，已經是第三代。看這個再杜絕找洗盡根契，找洗的原因是什麼？契云：「自思歷洗四次，實可恥之極，爲因祖媽坟墓崩壞，困苦無奈」[35]。本件找洗原因有「思鄉例」「計出無奈」「日食無奈」「祖媽坟墓崩壞，困苦無奈」，也即有三種理由，鄉例、困苦、修墳。本件找洗次數在台灣是比較多的，如將五次找洗金額合計爲銀 85 大員，是杜賣價 300 大員的 28%。比率不特別高，想來是真的困苦無奈。本件找洗時間長達 40 年，已經到第三代，算來是比較長的。

從上所舉例，第一例，找洗三次，均因乏銀費用。第二例，是家親來台，資用乏絕，回唐無資。第三例是凱達格蘭族大直社「日食難度，飢餓情慘」，另一例里族社是「困乏無路，又兼雙瞽得病」。第四例是金包里社「積欠丁銀粮食，無從所出」。另一例是欠債。第五例是「父母安葬，身染疾病」。第六例是「年老家貧，兩眼失明，修理風水」。第七例則先是沿用鄉例，再是計出無奈，三是思出無奈，四是日食無奈，五是祖媽墳墓崩壞，困苦無奈。

---

[35]　以上原杜賣契、五次找洗契均載林美容，《草屯鎮鄉土社會史資料》，頁 17-19。

肆、鬮書與找洗契充滿人間情義的內在因素

鬮書裡為何活的、死去的、慣習與實情全部都考慮周至。兄弟分家，老父在堂，有養贍之資，老母在堂有養贍之費。兄弟中有人早逝，侄代父與伯叔均分，有長孫份，有長房孫份，有兄弟妹侄嫁聘之資，還有女婿帳被之費，書齋存公以延師教育子弟。

找洗契中乏銀費用、回唐無資、日食難度、雙瞽得病、積欠丁銀、欠債、糧食無出、父母安葬、身得疾病、雙眼失明、年老家貧、修理風水等等均得到買主找出銀員。二種契約中何以能充滿人間情義？是思想觀念，是敦親睦鄰守望相助，疾病相扶持的觀念，支持此一行為。王志宇在討論鬮書反映的文化觀引馮爾康、常建華之說，指出是「敬宗收族」「敦親」的觀念[36]。王氏又在另文提到鬮書敘述用語與其文化意涵說「國家權力透過儒家官員之修史，也就將儒家思想深化到這些史書之中。這些史書所敘述的人物典故，透過故事，以及相關的日用類書，逐漸傳布，是以能深入民間社會，逐漸蘊成庶民文化中的一環。」[37]此論點在鬮書頗有說服力。

台灣清代契約中充分呈現儒家孔孟以來的對家庭親愛，對鄰里和睦互助的精神，此一能使家庭社會祥和快樂的運行原則，孔子三千年前就說了《論語・學而篇》記孔子教導「弟子入則孝，出則悌，謹而信，汎愛眾而親仁；行有餘力，則以學文。」自漢代以孝治天下後，孝道成為二千年來家庭社會的規範。班固在《白虎通義》中說家族成員當「生相親愛，死相哀痛」，這是對中國家族核心價值最簡明的闡述。

至於找洗契因範圍限在乏銀費用的部分，所以就是唐文基說的艱難困苦[38]及陳鏗指出的以血緣為基礎的宗法倫理關係，使銀主迫於道德力

---

[36] 王志宇，〈臺灣鬮書中的民俗信仰及其文化意涵—以 THDL 資料庫為例〉，《第四屆台灣古文書與歷史研究學術研討會論文集》（台中市：逢甲大學出版社，民國 99 年），頁 107-139。

[37] 王志宇，〈從臺灣鬮書用語看國家權力與庶民文化的關係〉《台灣古文書學會會訊》第六期（2010 年 4 月），頁 7-16。

[38] 同註 20。

量而接受索找及政府在某種程度上容許找價行為，不管是否惜貧抑富的心態，對在社會存在一定的調節能力。[39]在台灣似乎更接近張富美所說的「社會救濟」。

以上的孝道與惜貧觀念之深入人心，則善書與啟蒙書籍功效最大。台灣庶民社會中的善書、啟蒙書籍裡，除孔孟之道外，還有佛道輪迴果報，行善積德、得到福報的宗教觀念。茲將舉四本啟蒙書，一本善書論述之。[40]先將相關文句摘錄如表二。

39　同註19。

40　善書種類繁多，比較流行的有《玉曆寶鈔》《了凡四訓》《太上感應篇》等。限篇幅，本文只取最有代表性的《太上感應篇》。

表二：啟蒙書與善書之親親、睦鄰濟弱文句一覽表

書名	親親類	睦鄰、濟弱類
訓蒙教兒經	◎孝友傳家千古重，兄兄弟弟一體生。常言兄弟爲手足，無手無足不象人。兄愛弟恭全家樂，切莫忤逆把家分。	◎開元本是唐天子，花萼樓中弟兄親。姜家大被同臥起，田氏分財瘁紫荊。伯陽叔齊首陽臥，千秋萬古永揚名 ◎莫在衙門逞才能，會打官司牢中死 ◎有勢有力休使盡，留些好事與兒孫。千年田地八百主，那裏認得這些真 ◎勢大不可壓鄉鄰。做官莫打家鄉過
增廣賢文	◎一家之計在於和，一生之計在於勤 ◎千經萬典，孝義爲先。 ◎一字入公門，九牛拖不出。 ◎衙門八字開 有理無錢莫進來 ◎苗從地發樹向枝分。父子親而家不退，兄弟和而家不分。	◎寧可負我，切莫負人 ◎積善成名，積惡滅身 ◎再三行善事，第一莫欺心 ◎救人一命，勝造七級浮屠 ◎城門失火，殃及池魚 ◎點塔七層，不如暗處一燈 ◎但存方寸地 留與子孫耕 ◎良田萬頃，日食三升。大廈千間，夜眠八尺。 ◎一毫之善，與人方便 ◎戲人是禍，饒人是福 ◎天眼恢恢，報應甚速
幼學瓊林	◎天下無不是底父母，世間最難得者兄弟。須貽同氣之光，毋傷手足之雅。玉昆金友，羨兄弟之俱賢；伯壎仲篪，喻聲氣之相應。兄弟既翕，花萼相輝；孟季齊芳，棣華競秀。 ◎姜家大被以同眠，宋君灼艾以分痛。田氏分財，忽瘁庭前之荊樹。夷齊讓國，共採首陽之蕨薇。	◎爲善者流芳百世，爲惡者遺臭萬年。 ◎藉一葉之濃陰，可資覆蔭；擴萬間之巨庇，盡屬幷幪。

朱子治家格言	◎祖宗雖遠，祭祀不可不誠。 ◎倫常乖舛，立見消亡。兄弟叔侄，須分多潤寡。 ◎居家戒爭訟，訟則終凶。	◎勿貪意外之財，勿飲過量之酒。與肩挑貿易，勿佔便宜。見貧苦親鄰，須多溫恤。刻薄成家，理無久享 ◎毋恃勢力而凌逼孤寡，凡事當留餘地
太上感應篇	◎忠孝友悌，正己化人。 ◎矜孤恤寡，敬老懷幼。 ◎宜憫人之凶，樂人之善。 ◎濟人之急，救人之危。	◎凡人有過，大則奪紀，小則奪算。 ◎積德累功，慈心於物。 ◎凌孤逼寡，棄法受賂。強取強求，好侵好奪。如是等罪，司命隨其輕重，奪其紀算。算盡則死。死有餘責，乃殃及子孫。 ◎有曾行惡事，後自改悔，諸惡莫作，眾善奉行，久之必獲吉慶；所謂轉禍為福也。

　　參考資料：《訓蒙教兒經》[41]《增廣賢文》[42]《幼學瓊林》[43]《朱子治家格言》[44]《太上感應篇》[45]

　　從上面的摘錄文句，可見親親類，如孝友傳家千古重，兄友弟恭全家樂。開元天子，姜家大被，田氏兄弟，伯夷叔齊。一家之計在於和，千經萬典，孝義為先。忠孝友悌，正己化人。兄弟叔侄，須分多潤寡。都是儒家齊家之道。另外要人戒爭訟，訟則終凶，則是從傳統吏治不良，所得到的經驗結晶。

　　至於睦鄰濟弱類，積善成名，積惡滅身，救人一命，勝造七級浮屠。點塔七層，不如暗處一燈。天眼恢恢，報應甚速。刻薄成家，理無久享，諸惡莫作，眾善奉行，久之必獲吉慶。凡此都是宗教的果報之說，勸人要行善積德。當然其中也有儒家博施濟眾，濟弱扶傾的仁愛思想。如勢

41　不著撰人，《啟蒙教兒經》（新竹：竹林書局，民國64年）。
42　不著撰人，《增廣賢文》（新竹：竹林書局，民國65年）。
43　不著撰人，《幼學故事瓊林》（新竹：竹林書局，民國94年）。
44　不著撰人，《朱子治家格言白話解說》（新竹：竹林書局，民國64年）。
45　不著撰人，《太上感應篇》（新竹：仁化出版社，2007年）。

大不可壓鄉里，遠親不如近鄰，但存方寸地，留與子孫耕，與肩挑貿易勿佔便宜，見貧苦親鄰，須多溫恤。又如「積德彙功，慈心於物」則把兩種思想揉和在一起，也即儒釋道合而為一。

總結而言，親親睦鄰濟弱的內在因素，雖然一方面來自傳統儒家孝悌仁愛之道，一方面又有甚深的佛道果報積德觀念，尤其在睦鄰濟弱部分。而其深入人心之途徑，主要是透過善書及啓蒙書籍一代一代傳給台灣人。

伍、結論

自上面論述，知道清代台灣鬮書裡確充滿親親之義，家中成員，以房為單位，大的小的，活的死的，全部得到適當的安排。在找洗契中，可以看到乏銀費用、回唐無資、日食難度、雙目失明、積欠丁銀、父母安葬、年老家貧、修理風水等都能獲得買主找出銀員以抒困窮。

邱正略的研究行善救濟性質時找洗佔55%，而余鈞惠的研究乏銀費用佔81%。也就是濟弱助貧的行善行為，也能積德，所以也最多。這便使得清代台灣社會充滿情義。

再問這些行為的內在催動力何在？在傳統儒家親親仁愛之道，在佛道輪迴果報行善積德之觀念。其代代相傳則有賴流傳於庶民社會間的善書與啓蒙書籍。

參考書目

不著撰人,《太上感應篇》（新竹：仁化出版社,2007 年）。

不著撰人,《幼學故事瓊林》（新竹：竹林書局,民國 94 年）。

不著撰人,《朱子治家格言白話解說》（新竹：竹林書局,民國 64 年）。

不著撰人,《啓蒙教兒經》（新竹：竹林書局,民國 64 年）。

不著撰人,《增廣賢文》（新竹：竹林書局,民國 65 年）。

王志宇,〈從台灣鬮書用語看國家權力與庶民文化的關係—以 THDL 資料爲中心〉《台灣古文書學會會刊》第 6 期（民國 99 年 4 月）,頁 7-16。

王志宇,〈從臺灣鬮書用語看國家權力與庶民文化的關係〉《台灣古文書學會會訊》第六期（2010 年 4 月）,頁 7-16。

王志宇,〈臺灣鬮書中的民俗信仰及其文化意涵—以 THDL 資料庫爲例〉《第四屆台灣古文書與歷史研究學術研討會論文集》（台中市：逢甲大學出版社,民國 99 年）,頁 107-139。

余鈞惠,未刊搞。

余慧賢、張家榮,《國立中央圖書館臺灣分館館藏臺中地區古文書選輯》（臺北縣：國立中央圖書館臺灣分館,民 98 年）。

岸本美緒,〈明清時代的「找價回贖」問題〉載寺田浩明主編鄭民欽譯《中國法制史考證》丙編第 4 卷（中國社會科學出版社,2003 年）,頁 423-459。

林美容,《草屯鎮鄉土社會史資料》（台北：台灣風物雜誌社,1990 年）。

邱正略,〈再探「找洗字」—以台灣歷史數位圖書館（THDL）爲討論中心〉《第四屆台灣古文書與歷史研究學術研討會論文集》（台中市：逢甲大學出版社,民國 99 年）,頁 11-34。

唐文基,〈關於明清時期福建土地典賣中的找價問題〉《史學月刊》第 3 期（河南：河南人民出版社,1992 年 3 月）,頁 26-31。

高賢治,《大臺北古契字三集》（臺北市：臺北市文獻會,民 94 年）。

高賢治,《大臺北古契字四集》（臺北市：臺北市文獻會,民 96 年）。

高賢治，《北路淡水》（台北：台北縣立十三行博物館，民國 99 年）。

高賢治編著，《大臺北古契字集》（台北市：北市文獻委員會，民 91）。國史館台灣文獻館藏，原件編號 OB860009。

張　研、毛利平，《19 世紀中期中國家庭的社會經濟透視》（北京：中國人民大學出版社，2003）。

張富美，〈清代典賣田宅律全之演變及台灣不動產交易的找價問題〉載陳秋坤、許雪姬《台灣歷史上的土地問題》（台北：中央研究院台灣史田野研究室，民國 81 年），頁 17-28。

脫　脫，《宋史・卷 456・列傳 215》（台北：鼎文書局，民國 67 年），頁 1391-1392。

陳秋坤，《台灣古書契》（台北：立虹出版社，民國 86 年 6 月）。

陳哲三，〈從鬮書看清代草屯的社會經濟〉《逢甲人文社會學報》第 9 期（2004-12），頁 61-89

陳哲三，〈清代草屯的找洗契及其相關問題〉《逢甲人文社會學報》第 12 期（2006-6），頁 217-237。

陳哲三，《古文書與台灣史研究》（台北：文史哲出版社，2009 年）。

陳　鏗，〈中國不動產交易的找價問題〉《福建論壇》文史哲雙月刊第 42 期（1987 年 10 月 20 日），頁 29-35。

楊國楨，《明清土地契約文書研究》（北京：人民出版社，1988 年 2 月）。

謝嘉梁，《草屯地區古文書專輯》（南投市：台灣省文獻委員會，民國 88 年）。

謝繼昌，《凱達格蘭古文書》（台北：台灣大學人類學系，民國 88 年）。

附件一：

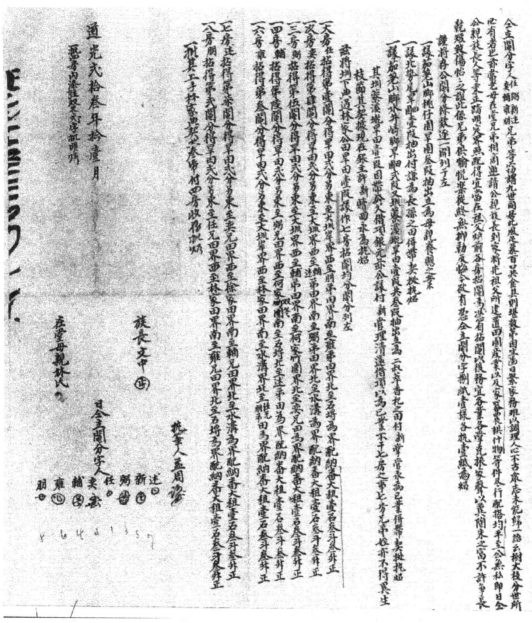

　　道光 23 年 11 月同立鬮分字，出處：謝嘉梁，《草屯地區古文書專輯》，頁 289。

附件二：

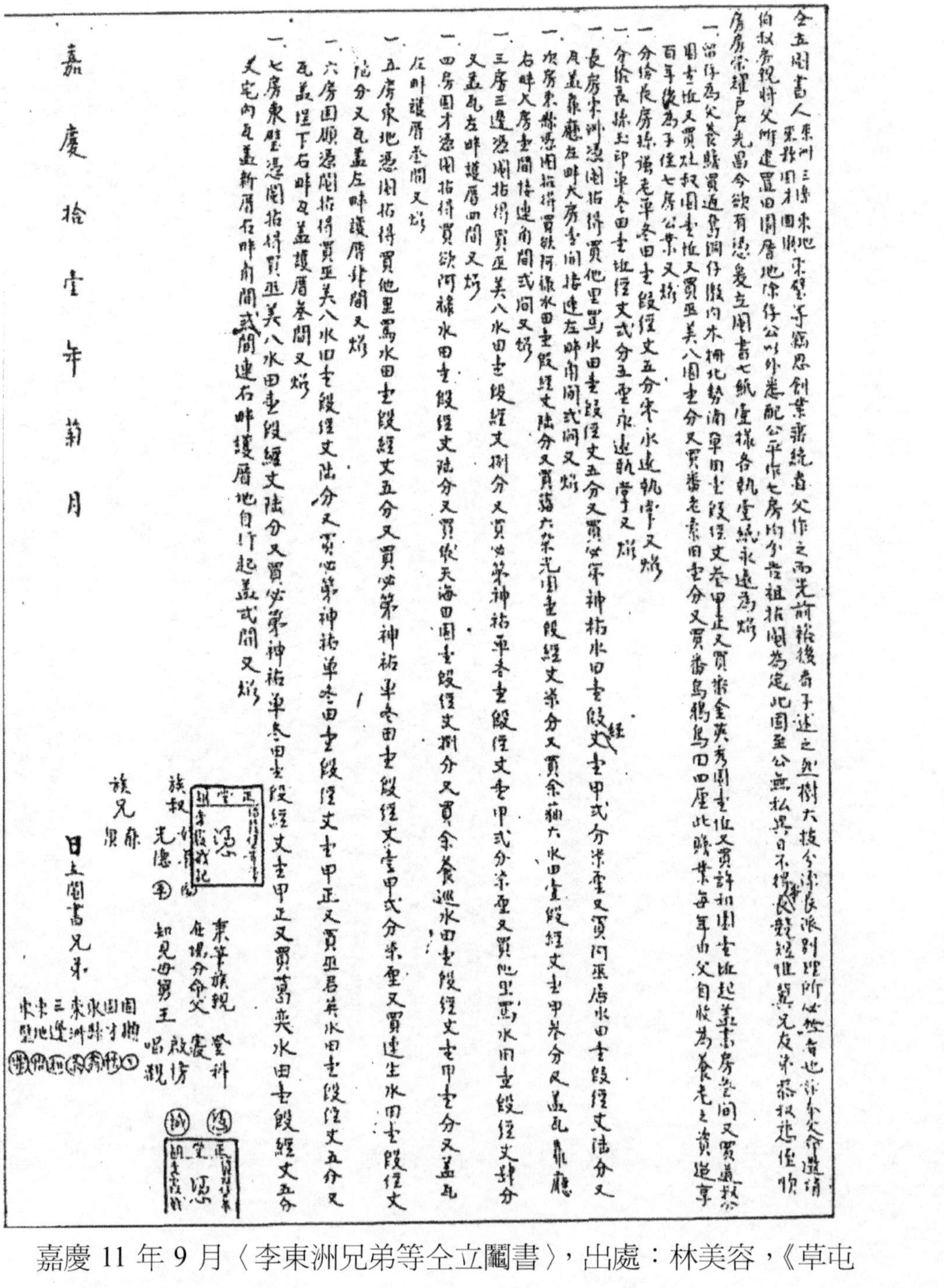

嘉慶拾壹年菊月

嘉慶 11 年 9 月〈李東洲兄弟等仝立闔書〉，出處：林美容，《草屯鎮鄉土社會史資料》，頁 9。

附件三：

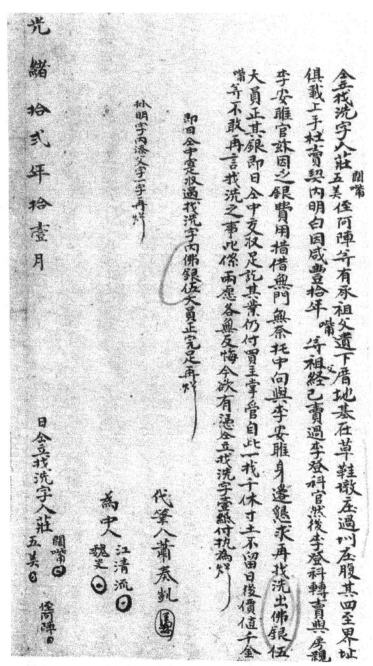

光緒 12 年 11 月〈莊闊嘴兄弟侄全立找洗字〉，出處：謝嘉梁，《草屯地區古 文書專輯》，頁 61

清代臺灣民間契約的計量詞

摘要

　　本文以臺灣自北到南七本古文書集爲史料，考索其中計量詞，計得十五種，即：共、合共、計共、計、總合共、合、總共、總計共、計合、湊共、共計、通共、計合共、共合與合計。而以「共」、「合共」、「計共」三詞出現次數最多；也以用在契約、銀錢、土地、租粟之計算爲最多；在一張契約中出現一次的最多，也有一張中出現六次者，但此種契約極少。此十五種似已接近清代臺灣計量詞之全部，可見十五種計量數均未見數字詞：壹弍參肆伍陸柒捌玖。推想其理由在於避免與計量對象之數量紊亂，以致紊亂正確數字，以致影響簽約雙方之權益。另外，從契約中壹或一的用法考查，後世壹共或一共之計量詞似未出現。因此可以推測「壹共」一詞似不曾出現於清代契約中。

　　關鍵字：臺灣、清代、民間契約、計量詞

壹、前言

在張傳璽《中國歷代契約會編考釋》〈導論〉中說契約可以研究的範圍包括：契約自身發展的歷史及其規律，……民俗史、語言學史、文學史、文字學史。而這些面向在臺灣還很少人注意。

最近筆者寫《清代臺灣草屯地區阿轆治圳考辨》一文，審查人的意見中對文中某件契約之斷句有不同看法，原文是「共番租粟陸石」照審查人意見斷句，則成為「壹共番租粟陸石」[1]（如附圖1）。筆者知道此斷句有其合理性，但又想到在清代計量詞中，有否「壹共」之用法是一可以考查之事。因此將手邊自北到南之契約文書集各取一冊，統共七冊。七冊書名如下：《宜蘭古文書第柒輯》[2]、《北路淡水－十三行博物館館藏古文書（一）》[3]、《國立中央圖書館臺灣分館館藏臺中地區古文書選輯》[4]、《草屯地區古文書專輯》[5]、《臺南縣平埔族古文書集》[6]、《古鳳山縣文書專輯》[7]、《力力社古文書契抄選輯——屏東崁頂力社村陳家古文書》[8]。將七冊契約計量詞加以查核，做成表格，署加論述，連綴成文。有當與否，祈方家正之。

貳、古文書專輯計量詞的使用

本節將七本古文書專輯中之計量詞一一摘出，並做成表格，加以統

---

[1] 乾隆43年（1778）山頂薛門林氏立永杜賣契，出自逢甲大學古文書數位典藏資料庫，編號 LBA257351，契約影件如附圖1。

[2] 林明美，《北路淡水——十三行博物館館藏古文書（一）》（八里：臺北縣立十三行博物館，民國94年1月）。

[3] 廖正雄，《宜蘭古文書第柒輯》（宜蘭：宜蘭縣史館，民國99年12月）。

[4] 余慧賢、張家榮，《國立中央圖書館臺灣分館館藏臺中地區古文書選輯》（中和：國立中央圖書館臺灣分館，民國98年4月）。

[5] 謝嘉梁，《草屯地區古文書專輯》（南投：臺灣省文獻委員會，民國88年6月）。

[6] 林玉茹主編，《臺南縣平埔族古文書集》（新營：臺南縣政府，民國98年9月）。

[7] 唐榮源，《古鳳山縣文書專輯》（高雄：高雄市文獻委員會，民國93年12月）。

[8] 陳緯一、劉澤民，《力力社古文書契抄選輯－屏東崁頂力社村陳家古文書》（南投：國史館臺灣文獻館，屏東：屏東縣政府，民國95年12月）。

計分析。

一、《宜蘭古文書第柒輯》計量詞的使用

《宜蘭古文書第柒輯》，是宜蘭縣史館所編印，列為宜蘭文獻叢刊三十二，主編廖正雄，出版時間民國 99 年 12 月。本書收有擺厘陳氏家藏契約 80 件，據陳進傳序，陳家古文書有 329 件，將分四輯出版，本書即只第一輯。本書契約年代起嘉慶 4 年到大正 15 年。每件有原件影件及釋文，所以正確性無可疑。茲據以作成附表一。

根據附表一加以統計，得出各計量詞出現 5 種 70 次如下：

表一：宜蘭契約計量詞統計表

計量詞	次數	百分比
共	41	59%
合共	9	13%
計共	15	21%
計	4	6%
共計	1	1%
合計	70	100%

依序排列為：共、計共、合共、計、共計。前三者「共」「合共」「計共」已佔總數百分之 93。

如依其使用對象而言，用在契約數量的 60 次，佔百分之 86；用在土地段、面積甲分的 6 次，佔百分之 9；用在銀兩數量的 2 次，用在房間數的 1 次。

再依一張契約出現計量詞多寡而言，61 張契約中出現一次的 53 張，佔百分之 87；出現 2 次的 6 張，佔百分 10；出現 3 次的 1 張，佔百分之 2；出現 4 次的 1 張，佔百分之 2。

二、《北路淡水－十三行博物館館藏古文書（一）》計量詞的使用

《北路淡水－十三行博物館館藏古文書（一）》係十三行博物館就館藏古文書選 67 件編輯而成，其中 64 件爲平埔族契約，3 件爲漢人契約。平埔族包含小雞籠社 42 件，毛少翁社 5 件，北投社 3 件，八里坌社 1 件，武勝灣社 1 件，秀朗（雷朗）社 7 件，宥里社 5 件。本書其前有凡例、導言，其後有附錄，附錄後將 67 件古文書在以下面欄位剖解：類別、圖版編號、文書編號、性質、立契人及重要關係人、發生原因、年代、坐落地點、面積、權利轉移代價、印記、尺寸大小（公分）、備註。凡此對讀者之閱讀了解大有裨益。

本書所收古文書，年代自乾隆 13 年至明治 37 年。每一契約，有原件影本，釋文及註釋，可信度高。茲據該書作成附表二。

依附表二，在 34 張契約中，共出現 37 次計量詞，分別如下表：

表二：淡水契約計量詞統計表

計量詞	次數	百分比
共	28	76%
合	1	3%
合共	5	14%
計共	1	3%
計	2	5%
合計	37	100%

依表二，出現的詞有 5 種，爲「共」、「合共」、「合」、「計共」、「計」。自其次數可見「共」字最多，「合共」次之，「計共」「計」「合」都很少。其中用在計數契約的最多，有 30 次，佔百分之 88；其他土地、銀員兩及房間都很少。

再看一張契約中出現計量詞次數，在 34 張中出現一次的 30 張，出現二次的 4 張，未見有出現三次以上者。可見本書契約之權利轉移關係似較單純。

三、《國立中央圖書館臺灣分館館藏臺中地區古文書‧清水海岸平原》計量詞的使用

《國立中央圖書館臺灣分館館藏臺中地區古文書選輯》係國立中央圖書館臺灣分館就館藏 1317 件中選臺中地區編輯而成。

本書有凡例,附件六種,又附參考書目,內文分四章,第一章導讀,第二章清水海岸平原,第三章臺中盆地,第四章東勢縱谷區。本文只取第二章清水海岸平原部分。包含清水、沙鹿、梧棲、龍井。附錄六種,分別為:公私出版古地契概況表、罕用字對照表、古文書常用語彙、臺中地區新舊地名對照表、館藏臺中地區古文書目錄、使用照片來源簡表。凡此,對讀者幫助很大。編輯人余慧賢、張家榮,審訂人溫振華。茲據本書作成附表三。

依附表三統計,在 94 件契約中,計出現計量詞 142 次,分詞統計如下:

表三:清水沿岸地區契約計量詞統計表

計量詞	次數	百分比
共	94	67%
合共	27	19%
計共	11	8%
計	5	4%
通共	1	0.7%
總計共	2	1%
湊共	2	1%
合計	142	100%

總計出現計量詞有 7 種,即:共、合共、計共、計、通共、總計共、湊共。依出現次數言,「共」字最多,占百分之 67;「合共」次之,占百分之 19;「計共」第三,占百分之 8;「計」占百分之 4;其餘「總計共」「湊共」「通共」出現次數很少。

再就出現的計量對象,計契約數量 78 次,占百分之 55,最多;其次為計算銀兩,有 25 次,占百分之 18;計算租粟石斗者 15 次,占百

分之 11；計算房屋 間數，持份數各 7 次，各占百分之 5；其他，土地
面積坵、份者 5 次，年數 2 次，添字 2 次，神主 1 次，數量少，所占百
分比也低。

　　再就每張出現計量詞次數計，總數 94 張，出現 1 次者 62 張；出現
2 次者 21 張；出現 3 次者 6 張；出現 4 次者 2 張；出現 5 次者 3 張。

四、《草屯地區古文書專輯》計量詞的使用

　　《草屯地區古文書專輯》係臺灣省文獻委員會所編印，爲該會編印
之第一本古文書輯，之後陸續出版十餘冊，爲臺灣出版最多古文書專集
者，是對古文書研究推廣貢獻最大的機構。

　　本書收古文書 259 件，其中 57 件係文獻收藏研究者梁志忠之收藏。
古文書時間上起乾隆 16 年，下迄昭和 4 年。每件古文書皆有影本，另
有坐落、時間、文書名、出租售人、承受人、購藏序號、尺寸等解析，
對印戳特別放大呈現。除 259 件圖版外，另有附錄二：其他文獻相關草
屯契書目錄、收錄古文書年代序表。對研究草屯學者大有幫助。茲據本
書作成附表四。

　　將附表四加以分類統計，有六個詞，出現總數爲 196 次，分類次數
及其百分比如下：

表四：草屯地區契約計量詞統計表

計量詞	次數	百分比
共	96	49%
合共	77	39%
計共	19	10%
計	2	1%
合	1	0.5%
總共	1	0.5%
合計	196	100%

　　可以看到「共」、「合共」最多，已占總百分之 88。「計共」第三，
「計」、「合」、「總共」最少。

　　如以使用計算對象言，則以用在契約數最多，156 次，占百分之 80；
其次是銀兩 17 次，占百分之 9；第三是土地的段、坵、甲分有 12 次，
占百分之 6；第四是租粟 6 次，占百分之 3；添字 5 次，占百分之 3；
其餘年數 2 次，房屋間數 1 次，所占百分比更少。

　　如以一張契約出現的計量數言，在總數 156 張，出現一次最多，有
133 張，占百分之 85；出現二次的 12 張，占百分之 8；出現三次的 8
張，占百分之 5；出現四次的 1 張；出現五次的 2 張，百分比不高。

五、《臺南縣平埔族古文書集》計量詞的使用

　　《臺南縣平埔族古文書集》係林玉茹主編，臺南縣政府出版。全書
收 130 件，包含平埔社的麻豆社、蕭壠社、目加溜灣社（灣裡社）、新
港社、卓猴社、芒仔芒社。就文書性質則包含土地租權之典賣轉移、墾
佃批字、完租收單執照、借銀單字。全書，前有凡例，後有附錄二件，
本文有凡例、導讀、契字分類表與總目次、圖版與契文，及引用書目。
導讀內容為土地契約文書中所見的臺南縣平埔族人及其社會經濟型
態。附錄二件為：古文書常見術語，已出版或本書未收錄的臺南平埔族
契約文書目錄。內容、解說、研究，比諸同契書要詳細，對讀者幫助更
大。其內容除原件圖版外，有釋文，有註解，對印記特別記其文字。可
信度高，學術價值高。茲據該書作成附表五。

　　由表五，可得計量詞分條統計數及百分比如下：

表五：臺南縣契約計量詞統計表

計量詞	次數	百分比
共	40	29%
合共	72	62%
計共	2	2%
總合共	5	5%
再合	1	1%
計	2	2%
合計	109	100%

可見在出現的 109 次中有 6 種計量詞，「合共」最多，占百分之 62；「共」次之，占百分之 29；其餘依序為「總合共」「計共」「計」「再合」「計合共」數量百分比都不高。「合共」「共」兩詞已占百分之 91。

再依使用對象言，使用計算契約的 50 次，計算土地坵、所的 10 次，計算銀兩的 47 次；其他用在添字、租石斗各 1 次。也即在出現的 109 次計契約占百分之 46；計土地面積百分之 9；計銀兩占百分之 43，其餘添字、租石各占百分之 1。可知契約與銀兩已占百分之 89。

在 57 張契約中，27 張出現 1 次，18 張出現 2 次，6 張出現 3 次，4 張出現 4 次，其餘 1 張出現 5 次，1 張出現 6 次。1 次的占百分比 47；2 次的占百分之 32；3 次的占百分之 11；4 次的占百分之 7。1 次、2 次加起來已占百分之 79，最多。

六、《古鳳山縣文書專輯》計量詞的使用

《古鳳山縣文書專輯》係唐榮源編著，高雄市文獻委員會出版。全書收 110 件契約，上起康熙 57 年（1718）下迄日治明治 42 年（1909）。契約種類有賣契、典契、借契、鬮分契、申請書、丈單、納戶執照、土地台帳謄本，只有圖版，未有釋文，圖版下有：年代、文書名、坐落、現址、立契人、關係人、權利範圍、價銀、稅額各項解析。

由於高雄鳳山地區契約文書很少，本書彌足珍貴。茲據該書作成附表六。依據附表六，在 18 張契約中，出現 25 次，出現「共」22 次，「共合」1 次，「合共」2 次。「共」占百分之 88。

如就計量對象言，用在契約者 18 次，已占總數百分之 72；用在土地坵、垮者 7 次，占百分之 28。

就其每張契約出現計量詞次數言，全數 18 張，出現一次者 11 張，占百分之 61；出現二次者 7 張，占百分之 39。

七、《力力社古文書契抄選輯－屏東崁頂力社村陳家古文書》計量詞 的使用

　　《力力社古文書契抄選輯－屏東崁頂力社村陳家古文書》係陳緯一、劉澤民編，國史館臺灣文獻館、屏東縣政府出版。全書有凡例、本書契字簿契抄導讀、契字簿契抄圖版、附錄臺灣總督府檔案有關力力社契字、及參考書目。全書580頁，十分巨大。其導讀內容十分精彩，富學術性。包有契抄簿概述、力社陳喜家族契抄簿契字所見土地最原始持者：力力社、本書契字所使用的貨幣等。

　　由於本書原契抄簿有三冊，全部共有388件契字，數目太過龐大，本文只就第一本契抄簿部分有94件契約，加以查核。其中最早一張爲乾隆6年，最晚一張爲明治35年。本書契約發生之地點包括今日屏東潮州西部與崁頂鄉全部，可補《古鳳山縣文書專輯》之不足。因爲係契抄，而非契約原件，抄寫過程，容或有錯，此爲本書唯一遺憾。茲據該書作成附表七。

　　從附表七的分詞統計，得各詞總數及所占百分比如下：

表七：力力社契約計量詞統計表

計量詞	次數	百分比
共	30	38%
合共	43	54%
計共	4	5%
計合	2	3%
總共	1	1%
合計	80	100%

　　可知「合共」最多，出現43次，占總數50次的百分之54。其次「共」，出現30次，占總數百分之38，再其次分別爲「計合」、「合共」、「總共」。再從使用對象而言，可見：

表八：力力社計量詞使用對象表

對象	件數	百分比
契約	59	74%
銀兩	11	14%
土地	7	9%

租粟	3	4%
合計	80	100%

以使用在統計契約數量爲最多 59 次，占百分之 74；計算銀兩其次 11 次，占百分 14；再次爲計算土地之段、坵及店地之坎有 7 次，占百分之 9；最少是大租粟只有 3 次，占百分之 4。

再以一張契約出現次數而論，在 65 張契約中出現一次最多，計 51 張占百分之 78；出現二次有 12 張，占百分之 18；出現三次只有 2 張，占百分之 3。

參、清代臺灣民間計量詞的使用分析

上面七本古文書集，分別代表宜蘭、淡水、清水、草屯、臺南、高雄、屏東相關契約之計量詞使用情形加以考查，茲再將上面表一至表七，整合成一表，即表九，臺灣清代民間契約計量詞表。

表九：臺灣清代民間契約計量詞表

地區 詞類	宜蘭	臺北	清水	草屯	臺南	古鳳山	屏東	合計
共	41	28	94	96	32	22	30	343
合共	9	5	27	77	68	2	43	231
計共	15	2	11	19	2		4	53
計	4	1	5	2				12
共計	1							1
合		1		1	1			3
總共			1				1	2
通共			1					1
總合共					5			5
總計共			2					2
計合共					1			1
共合						1		1
湊共			2					2

							2	2
計合							2	2
總計	70	37	142	196	109	25	80	655

　　自表九可見自宜蘭到屏東七本古文書集的查索統計結果，清代臺灣民間契約計量詞有 14 種，即：共、合共、計共、計、共計、合、總共、通共、總合共、總計共、計合共、共合、計合。其中以「共」出現使用次數最多，占總數百分之 52；次爲「合共」，占總數百分之 35；「計共」第三，占總數百分之 8；「計」第四，占總數百分之 2。其餘次數太少，都不到百分之 1。唯可以確定的是「壹共」不曾出現。

　　就臺灣南北而言，出現最多的「共」、「合共」二詞已占總數百分之 87，全臺灣普遍使用。「計共」，只有古鳳山未見，但臺南屏東都出現，古鳳山契約太少，可能是原因之一。如以《大崗山地區古契約文書匯編》[9]補之，在嘉慶 19 年 2 月的一張洗找契中，看到「合共前契價併開墾工資銀，計共佛面銀壹佰肆拾捌大員」[10]可見高雄鳳山地區有「計共」一詞。也即「共」、「合共」、「計共」是全臺灣通用的計量詞。其他計量詞可能帶有地區的差異，需有更普遍的研究才能確定。

　　再將上面七本書中計量詞使用對象加以整合成表十。

表十：臺灣清代民間契約計量詞使用對象表

對象＼地區	宜蘭	臺北	清水	草屯	臺南	鳳山	屏東	合計
契約	60	30	78	153	50	18	59	448(68%)
土地	6	2	5	12	10	7	7	49 (8%)
銀員兩	2	1	25	17	47		11	103(16%)
房屋間	1		7	1				9 (1%)
添改字		1	2	5	1			9 (1%)
租粟石斗			15	6	1		3	25 (4%)

9　陳秋坤、蔡承維，《大崗山地區古契約文書匯編》（鳳山：高雄縣政府，臺北：中研院臺灣史研究所，民國 93 年 12 月）。

10　嘉慶 19 年 2 月新港社番婦戴維朗、胞弟大里觀等立洗找契，載《大崗山地區古契約文書匯編》，頁 156。原契影件見附圖 3。

年數			2	2				4 (0.6%)
神主			1					1 (0.2%)
持份			7					7 (1%)
合計	69	34	142	196	109	25	80	655

　　自表十的統計中，知道這些計量詞用以計量的對象，有 9 種，即：契約、土地、銀員兩、房屋間、添改字、租粟石斗、年數、神主、持份。其中以計數契約最多，占總數百分之 68；次為銀員銀兩，占總數百分之 16；第三計算土地段、坵、垾、甲分，占總數百分之 8；第四計算租粟石斗，占總數百分之 4；其他計數房屋、添改字、持份也各占百分之 1。其餘年數、神主都不到百分之 1。

　　再將上面七書每一書每一張出現計量詞次數加以整合成表十一。

表十一：臺灣清代民間契約計量詞使用對象表

地點 次數	宜蘭	淡水	清水	草屯	臺南	鳳山	屏東	合計
1	53	30	62	133	27	11	51	367(76%)
2	6	4	21	12	18	7	12	80(17%)
3	1		6	8	6		2	23(5%)
4	1		2	1	4			8(2%)
5			3	2	1			6(1%)
6					1			1(0.2%)
合計	61	34	94	156	57	18	65	485

　　自表十一的統計也知道每張契約出現計量詞的次數以出現一次最多，占總數百分之 76；出現二次次之，占總數百分之 17；出現三次，占總數百分之 5；其他四次、五次都很少。但有一張竟出現六次之多。

　　有關共、合、計、總、湊、通等字，在辭書中之意義，經查大陸版《辭源》修訂本，[11]略引如下：

　　　共，[12]音ㄍㄨㄥˋ，義有共同、總共、供給、通恭、古國名、古地

---

[11]　大陸版《辭源》修訂本（臺北：遠流出版社，1988 初版一刷）
[12]　同 11 註，頁 170。

名。如音ㄍ ㄨㄥˇ，通拱，環抱意。中無共計、共合二詞。

合，[13]音ㄏㄜˊ，義有閉、收攏、和同、融洽、聚會、全、滿、配、比擬、符合、回答、古稱交戰曰合、應當、與、和、樂譜記音符號之一、合子。如音ㄍ ㄜˇ，為量詞，十合為一升。中無合共一詞。

計，[14]音ㄐㄧˋ，義有計算、算術、帳簿、考核、計議、商量、姓。中無計 共、計合二詞。

總，[15]音ㄗㄨㄥˇ，義有聚會、聚禾藁成束曰總、束髮、結繫、都、凡、一概、車馬之飾。音ㄗㄨㄥ，量詞，古絲八十根曰總。音ㄘㄨㄥ，絹之一種。音ㄗㄨㄥ，連詞，義為即使、縱然。中無總合共、總共、總計共三詞。

湊，[16]音ㄘㄡˋ，義有會合、聚會、規、奔赴、拼合、通腠。內無湊共一詞。

通，[17]音ㄊㄨㄥ，義有到達、暢通、流通、交換、通知、陳述、通曉、博識、往來交好、全部、整個、普通、一般、通姦、土地區畫單位。量詞，鼓一曲為一通。一份，一篇。內無通共一詞。

由上引述，如共取「總共」之意。合取「全、滿」之意。計取「計算」之意。總取「聚合」之意。湊取「聚合」之意。通取「全部整個」之意。可見共、合、總、湊、通五字都有總共、全部之意。計字雖無總共、全部之意，但計算之後自然有總數。

再看壹或一在契約中使用的情形。今以《草屯地區古文書專輯》〈草鞋墩〉部分 17 張契約加以檢索。茲將相關詞條一一抄錄如附表八。

自附表八加以統計，分計算數量與非計算數量二項，如下：

13　同 11 註，頁 259。
14　同 11 註，頁 1562。
15　同 11 註，頁 1338。
16　同 11 註，頁 995。
17　同 11 註，頁 1664。

計算數量			非計算數量		
茅屋（座）	2		一力抵當	7	
茅店（坎）	1		一賣千休	9	
水田（段）	10		一盡出賣	1	
坵	1	其中 3 次用一			
甲分	7	一并撥付 1	一歸一掌管	1	
租粟	2	其中 1 次用一	一盡付執	1	
地基（段）	1	其中 1 次用乙			
（所）	3				
竹園（所）	1				
契約					
上手契	3				
闔書	2				
賣契	9				
歸管字	1	其中 1 次用一			
胎借	1				
典字	2				
銀兩員	7	其中 1 次用一			
注字	2				

全數 17 件契約，75 次出現壹或一，計算數量有 55 次，佔總額 73%。非計算數量，僅表示全部 20 次，佔總數 27%。計算數量 55 次有 7 次不寫「壹」而用「一」或「乙」，用「一」6 次，用「乙」1 次。55 次中 48 次用「壹」，佔 87%， 其餘 11%用「一」，用「乙」的有 1 次。

非計算數量的 20 次中，18 次用「一」，2 次用「壹」，均用在壹賣千休。也即用「一」佔 90%。用「壹」佔 10%。由此可知，清代臺灣契約，「壹」字之用於計算數量，87%寫的是「壹」，用「一」的只佔 11%。另有用「乙」的例子。且其數詞用「一」之例，表中 7 號爲「契約一紙」，8 號爲「水田一段，經丈一甲五分」，15 號爲「田又一段」。從以上例證可知不寫壹而寫一，似都在不甚緊要處。在 8 號件中寫到大租谷便寫「壹拾弍石」，寫到典價便寫「時價其銀壹拾弍元」。[18]比較不同對象之不同

---

[18]　嘉慶 2 年 12 月北投社番葛貓六立典大租字，載《草屯地區古文書輯》，頁 10。其原契影件見附圖 5。

用法，依然可見其謹慎的態度。「一」多數用於表明全部，用最多的是一賣千休、一力抵當。並且一賣千休 9 次中，竟有 2 次用「壹」字。可見當時人小心謹慎用字以免 在契約數字上造成紊亂，以致影響彼此權益。「一共」或「壹共」未使用於契約。當時並無「一共」或「壹共」之用法，似又可自此證明。

肆、結語

以上將宜蘭到屏東的七本古文書集加以考索，在 485 張契約中，看到的計量詞有十四種，依其出現次數多寡為序排列如下：共、合共、計共、計、總合共、合、總共、總計共、計合、湊共、共計、通共、計合共、共合。其中前三詞已占總數百分之 95。其他十一詞只合占百分之 5。但是否全臺灣清代的計量詞只此十四個，不能確定。因為《大崗山地區古契約文書匯編》中有「合計」[19]一詞即不在本文十四種計量詞內。所以必須做更普遍的研究，才能更確定。但有一點可以確定，七本書，485 張契約，出現計量詞 655 次，其中未見「壹共」一詞。推想其理由在於壹與國字數字之壹式參肆伍之壹相同，易致紊亂。故而避免不用。也以契約係法律文件，應力求精確，始能避免紛爭，維持社會秩序也。

計量詞使用計算的對象，有九種，依其次數多少排序如下：契約、銀員兩、土地、租粟石斗、房屋間、添改字、持份、年數、神主。前四項已占總數百分之 96。神主牌位很少，在 655 次中，只出現 1 次。

至於每張契約出現計量詞的次數，從一次到六次都有，而以一次最多，二次次之，三次第三。一、二、三次已占總數百分之 98。六次只出現過一張。

張傳璽所指出契約首先用以研究契約自身發展的歷史及其規律。從本文可知誠然如是。臺灣學者似可多加留意。為了讓讀者更了解各種計量詞的使用情形，只舉出現六次計量詞之完整契約為例（如附圖 2）。限於篇幅，詳細的例證與討論只能留待另文處理。

---

[19] 嘉慶 19 年 1 月王庫庄陳第、生等立再洗契，載《大崗山地區古契約文書匯編》，頁 154。其原契影件見附圖 4。

參考文獻

大陸版《辭源》修訂本（遠流出版社，1988 初版一刷）。

嘉慶 19 年 2 月新港社番婦戴維朗、胞弟大里觀等立洗找契，載《大崗山地區古契約文書匯編》，頁 156。

嘉慶 19 年 1 月王庫庄陳第、生等立再洗契，載《大崗山地區古契約文書匯編》， 頁 154。

余慧賢、張家榮，《國立中央圖書館臺灣分館館藏臺中地區古文書選輯》（中和：國立中央圖書館臺灣分館，民國 98 年 4 月）。

林玉茹主編，《臺南縣平埔族古文書集》（新營：臺南縣政府，民國 98 年 9 月）。

林明美，《北路淡水－十三行博物館館藏古文書（一）》（八里：臺北縣立十三行博物館，民國 94 年 1 月）。

唐榮源，《古鳳山縣文書專輯》（高雄：高雄市文獻委員會，民國 93 年 12 月）。

張傳璽，《中國歷代契約會編考釋》，（北京：北京大學出版社，199 年 8 月）。

陳秋坤、蔡承維，《大崗山地區古契約文書匯編》，（鳳山：高雄縣政府、臺北：中研院臺灣史研究所，民國 93 年 12 月）。

陳緯一、劉澤民，《力力社古文書契抄選輯－屏東崁頂力社村陳家古文書》（南投：國史館臺灣文獻館，屏東：屏東縣政府，民國 95 年 12 月）。

廖正雄，《宜蘭古文書第柒輯》（宜蘭：宜蘭縣史館，民國 99 年 12 月）。

謝嘉梁，《草屯地區古文書專輯》（南投：臺灣省文獻委員會，民國 88 年 6 月）。

附表一：《宜蘭古文書第柒輯》計量詞表

序號	年代	詞條	頁碼	備註
1	嘉慶4年6月	共二紙	11	本表依年代先後排序。
2	嘉慶11年2月	共三紙	13	
3	嘉慶12年11月	共肆紙	15	
4	嘉慶15年10月	共肆紙	19	
5	嘉慶15年11月	共式紙	21	
6	嘉慶15年12月	共式紙	25	
7	嘉慶15年12月	共式紙	27	
8	嘉慶13年潤3月	共式紙	31	
9	嘉慶17年2月	共參紙	39	
10	嘉慶19年12月	合共陸紙	41	
11	嘉慶22年11月	合共式紙	45	
12	嘉慶22年12月	共三紙	47	
13	嘉慶23年11月	共付買主執照	49	
14	嘉慶25年11月	共七紙	53	
15	嘉慶25年11月	共六紙	55	
16	道光3年11月	計共參紙	57	
17	道光4年3月	共參紙	61	
18	道光4年9月	計共伍紙	65	
19	道光5年7月	共繳過式紙	71	
20	道光14年9月	共伍紙	75	
21	道光20年11月	共田肆甲壹分零式毫六絲玖忽合共四紙 共丈單四紙合共田肆甲壹分零二毫六絲九忽	79	
22	道光22年11月	共伍紙	83	
23	道光23年10月	合共丈單四紙共田肆甲壹分零式毫六絲九忽合共肆紙	87	
24	道光26年11月	計共參紙	91	
25	道光28年11月	共肆紙	97	
26	道光29年9月	共陸紙	101	
27	道光30年11月	共式紙	103	
28	咸豐1年11月	合共捌紙	105	
29	咸豐6年11月	合共參紙	109	
30	咸豐7年12月	共式紙	111	
31	咸豐8年11月	茅屋一座計陸間共玖紙	113	
32	咸豐8年11月	計共五段 計共陸紙	117	
33	同治1年11月	共參紙	121	
34	同治6年12月	共參紙	123	

35	同治6年12月	共肆紙	127	
36	同治10年11月	共參紙	129	
37	同治11年11月	計共柒紙	135	
38	光緒2年8月	計伍紙	139	
39	光緒4年10月	共弍紙	141	
40	光緒6年4月	計共肆紙	145	
41	光緒庚辰年8月	共陸紙	149	
42	光緒6年11月	計弍紙 共柒紙	153	
43	光緒8年11月	共玖紙	159	
44	光緒9年11月	共肆紙	163	
45	光緒11年11月	計共伍紙	167	
46	光緒11年11月	計共陸紙	169	
47	光緒12年11月	共肆紙	171	
48	光緒12年11月	共伍紙 共分聲計肆分捌厘零	175	
49	光續12年11月	共壹拾肆紙	179	
50	光緒12年葭月	計共肆紙	183	
51	光緒14年11月	共捌紙	191	
52	光續15年10月	計共拾紙	195	
53	光緒16年11月	共陸紙	201	
54	光緒16年11月	共柒紙	205	
55	光緒16年11月	共拾紙	207	
56	光續16年11月	計共壹拾參紙	211	
57	光緒19年11月	共柒紙	215	
58	明治31年10月	計共玖佰參拾弍大員正	219	
59	明治32年1月	水田計共柒段 計共拾參紙	221	
60	明治32年4月	計共肆紙	225	
61	明治11年16月	計拾四紙 計五筆	231-2	

附表二：《北路淡水－十三行博物館館藏古文書（一）》計量詞表

序號	年代	詞條	頁碼	備註
1	乾隆28年10月	共伍紙	152	本表排序依年代先後，而不依族社。
2	乾隆46年9月	共計伍紙 立合約字共伍拾陸紙	166	
3	乾隆53年12月	共弍紙	168	
4	乾隆54年4月	合共參紙	154	

5	乾隆57年10月	共弍紙	28	
6	嘉慶2年10月	合弍紙	32	
7	嘉慶3年11月	共參紙	144	
8	嘉慶6年10月	共弍紙	36	
9	嘉慶9年10月	合共參紙	38	
10	嘉慶14年10月	共參紙	40	
11	嘉慶20年6月	共立三契	178	
12	嘉慶25年2月	共弍紙	52	
13	道光4年11月	共陸紙	60	
14	道光8年9月	合共參紙	64	
15	道光13年11月	共三紙	70-1	
16	道光11年12月	共弍紙	74	
17	道光13年11月	共弍叚	78	
18	道光15年1月	共四紙	80	
19	道光17年11月	共陸紙	84	
20	咸豐2年11月	合共肆紙	160	
21	咸豐10年11月	共弍紙	157	
22	咸豐11年11月	共弍紙	85	
23	咸豐11年11月	共參紙	92	
24	同治6年12月	大租銀共壹錢正共伍紙	132	
25	同治12年5月	計犁份伍分	134	
26	光緒2年10月	共弍字	98	
27	光緒4年3月	共弍紙	100	
28	光緒8年11月	共弍紙	102	
29	光緒10年11月	共弍紙	106	
30	光緒12年11月	共陸紙 共參紙	108	
31	光緒19年11月	共參紙	112	
32	明治33年11月	計共伍紙	114	
33	明治34年3月	計共伍紙	116	
34	明治34年12月	合共參紙	118	

附表三：《國立中央圖書館臺灣分館館藏臺中地區古文書選輯》計量詞表

序號	年代	詞條	頁碼	備註
1	乾隆28年7月	共參落（瓦店）	36	清水
2	乾隆37年9月	共陸紙	38	清水
3	乾隆40年5月	共三紙	40	清水
4	乾隆41年3月	共七紙	41	清水

5	嘉慶1年2月	共拾壹紙	43	清水
6	嘉慶25年8月	大小共伍間 共參紙	50	清水
7	道光3年2月	合共弍間（茅屋）	51	清水
8	道光3年3月	合共參紙	52	清水
9	道光5年2月	合共拾貳紙 合共前後三落	53	清水
10	道光8年2月	共弍紙	58	清水
11	道光9年8月	合共納利粟玖石正 合共參紙	61	清水
12	道光12年10月	計共弍紙	62	清水
13	道光15年11月	大小共壹拾弍坵 共參紙	66	清水
14	道光16年4月	共去銀弍佰壹拾陸元炤 共結銀壹仟捌佰弍拾陸員炤 總計以上…共銀…員	67	清水
15	道光16年4月	同上	68	清水
16	道光16年4月	共價值銀…大員 計共佛銀…大員 計共佛銀…大員	69	清水
17	道光16年10月	合共弍紙	70	清水
18	道光16年10月	共參紙	71	清水
19	道光19年10月	合共伍紙 共陸紙	73	清水
20	道光22年11月	合共參紙	77	清水
21	道光23年5月	共銀…大員 共銀…大員 合共計應得銀… 計共佛銀…共銀…	78	清水
22	道光23年7月	共弍紙	80	清水
23	道光23年12月	共參紙	81	清水
24	道光24年3月	共參紙	82	清水
25	道光25年11月	合共四紙	88	清水
26	道光26年10月	大小共捌坵 共弍紙	91	清水
27	道光28年10月	共弍紙	94	清水
28	道光29年10月	共弍紙	95	清水
29	道光30年10月	共銀參大元	98	清水
30	咸豐1年1月	共弍間（瓦店）	100	清水
31	咸豐3年12月	共弍間 共弍紙	101	清水
32	咸豐7年8月	共四祷	103	清水
33	同治4年10月	共弍紙	104	清水

		共七拾七兩		
34	同治4年10月	共伍紙	105	清水
35	同治7年10月	計田壹拾垃半 合共弍紙	107	清水
36	同治9年10月	共參紙	108	清水
37	同治9年11月	計共佛銀...大員 共弍紙 計共銀...大員	109	清水
38	同治12年11月	小租谷共弍百參拾石 共租谷肆拾參石 湊共玖拾參石 共捌元 共該納弍石...	107	清水
39	同治12年11月	同上	112	清水
40	同治13年1月	共弍紙	114	清水
41	同治13年10月	共小租谷肆拾肆石正	116	清水
42	光緒1年1月	共契陸紙	118	清水
43	光緒1年10月	共參紙	119	清水
44	光緒2年12月	合共參紙	120	清水
45	光緒8年10月	共弍斗石 共柒紙	127	清水
46	光緒13年8月	共參紙	133	清水
47	光緒15年12月	共弍紙	135	清水
48	光緒16年12月	共參紙	136	清水
49	光緒20年10月	共參紙	137	清水
50	明治31年10月	共參紙	138	清水
51	明治35年2月	合共弍紙 計共利息谷拾石	142	清水
52	嘉慶12年9月	共參紙	171	沙鹿
53	嘉慶12年9月	合共銀參佰大員正	172	沙鹿
54	嘉慶12年10月	共肆紙 計銀壹佰壹拾伍大員	173	沙鹿
55	嘉慶15年10月	合共肆紙	175	沙鹿
56	嘉慶18年12月	共二位神主	177	沙鹿
57	道光3年10月	共參間 合共參紙	178	沙鹿
58	道光3年12月	合共弍紙	179	沙鹿
59	道光25年10月	合共玖拾石 共弍紙	183	沙鹿
60	咸豐3年10月	合共銀...大員 合共伍紙 合共銀…大員	185	沙鹿
61	咸豐10年2月	共參垃	186	沙鹿

		合弍紙		
62	同治3年1月	共弍紙	187	沙鹿
63	同治5年10月	合共弍紙 共弍字	189	沙鹿
64	同治5年10月	共弍紙	190	沙鹿
65	同治11年10月	計共參紙	191	沙鹿
66	同治12年10月	共肆紙	192	沙鹿
67	同治13年10月	共弍段	193	沙鹿
68	光緒1年10月	共參紙	194	沙鹿
69	光緒2年10月	共借佛面銀…大員 共弍紙	195	沙鹿
70	光緒4年10月	共備佛銀…元	196	沙鹿
71	光緒5年	共弍紙	198	沙鹿
72	光緒7年10月	合共肆紙	199	沙鹿
73	光緒8年11月	共弍紙	200	沙鹿
74	光緒8年	共弍紙	201	沙鹿
75	光緒13年8月	共弍紙	202	沙鹿
76	光緒14年12月	共玖紙	203	沙鹿
77	光緒18年10月	合共弍紙	206	沙鹿
78	明治29年11月	計共租谷弍拾壹石	207	沙鹿
79	嘉慶25年10月	共拾肆份（本銀） 共弍紙 共弍份	214	梧棲
80	道光6年12月	共參紙 共拾肆分 共弍份	215	梧棲
81	道光7年正月	共參紙 共弍紙	216	梧棲
82	道光12年5月	通共十四份	217	梧棲
83	道光15年10月	共柒紙	218	梧棲
84	道光18年7月	共伍紙 共肆紙	219	梧棲
85	咸豐2年12月	計共本利銀□元 計六年 計壹拾壹年	221	梧棲
86	同治2年10月	共弍紙	223	梧棲
87	同治3年12月	合共玖紙	225	梧棲
88	同治4年10月	共參分七厘 共肆紙	226	梧棲
89	同治10年2月	計共拾肆分 共弍紙	227	梧棲
90	光緒3年10月	共弍紙	228	梧棲
91	光緒7年10月	共拾肆	229	梧棲

92	光緒15年3月	共弍字（柒字）	232	梧棲
93	光緒19年10月	計共利谷…石…斗 共伍紙	233	梧棲
94	光緒8年3月	合共弍拾元	241	龍井

按：表中詞條欄兲即紙，其他各表皆同。

附表四：《草屯地區古文書專輯》計量詞表

序號	年代	詞條	頁碼	備註
1	乾隆 24 年	共弍紙	3	本表依年代排序，不依原書頁碼。
2	乾隆37年11月	共弍紙	4	
3	乾隆50年3月	共三字	91	
4	嘉慶5年4月	共參紙	270	
5	嘉慶5年12月	合共弍紙	237	
6	嘉慶9年12月	共參紙	109	
7	嘉慶10年10月	合共陸紙	69	
8	嘉慶16年3月	共弍紙	41	
9	嘉慶18年8月	共肆紙	71	
10	嘉慶19年12月	共弍紙	241	
11	嘉慶19年12月	共弍紙	274	
12	嘉慶21年12月	共參紙	72	
13	嘉慶23年11月	共伍紙	193	
14	嘉慶23年12月	共弍紙	245	
15	嘉慶24年12月	共參紙	276	
16	道光1年12月	共壹甲壹分	174	
17	道光1年12月	共陸石伍斗 共陸石伍斗 共壹甲壹分	278	
18	道光4年10月	共陸紙	195	
19	道光4年10月	共二兲	246	
20	道光6年12月	共銀捌佰玖拾大元正 共拾紙 合共銀捌佰玖拾大員	92	
21	道光7年7月	共弍紙	196	
22	道光7年10月	共伍紙	113	
23	道光7年10月	共弍紙	279	
24	道光9年12月	共拾壹間 共參紙	90	
25	道光9年12月	合共肆紙 合弍紙	280	
26	道光10年5月	大小共四坵 合共四段 大小共四坵	154	

		合共參段		
27	道光10年12月	共陸紙	47	
28	道光10年12月	計全年銀利息	281	
29	道光12年3月	合共玖紙	282	
30	道光12年4月	合共弍紙	283	
31	道光12年4月	合共弍紙	284	
32	道光12年6月	共參字	48	
33	道光12年9月	共五紙	150	
34	道光13年2月	合共伍紙	285	
35	道光13年12月	合共肆紙	175	
36	道光13年12月	共參紙	286	
37	道光5年6月	共拾坵	138	
38	道光16年10月	合參紙	157	
39	道光16年10月	共弍紙	197	
40	道光21年3月	共陸紙	287	
41	道光23年1月	合共肆紙	288	
42	道光23年11月	共參紙	289	
43	道光25年11月	共參紙	198	
44	道光26年6月	共田弍段 共捌紙	199	
45	道光26年11月	共拾坵 共弍紙	139	
46	道光26年12月	合共肆紙	290	
47	道光27年10月	共三吊	247	
48	道光29年12月	共伍紙	49	
49	咸豐元年12月	共參紙	292	
50	咸豐3年2月	共弍紙	294	
51	咸豐4年6月	合共參紙	140	
52	咸豐5年10月	共弍紙	68	
53	咸豐6年1月	共弍紙	159	
54	咸豐7年1月	合共佛銀柒拾大員 計共參年	200	
55	咸豐7年2月	共伍紙 前典契內銀共參佰弍拾大員正	298	
56	咸豐10年9月	共三紙	158	
57	咸豐10年10月	共四段 合共拾參紙 共肆紙	81	
58	咸豐10年12月	共柒紙	301	
59	咸豐11年12月	共參石七斗六升正	74	
60	同治1年8月	共弍紙	201	
61	同治1年	共弍紙	249	
62	同治3年4月	共九分半	305	
63	同治4年3月	共肆紙	306	
64	同治4年3月	計共陸升正 計共肆紙	307	

65	同治4年11月	共拾紙	302	
66	同治9年9月	合共捌紙 合共肆紙	176	
67	同治9年12月	共弍紙	251	
68	同治10年12月	計共弍紙	203	
69	同治11年1月	合共參紙	310-1	
70	同治11年10月	共參紙	312	
71	同治12年2月	合共捌紙	54	
72	同治12年8月	共弍紙	52	
73	同治12年10月	弍段合共壹處 合共肆紙	309	
74	同治13年11月	共參紙	142	
75	光緒1年6月	合共參紙	78	
76	光緒1年10月	合共柒紙	314	
77	光緒2年1月	計共伍紙	253	
78	光緒2年9月	共捌紙	114	
79	光緒3年8月	合共肆紙	13	
80	光緒3年11月	計共柒紙	254	
81	光緒3年11月	合共陸紙 共盡根價銀弍拾玖員陸角正	255	
82	光緒3年12月	合共玖紙	82	
83	光緒4年4月	共柒紙	160	
84	光緒5年11月	合共參紙	316	
85	光緒6年11月	共弍字	51	
86	光緒6年12月	合共陸紙	318	
87	光緒10年2月	合共壹拾伍紙	16	
88	光緒10年10月	合共肆紙	116	
89	光緒10年10月	合共肆紙	166	
90	光緒10年	合共肆紙	321	
91	光緒11年2月	合共五紙	18	
92	光緒11年4月	合共參紙 共參字	206	
93	光緒11年10月	合共陸紙	118	
94	光緒11年正月	合共全年利息眾佃拾肆石陸斗正 共陸紙	117	
95	光緒12年2月	其共價銀玖拾弍大員 合共捌紙 共四紙 合共伍紙	208	
96	光緒12年10月	計共佛銀弍佰零捌大員正 合共拾肆紙	209	
97	光緒12年10月	合共參紙	322	
98	光緒12年11月	合共參紙	58	
99	光緒12年12月	合共弍紙	177	
100	光緒13年2月	共弍紙	19	
101	光緒13年10月	共五紙	94	
102	光緒13年10月	共捌年 共弍紙	167	

103	光緒13年11月	共弍紙	324	
104	光緒15年2月	共弍紙	326	
105	光緒15年9月	共弍紙	64	
106	光緒15年葭月	計共捌紙	258	
107	光緒15年梅月	計共參紙	210	
108	光緒16年2月	合共伍紙	26	
109	光緒16年12月	合共五紙	180	
110	光緒16年12月	計共陸紙	259	
111	光緒17年菊月	共弍紙	328	
112	光緒18年10月	共參紙	144	
113	光緒18年12月	共玖斗正 合四段共契弍拾伍紙	260	
114	光緒19年2月	合共陸紙	215	
115	光緒19年5月	共陸紙	212	
116	光緒19年10月	合共伍紙	141	
117	光緒19年11月	合共肆紙	217	
118	光緒19年11月	合共肆紙 計共有秤	218	
119	光緒20年2月	合共陸紙	181	
120	光緒20年12月	合共陸紙	62	
121	光緒20年	共壹拾陸大員計共價銀肆拾伍 大員正 共參紙 計共肆拾伍大員	219	
122	光緒20年花月	計共參紙	28	
123	明治30年1月	共弍紙	30	
124	明治30年11月	共捌紙	184	
125	明治31年12月	計共佛銀壹佰陸拾伍大員 合共伍紙 計共壹佰陸拾伍大員	220	
126	明治32年11月	合共參紙	122	
127	明治32年11月20日	合共弍紙	66	
128	明治33年3月	合共捌紙	186	
129	明治33年7月	合共拾紙	98	
130	明治33年8月	共參紙	152	
131	明治34年1月	合共弍紙	32	
132	明治34年2月	合共參紙	224	
133	明治34年2月	合共陸紙	226	
134	明治34年8月	共四矺	229	
135	明治34年12月	共弍紙	126	
136	明治34年12月	合共伍紙 共四紙	222	
137	明治34年12月	合共四矺 共弍紙	228	
138	明治34年花月	合共添二字	34	
139	明治34年	合共四紙	170	
140	明治35年正月	合共拾紙	100	

141	明治35年正月	合共參紙	129	
142	明治35年1月	合共銀肆佰五拾式大元 計共秤重參佰壹拾陸兩肆正 合共玖紙	128	
143	明治35年1月	共柒喬	232	
144	明治35年2月	合共參紙	87	
145	明治35年8月	合共四喬	130	
146	明治35年8月	共四喬 合共價銀壹百伍拾大員正	231	
147	明治35年9月	合共五紙合 共壹百五拾大員	146	
148	明治35年12月	合共參紙	36	
149	明治35年12月	共伍紙	86	
150	明治35年舊12月	共伍紙	101	
151	明治35年	合共參紙	84	
152	明治37年2月1日	計共參紙	148	
153	明治37年2月13日	合共伍紙	38	
154	明治37年2月13日	合共肆紙	88	
155	明治37年拾式月	共捌紙	102	
156	明治39年1月30日	共式紙	332	

附表五：《臺南縣平埔族古文書集》計量詞表

序號	年代	詞條	頁碼	備註
1	乾隆 20 年 1 月	大小共肆坵	46	本表依年代排序，不依原書社別。
2	乾隆 20	大小共十一坵	48	
3	乾隆 32 年 12 月	大小共式坵	50	
4	乾隆 41 年 12 月	租粟共拾石正	224	
5	乾隆 45 年 5 月	共式紙	93	
6	乾隆 48 年 12 月	大小共陸坵	52	
7	乾隆 54 年 10 月	大小共式坵 合共式紙	56	
8	乾隆 55 年 4 月	共參紙	101	
9	乾隆 55 年 12 月	大小共陸坵 合共式紙	58	
10	嘉慶 4 年 4 月	山埔田園併寮地共一所 共參紙	105	
11	嘉慶 9 年 10 月	共參紙合共并帶上手契契壹紙 共式紙 合共上手契內銀壹佰式拾式大 員正	107	
12	嘉慶 9 年 11 月	共式紙	109	
13	嘉慶 13 年 1 月	合共并帶上手契契壹紙共式紙 合共上手契內銀壹佰式拾式大	113	

		員正		
14	嘉慶 13 年 12 月	共弍紙	194	
15	嘉慶 15 年 1 月	弍合共契面銀弍拾肆大員 合共弍紙	114	
16	嘉慶 16 年 2 月	合共弍紙 二合共契面銀壹佰大員	116	
17	嘉慶 17 年 1 月	共參紙	62	
18	嘉慶 19 年 2 月	計共佛面銀壹百肆拾捌大員 合前契肆紙，共伍紙	118	
19	嘉慶 20 年 1 月	合共佛銀… 合共參紙 合共佛銀…	120	
20	嘉慶 20 年 1 月	共壹所 合共三坵	121	
21	嘉慶 21 年 2 月	合共新舊契內銀… 合共弍紙	198	
22	嘉慶 23 年 11 月	合共契內銀…	125	
		合共參紙 合共契內銀… 共弍字		
23	嘉慶 24 年 3 月	合共弍紙	200	
24	嘉慶 25 年 4 月	大小共壹坵 合共弍紙	64	
25	道光 2 年 1 月	合共新舊契肆紙	127	
26	道光 2 年 3 月	合共參紙	129	
27	道光 3 年 12 月	共弍紙	130	
28	道光 5 年 3 月	共肆紙	133	
29	道光 6 年 2 月	合共佛銀… 合共肆紙	135	
30	道光 6 年 4 月	合共捌紙	136	
31	道光 12 年 2 月	合共銀…	138	
32	道光 13 年 2 月	合共佛銀… 合共伍紙	140	
33	道光 14 年 2 月	新舊合共契面銀… 共弍紙 合共銀…	202	
34	道光 15 年 10 月	合共弍紙		
35	道光 16 年 2 月	合共…大員正	143	
36	道光 18 年 3 月	添共典契價銀… 合共參紙 合共新舊契內銀…	290	
37	道光 23 年 12 月	共…大員 總合共新舊契面佛銀…	147	

		共陸紙 共捌拾員總合共...		
38	咸豐 3 年 9 月	新舊合共佛銀...合共伍紙 共肆拾大員正，合共契面銀...	151	
39	咸豐 4 年 1 月	共捌紙	206	
40	咸豐 6 年 2 月	合共弍紙	156	
41	咸豐 8 年 2 月	新舊合共... 合共弍紙 新舊合共價銀...	158	
42	同治 3 年 2 月	合共新舊銀... 合共肆紙	208	
43	同治 4 年 1 月	合共...大員正 合共參紙 合共...大員正	162	
44	同治 7 年 2 月	合共新舊契面銀...共五紙	164	
45	同治 8 年 11 月	共來稅銀柒大元零角	168	
46	同治 11 年 2 月	合共捌紙	170	
47	光緒 2 年 2 月	合共參紙 合共銀...	172	
48	光緒 3 年 2 月	計合共佛面銀...合共玖紙	174	
49	光緒 3 年 3 月	新舊合共... 合共參紙 合共契面銀	210	
50	光緒 4 年 2 月	合共拾弍紙	176	
51	光緒 8 年 3 月	合共契面銀...總合共契價... 合共伍紙 合前添找...合共銀... 總合共契面銀...	178	此契圖版見附圖2
52	光緒 9 年 2 月		180	
53	光緒 11 年 1 月		212	
54	光緒 12 年 2 月	再合典銀... 合共弍紙 合共契面銀...	182	
55	光緒 18 年 1 月	合共銀... 大小共捌坵... 合共肆紙 合共...大員	184	
56	光緒 21 年 2 月	合共肆紙 總合共捌紙	186	
57	甲午年 2 月	合共...大員 合共參紙 合共...大員	188	

附表六：《古鳳山縣文書專輯》計量詞表

序號	年代	詞條	頁碼	備註
1	乾隆35年3月	共弍紙	5	本表依年代排序，不依原書契約類別。
2	乾隆35年11月	共六紙	31	
3	乾隆41年	大小共拾伍坵 共肆紙	8	
4	乾隆54年2月	共參紙	9	
5	嘉慶7年2月	共參紙	11	
6	嘉慶14年9月	大小共伍拾肆坵 共肆紙	33	
7	道光12年4月	共弍紙 共合捌紙	13	
8	道光26年11月	共弍紙	15	
9	咸豐甲寅4年2月	共弍紙	16	
10	咸豐8年1月	共玖紙 共捌紙	17	
11	咸豐9年1月	共參紙	35	
12	同治3年11月	大小共四坵 共弍紙	18	
13	同治11年2月	共參紙	36	
14	同治12年9月	共陸坵 共弍紙	23	
15	光緒3年3月	共陸紙	24	
16	光緒19年2月	大小共柒坵	26	
17	明治35年2月	共佃弍垮 合共四紙	39	
18	明治36年8月	合共弍紙	40	

附表七：《力力社古文書契抄選輯－屏東崁頂力社村陳家古文書》中「合共」「計共」等使用情形表

序號	年代	詞條	頁碼	備註
1	乾隆25年11月	共弍紙	132	本表依年代排序，不依原書卷宗
2	乾隆25年11月	共弍紙	136	
3	乾隆28年2月	共弍紙	84	
4	乾隆28年2月	共弍紙	85	
5	乾隆41年2月	共肆紙	86	
6	乾隆51年2月	共出…大員 共花邊銀參拾參員正	133	
7	乾隆51年2月	共出時價番銀參拾五大員正	134	
8	乾隆51年10月	共番銀伍拾兩肆錢正	126	
9	乾隆53年11月	共伍紙	88	

10	嘉慶4年10月	共參紙	96	
11	嘉慶4年12月	共參紙	68	
12	嘉慶9年4月	大小共十坵	100	
13	嘉慶17年11月	共陸紙	89	
14	嘉慶23年11月	共五紙	70	
15	嘉慶25年10月	合共參紙	97-98	
16	道光2年10月	共六紙	99	
17	道光2年10月	合共弍紙	102	
18	道光2年10月	合共參紙	103	
19	道光6年3月	共五紙	71	
20	道光7年7月	共弍紙	65	
21	道光11年2月	合共柒紙	72	
22	道光16年3月	共四紙	98	
23	道光17年1月	合共弍紙	62	
24	道光19年2月	合共參紙	80-1	
25	道光19年11月	合共參紙	63	
26	道光20年2月	合共參紙	66	
27	道光23年1月	合共田弍段 合共田弍段 再總共上下手玖紙	103	
28	道光23年2月	合共玖紙	74	
29	道光23年2月	合共伍紙	81	
30	道光27年7月	共五坵 合共拾紙	104-6	
31	咸豐4年5月	共五坵 合共拾壹紙	106-7	
32	咸豐7年9月	共五坵 合共拾弍紙	107-8	
33	咸豐8年2月	合共拾紙	75	
34	咸豐10年12月	合共拾參紙	109	
35	同治4年12月	共配納大租粟壹石捌斗 共弍拾肆紙	142	
36	同治5年12月	合共柒紙	90	
37	同治7年4月	合共捌紙	91-2	
38	同治8年12月	合共弍紙	119	
39	同治9年4月	計共壹拾肆紙	110	
40	同治13年2月	共配納大租粟 合共弍拾伍紙	143-4	
41	光緒1年4月	計共參紙	120	
42	光緒3年3月	共參紙	121-2	

序號	年代	詞條	頁碼	備註
		共…大員		
43	光緒6年2月	合共…大員 合共四紙 共…大員	122-3	
44	光緒7年4月	合共弍紙	111	
45	光緒7年11月	共配納… 合共弍拾陸紙	144-5	
46	光緒7年11月	合共弍拾柒紙	146	
47	光緒9年5月	合共玖紙	93	
48	光緒9年5月	合共弍拾捌紙	147	
49	光緒11年2月	計共四坎（店地） 合共弍紙	115	
50	光緒15年1月	合共弍紙	153	
51	光緒15年4月	計共納銀…	158	
52	光緒15年8月	合共拾紙 計合先後契面銀…大員	94	
53	光緒17年5月	合共拾伍紙 合共…大員正	112	
54	光緒19年2月	合共弍紙	151	
55	光緒19年12月	合共弍紙	156	
56	光緒21年1月	合共伍紙	124	
57	明治30年11月	共參拾紙	148	
58	明治34年2月	計合一三佛銀…大員 合共陸紙	125	
59	明治34年10月	合共參紙	152	
60	明治34年10月	合共參紙	155	
61	明治34年10月	合共參紙	157	
62	明治34年10月	合共參紙	161-2	
63	明治34年10月	合共參紙	163-4	
64	明治35年2月	合共參拾紙	150	

附表八：草屯草鞋墩契約壹（一）詞條表

序號	年代	詞條	頁碼	備註
1	乾隆24年	1 茅屋壹座 2.一力抵當	3	
2	乾隆37年11月	1.水田壹段 2.經丈壹甲五分 3.大租粟壹拾貳石 4.時值價銀壹佰參拾捌大員正 5.一賣千休 6.上手契壹紙	4	

		7.契內銀壹佰參拾捌大員		
3	乾隆43年8月	1.一賣千休	5	
4	乾隆45年5月	1.草厝壹座 2.一力抵當	6	
5	乾隆51年7月	1.水田壹段 2.實田壹甲貳分 3.壹賣千休 4.立杜賣斷根田契壹紙	7	
6	乾隆56年11月	1.水田壹段 2.田壹甲貳分	8	
7	乾隆57年11月	1.地基園壹段 2.立杜賣盡根契一紙	9	
8	嘉慶2年12月	1.水田一段經丈一甲五分 2.時值典銀壹拾貳元正 3.立典字一紙 4.陸谷乙石正	10	
9	嘉慶14年12月	1.竹園壹所 2.時值價銀壹佰大員正 3.壹賣千休 4.立杜賣盡根田契壹紙并上手契壹紙 5.侄字壹字	11	
10	咸豐6年	1.祀田壹段經丈壹甲 2.祀田壹甲 3.全立鬮書貳紙壹樣付執壹紙爲炤	12	
11	光緒3年8月	1.水田壹段 2.東畔壹坵 3.計共壹佰壹拾肆大員正 4.一賣千休 5.上手典字壹紙 6.契內字銀壹佰壹拾肆大員正	13	
12	光緒元年荔月	1.厝地基壹所 2.抽出茅店壹坎 3.壹盡出賣 4.壹賣千休 5.全立杜賣盡根店契字壹紙	14	
13	光緒10年2月	1.水田壹段 2.實田壹甲 3.又壹段 4..一力抵當 5.全立杜賣盡根田契字兩段壹紙 6.合共壹拾伍紙	16	
14	光緒11年2月	1.地基壹所 2.一并撥付 3.歸一掌管	18	

		4.一力抵當 5.歸管字壹紙 6.全買盡根字壹紙胎借字壹紙 7.一盡付執 8.內註內一字		
15	光緒13年2月	1.又一段 2.又溪心仔田一段 3.一賣千休 4.一力抵當 5.契字壹紙併帶圖書壹紙	19	
16	光緒16年2月	1.時值價銀壹佰伍拾陸員正 2.一賣千休 3.一力抵當 4.契字壹紙	26	
17	光緒20年花月	1.厝地基壹所 2.一賣千休 3.一力抵當 4.地基契字壹紙又帶典字壹紙又帶上手舊契壹紙	28	

附圖1：乾隆43年（1778）山頂薛門林氏立永杜賣契，
出自逢甲大學古文書數位典藏資料庫，編號
LBA257351。

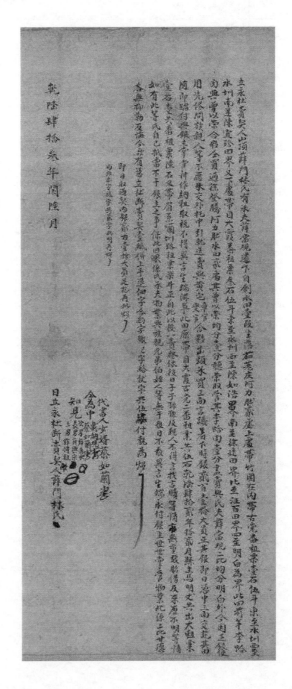

附圖 2：林玉茹主編，《臺南縣平埔族古文書集》（新營：
臺南縣政府，民國 98 年 9 月），頁 178。

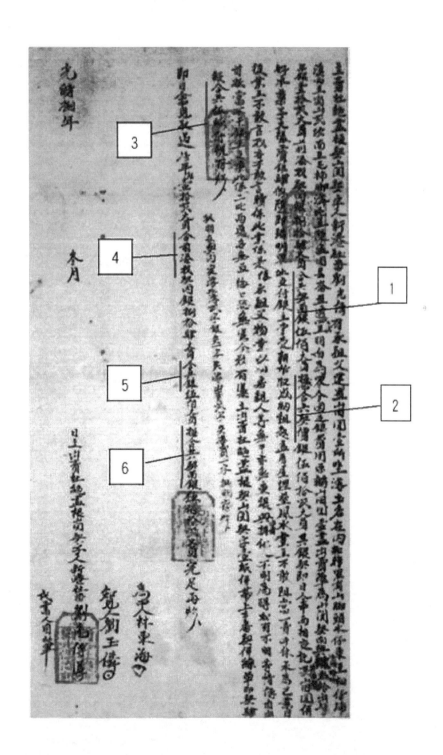

清代臺灣契約的「批」、「再批」
－以草屯地區為例

摘　要

　　本文旨在探討臺灣清代契約文書中加批的存在史實。所用史料以國史館臺灣文獻館前身臺灣省文獻會所出版《草屯地區古文書專輯》及梁志忠先生相關收藏爲主，輔以金門契約及廈門契約等爲比較材料。得到結論是：契末重申收足契價銀，及加批之書寫，均由移民自原鄉帶來臺灣，重申收足契價可追溯到宋代，但嘉慶朝後臺灣逐漸與原鄉不同。單就閩南地區言，有的地方有，有的地方沒有，臺灣則幾乎近百分之一百。加批情況臺灣也在嘉慶之後有較高的出現頻率。

關鍵字：清代、臺灣、契約文書、加批

壹、前言

張傳璽在《中國歷代契約會編考釋》中有言：「中國契約學的任務首先是研究中國契約自身發展的歷史及其規律。」[1]

筆者認同此一論點，過去曾寫過有找洗契、鬮書及清末清丈與日治初期土地調查對契約的影響等論文。今再就契約中的「批」、「再批」研究其內容及相關問題，希望對契約自身的了解有些所貢獻。

傳統契約的批、再批，即今之附註、附筆、再啓、附加資料，或英文書函中之 PS.（postacript）。

本文將合約字、鬮書排除，是因爲合約字、鬮書之型式基本上與其他契約差異甚大，其具體分配標的物均以「批」之型式書寫，如同時討論，難免產生認知上之紊亂，不得不加以割捨。

又爲同時了解時間變動上可能產生之變化，故本文以乾隆朝、嘉慶朝、道光朝、咸豐、同治朝、光緒朝 5 個時段論述之。光緒朝清已割臺灣給日本，臺灣的日治之明治時期還是清朝光緒、宣統，所以本文時間也含括日治時期。爲研究之便以《草屯地區古文書專輯》[2]之契約爲例。

貳、乾隆朝契約的「批」、「再批」

茲據《草屯地區古文書專輯》之乾隆朝契約作成表一（如附表一）。

根據表一分類分項統計，可見以下各現象。

乾隆朝 16 張契約中，只有 3 張未在契末重申收過銀員兩，其餘 13 張都重申收過銀員兩，重申者佔總數百分之 81。未寫 3 張，一張墾成歸管契，一張賣契，一張重給永賣契。其中只有賣契不寫重申收過銀員兩比較特殊，其餘重給永賣契，本來不能重收銀員兩，自然不必寫；墾

---

[1] 張傳璽，《中國歷代契約會編考釋》〈導言〉（北京：北京大學出版社，1995 年）。

[2] 謝嘉梁，《草屯地區古文書專輯》（南投：臺灣省文獻委員會，1999 年）。該輯中梁志忠先生部分也見於逢甲大學古文書數位典藏。
http://dspace.lib.fcu.edu.tw/handle/123456789/13952。

成歸管契只約定納租量，未有收過銀兩員，自然不必寫。所以真正沒重申者只有一張。

重申收過銀員兩的 13 張，其中 1 張贌耕，1 張典契，其餘都是賣契。乾隆 47 年有贌永耕字，從契內文字，有「其園踏付銀主前管耕收租」「子孫不得言贖征租生端」，可知也是賣。所以只有典契一張是不同形式的契約。賣契佔總數百分之 92。

另有 5 張除重申收過銀員兩外，另有批註，其書寫方式有寫「批炤」，有寫「契後再批」，有寫「再批」，有寫「批明再炤」、「再批明」等。至於內容，乾隆 22 年件寫「子孫永遠不能找價不得贖回」。乾隆 24 年、37 年、50 年件 3 件是契內註字。乾隆 22 年件所加內容，很多契約都寫在契約正文中，本契可能是代筆人漏寫，只好加批。另一張 37 年 8 月契約，末有重申收過銀員兩外，又有二再批，一為上手契書日後尋出無用，一為上手契內犁分式張，劉樹僅買壹張。5 張中有「批」、「再批」契，都是契約寫成當日即加批。

從上面的說明，可見批、再批除重申收過銀錢外，另有 7 條：不得找贖 1 條、註字 3 條、上手契尋出無用 1 條，上手契犁份 1 條、寫明權利份額 1 條。以註字最多，占一半。

在 5 張有批、再批契中（佔總數百分之 31），只有乾隆 37 年 11 月張宣榮等立杜賣契有二條批外，其餘 4 張只有 1 條。

參、嘉慶朝契約的「批」、「再批」

茲先據《草屯地區古文書專輯》的嘉慶朝契約作成表二（如附表二）。

根據表二分類分項統計，可見以下各現象。

嘉慶朝 29 張契約，典契 3 張，胎借 1 張，永耕佃 2 張，永耕埔園 1 張，找洗 2 張，轉典 1 張，其餘 19 張都屬賣契。賣契佔總數百分之 66。

無重申收過銀員兩只有嘉慶 2 年件典大租契，其餘 28 張全寫重申

收過銀員兩，寫重申者佔總數百分之 97。嘉慶 2 年件契內有「議定時價典銀壹拾貳元正，即日憑中交收足訖」。

28 張重申收過銀員兩外，有批、再批者有 10 張，佔總契約數百分之 35。其書寫方式有「再批明」「批明」「再炤」「批明再炤」「批照」。其中 1 條者 5 張，2 條者 3 張，4 條者 2 張。至於批、再批內容除上面 28 張重申收過銀員兩外，有去銀、去穀 1 次，圖書登帶別項 3 次，註字 4 次，上手契難分拆 1 次，坟穴 1 次，次房參房份業與此契無關 2 次，番業主契繳官在案 1 次，原賣契後若干年抽出 1 次，抽出厝地不納丈租 1 次，舊契取出不得堪用 2 次，圳修粟 1 次。其中圖書登帶別項 3 次、上手契難分拆 1 次、番業主契繳官在案 1 次、舊契取出不（得）堪用 2 次，此七次均與上手契不能交給買主有關，次數最多；其次為註字 4 次；其他去銀、去穀 1 次，坟穴 1 次，別房份業與此契無關 2 次，抽出賣 1 次，抽出厝地不納大租 1 次，圳修粟 1 次，合計 7 次。

在有批、再批的契約中，當下批的 16 條，日後批的 2 條。當下批的佔總數百分之 89。

肆、道光朝契約的「批」、「再批」

茲據《草屯地區古文書專輯》中的道光朝契約作成表三（如附表三）。

根據表三分類分項統計，可見以下各現象。

道光朝 33 張契約中，賣契 22 張，永耕 1 張，典 7 張，找洗 1 張，借 2 張。賣契 22 張，佔總數百分之 67。次為典契 7 張，佔百分之 21。其餘借契、永耕、找洗不多。

33 張中，33 張都重申收過銀員兩。契末重申率高達百分之一百。有批、再批者 16 張，在一張契約中出現次數，一次 14 張，二次 1 張，四次 1 張。以一次最多，佔百分之 86。全部道光朝契約 33 張，有批、再批者 16 張，佔百分之 49。不到一半。

其批、再批之書寫方式，有：再批明、再批、批照、一批明、批明

再炤。

其批、再批內容：上手契登帶別項 3 次，上手契難分拆 2 次，添註字 5 次，風水穴照舊跡修理 1 次，配納大租粟 1 次，抽出杜賣 1 次，修厝費用 1 次。

有關上手契不能交付，他日尋出不堪用者包含：上手契登帶別項 3 次，上手契難分拆 2 次，尋出不堪用 1 次，爽文亂失落者 1 次，合計 7 次，最多。其次添註字 5 次。其他配納大租粟 2 次，風水穴 1 次，留路 1 次，抽出杜賣 1 次，修厝費用 1 次。上手契不能交付，添註字均屬契約交付及正確性問題，合計 12 次，佔總數 18 次的百分之 67。批、再批的時間，全數 21 條，21 條全是當日加批，比率為百分之一百。

伍、咸豐、同治朝契約的「批」、「再批」

茲據《草屯地區古文書專輯》中的咸豐、同治朝契約作成表四（如附表四）。

根據表四分類分項統計，可見以下各現象。

咸豐、同治朝契約全數 29 張，29 張都在契末重申收過銀員兩，重申率的為百分之一百。

在 29 張中，典契 12 張，杜賣 15 張，借 2 張。賣契最多，典契也不少。除重申收過銀錢外，有「批」、「再批」者 13 張佔總數百分之 45。在一張中次數，出現一次 6 張，二次 3 張，三次 4 張，總計是 24 次。

其批、再批之書寫方式，有：批明、一批明、又批明、再批明。

批、再批之內容，上手契難拆 7 次，註字 2 次，開水溝不敢阻擋 1 次，添典 3 次，築屋照價地基主自理 1 次，抽出分掌 6 次，菓子竹照舊留 1 次，借銀 1 次，攤價 2 次。以上手契攤交與抽出分掌最多。事後分掌 1 次，典田應攤 2 次，分拆鬮書各掌 1 次，借銀加利 1 次，分拆田園 2 次。

在 24 次的批、再批中，立約當時發現契文不夠周延，當即加討都有 11 次，契約簽成之後，立約雙方再發生權利變動時，所加批或批明

有 14 次。

陸、光緒朝契約的「批」、「再批」

茲據《草屯地區古文書專輯》中光緒朝及明治時期契約作成表五（如附表五）。

根據表五分類分項統計，可見以下各現象。

光緒 55 張，明治 40 張，合計 95 張。

95 張中，歸管田契 1 張，契末未重申收過銀員兩外，其他 94 張都在契末重申收過銀員兩。95 張契約中，未有批、再批者有 50 張，有批、再批者 45 張。有的佔總數百分之 47。

95 張中以契約種類分：杜賣契 59 張、典契 18 張、找洗 10 張、佃批 1 張、歸管田契 3 張、借契 3 張、收工銀 1 張。以杜賣契 59 張佔總數之百分之 62，為最多。其次為典契 18 張，佔總數之百分之 19。找洗契 10 張，佔總數之百分之 11。其他合併百分之 8，依次為歸管田契 4 張、借契 3 張及佃批 1 張。

在一張契約中批、再批之次數，一次 33 張，二次 8 張，三次 3 張，五次 1 張。有批、再批者 45 張，另 50 張未有批、再批。

批、再批之內容有：添字 23 次、找出 1 次、租粟 1 次、連典價 1 次、前典過 1 次、全年番租 2 次、內番銀 1 次、田均分 1 次、不明 1 次、借銀 4 次、半股收銀 1 次、番大租業主完納 1 次、稅契業主支理 1 次、添典 1 次、五人股分 1 次、上手契難拆 15 次、其式紙 1 次、找出 1 次、不再言李屘份額 1 次、出號花紅 2 次、丈單失落 1 次、抽風水穴 1 次、日治丈過 2 次、日治 2 次。

在 67 次批、再批中，以添改字 23 次最多，占總數百分之 34。其次為上手契、丈單因不能分拆、失落不能支付有 17 次，占總數百分之 25。另有應寫在契內而忘寫入之權利事項，如租粟 1 次、番租 2 次、番大租、稅契之完納 2 次，有 5 次。另借銀 4 次、添典 1 次、找出 1 次，此均為對銀主在完成典、賣後的金錢關係。連典價 1 次、前典過 1 次、

田均分 1 次、半股收銀 1 次、內番銀 1 次、可分股份 1 次、不再言李屘份額 1 次、出號花紅 2 次、抽出風水削 1 次、日治丈量記載有 5 次。契約寫成當時即發現契文對雙方權利約定不明或有錯漏字等，即時力以補救者，在 67 次中有 53 次，占總數百分之 79。日後再加者有 10 次，占總數百分之 15。不明者 4 次。

柒、清代草屯契約的「批」、「再批」所呈現的史實

先據前面的統計，整合成表六。

表六：清代草屯契約「批」、「再批」一覽表

朝代 ／ 總計	契約張數（單位：張）	重申收足	重申收足契約種類最多類型	另有批、再批	批、再批內容最多者	當下加批次數	備註
乾隆朝	16 張	13 張	賣契 12 張	5 張 6 條	註字 3 次	5 次	
嘉慶朝	29 張	28 張	賣契 19 張	10 張 18 條	上手契不能交付買主 7 次	16 次	
道光朝	33 張	33 張	賣契 22 張	16 張 21 條	上手契不能交付買主 7 次	21 次	
咸同朝	29 張	29 張	賣契 15 張	13 張 24 條	上手契不能交付買主 7 次	11 次	
光緒朝	95 張	94 張	賣契 59 張	45 張 67 條	添改字 23 次	53 次	
總計	202 張	196 張	127 張	89 張 136 條		106 次	

從表六可以看到草屯清代契約所呈現的大勢。

第一，在 202 張契約中，重申收足銀員兩的有 196 張，占總數百分之 97，而且可以看出嘉慶後幾近百分之一百。

第二，在重申收足銀兩的契約中，賣契 127 張，占總數百分之 63。賣契比例最高。

第三，重申收足銀員兩外，另有批、再批者，在 202 張中，有 89 張，有的佔總數百分之 44。

第四，在批、再批 136 條中最多的是上手契不能交付買主 34 條，及註字 37 條。二者佔總數百分之 56。

第五，在批、再批的時間，以當下加批爲多，佔總數百分之 79。

捌、臺灣契約文書的源頭是原鄉

對於上面 5 點，嘗試論述其可能原因：

追溯臺灣契約文書的源頭，自然是移民的原鄉，那便是閩南、粵東。來臺後適應臺灣的風土人情產生變化，這些重申收足銀員兩；批、再批的形式與內容是來自原鄉，抑或臺灣產生的特色。

因爲缺乏粵東的材料，只能取閩南地區的契約查考。

金門是來臺的第一站，先看金門契約。《金門古文書第一輯》[3]田園典契 16 張，田園賣契 6 張，計 22 張。時間從乾隆 36 年到民國 30 年，其中重申收足銀員兩的只有 1 張，一張嘉慶 11 年的杜賣契。[4]只佔百分4.5，比例很低。有批、再批者 13 張，佔總數百分之 59。8 張是既無重申銀員兩，也無加批。至於批、再批以加字註字 9 條，再找再盡 9 條最多，二者已佔總數 23 條之百分之 78。其它原帖錢糧 3，添典 1，祖墳 1。

再看廈門契約。《廈門典藏契約文書》[5]所收契約數量很大，只取清代歷朝賣契加以考查。康熙朝 3 張重申 2 張；雍正朝 1 張，無重申；乾隆朝 22 張，重申 12 張；嘉慶朝 31 張，重申者 8 張；道光朝 25 張，重申者 11 張；咸豐朝 11 張，重申者 3 張；同治朝 21 張，重申 5 張；光緒朝 137 張，重申者 27 張。合計 251 張，重申者 68 張，重申者爲百分之 27。如果以百分比觀察，康熙百分 67，乾隆 55，嘉慶 26，道光 40，咸豐 27，同治 24，光緒 20，似乎有隨時間遞減的趨勢。這和臺灣的情況不同，臺灣是嘉慶後幾乎達百分之一百。所以可以說重申收足銀錢是

---

[3] 葉鈞培、許志仁、王建成著，《金門古文書・第一輯》（金門：金門縣立文化中心，民國 92）。

[4] 葉鈞培、許志仁、王建成著，《金門古文書・第一輯》（金門：金門縣立文化中心，民國 92），頁 42。

[5] 陳娟英、張仲淳著，《廈門典藏契約文書》（福州市：福建美術出版社，民國 95）。

原鄉帶來，但臺灣更重視。

　　批、再批也取廈門契約中的賣契來考查，作成表七。

表七：廈門賣契的批、再批表

朝代	總數	加批張數	百分比	加批條數
康熙	3 張	2 張	67%	2 條
雍正	1 張	0	0%	0
乾隆	22 張	7 張	32%	9 條
道光	25 張	2 張	8%	2 條
咸豐	11 張	0	0%	0
同治	21 張	2 張	10%	2 條
光緒	137 張	31 張	23%	35 條
計	251 張	55 張	22%	54 條

　　在臺灣有批、再批者有百分之 44，廈門只有百分之 22，而且臺灣在道光後都維持在百分之四十以上，廈門的情形很難看出變化趨勢。

　　在廈門加批、再批最多的似以上手契不能交付，乾隆朝 3 條，嘉慶朝 5 條，道光朝 1 條，光緒朝 7 條，合計 16 條，佔總數 54 條之百分之 30。在臺灣添字註字很多，廈門很少，只有 4 條。光緒朝突然出現中人、代書、知見禮、竟有 12 條，佔總數百分之 22。這是否意味臺灣的代書人代筆人的識字及書寫契約的能力比廈門低。值得再進一步研究。

　　又批、再批大都是當下書寫，日後書寫的只有 4 張。比例很低。

　　再查《中國社會經濟史研究－閩南契約文書綜錄》[6]。在晉江、泉州的 126 件賣契中，不見有重申收足銀員兩；在南安的 21 件，永春的 33 張賣契，德化的 88 張賣契中，也不見有重申收足銀員兩之情況。然而在安溪的 10 件賣契，同安、廈門的 8 件賣契，華安的 5 件賣契，雲霄的 35 件賣契，龍溪、海澄的 113 件賣契中，則可以看到重申收足銀員兩的情況。如此情況，似乎是重申收足銀員兩，為漳州人的慣例，而影響到接壤的泉州地區。

---

[6]　中國社會經濟史研究編輯部，《閩南契約文書綜錄》《中國社會經濟史研究（季刊）》（廈門大學發行，1990 年增刊）。

　　再看張傳璽《中國歷代契約會編考釋》下冊清代賣契，順治朝賣契
21件，其中9件重申收足價銀：如清康熙9年（1670）〈休寧的吳一化
賣地紅契〉[7]契文內已寫「三面議定得售價紋銀一兩八錢。其銀契當即
兩相交付明白，並無欠少，准折等情。」但契末仍另一行寫「契內價銀
一併收足，再不另立收領。再批。」

　　再上追明代賣契，看到明洪武時期11張賣契，其中3張重申的收
足價銀。如〈明洪武三十年（1369年）祁門縣李都錫賣山地紅契〉[8]契
文內已寫「面議時值價鈔壹佰伍拾貫文。其鈔當日收足無欠。」但在契
約年月日之後另有一行「所是契內價錢並收足訖」。

　　再上追元代，在〈元至元二十六年（1289）徽州汪周孫賣地契〉[9]中，
契文內已寫「三面議評議中統鈔伍拾貫文，其鈔當日交領足訖無欠。」
但在年月日後仍有一行「領前項契內價鈔足無欠。別不立碎領，只此隨
契一領爲照」。

　　從上述的引證，可知契文末，在正文末或年月日後，再重申收足價
銀，竟可追溯到宋代。在〈南宋嘉定八年（1215）祁門縣吳拱賣地契〉
在契末年月日之後有「今于契后批領七仁后塢高山山地價銀前去足訖，
並無少欠。今于契后批領爲照。同前年月日吳拱（押）」。[10]真是源遠流
長。

　　爲使讀者了解重申收足契價及批、再批在契約中的實際情形。茲以
本文有五次批、再批之一張契約爲例畧加說明。〈光緒元年拾月林祈和
等仝立典田契〉[11]原契影本如下：

---

[7]　張傳璽，《中國歷代契約會編考釋》下冊，（北京：北京大學出版社，1995年），頁1154。

[8]　同7註，頁710~711。

[9]　同7註，頁543~544。

[10]　同7註，頁532~534。

[11]　謝嘉梁，《草屯地區古文書專輯》（南投：臺灣省文獻委員會，1999年），頁314。又見
　　於逢甲大學古文書數位典藏 http://dspace.lib.fcu.edu.tw/handle/123456789/13952。

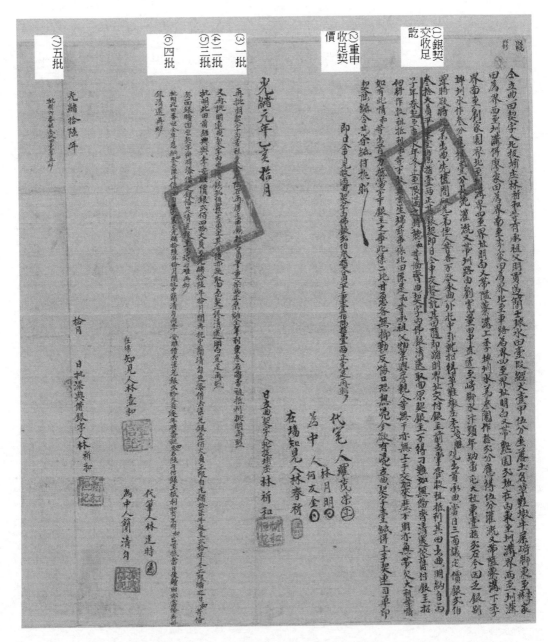

　　其原契文內已寫「當日三面議定價銀弍佰参拾大員平重壹佰陸拾壹兩正，其銀契即日全中交收足訖」此為（1）。契文之末低四字另加一行重申收過契銀。此為數字（2）。在年月日之後四批，係添典借銀字。時間為光緒 16 年 10 月，即原契成立 16 年之後。此為（3）、（4）、（5）、（6）在添典借銀字之年月日後有一批作為改字，此為（7）。

即本契有重申收過契價，又有五批、再批。

玖、結語

　　總結前文論述，可得一肯定的認知，臺灣清代契約中重申收足銀兩員的內容形式，來自閩粵原鄉的舊慣，但到臺灣後愈後愈受到重視。嘉慶後幾乎每張契約都重申收足銀錢。此其一。

　　批、再批，凡與契約標的物之權利義務相關事項，都可在簽約當日或日後增加。目前看來以當日增加為多。臺灣的加批，也是原鄉的舊慣，但到臺灣也變得比原鄉更重要。廈門的比率是百分之 22，臺灣則有百分之 44。在批、再批中，上手契的交付買主是兩地都很重視的唯一問題，佔第一位。註添字在臺灣居第二位，原鄉第二位卻是中人、代書、知見禮金。臺灣顯然在嘉慶朝後已經漸漸與原鄉不同。此其二。

　　本文表格做成不易，花費很大工夫，當然可以做更多更細的分析，但限於篇幅，只能把此一工作留待他日。

參考文獻

張傳璽，《中國歷代契約會編考釋》（北京：北京大學出版社，1995 年）。

謝嘉梁，《草屯地區古文書專輯》（南投：臺灣省文獻委員會，1999 年）。

葉鈞培、許志仁、王建成著，《金門古文書·第一輯》（金門：金門縣立文化中心，民國 92）。

中國社會經濟史研究編輯部，《閩南契約文書綜錄》《中國社會經濟史研究（季刊）》（廈門大學發行，1990 年增刊）。

陳娟英、張仲淳著，《廈門典藏契約文書》（福州市：福建美術出版社，民國 95）。

資料庫：

逢甲大學古文書數位典藏

http://dspace.lib.fcu.edu.tw/handle/123456789/13952。

附表一：乾隆朝契約批、再批表

序號	年代	契約種類	詞條	頁碼	備註
1	乾隆 16 年 8 月	賣	即日收過契內銀伍員完足再炤	頁 107	
2	乾隆 36 年 12 月	給墾成歸管契		頁 108	
3	乾隆 22 年 11 月	杜賣	即日收過契內銀捌拾員完足再炤 其園壹賣千休日後子孫永遠不得找價不得贖田批炤	頁 137	
4	乾隆 23 年 12 月	賣	即日收過契內銀肆大員完足再炤	頁 265	又見於逢甲大學古文書數位資料庫 LZZ0981-0163-001-U
5	乾隆 24 年	賣杜	即日收過契銀完足再炤 契後再批明註貳一字	頁 3	
6	乾隆 32 年 10 月	賣		頁 266	又見於逢甲大學古文書數位資料庫 LZZ0981-0217-001-U
7	乾隆 37 年 11 月	杜賣	即日全中見寔收過賣契內價銀柒百大員折紋銀肆百陸拾弍兩正完足再炤 即日議明不論上手契書如有隱□日後尋出無用賣主不敢藉端茲事批明再炤 即日批明付上手老契內犁分弍張劉樹僅買壹張再批明	頁 268	又見於逢甲大學古文書數位資料庫 LZZ0981-0013-001-U
8	乾隆 37 年 11 月	杜賣	即日收過契內銀壹佰參拾捌大員完足再照 內註共二字再炤	頁 4	
9	乾隆 43 年 8 月	賣	即日全中收過契面艮捌員半完足炤	頁 5	
10	乾隆 44 年 11 月	杜賣	即日親收過賣契內佛面銀捌大員正完足再炤	頁 235	
11	乾隆 47 年 10 月	贌耕	即日全中收過贌耕字內佛銀拾弍大員完足再炤	頁 236	
12	乾隆 48 年 5 月	重給永賣契		頁 44	

序號	年代	契約種類	詞條	頁碼	備註
13	乾隆 50 年 3 月	杜賣	即日收過契內銀壹佰伍拾捌大員正完足再炤	頁 91	
14	乾隆 51 年 7 月	賣	即日在場全中收過杜賣斷根契內田價銀參佰肆拾大員正完足再炤	頁 7	
15	乾隆 54 年 1 月	典	即日全中收過契內銀伍拾大員正完足再炤	頁 40	
16	乾隆 57 年 11 月	杜賣	即日全中收過地基園契銀參拾大員正完足再炤	頁 9	

附表二：嘉慶朝契約批、再批表

序號	年代	契約種類	詞條	頁碼	備註
1	嘉慶 2 年 12 月	典大租	後再批明對朗買奕去田甲銀式員正 又去谷乙石正 道光拾年十二月批明此銀會過借字內再炤	頁 10	
2	嘉慶 5 年 4 月	杜賣	即日全中收過契內銀壹佰伍拾大員完足再炤	頁 270	又見於逢甲大學古文書數位資料庫 LZZ0981-0012-001-U
3	嘉慶 5 年 12 月	杜賣	即日全中實收過契字內佛面銀壹拾式大員正完足再炤	頁 237	
4	嘉慶 9 年 10 月	胎借	即日收過字內佛面銀壹佰大員正完足再炤	頁 267	
5	嘉慶 9 年 12 月	杜賣	即日全中收過契內銀式佰捌拾大元正完足再炤	頁 109	
6	嘉慶 10 年 5 月	典	即日全中收過典字內佛銀伍拾伍大員正完足再炤	頁 240	
7	嘉慶 10 年 8 月	賣	即日收過契內銀拾陸大員正完足再炤	頁 239	
8	嘉慶 10 年 10 月	杜賣	即日收過杜賣斷根契內佛式拾大元正完足再炤	頁 238	
9	嘉慶 10 年 10 月	杜賣	即日親收過契內銀玖佰捌拾大員正完足再炤 批明田中盧墩一穴係老自己之坟	頁 69	

序號	年代	契約種類	詞條	頁碼	備註
			照舊執掌不敢侵界開做批明再炤 批明闔書登帶別頃難以開折批明再炤 批明此契內抽出田壹段東至賴家田為界西至蕭家田為界南至文生田為界北至大圳為界係次房博闔書份業任從典賣與此契無干批炤 批明此大契內抽出拾伍闔水田柒分伍厘係三房原川闔書應份之業任從典賣與此大契無干批照		
10	嘉慶 14 年 12 月	杜賣	即日全中交過契面銀壹佰大員正完足再炤 批明契內段賣字弍字侄字壹字再炤 道光拾陸年拾月批明宗等乏銀別置情愿將父親契買之界址抽出埔田弍坵園壹節併稻埕東至莊家地併小路界併抄田界西至媽當兄地界併定允侄竹圍界南至路界北至景致田界遞年配納大租粟一斗正將抽出之田園有杜賣與莊兩儀觀出首承買價銀壹佰貳拾伍大員正即日銀契兩相交訖又有抽出空厝地基壹所東至莊兩儀園基石界西至定允田岸界南至路界北至定允地界遞年配納大租粟壹斗正有杜賣與媽當宗兄出首承買價銀肆拾大員正即日銀契內兩相交訖但此上手契壹紙難以分折應批明炤	頁 11	
11	嘉慶 15 年 8 月	杜賣	即日全中收過契內銀壹仟伍佰捌拾捌大員完足再炤 再批明田頭抽出東南勢厝地□竹圍壹所西至田屋石丁為界北至竹□石丁為界其大租帶田完納不干厝地之事批明再炤 再批明闔書等□別業難與開拆係□□□□存再炤 再批明日後倚舊契取出不得堪用再炤 再批明帶中汴水參闔半配圳脩粟參石正再炤	頁 110	

序號	年代	契約種類	詞條	頁碼	備註
12	嘉慶 16 年 3 月	永耕佃字	即日公全立永耕佃字付執再炤	頁 191	
13	嘉慶 18 年 8 月	杜賣	即日全中收過契內銀肆佰伍拾大員正完足再炤	頁 71	又見於逢甲大學古文書數位資料庫 LZZ0981-0213-001-U
14	嘉慶 18 年 9 月	杜賣	即日全中親收過佛面銀拾壹大元正完足再炤	頁 273	
15	嘉慶 19 年 9 月	永耕埔園	即日全中實收過永耕耕契內佛面銀肆大員正完足再炤	頁 192	
16	嘉慶 19 年 12 月	杜賣	即日全中寔收過買契內佛面銀一十二大員正完足再炤	頁 274	又見於逢甲大學古文書數位資料庫 LZZ0981-0212-001-U
17	嘉慶 19 年 12 月	杜賣	即日全中收過契字內佛頭銀壹拾大員正完足再炤 批明契內註園字壹字批炤	頁 241	
18	嘉慶 20 年 5 月	找洗	即日憑中收過找洗字內佛銀參大員正完足再炤	頁 242	
19	嘉慶 20 年 10 月	轉典	即日全中收過轉典契字內佛頭銀壹拾陸大員正完足再炤 批明契內註內字滿字共式字批明再炤	頁 275	又見於逢甲大學古文書數位資料庫 LZZ0981-0211-001-U
20	嘉慶 20 年 12 月	找洗		頁 42	
21	嘉慶 21 年 10 月	招佃永耕	即日全中收過埔底佛銀壹拾式大員正完足再炤 再批明此埔園前典過曾和觀之契字自嘉慶拾伍年間被薛大老吊驗存庫其日後尋出不堪應用批明再炤	頁 243	
22	嘉慶 23 年 10 月	杜賣	即日全中親收過佛面銀拾肆大元正完足再炤	頁 244	
23	嘉慶 23 年 11 月	典田	即日全中見收過典契字內佛面銀式佰壹拾大元正完足再炤	頁 193	
24	嘉慶 23 年 12 月	杜賣	即日全中收過契內銀陸佰伍拾大員正完足再炤	頁 72	

序號	年代	契約種類	詞條	頁碼	備註
25	嘉慶 23 年 12 月	杜賣	即日全中收過契字內佛銀壹拾捌大員正完足再炤	頁 245	
26	嘉慶 24 年 1 月 15 日	杜賣	即日全中收過契內銀伍拾大員足訖再炤	頁 277	
27	嘉慶 24 年 11 月	給墾永耕杜賣盡根	即日全中見親收過契字內佛面銀捌拾大元正完足再炤	頁 194	
28	嘉慶 24 年 12 月	杜賣	即日全中見實收過契內佛面銀壹拾肆大員正完足再炤	頁 276	又見於逢甲大學古文書數位資料庫 LZZ0981-0209-001-U
29	嘉慶 16 年 3 月	杜賣	即日全中收過杜賣契內佛面銀陸拾陸大員正完足再炤	頁 41	又見於逢甲大學古文書數位資料庫 LZZ0981-0210-001-U

附表三：道光朝契約批、再批表

序號	年代	契約種類	詞條	頁碼	備註
1	道光 2 年 5 月	杜賣	即日全中收過契內銀式拾伍大元再炤	頁 45	
2	道光 3 年 2 月	杜賣	即日實收過杜賣盡根契內佛銀壹拾大員正完足再炤 再批上手買契壹紙難以分拆係李都觀收存合應批明再炤	頁 46	
3	道光 4 年 10 月	杜賣	即日全中收過契內佛面銀式佰玖拾大元正足再炤 內註白字壹字批炤	頁 195	
4	道光 4 年 10 月	杜賣	即日全中收過賣契字內佛面銀拾捌大員正完足再炤 一批明內添註一賣字	頁 246	
5	道光 6 年 12 月	杜賣	即日全中收過杜賣契內佛面銀壹佰肆拾大員前收典契內銀柒佰伍拾大員合共銀捌佰玖拾大員完足再炤 再批明內有風水二穴日后倘要越	頁 92	

序號	年代	契約種類	詞條	頁碼	備註
			問照舊跡脩理不敢加潤再烌		
6	道光 7 年 7 月	永耕	即日全中見收過契內佛銀壹佰捌拾大員正完足再烌 批明逐年配納大租粟參斗正再烌 再批明其餘所有□項登記在□簿日后挖出取討不得不堪用烌	頁 196	
7	道光 7 年 10 月	典	即日全中收過典契字內銀參佰貳拾大員正完足再烌 內註添各字一字批明再烌	頁 279	又見於逢甲大學古文書數位資料庫LZZ0981-0206-001-U
8	道光 7 年 10 月	杜賣	即日全中收過契內佛銀捌佰大員正完足再烌 再批明其闔書及水契登帶別業難以開拆批明再烌	頁 113	
9	道光 9 年 2 月	找洗	即日收過洗找字內佛銀式大員正完足再烌	頁 43	
10	道光 9 年 2 月	杜賣	即日全中收過契內銀式佰參拾伍大員完足再烌	頁 90	
11	道光 9 年 12 月	典	即日全中收過典契內銀伍拾大員正完足再烌	頁 280	
12	道光 10 年 12 月	轉胎借銀	即日全中見收過轉胎借自內佛銀玖大員正完足再烌	頁 281	又見於逢甲大學古文書數位資料庫LZZ0981-0205-001-U
13	道光 10 年 12 月	杜賣	即日全中見收過杜賣盡根厝地基契內佛銀參拾壹大員正完足再烌	頁 47	
14	道光 12 年 4 月	杜賣	即日全中親收過契內佛面銀參拾大員正完足再烌	頁 284	
15	道光 12 年 4 月	杜賣	即日全中親收過契內佛面銀式拾大元正完足再烌	頁 283	又見於逢甲大學古文書數位資料庫LZZ0981-0202-001-U
16	道光 12 年 6 月	杜賣	即日全中見收過杜賣盡根地基契內佛銀式拾陸大員正完足再烌 再批上手契卷茲遭爽文賊亂失落日倘有提出者不堪行用再烌 再批過年該配納地基大租粟壹斗	頁 48	又見於逢甲大學古文書數位資料庫LZZ0981-0201-001-U

序號	年代	契約種類	詞條	頁碼	備註
			正合應批明再炤 再批現在西畔之路係侵李柒觀園界內成恐後日無路憑中議定就祐地基內西畔抽地肆尺留為公路再炤 再批契內添莊字宛字提字共參字再炤		
17	道光 12 年 9 月	轉典	即日全中收過轉典契內銀弍百五拾元庫秤壹百七拾五兩正完足再炤	頁 150	
18	道光 13 年 2 月	杜賣	即日全中收過盡根字內佛面銀陸拾參大員完足再炤 一批明契內旱園弍段道光廿七年四月抽出南埔壹段杜賣與李眉前去掌管只有中埔壹段仍存批炤	頁 285	又見於逢甲大學古文書數位資料庫 LZZ0981-0200-001-U
19	道光 12 年 3 月	杜賣	即日憑中見寔收過杜賣盡根田契內佛銀壹佰壹拾大員正完足再炤	頁 282	又見於逢甲大學古文書數位資料庫 LZZ0981-0203-001-U
20	道光 13 年 12 月	典	即日全中收過典契內佛銀玖拾大員正完足再炤 再批明厝頂破漏修理磚瓦什費厝主自備如有開用磚瓦及工銀登記在數日後取贖典契照數一齊清還不得異言再炤	頁 286	又見於逢甲大學古文書數位資料庫 LZZ0981-0197-001-U
21	道光 15 年 6 月	典田	即日全中實收過典字內佛銀玖拾壹大員正完足又炤 批明大契難以開拆交長房先烈收存批明又炤	頁 138	
22	道光 16 年 10 月	杜賣	即日全中見收過契字內佛面銀參拾五大員正交收完足再炤	頁 157	
23	道光 16 年 10 月	轉借銀字	即日全中實收過轉借艮字內弍拾弍大元正完足再炤	頁 197	
24	道光 21 年 3 月	杜賣	即日全中收過杜賣盡根契字內銀伍拾柒大員正完足再炤	頁 287	又見於逢甲大學古文書數位資料庫 LZZ0981-0192-001-U
25	道光 23 年 1 月	典	即日全中見收過典契內佛面銀伍	頁 288	又見於逢甲大

序號	年代	契約種類	詞條	頁碼	備註
			佰伍拾大員正完足再炤		學古文書數位資料庫 LZZ0981-0191 1-001-U
26	道光 23 年 12 月	杜賣	即日全中見收過杜賣田契字內佛面銀伍佰貳拾員正完足再炤 再批明謝家上手契貳紙登帶別段后日取出不堪行用批炤	頁 175	
27	道光 25 年 11 月	杜賣	即日全中收過契內佛銀陸拾大元完足再炤 批明契字內弟字即字式字再炤	頁 198	
28	道光 26 年 6 月	杜賣	即日全中收過佛面銀參佰陸拾大元正完足再炤	頁 199	
29	道光 26 年 11 月	杜賣	即日全中實收過杜賣契內佛銀壹佰參拾大員正完足再炤 批明上手大契交長房收存難以開拆日後不準執出大契生端茲事批明再炤	頁 139	
30	道光 26 年 12 月	杜賣	即日全中見收過杜賣盡根契內佛銀伍拾伍大員正完足再炤	頁 290	又見於逢甲大學古文書數位資料庫 LZZ0981-018 9-001-U
31	道光 27 年 10 月	轉典	即日全中收過典契字內佛銀式拾大員正批明再炤	頁 247	
32	道光 28 年 10 月	杜賣	即日全中見實收過杜賣老厝併地基契字內佛銀拾大員正完足再炤 一批上手契與江家潘家共乙紙難以分拆批明再炤	頁 291	又見於逢甲大學古文書數位資料庫 LZZ0981-018 8-001-U
33	道光 29 年 12 月	杜賣	即日全中見實收過契字內佛面銀伍拾伍大員正足訖再炤 再批明契字內添註子壹字批明再炤	頁 49	

附表四：咸豐、同治朝契約批、再批表

序號	年代	契約種類	詞條	頁碼	備註

序號	年代	契約種類	詞條	頁碼	備註
1	咸豐 1 年 12 月	轉典	即日全中收過轉典字內佛銀壹佰捌拾大員正完足再炤	頁 292	又見於逢甲大學古文書數位資料庫 LZZ0981-0187-001-U
2	咸豐 3 年 2 月	杜賣	即日全中見交收過杜賣盡根契內銀壹佰參拾陸大員正完足再炤 批明上手大契載在萃英社字內難以開拆批明再炤	頁 294	又見於逢甲大學古文書數位資料庫 LZZ0981-0010-001-U
3	咸豐 3 年 11 月	典	即日全中親收過來契面佛銀壹佰肆拾大員完足再炤 一批明上手大契交在長房光輝收存其大契鬮分之時已經批明不能行用各房就鬮書應份為憑是以大契不用併繳合批明炤 又批明鬮書因有兼帶生理別業不能併繳就立此契字為憑管業理合批明再炤 一批明弟二行應字下註份字一字批明炤	頁 296	又見於逢甲大學古文書數位資料庫 LZZ0981-0011-001-U
4	咸豐 4 年 6 月	轉典	即日全中實收過轉典契字內佛銀伍拾大員正完足再炤	頁 140	
5	咸豐 5 年 10 月	典厝地契	即日全中親收過契面佛銀式佰大員正完足再炤	頁 68	
6	咸豐 6 年 1 月	典	即日全中實收過契面銀壹拾肆大員正完足再炤 再批明南畔大路俊欲開水溝壹條有不敢阻擋批明再炤	頁 159	
7	咸豐 7 年 2 月	轉典	即日全中實收過轉典契字內佛面銀式佰陸拾大員正完足再炤 再批明同治參年捌月間北投埔原典主林秋冷再托中向洪寶興觀添典出佛銀陸拾大員正連前典契內銀共參佰式拾大員正其銀即日全中交收足訖春祈親批又炤 批明光緒四年十二月再向洪寶興之孫洪其昌添典佛銀捌拾大員平伍拾陸兩正交收再炤 批明光緒拾肆年戊子拾月林祈和再向原主洪其昌官手內添典出佛銀壹佰伍拾大員庫平壹百零伍兩	頁 298	又見於逢甲大學古文書數位資料庫 LZZ0981-0009-001-U

序號	年代	契約種類	詞條	頁碼	備註
			正銀即日交收足訖此田上下典併敷足倘上手要盡要贖聽其與洪其昌官交接批明再炤		
8	咸豐7年12月	杜賣	即日全中見寔收過契佛銀捌拾弍大元正完足再炤 批明上手契□賊夥失落日後此出不堪行用炤 一批明光緒拾年此田當作弍份均分每人各執鬮書掌管批明爲炤	頁248	
9	咸豐8年11月	杜賣	即日全中見三面親收杜賣契面契銀伍拾大員正完足再炤	頁293	又見於逢甲大學古文書數位資料庫LZZ0981-0185-001-U
10	咸豐9年7月	胎借銀	即日全中收過契內銀伍大員正完足再炤 再批明帖有築屋不論瓦草照價公古地基主自理此炤	頁300	又見於逢甲大學古文書數位資料庫LZZ0981-0184-001-U
11	咸豐10年9月	杜賣	即日全中收過契內佛銀參拾四員足訖	頁158	
12	咸豐10年10月	轉典田契	即日全中實收過典契字內銀壹千陸百柒拾大元正完足再炤 批明內抽出林蒼紃明典林敦水田玖分伍厘正又明買曹元嘉水田三分弍叚付與江□弟掌管帶契共肆紙付執爲炤貫□親批 批明內典範美如第一叚水田壹甲弍分應攤價銀柒佰肆拾大員正批炤 批明內抽出第參叚水田陸分典與曾禧叔侄等應攤價銀弍佰陸拾大員正批炤	頁81	
13	咸豐10年12月	杜賣	即日全中實收過盡根曆契字內佛銀參拾大元正完足再炤	頁301	又見於逢甲大學古文書數位資料庫LZZ0981-0183-001-U
14	咸豐11年12月	杜賣	即日全中見寔收過賣字內佛銀壹佰參拾員完足再炤 一批明大房李蓬萊二房李清泉兩房應份之田與此叚合又之字弍千	頁74	

序號	年代	契約種類	詞條	頁碼	備註
			五百參拾肆号丈單歸付在此收執公用再炤		
15	同治 1 年	轉借永耕	即日全中見交收過轉借永耕埔園契字內佛銀伍拾大員完足再炤	頁 249	
16	同治 1 年 8 月	杜賣	即日全中見寔收過契面佛銀柒拾大員正完足再炤	頁 201	
17	同治 4 年 3 月	杜賣	即日全中見收過契內銀伍拾式大員正庫平參拾陸兩肆錢完足再炤 一批明內抽出西畔茅店一坎併帶上手買過李都大契一紙交付李萬松前去掌管永爲己業日后子孫不得爭長競短亦不敢異言生端滋事批明再炤	頁 306	又見於逢甲大學古文書數位資料庫LZZ0981-0179-001-U
18	同治 4 年 3 月	杜賣	即日全中見親收過契字內佛面銀壹佰參拾式大元正完足再炤 一批明同治肆年十月初四日分拆鬮書式紙共貳各人各執壹紙抽出李都大契壹紙	頁 307	又見於逢甲大學古文書數位資料庫LZZ0981-0180-001-U
19	咸豐 4 年 10 月	典田	即日全中見寔收過典契字內佛面銀參佰壹拾式大員正完足再炤	頁 93	
20	同治 4 年 11 月	典厝	即日親收過典契內佛面銀壹拾伍大員正完足再炤 一批明帶菓子竹剝離杞樹水照依舊留還不能變毀批明爲炤 一批明其同治五年拾月初十日借出佛銀壹大元明約全年加三行利愿帖存炤	頁 202	
21	同治 4 年 12 月	杜賣	即日全中見收過盡根契內田價契壹佰陸拾大員正完足再炤 再批明此田鬮書帶連別業難以開拆批明再炤 批明明治三十五年三月此契內分拆田園大小坎陸坵係簡阿懇掌管該業批炤 批明明治三十五年三月此契內分拆田園大小坵陸坵係潘全江掌管該業批炤	頁 302	又見於逢甲大學古文書數位資料庫LZZ0981-0037-001-U
22	同治 9 年 12 月	杜賣	即日全中見寔收過杜賣盡根契字內銀壹拾式大員正完足再炤	頁 251	
23	同治 10 年 12 月	典旱田	即日全中見親收過典契字佛面銀柒拾大員正完足再炤 一批明其上手番契失落一紙批明	頁 203	

序號	年代	契約種類	詞條	頁碼	備註
			再烋 又批明其上手完單無帶批明再烋		
24	同治 11 年 1 月	轉典	即日全中憲收過契內佛銀玖拾大員正平重陸拾□兩完足再烋	頁 310	又見於逢甲大學古文書數位資料庫 LZZ0981-0007-001-U
25	同治 11 年 10 月	杜賣	即日實收過契內佛銀壹佰伍拾大員足訖再烋 批明契字添得字壹字又烋	頁 312	又見於逢甲大學古文書數位資料庫 LZZ0981-0008-001-U
26	同治 12 年 2 月	杜賣	即日全中見收過契字內佛銀肆拾肆大員平重參拾兩零捌錢正完足再烋	頁 54	
27	同治 12 年 8 月	杜賣	即日全中見實收過杜賣盡根契字內佛銀肆拾捌大員平重參拾參兩陸錢正完足再烋	頁 52	
28	同治 12 年 10 月	杜賣	即日全中見實收過契字內佛銀壹佰肆拾大員正足訖再烋	頁 309	又見於逢甲大學古文書數位資料庫 LZZ0981-0175-001-U
29	同治 13 年 11 月	典	即日全中憲收過契內銀肆拾捌大員正完足再烋	頁 142	

附表五：光緒朝（含明治）契約批、再批表

序號	年代	契約種類	詞條	頁碼	備註
1	光緒 1 年 6 月	杜賣	即日全中見收過內銀拾肆大員正完足再烋 一批明內添字式字再烋 一親批明光緒拾一年李猛托中再向原主阿懇找出佛銀式大員銀即日交收足訖日后子孫不得言找贖生端滋事批明再烋	頁 78	
2	光緒 1 年 6 月	杜賣	即日全中實收過佛面銀肆拾柒大員年參拾式兩玖錢正完足再烋	頁 14	
3	光緒 1 年 10 月	典田	即日全中見收過典契字內佛銀式佰參拾大員平重壹佰陸拾壹兩正完足再烋	頁 314	又見於逢甲大學古文書數位資料庫

序號	年代	契約種類	詞條	頁碼	備註
			再批明契字內番租粟全年陸石再借去佛銀拾大員平重柒兩正原約全年利粟參石得番租抵利批明再炤 又再批明連典契字內典價銀貳佰肆拾大員正其日後亦欲取回原契一併清還明白完足再照 批明此田前經典與李安睢價銀貳百四拾大員至光緒拾陸年拾月間再托中簡清与更添借去柒兌銀壹佰大員正限自光緒拾柒年起至弐拾年多止限滿之日和等備契面銀贖回原契字併將添借之銀備足清還銀主不得刁難再炤 批明此田番租全年應納四參石陸斗係和自置之業至光緒拾陸年拾月間托中簡清与向李安睢借去柒兌銀貳拾大員逐年將番租四參石陸斗付銀主抵利如有不明和出首抵當日後贖田亦當備齊母銀清還再炤。 批明內番租參改四壹字再炤		LZZ0981-0006-001-U
4	光緒 2 年 1 月	賣	即日全中見親收過賣契內佛面銀壹拾肆大員正足訖再炤	頁 253	
5	光緒 3 年 8 月	杜賣	即日全中見實收過盡根田契字內銀壹佰壹拾肆大員正完足再炤	頁 13	
6	光緒 3 年 11 月	杜賣	即日全中見寔收過契字內佛面銀捌拾玖大元正完足再炤	頁 254	
7	光緒 3 年 12 月	轉典田	即日全中寔收過轉典契字內佛銀肆佰陸拾肆大員庫平參佰貳拾肆兩捌錢正完足再炤 批明內添註字壹字批炤	頁 82	
8	光緒 4 年 4 月	找洗	即日其領堂□斷找番銀參佰貳拾員連前園價捌拾員合共的銀肆佰大員平弍佰捌拾兩正足訖 一批明光緒拾年此田當作弍份均分每人各執圖書掌管批明爲炤	頁 160	
9	光緒 5 年 11 月	杜賣	即日全中實收過盡根田契字內佛銀壹佰陸拾大員正完足再炤 一批明李園才舊菓主取贖此田就依上手契面銀有加長新買主應得不干簡長活兄弟之事不拘年付舊	頁 316	又見於逢甲大學古文書數位資料庫 LZZ0981-0005-001-U

序號	年代	契約種類	詞條	頁碼	備註
			菓主取贖批明存炤		
10	光緒 5 年	佃批	即日實收過佃批字內佛銀伍大員正完足再炤 批明光緒丙子年拾壹月廿五日借去佛銀玖大員□月母親經平每員銀愿貼全年利粟弍斗伍升正批炤 批明丙丁年拾弍月初四日借出佛銀壹拾壹大員正庫平柒兩柒錢正明約每員銀愿貼全年利息粟弍斗伍升正又炤莊永之手 批明戊寅年拾弍月十四日借去佛銀參大員正每員銀全年利粟弍斗伍升正批炤	頁 205	
11	光緒 6 年 11 月	找洗	即日全中寔收過找洗字內佛銀陸大員秤肆兩弍錢正完足再炤	頁 56	
12	光緒 6 年 11 月	杜賣	即日全中見親收過盡根厝地基契字內佛銀壹拾陸大員平足重完足再炤 一批明契內添註收字交字共弍字批炤	頁 51	
13	光緒 6 年 12 月	杜賣	即日全中寔收過契字內佛銀壹佰肆拾員秤重玖拾捌兩正完足再炤	頁 318	又見於逢甲大學古文書數位資料庫 LZZ0981-0004-001-U
14	光緒 10 年 2 月	杜賣	即日全中見實收過杜賣盡根田契字□□捌佰肆拾大員正完足再炤	頁 16	
15	光緒 10 年 7 月	杜賣	即日全中實收過園契面字內佛銀肆拾大員正平足重完足再炤	頁 256	
16	光緒 10 年 10 月	歸管田契	批明契內添注壹字魁爲炤 再批明簡繼昌應得双梅公會股田半股向簡登魁收去佛銀弍拾壹大員批明再炤	頁 116	
17	光緒 10 年 10 月	杜賣	即日全中實收過盡根旱田契字內佛銀壹佰捌拾弍大員正完足再炤	頁 166	
18	光緒 10 年 11 月	找洗	即日全中實收過找洗字內佛銀捌拾伍大員正庫平伍拾玖兩伍錢正完足再炤	頁 115	
19	光緒 10 年 12 月	找洗	即日全中寔收過找洗旱田契尾字內佛銀拾大員正完足再炤	頁 165	
20	光緒 10 年	杜賣	即日全中見實收過杜賣盡根旱田契字內佛銀壹佰大員正完足再炤	頁 321	又見於逢甲大學古文書

序號	年代	契約種類	詞條	頁碼	備註
			一批明契字內再添問人式字批明再炤		數位資料庫 LZZ0981-0170-001-U
21	光緒 11 年 1 月	借銀	即日全中寔收過盡借字內佛銀式佰陸拾員秤重壹佰捌拾式兩正完足再炤 一批明番大租業主自己完納不干銀主之事批炤	頁 117	
22	光緒 11 年 2 月	歸管	即日全中實收過歸管字內佛銀柒大員平重肆兩玖錢正完足再炤 內註內一字再炤	頁 18	
23	光緒 11 年 4 月	杜賣	即日全中見實收過盡根園契字內佛銀壹佰壹拾伍大元平足重完足再炤 一批明契內園改壹字全作根字共參字再炤	頁 206	
24	光緒 11 年 10 月	典田	即日全中寔收過典字內佛銀參佰拾式員秤重式佰拾捌兩肆錢正完足再炤 一批明稅契銀若是十年限內業主支理與銀主無干日后要取贖出業其稅契銀備還銀主不得少欠或十年限外稅契銀銀主交理與業主無干批炤 批明光緒式拾年十二月登魁因乏銀費用托中向與原典主李振昌添典出柒兌銀捌拾大員正其銀即日全中收訖其田三面明約陸年爲限自乙未年春起至庚子年多成止限滿聽魁備齊添典字內併前典字內銀共參佰玖拾式大員送還如銀未齊仍舊而行二比各不得刁難批炤	頁 118	
25	光緒 12 年 10 月	杜賣	即日全中寔收過杜賣契佛銀壹仟式佰大員正完足再炤	頁 322	又見於逢甲大學古文書數位資料庫 LZZ0981-0002-001-U
26	光緒 12 年 10 月	再盡根	即日全中見再收過盡根絕契字內佛銀式拾肆大員正完足再爲炤 一批明其黃線李經李象等三人承買壹爿李爽李有治等二人承買壹爿全等因前買盡各立鬮書分折各	頁 209	

序號	年代	契約種類	詞條	頁碼	備註
			得應份各自掌管批明爲炤		
27	光緒 12 年 11 月	杜賣	即日全中憑收過杜賣字內佛銀式拾大元正完足再炤	頁 58	
28	光緒 12 年 11 月	找洗	即日全中憑收過找洗字內佛銀伍大員正完足再炤 批明字內添父字一字再炤	頁 61	
29	光緒 12 年 12 月	找洗	即日全中憑收過找洗字內佛銀式大元正完足再炤	頁 60	
30	光緒 12 年 12 月	典田	即日全中憑收過典字內佛銀捌拾式大元平伍拾柒兩四錢正完足再炤	頁 177	
31	光緒 13 年 2 月	杜賣	即日全中憑收過杜賣契內銀陸拾大員正完足再炤 批明上手大契難以分折交在六房代叔收存再炤	頁 19	
32	光緒 13 年 10 月	贌耕借字	即日全中見收過贌耕帶借字內銀壹佰貳拾大員正庫平重捌拾肆兩正交收完足再炤 一批明其併帶圖書字壹紙共式紙付執批明爲炤	頁 167	
33	光緒 13 年 10 月	杜賣	即日全中憑收過杜賣盡根田契字內佛銀式佰肆拾大元秤重壹佰陸拾捌兩正完足再炤	頁 94	
34	光緒 13 年 11 月	胎借	即日全中實收過胎借銀字內佛銀伍大員正平口完足又炤 內添註敢一字批炤	頁 324	又見於逢甲大學古文書數位資料庫 LZZ0981-0169-001-U
35	光緒 15 年 2 月	杜罵	即日全中見實收過賣字內佛銀式佰柒拾伍大員正完足再炤	頁 326	又見於逢甲大學古文書數位資料庫 LZZ0981-0001-001-U
36	光緒 15 年 4 月	賣盡根	即日全中見親收過契字內佛銀壹佰參拾大員正完足再炤 一批明李加碧出賣李添觀契李萬己留存掌管西畔弟式垾難得分拆批明再炤	頁 210	
37	光緒 15 年 9 月	杜賣契	即日全中憑收過杜賣契內銀式佰肆拾大員正完足再炤 批明字內添註父字一字再炤	頁 64	
38	光緒 15 年 11	賣	即日全中見親收過契字內佛面銀	頁 258	

序號	年代	契約種類	詞條	頁碼	備註
	月		壹佰壹拾大元平重柒拾柒兩正交收完足再炤		
39	光緒 16 年 2 月	杜賣	即日全中實收過杜賣字內銀壹佰伍拾陸員平足重完足再炤 批明內添註無字批炤 批明李盆等賣功弟阿會物業以主其一派香祀茲有阿會故兄阿來親生女子名喚初娘欲并傳香祀而厝地物業已賣於人爰請公親理斷得業者虧再向銀主安雎找出佛銀參拾大元正以爲女子傳祀之資此係兩愿各無反悔謹批契後再炤	頁 26	
40	光緒 16 年 12 月	杜賣	即日全中見實收過杜賣契字內佛銀壹佰貳拾陸大員正完足再炤	頁 180	
41	光緒 16 年 12 月	杜賣	即日全中見實收過杜賣盡根契面銀伍拾大員秤足重交收完足再炤	頁 259	
42	光緒 17 年 9 月	典田	即日全中實收過典字伍拾伍大員秤重參拾捌兩五錢正完足再炤	頁 328	又見於逢甲大學古文書數位資料庫 LZZ0981-0166-001-U
43	光緒 18 年 10 月	找洗	即日全中實收過找洗字內銀壹拾弎大員秤足重完足再炤	頁 211	
44	光緒 18 年 10 月	轉典	即日全中見收過典契字內佛銀壹佰大元庫平七十兩正完足再炤	頁 144	
45	光緒 18 年 12 月	杜賣	即日全中實收過埔園契字內銀弎佰參拾大員秤足重完足再炤	頁 260	
46	光緒 19 年 2 月	杜賣	即日金水木安等叔姪全中見親收過杜賣契內盡根價銀壹百參拾參大員正庫平足重正完訖再炤 批明此參叚水田經帳壹甲壹分伍厘壹毫領作瘠則田園其丈單黏帶別業難以分折交與洪秀忠收存再炤	頁 215	
47	光緒 19 年 5 月	典田	即日全中見親收過典契字內銀壹佰參拾大元平重玖拾壹兩正完足再炤 再批明光緒弎拾年弎月十三日母親喪費對源興號借去銀壹拾大員正批炤	頁 212	
48	光緒 19 年 10 月	添典	即日全中實收過添典契字內佛銀柒拾大元庫平肆拾玖兩正完足再	頁 141	

序號	年代	契約種類	詞條	頁碼	備註
			炤 批明改恐字壹字批明又炤		
49	光緒 19 年 11 月	典旱田	即日全中見寔收過典契字內佛銀壹佰四時伍員又當番大租銀壹拾員計共庫秤壹佰零捌兩伍錢正完足再炤 一批明內添註典字壹字批炤 一批明上手大契登載別業難以繳連再炤 一批明上手番租戳記登載別業難以分折又炤	頁 218	
50	光緒 19 年 11 月	繳典	即日全中寔收過繳典字內洋銀壹佰肆拾伍元又當番大租銀式拾元計庫平壹佰壹拾伍兩伍錢正完足再炤 一批明上手大契登載別業難以繳連再炤 一批明上手番租戳記登載別業難以分折又炤	頁 217	
51	光緒 20 年 2 月	杜賣	即日全中見親收過盡根厝地基契字內佛面銀式拾大員秤足重正交收完足再炤 一批明李厄一房係香祀無傳現□受傳過香祀日後不得再言李厄份額之事批明再炤	頁 28	
52	光緒 20 年 9 月	杜賣	即日全中收過杜賣盡根契字內佛銀壹佰柒拾伍大員庫平壹佰式拾式兩伍錢正完足再炤	頁 182	
53	光緒 20 年 12 月	杜賣	即日全中見寔收過契字內佛面銀壹佰壹拾大元正完足再炤	頁 62	
54	光緒 12 年 12 月	杜賣	即日全中見寔收過找賣盡根佛銀參拾大員庫平式拾壹兩足完足再炤	頁 181	
55	光緒 20 年	杜賣	即日全中實收過杜賣契內銀式拾玖大員連前轉典銀壹拾陸大員計共肆拾伍大員完足再炤	頁 219	
56	明治 30 年 1 月	杜賣	即日全中見實收過盡根契字內柒秤銀伍拾大元正完足再炤	頁 30	
57	明治 30 年 3 月	找洗	即日全中收過找洗字內銀式拾大元正完足再炤	頁 31	
58	明治 30 年 11 月	杜賣	即日全中實收過杜賣契字內佛銀伍佰式拾陸大元平重參佰陸拾捌	頁 184	

序號	年代	契約種類	詞條	頁碼	備註
			兩式錢正完足再炤 批明此契內舊甲數壹甲五分至光緒拾四年七月初八日報丈之字壹千壹百陸拾伍陸壹千壹百陸拾七八號下則田式甲零柒厘參毫捌絲合應批炤 一批明上手契洪寶興承買林發之田但時林壽陽為知見人是時尙未出號□昌□□時此田轉賣於李振昌堂尙留式時大元存在振昌查以抵壽陽出號之茲以倘后昌其若自理□□振昌堂宜再備出佛艮式拾大元以還昌等收入批明再炤 一批明林春陽之子林矼至本年舊曆十月十二日代押伊父為知見人花號前其昌所對之項經對抵昌堂交取清楚批明再炤		
59	明治 31 年 11 月	典旱田	即日全中見實收過典旱田契字內佛銀壹佰伍拾伍大員又當過番大租粟銀壹拾員計共壹佰陸拾伍大員庫秤壹佰拾伍兩伍錢正完足再炤 一批明上手大契登載別業難以繳連再炤 一批明上手番租戳記登載別業難以分折又炤	頁 220	
60	明治 32 年 11 月	典田	即日全中實收過典字內柒兌銀陸拾捌大員正完足再炤 一批明大契獻伻收存難與分折後日要用者不得刁難再炤	頁 66	
61	明治 32 年 11 月	杜賣	即日全中實收過杜賣字內佛銀壹佰伍拾大元平重壹佰零五兩正完足再炤 一批明內解欲字壹字批炤	頁 122	
62	明治 33 年 3 月	杜賣	即日全中實收過杜賣盡根田契字內佛銀壹佰柒拾伍大元庫平壹佰式拾式兩伍錢正完足再炤	頁 186	
63	明治 33 年 7 月	繳典田	即日全中見實收過繳典字內七兌平佛銀伍佰大元正完足再炤	頁 98	
64	明治 33 年 8 月	典田	即日全中實收過典字內柒兌銀參佰壹拾大元正完足再炤	頁 130	
65	明治 33 年 8 月	杜賣	即日全中見寔收過杜賣契內七兌	頁 152	

序號	年代	契約種類	詞條	頁碼	備註
			銀壹佰弍拾圓完足再炤 一批明丈單連在洪七之田難以分折繳連批炤		
66	明治33年	典田	即日盡典田契字內寔收過七兌銀捌拾大員正完足再炤	頁124	
67	明治34年1月	杜賣	即日全中見實收過契面銀壹佰伍拾大員秤重正完足再炤	頁32	
68	明治34年2月	找洗	即日全中見實收過找洗契字內七兌銀捌大員正完足再炤 一批明丈單併七大房鬮書交在長房孫阿正收存後日取出仝用批炤	頁224	
69	明治34年2月	杜賣	即日全中見實收過杜賣盡根旱田契字內光銀弍拾伍大員正完足再炤	頁226	
70	明治34年8月	杜賣	即日全中實收過杜賣盡根田契字內佛銀肆拾大員每員銀柒兌重正完足再炤	頁229	
71	明治34年10月	典田	即日全中見實收過典契字內銀壹佰參拾大員重玖拾壹兩正完足再炤 一批明內添糧一字添分一字添主一字合共添三字批明再炤	頁34	
72	明治34年12月	杜賣	即日全中見實收過契字內銀壹佰大員平重柒拾兩正完足再炤 批明丈單在廿九年間失落日後倘尋出仍交付買主收存批炤	頁126	
73	明治34年12月	杜賣	即日全中實收過杜賣盡根旱田契字內佛銀弍佰大員每員銀柒錢重正完足再炤 一批明其上手李鵬墾契壹帋共弍帋仍交李賊收存批明再炤	頁228	
74	明治34年12月	杜賣	即日全中寔收過杜賣盡根田契字內佛銀壹佰伍拾大員每員銀秤七錢重正完足再炤 一批明其上手小買契招耕字潘目□買契壹紙□□□洗□壹紙帳單壹紙共四紙交付洪水官兄弟收存批炤 一批明契字內添註恐字一字無字一字批炤	頁222	
75	明治34年12月	歸管	即日全中實收過歸管字內佛銀壹百弍拾大員正完足再炤	頁121	

序號	年代	契約種類	詞條	頁碼	備註
76	明治 34 年	杜賣	即日全中見實收過杜盡契內七兌銀弍佰五拾大円正完足再炤	頁 170	
77	明治 35 年 1 月	杜賣	即日收過契內銀肆佰大圓完足再炤	頁 100	
78	明治 35 年 1 月	杜賣	即日全中寔收過杜賣盡根田契字內佛銀弍拾大員正每員銀庫秤柒錢重正完足再炤 批明契內全年配納番業主大租粟壹斗弍升正批炤	頁 232	
79	明治 35 年 1 月	杜賣	即日全中見實收過杜賣契字內銀肆佰伍拾弍員秤重參佰壹拾陸兩肆錢正完足再炤 一再批明抽起祖坟風水二穴倘日后尅起不得再葬批明再炤	頁 128	
80	明治 35 年 1 月	杜賣	即日收過契內銀玖拾壹大圓完足再炤 一批契內改托壹字批炤	頁 129	
81	明治 35 年 2 月	杜賣	即日全中實收過盡跟田契字內佛銀伍拾大員每員銀柒錢重正完足再炤 一批明其上手契卷丈單以及自己闔書難以分折交在胞兄石居收存批明又炤	頁 169	
82	明治 35 年 2 月	杜賣	即日全中見實收過杜賣盡根田契字內七兌銀伍佰壹拾大員正完足再炤 一批明第二行添註界址弍字爲炤	頁 87	
83	明治 35 年 2 月	杜賣	即日全中見寔收過杜賣盡根田契字內銀五佰壹拾大円正完足再炤	頁 84	
84	明治 35 年 3 月	杜賣	即日全中見實收過杜賣契字內柒兌秤銀伍拾円正足訖再炤	頁 76	
85	明治 35 年 4 月	找洗	即日全中實收過盡根找洗字內佛銀陸拾大員正完足再炤	頁 188	
86	明治 35 年 4 月	杜賣	即日全中見親收過盡根契字內銀弍拾參員秤足重正完足再炤	頁 230	
87	明治 35 年 8 月	收工本銀字	即日全中實收過工本銀字內光銀玖拾大員正完足再炤	頁 231	
88	明治 35 年 9 月	杜賣	即日全中親收過盡根字內銀五拾大員連前典價銀壹百大員合共壹百五拾大員再炤 再批明字內點明字壹字註址字壹	頁 146	

序號	年代	契約種類	詞條	頁碼	備註
			字再炤		
89	明治 35 年 12 月	杜賣	即日全中見實收過契字銀壹佰式拾員七兌正完足再炤	頁 36	
90	明治 35 年 12 月	典田	即日全中見寔收過典田字內七兌銀參佰大員正完足再炤	頁 101	
91	明治 35 年 12 月	典田	即日全中見寔收過典田契字內七兌銀捌佰大員正完足再炤	頁 86	
92	明治 37 年 2 月 1 日	杜賣	即日全中實收過契字內金八拾五円參拾錢完足再炤	頁 148	
93	明治 37 年 2 月 13 日	杜賣	即日全中見寔收過契字內佛銀參佰式拾柒員正完足再炤 一批明內註□甲式字批炤	頁 38	
94	明治 37 年 2 月 13 日	杜賣	即日全中見寔收過契字內佛銀捌佰柒拾參員正完足再炤 一批明內註消。匣。絲四字炤	頁 88	
95	明治 37 年 12 月	杜賣	即日收過盡契字內銀伍佰陸拾伍大圓完足再炤 一批明契字內四拾參字註銷批明再炤	頁 102	

一甲子的接力－南投縣志纂修始末

摘要

南投縣修縣志的工作持續近 60 年，真是一場長時間的賽跑。

有縣文獻委員會的時期，人少錢少，幸而有劉枝萬先生，寫了不少縣志稿。雖縣志未完成，卻爲後來奠定良好的基石。

林源朗、林宗男、李朝卿是三位有遠見的縣長，在他們任內啓動修志或繼續前人的修志工作，黃耀能教授是跑第一棒的人，筆者接了第二棒，大家努力跑，使這個賽跑終於看到終點。

機關首長，是該機關或該轄區的志書能否修成的最重要因素，南投縣志 60 年的修志歷程給了我們最好的見證。

關鍵字：南投縣志、劉枝萬、林源朗、林宗男、李朝卿、黃耀能

一、前言

南投縣於民國三十九年（一九五〇）建縣，迄今五十八年還未完成一部完整的縣志。比起有縣志的縣分，南投人不免感到遺憾。

南投縣不是一直不修縣志，早在民國四十一年（一九五二）七月一日成立南投縣文獻委員會後即以編纂縣志爲該會之中心任務。並有若干成績。惜未完成。

民國七十年（一九八一）吳敦義當選南投縣民選第九屆縣長，七十一年聘請東海大學歷史系教授張勝彥，撰寫《南投開拓史》。

民國七十八年（一九八九）林源朗當選第十屆南投縣長，積極進行纂修縣志工作。先請台灣史地專家洪敏麟規畫，因故中斷後改聘成功大學歷史系教授黃耀能擔任總纂增訂凡例綱目，並邀請專家學者撰稿。計畫進行至民國八十六年（一九九七）任期屆滿，尚未完成。續任縣長彭百顯，不知何故，不願繼續修志工作，致修志事業中斷。彭氏一任屆滿，林宗男當選第十二屆縣長，在任期末積極推動完成縣志修纂工作，惜連任失敗。民國九十四年（二〇〇五），李朝卿當選第十三屆南投縣長，持續進行前任縣長林宗男啓動的完成修志計畫。正好文化局長陳振盛有其教育界人脈，改組編纂委員會，積極進行，至今已接近完工的階段。

總結前述，南投縣志的修纂，大致可分爲兩階段，第一階段的是四十一年南投文獻委員會成立至民國七十八年吳敦義任期結束，計三十八年。第二階段是民國七十八年林源朗當選縣長後正式啓動修志工作，以迄於今，計二十年。爲更明確每一階段之情況，又可再細分，第一階段中可分南投縣文獻委員會負責修志時期，即民國四十一年至民國六十一年爲文獻委員會遭到裁撤爲一期；六十一年以後由民政局文獻課承辦後爲一期。第二階段也可分二期，即林源朗縣長到彭百顯爲一期，林宗男縣長到李朝卿爲一期。以下將以第一階段、第二階段加以敘述。敘述始末之後，其利弊得失、功勞罪過也可明白。

二、第一階段的修志經過與成績

民國四十一年七月一日，南投縣文獻委員會成立。同年十二月編印「南投縣文獻資料徵集辦法彙編」，內載南投縣志之「凡例」、「綱目」及南投縣文獻委員會之「工作計畫」、「資料徵集辦法」、「縣志編纂辦法」、「設立文獻工作站辦法」、「徵稿辦法」、「徵集資料明細表」等，分送有關機關，請求協助；至於各鄉鎮設文獻工作站。[1] 當時仿「台灣省通志假定綱目」所定之「綱目」如下：

卷首：序、凡例、綱目、史略
卷一：地理志—地形、地質、氣候、災害、勝跡、地名
卷二：政事志—行政、建設、交通、財政、地政、合作、衛生、社會、保安、政黨
卷三：住民志—人種、人口、出生與死亡、年齡、職業、氏族
卷四：風俗志—宗教、禮俗
卷五：教育志—清治、日據、現在
卷六：產業志—綜說、農業、林業、工業、商業、金融、特產
卷七：人物志—綜說、名宦鄉賢、忠烈節孝、學藝流寓、開拓、外人、表
卷八：同冑志—綜說、泰雅族、布農族、曹族、平埔族
卷九：革命志—拒清、抗日
卷尾：圖、表、年表、索引

此一「綱目」係當時任組員的劉枝萬所訂。[2]

南投縣文獻委員會成立時之組織，有主任委員、副主任委員、組長、組員、雇員。從名單看起來，主任委員是縣長，副主任委員是縣議會議長，其他委員則是縣政府主任秘書、秘書、民政局長、財政科長、教育科長、主計室主任、縣防護分會秘書，及初中校長。其名單如下：

---

[1] 高志彬，〈民國南投縣志稿〉，載國立中央圖書館台灣分館編印《台灣文獻書目解題》第一種方志類（二），1988 年 6 月，頁 267-294；李西勳，《南投縣志卷六文化志·文化事業篇》，（南投：南投縣政府，2002 年 8 月），頁 109-113。

[2] 97 年 2 月 23 日及 3 月 16 日電話訪問劉枝萬先生。

表一　南投縣文獻委員會成立時委員職位一覽表

職別	姓名	簡歷
主任委員	李國楨	縣長
副主委	蔡鐵龍	縣議長
委員	楊昭璧	縣議會副議長
委員	林揚彥	政府主任秘書
委員	賴傅貞	縣政府秘書
委員	歐樹文	縣政府民政局長
委員	伍曰藹	縣政府財政科長
委員	項榮彥	縣政府秘書代教育科長
委員	黃銅鐘	縣政府主計室主任
委員	林雲書	南投縣防護分會秘書
委員	李禛祥	南投縣立草屯初級中學校長
組長	許以仁	
組員	劉枝萬	
雇員	簡錦銘	

資料來源：李西勳，《南投縣志卷六文化志・文化事業篇》，頁 110-111。

　　從名單及學歷，可知委員是縣政府縣議會首長，以職務關係屬當然委員，真正辦事的是組長、組員、雇員三個人。編制如此簡單，一年經費只有五萬元，[3]能做的事自然不會太多，雖然以編纂縣志為中心任務，自然不可能在短時間內完成，而且從後來出版的《南投文獻叢稿》看，能寫正式志稿的只有劉枝萬一人，其他都是劉枝萬找來寫志的會外專家學者。所以到民國四十七年六月劉枝萬辭職，轉任省文獻委員會採集組長後，[4]便無真正修志人才。民國六十一年縣文獻委員會裁撤後，[5]尤為遜色。

　　南投文獻叢輯的纂修，由劉枝萬及會外專家，如林朝棨、王洪文、梁潤生、劉棠瑞等纂稿，限於經費採隨成隨印方式，以不定期排印，其

---

[3]　同註 2。

[4]　鄧憲卿，《臺灣省文獻委員會志》，（南投：臺灣省文獻委員會，1998 年 12 月），頁 542。

[5]　縣市委員會是民國 41 年 1 月內政部函轉臺灣省政府轉飭積極設立以纂修地方志書，目的是「以弘揚國家意識，發揚民族精神」，到民國 61 年在精簡政策之下，奉省政府指令，將業務及人員移撥民政局接管，並於民國 62 年 6 月正式將人員歸併於民政局設文獻課辦理，民國 71 年再將該課改為禮頒文獻課，以致文獻業務更形萎縮，幾至停頓狀態。見鄧憲卿，《臺灣省文獻委員會志》，頁 27-38、394；又參考黃秀政，〈戰後台灣方志的纂修〉載氏著《台灣史志新論》（台北：五南圖書出版公司，2007 年 9 月），頁 443-505。

第一輯也是《台灣風物》月刊第四與第六、七期，是由南投文獻委員會和台灣風物雜誌社合印（如附件一）全書 86 頁，出版時間是民國四十三年六月三十日，第二輯也是和台灣風物雜誌社合印，但未標台灣風物的卷期，全書 206 頁，四十二年十二月三十一日出版。二期出版時間有誤。第三輯由南投縣文獻委員會發行，出版時間是四十五年三月一日。為什麼和《台灣風物社》合印？為什麼第二輯在第一輯之前出版？經請教劉枝萬先生才知道，與《台灣風物社》合作和經費及「新南投雜誌社」有關。而出版年份顛倒，那是排印錯誤。

　　一、二輯未有志稿，到第三輯《南投縣生物志植物篇》由劉棠瑞、劉枝萬纂修，才是第一冊縣志。第二十七輯以後，未有志稿之刊載。茲將第二十六輯出版時間、篇名、作者、頁數列如下。

表二　南投文獻叢輯第 1～26 輯一覽表

輯別	名稱	作者	出版時間	頁數
第一輯	南投縣地名考		民國四十二年	148
第二輯	南投縣行政區域的變革、南投縣名勝古蹟	許以仁	民國四十三年十二月	214
第三輯	植物篇稿	劉枝萬、劉棠瑞	民國四十五年三月	248
第四輯	南投的史前文化	劉枝萬、石璋如	民國四十五年六月	150
第五輯	日月潭考古報告	劉枝萬、劉斌雄	民國四十六年三月	109
第六輯	開發篇稿	劉枝萬	民國四十七年一月	326
第七輯	革命志稿	劉枝萬	民國四十八年六月	356
第八輯	教育志稿	劉枝萬	民國四十九年六月	340
第九輯	宗教篇稿	劉枝萬	民國五十年六月	297
第十輯	人物志稿	劉枝萬	民國五十一年六月	102
第十一輯	林業篇稿	郭寶章	民國五十二年六月	229
第十二輯	地形篇稿、地質篇稿	林朝棨	民國五十三年六月	280
第十三輯	南投縣政	許以仁	民國五十四年六月	428
第十四輯	動物篇稿；土壤篇稿	梁潤生；陳春泉	民國五十五年十二月	126
第十五輯	氣候篇稿	王洪文	民國五十六年十二月	190

第十六輯	南投縣土著族	衛惠林、邱其謙	民國五十七年十二月	200
第十七輯	農業篇稿	王洪文、王蜀璋	民國五十九年一月	222
第十八輯	日月潭邵族、縣政概況	陳奇祿	民國六十年一月	108
第十九輯	南投縣婚喪禮俗、縣政概況	洪秀桂	民國六十一年一月	184
第二十輯	礦業篇稿、縣政概況	王洪文	民國六十二年一月	132
第二十一輯	平埔族篇（一）、雜文	洪敏麟	民國六十四年二月	194
第二十二輯	平埔族篇（二）、農會概況	洪敏麟	民國六十五年六月	173
第二十三輯	平埔族篇（三）、雜文	洪敏麟	民國六十六年四月	163
第二十四輯	雜文		民國六十七年六月	190
第二十五輯	文學篇稿、雜文	林文龍	民國六十八年六月	230
第二十六輯	南投縣各鄉鎮沿革		民國六十九年七月	126

　　民國七十二年，台北成文出版社輯印台灣方志時，就《南投文獻叢輯》第一至第二十六輯所收志稿，依照原訂「綱目」排比，分為十一卷，未標「志稿」之雜文與論述，則按性質分附於相關志篇，名《南投縣志稿》，[6]列其篇目如後：

卷一：沿革志
　　開發篇—序論、高山族之佔據、埔眉番之遞嬗、平埔族之播遷、漢人之移住、
　　　　　　水沙連之處理、開山撫番　　　　　　　　劉枝萬　　（第六輯）
　　沿　　革—南投縣行政區域之沿革　　　　　　　許以仁　　（第二輯）
　　　　　　　南投縣各鄉鎮之沿革　　　　　　　　　　　　　（第二十六輯）
　　史前考古—南投縣考古誌要　　　　　　　　　　劉枝萬　　（第四輯）
　　　　　　　南投的史前文化　　　　　　　　　　石璋如　　（第四輯）
　　　　　　　南投縣濁水溪南岸社寮臺地史前遺址　劉枝萬　　（第四輯）
　　　　　　　洞角遺址發掘簡報　　　　　　　　　劉斌雄　（第二十八輯）
　　　　　　　日月潭考古報告　　　　　　劉斌雄、劉枝萬　　（第五輯）
卷一：地理志
　　地形篇—緒論、中央板岩山地、西部衝上斷層山地、台地平原、河谷

6　參見劉枝萬主修，《南投縣志稿》11 卷（台北：成文出版社，1983 年）；高志彬，〈民國
　　南投縣志稿〉。

地質篇—緒論、地層、地質構造、地史　　　　　林朝棨　　　（第十二輯）
　　　　　　　　　　　　　　　　　　　　　林朝棨　　　（第十二輯）
氣候篇—總論、氣候因子、氣候特徵與氣候區、氣候對農業影響
　　　　　　　　　　　　　　　　　　　　　王洪文　　　（第十五輯）
土壤篇—土壤之形成與分布、土地等級與利用　　陳春泉　　　（第十五輯）
勝蹟—南投縣名勝古蹟　　　　　　　　　　　　劉枝萬　　　（第二輯）
地名—南投縣地名考　　　　　　　　　　　　　劉枝萬　　（第一、二輯）
附：南投縣之人文景觀　　　　　　　　　　　　劉枝萬　　　（第二輯）
卷三：生物志
動物篇—哺乳類、鳥類、爬蟲類、兩生類、魚類、昆蟲類、其他
　　　　　　　　　　　　　　　　　　　　　梁潤生　　　（第十四輯）
植物篇—分布、高山植物、珍奇植物、重要樹木、經濟植物、藥用植物、植物
　　　　目錄　　　　　　　　　　　　劉棠瑞、劉枝萬　　　（第三輯）
卷四：政　事—南投縣政　　　　　　　　　　　許以仁　　　（第十三輯）
總論篇—自然環境、人口
自治組織篇—組織、編制、人事動態
一般行政篇—業務、業務檢查
民政篇—自治行政、戶籍行政、社會行政、山地行政、合作行政
役政篇—編練、征集、勤務、管理
地政篇—地籍整理、平均地權、三七五減租、耕者有其田、公地放領、農地重
　　　　劃、民生實驗
財政主計篇—財政、主計
經濟建設篇—農業水產、畜牧、農業輔導、林業、工商、水利建設、土木建設
教育文化篇—中等教育、國民教育、社會教育、文化事業
警政篇—組織、行政業務、戶口業務、消防業務、天然災害搶救、刑事業務、
　　　　總務
稅務篇—組織、稅區劃分、業務劃分、鄉鎮協辦稅政、稅源、查征、災害影響
　　　　稅收、稅務服務
衛生篇—組織、衛生行政、醫藥管理、防疫、婦幼衛生、環境衛生
民防篇—民防訓練、防空情報、空襲防護
附：南投縣地方自治　　　　　　　　　　　　　許以仁　　　（第四輯）
卷五：住民志—南投縣土著
總　說—自然區域與土著諸族的移住歷史、人口、社會組織、文化型態
　　　　　　　　　　　　　　　　　　　　　衛惠林　　　（第十六輯）
泰雅族—綜說、物質文化、親族組織、部落制度、生命禮俗、歲時祭儀
　　　　　　　　　　　　　　　　　　　　　衛惠林　　　（第十六輯）
曹　族—綜說、物質文化、社會組織　　　　　　衛惠林　　　（第十六輯）
布農族—綜說、歷史、人口、家族與親屬行為、氏族組織、婚喪禮俗、宗教、
　　　　巫術、財產制度、經濟生活、法律、戰爭　丘其謙　　（第十六輯）
日月潭邵族—概述、物質文化、親屬組織、部落制度、宗教信仰
　　　　　　　　　　　　　　　　　　　　　陳奇祿　　　（第十八輯）
平埔族—平埔族入埔前後之聚落、清代平埔族及漢族入墾水沙連的路線、中部
　　　　地區
　　　　平埔族人口之變遷、社會與家庭制度、藝術與娛樂、生活方式、固有

物質文化、宗教習俗、傳說與語言　洪敏麟　（第二十一～二十三輯）
卷六：風俗志
　　宗教篇—緒論、道教、佛教、民間信仰、儒教的祠堂、基督教、日人的宗教、
　　　　　　南投縣現存寺廟教堂一覽表　　　　　劉枝萬　　（第九輯）
　　禮　　俗—南投縣婚喪禮俗　　　　　　　　　洪秀桂　　（第十九輯）
卷七：教育志　　　　　　　　　　　　　　　　　劉枝萬　　（第八輯）
　　清代的教育篇—漢人教育、土番教育
　　日據時期之教育篇—初等教育、社會教育、山地教育、其他教育
　　光復後之教育篇—初等教育、中等教育、社會教育
卷八：產業志
　　林業篇—林務局所有林、大學實驗林、台灣林業試驗所有林、公私有林
　　　　　　　　　　　　　　　　　　　　　　　郭寶章　　（第十一輯）
　　農業篇—南投縣農業(影響農業發展之自然因素與人文因素、農業概況、主要
　　　　　　農產、本縣農業之將來)　　王洪文、王蜀璋　（第十七輯）
　　礦業篇—概述、礦產個論、結論　　　　　　　王洪文　　（第二十輯）
卷九：人物志—拓墾、良吏、先烈、武功、節孝、鄉賢、其他(教育、宗教、義民、
　　　　　　　勇士、土壩)　　　　　　　　　　劉枝萬　　（第十輯）
卷十：學藝志
　　文學篇—文、詩、小說、歌謠
　　文　　獻—南投縣修志始末　　　　　　　　　劉枝萬　　（第二輯）
　　　　　　雲林縣採訪冊(倪贊元)　　　　　　　　　　　　（第二輯）
　　　　　　埔里社地方誌(伊能嘉矩)　　　　　　劉枝萬譯　（第一輯）
　　　　　　林圯埔地方誌(伊能嘉矩)　　　　　　劉枝萬譯　（第二輯）
　　　　　　化番六社志(黃玉振)　　　　　　　　劉枝萬譯　（第一輯）
　　　　　　蠻煙瘴雨日誌(金村平藏)　　　　　　劉枝萬譯　（第一輯）
　　　　　　番境探險譚(長野義虎)　　　　　　　劉枝萬　　（第七輯）
卷十一：革命志
　　拒清篇—林爽文之亂、張丙之亂、戴萬生之亂、清末小亂
　　臺人之抗日篇—武力抗拒、社會運動
　　高山族之抗日篇—理番概況、霧社事件

　　上列已成志稿，與原志「綱目」比較，並不相符，而有多有少，並
有完成，有未完成。如沿革志、生物志、學藝志為原門目所無；如開發
篇、土壤篇、選舉篇、日月潭邵族篇，為原篇目所無。而教育志、人物
志、同胄（住民）志、革命志已完成；此縣志，風俗志、產業志尚缺若
干篇；政事志與原訂住民志尚無成稿。

　　唯此志稿，因為撰稿人或為台灣大學教授，或為各學門之專家，論
者許為光復後所修縣志中「精審之作」，推此志資料引錄豐富，纂述體
例精當。對任職過文獻委員會主筆者的劉枝萬尤其推崇備至，稱其文獻
之搜訪、地下遺物之挖掘、人物之探訪、史事之採輯、宗教之研究，皆

有可觀之成果，所撰志稿，「不僅內容詳富，體例亦頗精審」。[7]

三、第二階段的修志經過與成績

自上節所述，知道南投縣志稿自四十一年開始纂修迄六十九年並未完成，而其時間前後相距已近三十年，且各篇之體例各有差異，內容詳略亦有不同。有心人士咸以為亟應纂修一完整之縣志，俾將過去歷史完整記述，以垂後世，於縣境治理、教育均有裨益。

吳敦義縣長，台灣大學歷史系畢業，知道歷史記述之重要，又以南投縣之歷史，「尚無一部能貫串古今以闡述此一開拓歷程，俾使縣民緬懷先民墾拓斯土之艱辛，發揚先民之拓荒精神的史書。」[8]乃決定委請學者纂修《南投開拓史》。民國七十一年，遂請台大歷史研究所所長王曾才教授推薦人選。王教授推薦當時任教於東海大學的張勝彥教授，張教授於同年十一月應聘，一年半完成，於七十三年十月二十一日出版，全書600頁，分五篇二十六章，第一篇自然環境、第二篇黎明時代、第三篇清朝時代、第四篇日據時代、第五篇現代－光復後。正如張教授所言：「將全書依年代順序分為五篇，就各時代之政治、經濟、文化分成二十八章加以敘述，期能盡量彰顯本縣開拓史之全貌。」[9]

《南投開拓史》全書近五十萬字，對南投縣有簡明扼要的記敘，要知道詳細的南投史事，還有待縣志的修纂，何況其他縣志陸續出版，讓南投人不免感到應該急起直追。在各方的推動下，才有林源朗縣長的500萬字縣志的計畫，林源朗重啟另一階段的修志。這一階段，又可分為二期，即林源朗啟動，而八年任滿卸任，彭百顯縣長上任後不願編列預算，繼續完成的十二年為上期；林宗男縣長第一任末期啟動後，連任落選，李朝卿當選縣長，繼續推動，到今天接近完成的八年為下期。以下分別記述之。

---

[7] 參見高志彬，〈民國南投縣志稿〉。
[8] 張勝彥，《南投開拓史》後記，（南投：南投縣政府，1984年10月），頁598。
[9] 同註8。

（一）第二階段上期的修志經過與成績

　　第二階段上期的主持人先是史地專家洪敏麟教授，他訂有凡例綱目，並聘為總編纂，但以財政困難，不久停頓。這是七十八年到七十九年的事。八十二年夏，林縣長第一任屆滿前，編三百萬元預算，指示民政局重新規畫修志。而黃耀能教授正好即將完成《續修高雄市志》的工作，所以在八十三年三月接下南投縣志的總纂，也訂了「南投縣縣志編纂計畫」，所以筆者於八十三年三月十五日接到南投縣政府的函稿，「特敦聘台端為南投縣縣志編纂委員會委員」（附件二），此時期修志的前置作業全由黃教授和民政局在作找撰稿人和簽約的工作。筆者也在八十三年十一月十七日簽了「南投縣政府委託撰述『南投縣志社會志氏族篇』稿合約書」，甲方是縣長林源朗，乙方是筆者，丙方是連帶保證人黃耀能。到八十四年二月簽約告一段落，縣政府函送一份「南投縣縣志編纂委員會各組人員執掌表」，從表中可知分編纂組、資料組、總務組，各組有一組長，一組員。編纂組組長是黃耀能教授，其他則是民政局專員及禮俗文化課的課長課員。而簡麗容小姐身兼編纂組和總務組的組員，所以她後來縣志業務轉交文化中心以後，她也被調到文化中心，負責縣志業務，她和縣志之關係十分密切。另外也送到一份「南投縣志撰稿人員名冊，計二十五人。名冊分五欄，姓名、撰述縣志篇、電話、住址、交稿日期。此二份表冊目的正如函文所言「以資業務聯繫之用」。這時的撰稿人和撰述篇目如下：

表三　84年南投縣志撰稿人員表

姓名	撰述縣志篇	姓名	撰述縣志篇
黃炫星	社會志—同胄篇	吳華封	卷首史略
林文龍	人物志—闓得篇、宦績篇	林金田	文化志—勝績篇
葉學文	自然志—地質篇、礦物篇	鄭喜夫	經濟志—商業篇
李西勳	文化志—文化事業篇	張秋吟	經濟志—公用事業篇
林政亨	經濟志—林業篇	江永榮	經濟志—公用事業自來水
紀俊臣	政事篇—自治篇	洪敏麟	自然志—地理篇
林美容	社會志—氏族篇、社會組織篇	羅啟宏	社會志—人口篇
陳哲三	社會志—氏族篇	陳清金	經濟志—交通篇
張永楨	社會志—風俗篇	儲榮昌	政事志—役政篇

廖光正	自然志－博物篇（動）	張瑞卿	社會志－社會組織篇
彭仁傑	自然志－博物篇（植）	籃文德	經濟志－工業篇
簡榮聰	文化志－文獻篇	張秋源	政事志－司法篇
康世統	社會志－語言篇		

　　列出此名單是要與後面再出現的名單對照，才知道中間又有變化，如紀俊臣、廖光正、康世統、吳華封、洪敏麟、籃文德、張秋源等七人都未撰稿，總人數 25 人，占百分之二十八，才能知道找人寫志之難。期中交稿日期最快的是八十四年十二月，最慢的是八十五年九月。人都找好，約都簽，而且也簽了交稿日期，但凡例綱目卻到八十四年七月中旬才送到。洪敏麟總纂曾於七十八年訂凡例十條，綱目分九卷五十一篇。黃耀能教授接任後，增訂為凡例十三條，綱目九卷四十四篇，凡五百萬字。

　　因為綱目為第二階段所遵循，是八十三年到今天十幾年修南投縣志的準則，所以不厭其多，全文照錄。

　　凡例十三條，如下：

南投縣志凡例

一、本縣位於台灣正中央，是全省唯一不濱海的限份，境內群山環繞，河川曲折蜿蜒，資源豐富，氣候溫和，民風淳厚，人文蔚起。惟自民國三十九年建縣以來，已逾四十載，尚未纂修專志。謹遵內政部七十二年臺內民字第一五三二三五號令頒地方志纂修辦法，縣志十年一修之規定，創修縣志，曰南投縣志。

二、本縣自建縣後，隨之省政府喬遷中興新村，各方面之發展迅速，已成為國內重要政經中心。本志斷代，上起明鄭在此之前酌情追述，下起民國八十二年底，逾此者，則容後續修。

三、本志旨在以南投縣行政區域為範圍，明確記述各項史事及發展歷程，是政書，是地方史乘，提供參閱與研究之用。

四、本志為志七，並卷首、卷尾，凡九卷。卷首上含序、凡例、總綱目、輿圖、中曰史略，下曰大記事。卷一曰自然志，分地理、氣候、博物等三篇。卷二曰住民志，分人口、氏族、

語言、宗教、風俗、先住民等六篇。卷三曰政事志，分行政、自治、選舉、戶政、財政、役政、地政、建設、社會組織、社會福利、衛生、司法、警政等十三篇。卷四曰經濟志，分農業、水利、林業、水產、畜產、工業、交通、商業、金融、公用事業等十篇。卷五曰教育志，分學校教育、社會教育、學校等三篇。卷六曰文化志，分文化事業、藝文、文獻、勝蹟等四篇。卷七曰人物志，分宦績、賢德、職官名錄等三篇。

五、本志以志統篇，分門別類。篇為獨立單元，視史事列章次，章下分節再定項、目，以區別內容範圍。

六、索引。分為人名、地名兩部分，其編排以名詞首字筆畫少多，在辨字形起筆之點、橫、直、撇（永字筆法）為順序排列，首字相同，比較第二字，三字以上，依此類推。

七、本志記時，悉用我國正朔，為明崇禎以後，仍用南明年號，直至鄭氏降清始改用清代紀元，月日前書明夏曆或陽曆，均括註西元，必要時並註日本紀元。

八、行文均照慣例自上往下，自右至左、圖、表、照片隨附文內。統計圖表，得用阿拉伯數字，由左而右繪製。

九、外國人名、地名、書名，加括弧以外文原名，重出時省略外文，並得用簡稱。

十、譯註國文以外的字音，以採用國語注音符號為主。

十一、本志採用敘述文體，不作教學課程式，學術論文式之討論，評議。務求平實流暢，簡明易曉。並加標點，限用下列標點符號：「、，；：。（）「」『』」，以資統一。（不用問號？及感歎號！）

十二、本志分篇編纂，邀聘專家學者為分纂，主持各該篇編纂事宜。各篇中之章、節、項、目，另約請撰述者，亦於文末標明其姓名，用志不忘。

十三、記述史事，其必要援引之人名、書名者，逐行記入文中或文後為註；至為重要之著作，列入文獻篇。

綱目除卷首卷尾外，又分七卷，詳如下：

南投縣志綱目

卷首上
序、凡例、綱目

卷首中
史略

卷首下
大記事。循舊例及部頒修志辦法規定，採編年體，提契綱領。

卷　一　自然志
地理篇。敘述境域沿革、地形、水文、地質、自然災害，用以瞭解人文自然環境。
氣候篇。分氣候概況，氣候因子：溫度、降雨、風、東南氣團，氣候特徵等敘述
　　　　之，間以圖表顯示。
博物篇。依照動物、植物、礦物為序。分項別目，介紹本縣之自然生態。

卷　二　住民志
人口篇。敘述明清時代、日據時代、光復初期之人口、建縣以後之人口、人口分
　　　　布與變遷、人口統計。
氏族篇。敘述各氏族概況、姓名源流與分布、宗祠、宗親會。
語言篇。敘述南投的語言源流、閩南語之音韻結構、客家語之音韻結構、原住民
　　　　語言之特性、分類與音韻特點。
宗教篇。分宗教的意義與組織、傳統民間信仰、神明、道教、佛教、天主教、基
　　　　督教、回教、理教、軒轅教、天理教、大同教、天帝教、天德教、一貫
　　　　道等敘述之。
風俗篇。敘述生活習慣、歲時節令、生育與壽辰、婚嫁、喪葬、家庭組織、民間
　　　　習俗與社會習俗、娛樂、祭祀。
先住民篇。敘述先住民的族群分佈、泰雅族、布農族、邵族、曹族等。

卷　三　政事志
行政篇。敘述建置、行政區域(包括廳、縣、堡、庄街)之沿革，行政組織(包括行
　　　　政機關、行政首長、訴願委員會)。人事行政、主計行政。
自治篇。敘述明清時代之鄉治、日據時期之偽裝自治、光復以後之自治籌辦與實
　　　　施、民意機關等。
選舉篇。日據時期之地方選舉篇。敘述市會議員之選舉、街庄協議會員之選舉、
　　　　州會議員之選舉。
　　　　光復後之選舉篇。敘述中央公職人員選舉、地方公職人員選舉。
戶政篇。敘述清代以前之戶政、日據時期之戶政制度、光復以後之戶政。
財政篇。敘述行政、歲入歲出、租稅、公有財產管理。
役政篇。敘述明鄭時期之役政、清代之役政、日據時期之役政、光復以後之役政。
地政篇。敘述明清時代、日據時期之地政概況、光復以後之地政(包括地政機關、
　　　　規定地價、地籍管理、地權管理、土地利用(包括土地重劃、都市計劃、

分區規劃)、農市地改革(包括減租、放領、都市平均地權))。

建設篇。敘述明清時代、日據時期之建設概況、工務局組織編制、建築管理、都市計劃修訂、公共工程設施、公共事業、工業區設置。

社會組織篇。敘述人民團體主管機關、人民團體輔導、人民團體組織(包括工業、商業、自由職業、工人、農民、社會等團體及黨團)。

社會福利篇。敘述社會救助、勞工福利、兒童福利、老人福利、殘障福利、國民職業輔導及訓練、社區發展。

衛生篇。敘述衛生行政、醫療設施、防治設施及保健、環境衛生及保護、工業衛生。

司法篇。敘述司法機關、司法審判、調解委員會。

警政篇。敘述警察、堡安、民防、消防。

卷　四　經濟志

農業篇。敘述農業環境、糧食作物、經濟作物、園藝作物、土地改良與肥料。

水利篇。敘述水利機構(包括水利組織之沿革)、水利建設與灌溉、防洪。

林業篇。敘述林務機關、自然林、造林、保林、伐木製材。

水產篇。敘述漁業、養殖業。

畜產業。敘述家畜、家禽飼料、家畜與家禽衛生。

工業篇。敘述電力、機械工業、化學工業、輕工業、食品加工業、手工業。

交通篇。敘述公路(包括產業道路)客貨運輸業、鐵路(包括輕便車、小型鐵路)、郵政、電信、觀光。

商業篇。敘述商業行政、一般行政、商業組織、市集交易、國內貿易、進出口交易。

金融篇。敘述銀行、信用合作社及農會信用部、合會儲蓄、當舖、其他金融機構。

公用事業篇。敘述自來水、瓦斯、市場。

卷　五　教育志

學校教育篇。敘述明清時代之教育、日據時期之教育、光復以後之教育(包括教育行政、幼稚教育、初等教育、中等教育、職業教育、高等教育、特殊教育、軍訓教育、學校體育)。

社會教育篇。敘述清代社會教育、日據時期社會教育措施、光復以後之社會教育(包括國語推行運動、縣立社會教育機構、省立社會教育機構、補習教育、社會體育)。

學校篇。敘述小學、中等學校、專科學校、大專、特殊教育學校。

卷　六　文化志

文化事業篇。敘述清代之文化事業、日據時期之文化事業、光復以後之文化事業(包括出版事業、新聞事業、廣播事業、電影事業)。

藝文篇。敘述文學:傳統文學(詩、文、聯)、現代文學。藝術:傳統藝術(包括美術、曲藝)、現代藝術(包括美術、演藝)。

文獻篇:敘述文獻目錄、檔案、方志、文牘、期刊、公報、論者、介紹其有關本縣而足留傳者。

勝蹟篇：敘述自然景觀：湖光水色、瀑布、礦泉。人文景觀：公共建築、公園、
　　　　寺廟、市集、書院與學堂、牌坊、古物、史蹟遺址。

卷　七　人物志
宦續篇。敘述清明時代、光復以後之文治、武功、人物表。
賢德篇。敘述清代、日據時期、光復以後之考選、耆碩、文學、藝術、列安、流
　　　　寓、方外。人物表。
職官名錄篇。將歷年來行政首長。（包括鄉鎮長、縣一級主管）民代首長等納入。

卷　尾　纂修經過、索引

　　此後即撰稿人進行撰寫，縣政府進行催稿；也有撰稿人申請延期交
稿，也有撰稿人退款解約。對於退款解約則編纂組就要重新找人，重新
簽約。筆者簽約交稿時間是八十五年三月三十一日，在八十五年三月七
日就收到縣政府來函提醒要依期交清。筆者因為一時不能完成，所以在
四月一日申請延後到六月三十日交稿，縣政府於八十五年四月二十二日
復函同意。

　　八十四年元月起依約陸續有完成的縣志稿交到民政局，由於審稿人
工作繁重，所以原來的總纂外，又聘逢甲大學歷史學教授陳哲三任協
纂，協助審稿工作。

　　當時縣志的審查過程是總纂、協纂先審查，退給作者修改，轉送省
政府文獻委員會審查，再轉送至內政部民政司審查，經此三級三審審核
過，才能出版。如果未能依序審查通過，則只能稱縣志「稿」。此一規
定到民國九十一年內政部不再審查，將之視為地方自治事項，才由縣志
審查委員會，進行審稿事宜。

　　已簽約的，有人完稿，有人延後交稿，有人退款解約；有部分則迄
未能找到合適的撰稿人，所以縣政府於八十五年十二月七日召開一次
「南投縣志編纂撰稿人座談會」。開會通知所列出席單位及人員如下。

出席單位及人員
黃耀能教授、陳哲三教授、儲榮昌先生、呂水返先生、張瑞卿先
生、陳雨山先生、省財政廳第三顆第一股甘股長俊聰、省教育廳
蔡秘書炳坤、台灣電影文化事業股粉有限公司人事室陳主任秀

義、省稅務局第三組林審核員碧蘭、台東縣稅捐稽徵處消費稅課
李課長清發、南投縣選舉委員會吳主任金標、財政局李股長鳳
嬌、建設局簡技正學禮、兵役科施股長東憲、社會科高社工員懿
在、吳科員顯欽、計畫室張專員村增、林股長秀蓮、地政科簡股
長文通、民政局劉專員先進、蘇課長振綱、李課員青融、陳課員
鴻柏、農業局葉局長惟鎮、張技正啟勳、黃課長仁勇、陳課長國
村、白技士降慧、秘書室蔡副主任碧雲、教育局黃局長宗輝、謝
主任督學百亮、南投縣立文化中心蕭組長富隆、南投縣警察局張
秘書福鎮、許股長哲豪、南投縣衛生局曾秘書敏玉。

　　上列名單全是縣志撰稿人，當然有人是二種身份，如黃耀能是總
纂、陳哲三是協纂。此一會議之目的即在解決縣志修纂中的問題，而最
大問題就是還找不到撰稿人。經過開會總算提出一份「南投縣志編纂各
單位推薦撰寫人員名冊」。有了這一份名冊，縣志才得以繼續向前推動。
這名冊分八欄，分別為單位、職務、姓名、撰寫篇名、預定字數、交稿
日期、預付稿酬、備註。今將前四欄列如下：

表四　85 年南投縣志編纂各單位推荐撰寫人員名冊

單位	職稱	姓名	撰寫篇名
南投縣選舉委員會	主任	吳金標	政事志選舉篇
省財政廳	股長	甘俊聰	政事志財政篇
台東縣稅捐稽徵處	課長	李清發	政事志財政篇
省稅務局	審核員	林碧蘭	政事志財政篇
兵役科	股長	施東憲	政事志役政篇
兵役科	科長退休	儲榮昌	政事志役政篇
社會科	社工員	高懿在	政事志社會福利篇
社會科	科員	吳顯欽	政事志社會組織篇
農業局	課長退休	張瑞卿	政事志社會組織篇
台灣電影文化事業股粉有限公司	主任	陳秀義	政事志行政篇
秘書室	副主任	蔡碧雲	政事志行政篇
計畫室	股長	林秀蓮	政事志行政篇
地政科	股長	簡文通	政事志地政篇
台灣省刑警大隊	組長	張福鎮	政事志警政篇
南投縣警察局	股長	許哲豪	政事志警政篇
南投縣衛生局	秘書	曾敏玉	政事志衛生篇
南投縣環境保護局	局長退休	陳雨山	政事志衛生篇

民政局	課員	陳鴻柏	政事志戶政篇
民政局	課員	李青融	住民治宗教篇
民政局	專員	劉先進	大事記
計畫室	專員	張村增	自然志氣候篇
財政局	股長	李鳳嬌	經濟志金融篇
農業局	局長	葉惟鎮	經濟志農業篇
農業局	技正	張啓勳	經濟志農業篇
農業局	課長	黃仁勇	經濟志農業篇
農業局	課長	陳國村	經濟志畜產篇
農業局	技士	白隆慧	經濟志水產篇
建設局	秘書室主任退休	呂水返	政事志建設篇
建設局	秘書室主任退休	呂水返	經濟志公用事業篇市坊章
省教育廳	秘書	蔡炳坤	教育志學校教育篇
教育局	局長	黃宗輝	教育志學校篇
教育局	主任督學	謝百亮	教育志社會教育篇
南投縣立文化中心	組長	蕭富隆	文化志藝文篇

　　此一名冊與八十四年二月的名冊對照，可知並無重複，也就是一方面都是一直找不到人一直未簽約的篇章，也有在八十四年二月陸續簽約撰稿的人。從本次簽約者交稿時間可以得知，本名冊中交稿時間最早是八十四年十二月，最晚是八十六年三月。但其中高懿在、陳秀義、蔡碧雲、林秀蓮、呂水返、蔡炳坤等六人未撰寫。

　　在筆者現存公文中，彭百顯縣長任內有三件，發文時間分別爲八十八年一月二十二日、八十八年一月二十九日及八十八年七月二十六日，從發文字號知道負責的單位還是民政局禮俗文獻課。從九十年一月五日後不直接用南投縣政府名義發文，而是用南投縣政府文化局發文，當時負責縣志的單位已由民政局禮俗文獻課移撥於文化局文化資產課。當時代理局長是曹美良。曹美良代理局長任上，計有六件公文，發文日期分別爲九十年一月五日二張、九十年二月二十三日四張，此後不再有與縣志相關之公文。也就是第二階段上期修志工作到此告一段落。此一時間均是轉給撰稿人的內政部審查意見，也就是都屬前任縣長送出審查陸續回來的稿件。

　　彭縣長任內對於內政部審查通過的稿件，印了二本以後，不知何故不再續印。所以留下審竣未印稿，及未寫稿。也就是縣志修纂工作中斷。

　　到此時期，南投縣志所修纂的成果是已出版 20 篇 11 冊；待印刷 11 篇；未寫 14 篇。下面表格可以瞭解其詳情。

表五　《南投縣志》編纂案各篇章進度一覽表

卷名	志名	篇名	撰稿人	執行狀況
卷首	上	序、凡例、綱目	黃耀能	待重擬訂
	中	史略	缺	未寫
	下	大事記	劉先進	已寫未印
卷一	自然	地理篇	缺	未寫
		氣候篇	張村增	已出版
		博物館	鄭錫奇、陳立楨、陳婉婷、楊耀隆、彭仁傑、葉學文	已出版
	住民	人口	羅啓宏、周國屏	已出版
		氏族	陳哲三、林美容	已寫未印
		語言	缺	未寫
		宗教	李青融	已出版
		風俗	張永楨	已出版
		原住民	黃炫星	已出版
卷三	政事	行政	缺	未寫
		自治	缺	未寫
		選舉	吳金標	已出版
		戶政	陳鴻柏	已出版
		財政	甘俊聰、李清發、林碧蘭	已出版
		役政	儲榮昌、施東憲	已出版
		地政	簡文通	已寫未印
		建設	缺	未寫
		人民團體	林美容、吳顯欽、張瑞卿	已寫未印
		社會福利	缺	未寫
		衛生	陳雨山、曾敏玉	已出版
		司法	缺	未寫
		警政	張福鎮、許哲豪	已出版
卷四	經濟	農業	葉惟鎮、張啓勳、黃仁勇	已出版
		水利	黃耀能	已出版
		林業	林振亨	已出版
		水產	白隆慧	已出版
		畜產	陳國村	已出版
		工業	缺	未寫
		交通	陳清金、洪英聖、彭德華、張清渝、張濰濱、吳茂松	部分已寫已打字未印、郵政章未寫
		商業	鄭喜夫	已出版
		金融	李鳳嬌	已出版
		公用事業	江永榮、張秋吟、林廷瑤	部分已寫稿已打

				字未印、市場章未寫
卷五	教育	學校教育	缺	未寫
		社會教育	謝百亮	已寫未印
		學校	黃宗輝	已寫未印
卷六	文化	文化事業	李西勳	已出版
		藝文	蕭富隆、王昱世	已寫未印
		文獻	缺	未寫
		勝蹟	林金田	已出版
卷七	人物	人物傳略	林文龍	已寫未印
		職官名錄	林文龍	已寫未印，光復前部份未寫
卷尾		纂修經過、索引	缺	未寫

也就是彭百顯任內未將已送審通過的 11 篇全數印刷，也未將未寫的十四篇繼續找人完成，總纂黃耀能教授曾親訪彭縣長當面商議，也曾向民政局反映，卻都無功而返。第二階段的上期修志工作就在總纂嘆息聲中劃下休止符。

（二）第二階段下期的修志經過與成果

黃耀能教授在盡力之後絕望到不想再與聞縣志之事。筆者因為未曾直接面對行政當局，未曾感受到那種刻骨銘心的傷痛，只是感到功虧一簣，實在太可惜，所以有機會逢人便說應該加以完成，當林宗男縣長任上，陳正昇參議在一次開會中，筆者也請求他伺機建議林縣長，應該努力完成縣志的修撰，《南投縣志》沒完成是南投文化界人士最大的遺憾。林縣長任期的末一年，終於啟動第二階段下期的修志工作。林縣長重啟修志之功不可沒。

在經過醞釀聯絡後，民國八十三年八月二十七日，南投縣政府發文「召開『南投縣志』編纂籌備會議」。開會時間是九十三年九月一日上午九時，主持人是陳參議正昇。由李局長西勳代理。出席單位及人員為：

> 1、洪敏麟老師、黃耀能老師、陳哲三老師、林文龍老師、鄭喜夫老師、簡榮聰老師。
> 2、本府林學仕參議、教育局、建設局、社會局、行政室、南投縣工業策進會。

3、文化局李西勳局長、蕭呈章副局長、李文凱課長。

在公文上加說明：「本案係縣長交辦為研商完成縣志編纂計劃有關事宜，敬請出席單位副主管以上人員參加。」會中發一份「會議資料」，內容包括業務報告、提案三案，南投縣志編纂計畫書及南投縣志書纂修作業要點。業務報告二點如下：

一、南投縣志原由本府民政局主政期間自民國八十三年至八十九年計畫執行籌編，分為七卷並卷首、卷尾、凡例共九卷四十五篇，其史料斷代期間上起清朝時期而日治時代並以民國八十二年為斷代年期，並經完成撰稿審查三十一篇及出版八篇（五冊），其後因業務移撥由本局完成出版十二篇（六冊），合計已出版二十篇十一冊，目前尚未完成部分包括已報奉內政部完成審查未付印十一篇及未撰稿十四篇；依縣長指示應於九十四年度全部完成，所需經費並納入本局九十四年度預算執行（附南投縣志編纂計畫書供參）。

二、縣志之資料蒐集及撰稿、審查不易，本局乃提前規劃作業籌備，本次會議將研討議定相關之撰稿單位人員及編纂委員會委員名單及研訂作業期程，以儘速進行邀（撰）稿先期作業，縮短九十四年度作業流程，期能達到縣長指示之完成期限目標。

自此可知是縣長指示交辦工作，最重要的工作完成「未撰稿十四篇」，並且要在九十四年度全部完成。

會中三案第一案為「尚未撰稿縣志計十四篇，其撰稿人員之選定請討論。」此案有一說明「未完成撰稿篇幅，如屬本府自治行政業務，請府內各單位協助選定撰稿人員，其餘部分請推薦撰稿人員，再行協商撰稿事宜。」本案經討論後，有確定撰稿人的決議只有自然志·地理篇、住民志語言篇、教育志學校教育篇。

第二案是編纂期程，已審查未出版十一篇，在九十四年四月前出版；未完成撰稿十四篇，九十四年九月前完成審稿，九十四年十一月出版。

第三案依「南投縣志纂修作業要點」成立編纂委員會，決議推薦名

單如下：「王啓宗（師大歷史系教授）、洪敏麟（東海大學歷史系教授）、陳哲三（逢甲大學歷史系教授）、黃耀能（成功大學教授）、簡榮聰（前省文獻會主委）、鄭喜夫（前省文獻會委員）、林文龍（文獻會研究員）及本府社會局局長、建設局局長、民政局局長、教育局局長等組成，並建議請黃耀能教授擔任總纂。另案由文化局簽請縣長核定聘組「南投縣志書編纂委員會」。

　　會後文化局局長李西勳積極邀約撰稿人，也陸續與撰稿人簽約，此一工作困難度很高，到九十四年二月二十五日，距去年九月已近半年才召開南投縣志第一次編纂會議可以推知。本次會議由參議陳正昇主持，最重要決議有撰稿人交稿期程，編纂委員審稿期程，撰稿合約，以及田野調查費用支用方式。由於黃耀能教授婉拒擔任總纂，建請陳哲三教授擔任總纂。可知到此時人事還未能全部確定。全部確定時間在九十四年八月，筆者即在九月一日簽約接總纂（附件三）及史略篇修纂之責。此時全部撰稿人是：

表六　94 年縣志撰稿人員表

姓名	負責篇章
陳哲三	總纂
張永楨	協纂
楊秉煌	地理篇
江敏華	語言篇－客語
陳淑娟	語言篇－閩南語
簡史朗	語言篇－邵族語
全正文	語言篇－布農族語
曾瑞霖	語言篇－賽德克族語
郭明正	
洪英聖	行政篇、建設篇
廖俊松	社會福利篇
未定	司法篇
吳茂松	交通篇郵政章
張慶龍	學校教育篇

吳福助	文獻篇
林文龍	職官名錄

　　預定新寫部分 126 萬字，620 張圖表，費用為三百五十三萬元。九十五年年底全部完成。但司法篇還沒人撰寫。

　　林宗男縣長連任失敗，李朝卿縣長上任，文化局李西勳局長退休，陳振盛局長接任。陳局長對縣志尤其是審查委員等有新構想，隨後於九十五年六月十七日召開「南投縣志編纂委員會 95 年度第一次會議」，於四月九日發函給撰稿人「因目前本局進行編纂委員會委託遴聘作業中，故請暫停履約」，在會中決議原聘編纂委員會委員，政府主管已退休、調職者免任，計有王仁傑、劉仲成等八人，另新聘學界人士任育才、黃秀政、王仲孚、王明蓀等四位教授及鍾佳伶講師。本次會議並決議將已出版十一冊（20 篇）重新橫式版本打字轉電子檔案，分配十五篇稿件之審查工作，以及新訂寫作格式，並預計九十六年二月底全部完稿。九十五年六月南投縣志的進度，業務單位的報告如下：

> 縣志各篇章進度如下：
> 1、合計：9 卷 44 篇（原 45 篇，後卷七人物志人物傳略篇與職官名錄篇並為一篇）。
> 2、民政局辦理期間：已審查 30 篇、出版 8 篇（5 冊），無檔案。
> 3、文化局辦理期間：已出版民政局審查通過之 12 篇（6 冊），無檔案。
> 4、合計已出版 20 篇（11 冊），部分已無庫存書。
> 5、已寫未印：9 篇（大事記、氏族、財政、地政、人民團體、社會教育、學校、藝文、人物傳略、職官名錄），已打字，校對中。
> 6、撰寫中稿件 15 篇（含部分已寫 2 篇—交通篇缺郵政章、公用事業篇缺市場章，補寫中）。

　　本來未有撰稿人的司法篇，也由逢甲大學王志宇教授撰稿。其他撰稿、審稿順利進行。但到九十六年四月暨大教授廖俊松解約，他寫的社會福利篇及自治篇因此受到延宕。直到九十六年十一月才和曾鼎甲博士

簽約，預計九十八年二月完稿。

　　將來全志完成後之篇目及撰稿人如下：

表七　《南投縣志》修纂人表

卷名	志名	篇名	撰稿人
卷首	上	序、凡例、綱目	陳哲三
	中	史略	陳哲三
	下	大事記	劉先進
卷一	自然	地理篇	楊秉煌
		氣候篇	張村增
		博物篇	鄭錫奇、陳立楨、陳琬婷、楊耀隆、彭仁傑、葉學文
	住民	人口	羅啓宏、周國屏
		氏族	陳哲三、林美容
		語言	簡史朗等6位
		宗教	李青融
		風俗	張永楨
		原住民	黃炫星
卷三	政事	行政	洪英聖
		自治	曾鼎甲
		選舉	吳金標
		戶政	陳鴻柏
		財政	甘俊聰、李清發、林碧蘭
		役政	儲榮昌、施東憲
		地政	簡文通
		建設	洪英聖
		人民團體	林美容、吳顯欽、張瑞卿
		社會福利	曾鼎甲
		衛生	陳雨山、曾敏玉
		司法	王志宇
		警政	張福鎮、許哲豪
卷四	經濟	農業	葉惟鎮、張啓勳、黃仁勇
		水利	黃耀能
		林業	林振亨
		水產	白隆慧
		畜產	陳國村
		工業	林廷瑤
		交通	陳清金、洪英聖、彭德華、張清渝、張瀘濱、吳茂松
		商業	鄭喜夫
		金融	李鳳嬌
		公用事業	江永榮、張秋吟、林廷瑤

卷五	教育	學校教育	張慶龍
		社會教育	謝百亮
		學校	黃宗輝
卷六	文化	文化事業	李西勳
		藝文	蕭富隆、王昱世、張國華
		文獻	吳福助
		勝蹟	林金田
卷七	人物	人物傳略	林文龍
		職官名錄	林文龍
卷尾		纂修經過、索引	陳哲三

四、《南投縣志》修撰中的問題

　　《南投縣志》修了一甲子，好似一場六十年的接力賽跑，有時跑得慢，有時跑得快，也曾經停了不跑，現在終於看到終點了。回頭去看六十年，可以看到跑不好的許多問題，今天提出來反省，對於接下來的另一次賽跑或許會有幫助。

　　第一階段的困難最大的有二個，即是編制問題和經費問題，編制上委員多到十一人，實際工作的只有三人，能寫志的只有一人。一年經費只有五萬元。其第一、第二輯都和《台灣風物》合刊，應該是反映此二種困難。又寫志的人除劉枝萬外，都是會外專家，志稿採隨到隨印方式，也可以反映此二種困難。劉枝萬離開南投文獻委員會，政府又裁撤各縣文獻委員會，縣府沒有懂修志的人，似乎修志也不再有人關心了。縣文獻委員會的裁撤，足見政府之不重視。

　　第二階段南投縣修志時，台灣的修志人才多了，各縣修志的也多了，出身台大歷史系的吳敦義縣長可惜未能啟動修志工作，林源朗縣長是第二階段修志的啟動人，黃耀能教授是實際操舵的人，這時很明確的是難找到合適的撰稿人，很多是縣政府內相關單位的主管或資深員工。從表四，85 年「南投縣志編纂各單位推薦撰寫人員名冊」（見本文 13-14 頁）可知，名冊有三十三人，後來有二十五人成了縣志撰稿人。因為他們未受到史學訓練，完全不瞭解志書撰寫體例，除了手頭上的檔案資料外，不知道如何找資料，日治時期資料更缺乏，有的人甚至連標點都不

會，一大段中間全是逗點，只到段的最後才是句點。這是撰稿人的問題。
這一階段本可一氣呵成，將全志修成，功虧一簣，至為可惜。那是因為
八十七年起縣長不編預算，不繼續完成縣志的修撰工作。為什麼縣長不
編預算，有人認為是因為九二一；有人說是因為只寫到八十二年，是寫
別人的。[10]真相只有他自己知道。總纂黃耀能教授曾到縣府拜訪溝通，
卻無功而退。這裡看到縣長是決定縣志作不作的人。

　　有關第二階段上期，總纂黃耀能教授指出遭遇四個困難，一是合約
問題，二是撰稿人選的問題，三是資料缺乏的問題，四是經費短缺的問
題。除合約問題是他個人問題外，其餘都是重大問題，稍作摘要說明。
[11]

　　撰稿人選，黃教授的找人順序是第一步找縣政府的業務單位推薦擔
任或提供資料；其次是找在學術教育界的南投人分擔故鄉的事物；第三
延請學界的學者專家。從前文的記述，確與此原則相符。〈表四：85 年
南投縣志編纂各單位推薦撰寫人員名冊〉就是證明。而且其中有三十三
人，未寫的只有六人，撰寫人比率高達百分之八十二。不管哪一類的撰
稿人，簽約後，一由於資料缺乏，一由於本身能力不足，紛紛打退堂鼓。
另有人則一拖再拖，有拖二年、三年的。資料缺乏，建縣四十餘年未修
志書，資料檔案丟棄、散佚。想以田野調查彌補，卻缺少經費進行。經
費短缺，是指彭百顯縣長任內，他說：「縣長一換人，由於財政的困難，
加上縣政府議會關係惡化，預算無法過關。新縣長不但預算沒編列，一
碰到經費困難，就先將這種花錢不多且難得已經啟動的文化工程加以犧

---

[10] 97 年 3 月 3 日夜電話訪問當時擔任民政局長的林學仕先生及當時任主任秘書的賴文吉先
生。

[11] 黃耀能，〈纂修高雄市、南投縣志的架構以及所遭遇的困難〉（載許雪姬、林玉茹《「五
十年來臺灣方志成果評估與未來發展」學術研討會論文集》（台北：中央研究院臺灣史研
究所籌備處，1999 年 5 月，頁 403-415。文中有云：「結果到了民國八十七年三月以後，已
進行四年的《南投縣志》纂修工作，就任主政者之不重視以及經費短缺的困難下，完全停
擺，宣告中斷而夭折了。筆者在這段期間，由於不忍心看到縣志的夭折，而奔走內政部民
政司以及臺灣省文化處請求經費的支援，這些機關也都答應幫忙，可是由於縣政府主辦人
員未能配合，而功虧一簣，最後步上中斷、夭折不完美的命運。」）。

牲。」[12]

　　第二階段修志中斷後，彭百顯官司纏身，選舉失利，林宗男縣長上任，他修過《草屯鎮志》，瞭解志書的重要，他接受陳正昇參議的提議，重新啓動修志工作。李朝卿縣長深具遠見，他也修過《南投市志》，繼續推動修志，充分展現完成縣志的決心。[13]在修志中，機關首長有決定性的作用，更為明顯。九十八年二月是最後一位完稿的時間，九十八年應是《南投縣志》全志完成的時間。從民國四十一年南投文獻委員會成立算起到九十八年，不多不少是五十八年，再印刷出版，就接近一甲子了。

　　在林宗男、李朝卿兩位縣長任上，陳正昇都是他們的左右手，陳氏從文化中心主任以來一貫充分展現重視歷史文化的保存維護，他的建言顯然堅定了兩位縣長修志的決定。

　　第二階段的下期在審查志稿的方式上有重大變革，由於內政部於九十年三月十三日內政部台（90）內中民事九○八一四四三號函，將修撰地方志視為地方自治事項，地方政府應自行制訂法則，內政部不再審查各地方志書。南投縣因應此一變化，於九十三年五月二十五日訂頒「南投縣志書纂修作業要點」，其中第五條規定：「本縣志書之編纂或修訂，應先編擬志書凡例、綱目及纂修計畫，鄉（鎮、市）志應先報本府核定；縣志由本府提送編纂委員會審定之。前項編纂委員會由本府遴聘具歷史及文獻專長之學者專家七至十五人組成之。」這就是林宗男重新啓動後組織編審委員會，陳振盛局長重組編審委員會的法源依據。第二階段上期志稿送到民政局，由總纂協纂審查後，退回撰稿人修改，再送省政府文獻委員會，再送內政部民政局。完成此一程序，才可付梓出版。南投縣志稿完成此程序的計三十一篇，付梓出版的二十篇。第二階段下期，撰稿人完成的稿件交到文化局，由承辦人以局長的名義函送審查委員及總纂、協纂審查，經過期中審查，期末審查，才算定稿，十分嚴謹。

---

[12]　黃耀能，〈纂修高雄市、南投縣志的架構以及所遭遇的困難〉。

[13]　3 月 17 日夜電話訪問縣政府秘書長陳正昇先生。

五、結論

　　從南投縣志的纂修始末，可以看到政府重視與否是最重要的事，縣文獻委員會的裁撤，及文化局文資課的例行工作中沒有文獻蒐集編輯的業務，[14]都顯示政府對文獻方志的輕忽。

　　其次，縣長是縣志修不修的決定人物，縣長重視，願意編列預算，願意指示相關單位辦理，沒有辦不成的。林源朗縣長時縣志稿接近完成百分之七十，成篇送審的也有百分之五十以上。[15]林宗男縣長重新啓動，文化局便動起來，李朝卿縣長持續推動，便可底於成。相反的，彭百顯中斷了，總纂呼天搶地，縣民覺得遺憾也是無可奈何。

　　第三，總纂、協纂、撰稿人難找合適的人。洪敏麟先生都接總纂的聘，也訂了凡例、綱目，不願再接。黃耀能教授在努力完成百分之七十之後中斷了，林宗男縣長重新啓動時，他也堅決不接。另外，撰稿人難找，整個過程就是找人、簽約、解約，找人簽約。爲什麼要拖到九十八年二月才全部完稿，因爲有人退款解約。人才難，做事難。這是最大問題。

　　至於經費不是大問題，因爲縣長決心做，一個縣一年要挪出幾百萬，那不是問題。所以林源朗、林宗男、李朝卿三位有心的縣長都沒經費問題。

　　在第一階段雖未能完成縣志，但在劉枝萬一個人努力下，有那樣豐碩的成績，除劉氏個人的學養和努力外，李國楨縣長的信任與支持也是很重要的原因。劉氏在接受林美容教授的口述訪問時就說：「當時南投縣文獻委員會的組織編制，除了縣長爲法定的主任委員，並設置若干委員外，有支領薪水的編制人員只有四名而已，分別是編纂組長、編纂組員、雇員以及工友，我爲委員兼編纂組員。這些成員在專業能力上，素質相差懸殊，故對推動縣志纂修業務幫助不大。其實，當時許多縣市對於文獻業務的推動並不積極，這使得文獻委員會給予外界的觀感，常是

---

[14] 3 月 17 日夜電話訪問南投縣文化局劉玉胡先生。
[15] 黃耀能，〈纂修高雄市、南投縣志的架構以及所遭遇的困難〉。

一個閒缺單位。如果與其他縣市的文獻委員會比較起來，南投因為有李縣長的理解與支持，加上他對我的信任，所以會務推展可謂比較成功，成效在各縣市中也就相形突出。當時由於人少事繁，我的工作量較重，以致一提到南投文獻委員會，外界自然會聯想到我。」[16]

　　第二階段上期不幸中斷，編纂黃教授力圖挽救，卻徒勞無功。黃耀能教授在絕望之際，感嘆縣府財政的困難，執政者的冷漠與承辦單位沒擔當。縣志沒能順利在他手上完成，除了遺憾外，視為是「南投人的不幸與悲哀」。[17]筆者有幸在黃耀能總纂下任協纂，學到不少知識能力；又在第二階段下期黃教授堅決不願回任下被推為總纂，而且在兩任縣長重視，文化局長重視，撰稿人、審稿人、承辦人等有關人士通力合作下，可以預知完成的時間，心中感到十分欣慰。對於林源朗、林宗男、李朝卿三位縣長重視歷史文化，指示修志堅持完成，致上最高敬意。另外，這一時期的撰稿人有更多的學界人士；審查委員也有更多的大學教授，其完稿的縣志將可期待有更高的水平，也是不幸中的大幸。因此筆者從另一個角度看，看它是一場接力賽。因為南投縣的人力物力差，所以跑了一甲子。

　　在近六十年的接力賽跑，大多數的人都盡心盡力了。能為家鄉做些貢獻，能在工作崗位上盡其職責，能在青史上留下美名，有誰不願意？茲將第二階段《南投縣志》纂修相關人員列名如下：

---

[16]　林美容，《劉枝萬口述訪問紀錄》第四章〈文獻工作十三載〉未刊稿。稿由劉枝萬先生於97 年 2 月 26 日寄出。本稿將在國史館出版。

[17]　黃耀能，〈纂修高雄市、南投縣志的架構以及所遭遇的困難〉。

表八　南投縣志纂修承辦相關人員一覽表

起迄年月	工作內容	承辦人	課長	局長	縣長
83~ 民政局承辦縣志相關業務		簡麗容		林學仕	林源朗
86.12~89.12	出版： 　卷二住民志人口篇等 　卷三政事志選舉篇 　卷三政事志戶政篇等 　卷四經濟志林業篇等 　卷六文化志聖蹟篇	簡麗容	張村增 蘇振鋼 李漢卿		彭百顯
89.12.16 縣志業務移交文化局	出版： 　卷一自然志博物篇等 　卷二住民志宗教篇 　卷二住民志風俗篇 　卷三政事志警政篇等 　卷四經濟志水利篇等 　卷六文化志文化事業篇	簡麗容 連繡華 吳旦崇	張國華 詹鶴淋 李文凱	曹美良 陳秀義	彭百顯
93.9~	重新籌組編纂委員會	顏銓蓁 王品文	李文凱	陳秀義	林宗男
94.3~	1、召開編纂委員會議 2、重新委託總纂、協纂及為完成之篇章撰稿人，議價、簽約、期中審查 3、舊稿件委託重新打字排版	劉玉湖	李文凱	李西勳	林宗男
95.6~	1、編纂委員會改組 2、自治篇、社會福利篇解約 3、期中審查、期末審查	劉玉湖	李文凱	陳振盛	李朝卿
96.4~96.8	期中審查、期末審查	江世正	李文凱	陳振盛	李朝卿
96.9迄今	1、期中審查、期末審查 2、自治篇、社會福利篇重新委託、議價、簽約	林莉雯	李文凱	陳振盛	李朝卿

資料來源：南投縣政府文化局提供，97 年 5 月 15 日。

　　六十年的接力賽已經可以看到終點，但民國八十二年到今天又已十五年，有心人士可能要開始策劃另一次賽跑了。

參考文獻

專書

李西勳，《南投縣志卷六文化志・文化事業篇》，南投：南投縣政府，2002
年 8 月。

張勝彥，《南投開拓史》後記，南投：南投縣政府，1984 年 10 月。

劉枝萬主修，《南投縣志稿》11 卷，台北：成文出版社，1983 年。

鄧憲卿，《臺灣省文獻委員會志》，南投：臺灣省文獻委員會，1998 年
12 月。

專書論文

林美容，《劉枝萬口述訪問紀錄》，〈文獻工作十三載〉未刊稿。

高志彬，〈民國南投縣志稿〉，載國立中央圖書館台灣分館編印《台灣文
獻書目解題》第一種方志類（二），1988 年 6 月。

黃秀政，〈戰後台灣方志的纂修〉，載氏著《台灣史志新論》，台北：五
南圖書出版公司，2007 年 9 月。

黃耀能，〈纂修高雄市、南投縣志的架構以及所遭遇的困難〉，載許雪姬、
林玉茹《「五十年來臺灣方志成果評估與未來發展」學術研討會
論文集》，台北：中央研究院臺灣史研究所籌備處，1999 年 5 月。

其他

電話訪問民政局長的林學仕先生及當時任主任秘書的賴文吉先生，97
年 3 月 3 日。

電話訪問劉枝萬先生，97 年 2 月 23 日及 3 月 16 日。

電話訪問縣政府秘書長陳正昇先生，97 年 3 月 17 日。

電話訪問南投縣文化局劉玉湖先生，97 年 3 月 17 日。

附件一

附件二

E

速別	受文者	行文單位		批　示	主旨：本府為編纂本縣縣志，特敦聘台端為南投縣縣志編纂委員會委員（聘書另行	限保存年
		正本	副本			號 檔
密等	陳哲三教授（逢甲大學歷史系主任）		本府民政局			說明：
解密條件				擬　辦	轉發），敬請查照惠允。	
公布後解密						依據南投縣縣志編纂計畫辦理。
附件抽存後解密		發　文				
		日期	字號	附件		
年		中華民國八十三年三月十五日	八三投府民禮字第			
月			31092			
日自動解密			號			

（南投縣政府（函）

縣長林源朗

附件三

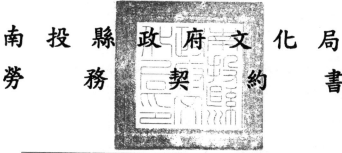

標 案 編 號	942201017-E-1
標 案 名 稱	南投縣志—總纂及協纂
標 案 地 點	南投縣政府文化局
訂 約 總 價	新台幣柒拾肆萬元整
承 包 廠 商	陳哲三先生　張永楨先生
訂 約 日 期	94 年 9 月 1 日
履 約 期 限	96 年 2 月 28 日

人民團體修志——
以南投農田水利會之修會志為例

一、前言

　　志書的派別類型，可以從多角度分類，從志書的性質看，有地理派和歷史派；從志書的內容看，有繁體派和簡體派；從修志的目的看，有存史派和資治派；從撰寫形式看，有著述體和編纂體；從記事範圍看，有一統志、省通志、府志、州志、縣志、鄉鎮志；從記事年代看，有通記體和斷代體。[1] 這樣的分類太繁雜，一本志書可以同屬好幾類。志書最重要的區別在內容和範圍大小，就此二個角色切入，大致可分三類，即通志類、專志類和雜志類。如《大明一統志》《閩書》《廣東通志》所記包括一地之疆域、沿革、山川、阨塞、田畝、物產、礦藏、民族、人口、災異、風俗、丁役、賦稅、勝跡、人物、文獻等，是爲通志類。相對的，專記某一項或主要是某一項的志書，如衙署志、書院志、寺廟志、古蹟志、風俗志、會館制、物產志、山水志等皆屬專志。如《靈隱寺志》《東林書院志》《關中勝跡志》《深州風土記》《杭州藝文志》《溫州經籍志》是。另外，記一地之輿地、政治、經濟、文化，又無志書乏完備系統，如《長溪瑣志》《榕城隨筆》《平江記事》《蘇州雜記》等都是雜志類。[2] 從以上的了解，水利會志，應屬於專志類。專志類中專記一個機關者，即可稱爲機關志。

　　台灣省文獻委員會自民國 82 年度起，即推廣機關志之修纂，並於省訓團辦理「機關志業務講習班」，事後並將講習課程內容彙編出版爲《機關志講習彙編》[3] 一書。此書計收教材十二篇，標題有機關志者凡四篇，爲洪敏麟〈機關志編修法要點提示〉，高志彬〈機關志序論〉，唐

1　劉光祿，〈歷史上方志的派別、類型和修志主張〉收錄於中國地方史志協會編，《中國地方史志論叢》（北京：中華書局，1984 年），頁 308-314。

2　曹占泉、李崇山，《方志編纂要例》（西安市：西安地圖出版社，1847 年），頁 113-136。

3　台灣省文獻委員會編，《機關志講義彙編》（南投市：台灣省文獻委員會，民國 82 年）。

羽〈機關志之修纂—以台灣鑛業會志之修為例〉，鄭喜夫〈機關志人物之撰述簡介〉。此四篇對機關志基本概念闡述詳明，有心人士可以研閱。本文除了談到的部分論述外，不全面去談機關志。

民國82年到今98年，星霜已經十六年，而「台灣省文獻委員會」也改隸更名為「國史館台灣文獻館」，「省訓團」也改隸更名為「行政院人事行政局地方行政研習中心」。但機關志的推廣工作不僅未停止，而且更擴大其範圍為「志書纂修」。過去十餘年倡導，使修志蔚然成風；今後繼續努力，將可使台灣修志事業更上層樓，臻於圓滿。

二、公親變事主

說起本人主修《南投農田水利會志》，其實說來話長。台灣人說「公親變事主」，正是我的狀況。這是緣起，不得不交代清楚。

原來民國85年12月李連鎮會長任上，已出版《台灣省南投農田水利會會誌》[4]一書，凡六章，三百五十九頁。很受各界的歡迎，索取的人很多，到民國92年已經庫存無多，對於索取窮於應付，所以有再版的念頭。水利會為此於92年12月19日開過一次會，洪國浩會長希望能聽取大家意見。但因為再版重印，最近八年的史事也是闕如，所以就有續修的意見出現，並且逐漸形成共識。至93年3月3日開第二次會，便主張續修，而且擬定「本會會誌續修章節內容」。組織一個臨時性質的「本會會誌續修編審委員會」，而且增聘會外學者專家省府顧問簡榮聰、逢甲大學教授陳哲三為委員，又聘歷任會長總幹事巫重興、洪鶴欽、李連鎮、白汝榮、簡喬木為顧問。於93年3月26日召開「本會會誌續修第三次編審委員會議」。[5]

本次會議最主要議題是討論「本會會誌續修章節內容」。原擬內容有六章及附錄，主要內容如下：

---

[4] 李連鎮，《南投農田水利會會誌》（南投：南投農田水利會，民國85年）。
[5] 民國93年3月17日，93投農水總字發09301520號，台灣省南投農田水利會開會通知單。

第一章　沿革，包含緒論、自然環境、水利管理機構演變之時代
　　　　背景、組織演進、光復後歷任會長簡介。

第二章　任務與組織，包含任務、議事機構、執行機構、基層組
　　　　織。

第三章　灌溉水源及管理，包含事業區域概要、灌溉水源、灌溉
　　　　管理。

第四章　工程設施，包含光復前的建設、光復後的建設。

第五章　財源，包含徵收業務、財產管理、財務營運。

第六章　事業成效及展望，包含事業成效、展望。

附錄　　包含大事紀、重要文獻、重要文物、修誌始末。

經過熱烈討論之後，修正成九章加附錄。[6]主要內容如下：

序

凡例

第一章　緒論

第二章　自然環境

第三章　歷任組織沿革，包含水利管理機構演變之時代背景、早
　　　　期各水利委員會及水利會沿革、各工作站沿革

第四章　灌溉水源及管理，包含事業區域概要、灌溉水源、灌溉
　　　　管理、事業效益。

第五章　水利建設，包含重要水利建設、九二一重建工程、水利
　　　　景觀、事業效益。

第六章　財務管理，包含稽徵業務、財產管理、財務營運、事業
　　　　效益。

第七章　水利與人文，包含水利傳說、水利習俗、鄉土教育。

第八章　人物篇，包含特殊貢獻人物、歷任會長名錄、歷任主管
　　　　名錄、歷任代表名錄、歷任小組長名錄、歷屆績優員工
　　　　名錄，現職員工名錄。

第九章　回顧與展望

6　民國 93 年 4 月 5 日，93 投農水總字發 09301838 號，「本會會誌續修第三次編審委員會會
　議紀錄」。

附錄　　包含大事紀、重要文獻、重要文物、修誌始末。

並且每項工作均有相關業務人員一至二名負責。

三月底第三次續修會議開過，會內各項負責同仁，各自努力進行分派工作，在正業之外，又要負擔額外工作；每人都是各業務專家，都不是修志的專家，四個月之後，大家覺得會內職工負責續修實有困難，還以委請會外專家續修為妥。會內第五次會議，決議聘請陳哲三教授擔任會誌續修工作。當時本人擬定三個方案，如下：

第一案

以 85 年出版《台灣省南投農田水利會會志》為藍本，加以續修。其最主要工作有二：

一、將其中錯誤（史實錯誤及錯別字）加以改正。

二、將內容（地理、史事以及人事）增補至 93 年。

第二案

以 93 年《台灣南投農田水利會會誌續修初稿為藍本》，加以整修，其最主要工作有二：

一、將其中錯誤加以改正。

二、將缺漏加以增補。其中，如：自然環境一章太過簡單，需請專家重寫。人物需增補清代日治，如：李元光、李春盛、黃春帆等。

第三案

重擬章節（附后），時間下限斷在 93 年 12 月。稱續修、重修皆可。其主要工作：

一、求符合志書體例，用歷史方法，表現求真精神。

二、在過去 85 年版，93 年續修初稿之基礎上，更求精進。

三、自然環境一章，擬請地理學博士執筆。其他篇章，也將分請歷史學者撰稿，務求在內容上盡善盡美。

完成時間及所需經費約估：

第一案　半年內可完成，經費約需新台幣肆拾萬元。

第二案　一年內可完成，經費約需新台幣捌拾伍萬元。

第三案　一年六個月可完成，經費約需新台幣壹佰貳拾玖萬元。

第三案《重修南投農田水利會會志》目次如後：

重修南投農田水利會會志
會長序
凡例
地圖
照片
一、緒論
二、大事紀
三、自然環境（含境域、氣候、地形、水係、天然災害、物產）
四、水利開發與建設（清代、日治、戰後）
五、水利組織與管理（清代、日治、戰後）
六、水租徵收與經費運用（清代、日治、戰後）
七、水利與農業發展（耕地面積、農業人口、農業經營）
八、水利設施的維護與工程技術之演進（一般維護、災害維護、
　　技術變遷）
九、水利與人文（文獻文物、景觀、習俗、傳說、教育）
十、人物（清代、日治、戰後、功勳人物、歷任會長、幹部…）
附錄：重要法規、叢談
修志始末

　　本人的方案在 93 年 8 月 4 日會誌續修第六次編審會委員會中，決
議採第三案辦理。並在臨時動議中決議，編列預算進行會誌續修，提請
委員會審議，俟通過後，再行辦理重修會誌的相關公開招標工作。[7]

　　之後水利會上網公開招標，本人和張永楨教授寫成「《南投農田水
利會會志》重修編纂計畫書」參加投標，經過法定程序，於 94 年 5 月
6 日雙方簽約，志稿完成日期是 95 年 11 月 5 日。到此公親變成了事主，
一個協助修纂的人變成主持修纂的人。

　　這裡有二個問題要說明，他們為何放心把續修工作交給我，他們又
有什麼把握一定是交給我做？首先本人與洪會長是舊識，雖無深交，但

---

[7] 民國 93 年 8 月 4 日，台灣省南投農田水利會會誌續修第六次編審委員會議紀錄。

彼此知道對方的風格，而且我在前已修過《集集鎮志》[8]、《竹山鎮志》[9]，也擔任《南投縣志》[10]的協纂，更重要的我寫了不少草屯地區的研究論文，剛剛發表〈清代草屯地區的水利〉。[11]這些大概足以使他們放心。他們在投標須知「投標廠商資格」[12]中要求：

（一）大專院校以上之教育團體、依法向政府機關設立之民間學術團體或具副教授資格以上之自然人。

（二）計畫持人及協同主持人須具有水利相關著作及方志編纂經驗之專家學者或具備副教授以上資格之專家學者。

要有水利相關著作、修志經驗、副教授以上，有這條件的人大概不多。而我都勉強符合。

三、找夥伴定凡例、綱目

修志，因為篇幅大，內容多元，非一人之力所能完成；必須集合各種不同領域的專家學者，通力合作，才能在短期內完成。

能找到不同領域的專家學者，能夠志同道合，共同努力，工作便完成了一半。本人因為前面修過《集集鎮志》、《竹山鎮志》，也擔任《南投縣志》的協纂，認識一些朋友，我在朋友中找合適的人，結果找到了張永楨、楊秉煌、張志相、林文龍等幾位先生。張永楨當時是南開技術學院歷史講師，成功大學歷史研究所博士候選人（現已為南開科技大學文化事業發展系副教授），曾參與多種鄉鎮志的修纂。楊秉煌，台灣大學地理學博士，國立台灣師範大學僑生與國際學院助理教授。林文龍，

---

[8] 黃炎明、林明溱主修，陳哲三總編纂，《集集鎮志》（集集鎮：南投縣集集鎮公所出版，民國87）。

[9] 許文欽主修、陳哲三總編纂，《竹山鎮志》（南投縣：竹山鎮公所，民國90）。

[10] 黃耀能總纂、陳哲三協纂，羅啟宏、周國屏、黃炫星編纂，《南投縣志》（南投：南投縣政府，民國88）。本人在84年元月受聘為協纂。

[11] 陳哲三，〈清代草屯地區的水利〉，《逢甲人文社會學報》第8期，（2004年5月），頁149-181。

[12] 見《台灣南投農田水利會會志》重修編纂計畫公開徵選廠商事業服務建議書規格文件（94年4月）。

台灣文獻委員會研究員（現已更名為國史館台灣文獻館），曾參與許多鄉鎮志的修纂。張志相，逢甲大學歷史與文物管理研究所講師。四人都曾和我一起修《集集鎮志》、《竹山鎮志》，所以是多年的朋友，也知道都是寫作能力很好，做事又很認真的人。

寫作的人找齊了，也要訂凡例、綱目。凡例，是志書的最高指導原則，大家共同努力的目標。綱目，則是章節的架構。有了綱目才好分配工作，也才知道確定要做的事。凡例十一條[13]如下：

> 一、本會志之續修在記錄本會自清代以來之自然與人文之變化，以為研究、教育與施政之參考。
> 二、本會志之續修其內容包括：凡例、輿圖、大事紀、緒論、地理篇、沿革篇、灌溉篇、工程篇、營運篇、水利與產業篇、水利與人文篇、人物篇、參考書目及編纂後記。
> 三、本志斷代上自清代下迄民國 95 年 12 月止。
> 四、本志以學術體例寫作，引文需加註腳（隨頁註）每篇篇末有參考書目，全書書末有全書參考書目。
> 五、南投水利發展之相關研究寥寥，本會志之續修，史料搜羅務求廣深、久遠、詳盡，巨細不遺。
> 六、本會志中每篇先有概述，總論本篇相關史事之內容及其回顧與前瞻。
> 七、本會志中每篇以 3 萬字左右為原則，多多益善、因本會志屬續修之作，兼有存史作用。
> 八、志文撰述除文字外，多用圖表，便覽省文。為求圖文並茂，每篇至少有照片 20 張。
> 九、本志紀年用當時通用年號，加註西曆，日治時可加註中曆，1945 年以後稱為戰後。
> 十、本志書寫西洋人士，其第一次出現時加註西文原名。
> 十一、本志文字力求簡潔、活潑，易讀易懂。

其第一條說明修纂會志的目的功能，第二條是結構，第三條是斷

---

[13] 見《台灣南投農田水利會會志重修編纂計畫委託服務契約書》（94 年 5 月 6 日）。

代，第四條是寫作方式要遵守學術體例，第五條要求寫作不厭其詳，第六條要求每篇先有概述，第八條多用圖表、照片，求圖文並茂，第九條年號以當時通用年號紀年。

所訂綱目[14]如下：

序
凡例
目次
表目次
圖目次
重要法規目次
輿圖
大事紀
明清時期
日治時期
戰後時期
緒論
第一篇　　地理篇
　　第一章　概述
　　第二章　本會灌溉區域的地質與地形
　　第三章　本會灌溉區域的氣候特徵及其類型
　　第四章　本會灌溉區域的水系分布及其特徵
　　第五章　本會灌溉區域的土壤特徵及其類型
　　第六章　本會灌溉區域內的自然災害
第二篇　　沿革篇
　　第一章　概述
　　第二章　水利管理機構之演變
　　第三章　水利設施
第三篇　　灌溉篇
　　第一章　概述

---

[14] 同注13。

　　　第二章　灌溉設施與灌溉區域
　　　第三章　灌溉管理
　　　第四章　灌溉效益
　　　第五章　防洪與排水
　　　第六章　灌溉管理的困境與因應對策
　　第四篇　工程篇
　　　第一章　概述
　　　第二章　水利設施與水利建設
　　　第三章　水利設施的修護與改善工程
　　　第四章　九二一震災的應變與復建工程
　　　第五章　水利工程技術的演變
　　第五篇　營運篇
　　　第一章　概述
　　　第二章　行政與水利組織
　　　第三章　水利營運與管理
　　　第四章　財務營運與管理
　　　第五章　營運效益
　　第六篇　水利與產業篇
　　　第一章　概述
　　　第二章　耕地面積與灌溉面積
　　　第三章　水利與農作經營
　　　第四章　水利的產業效益
　　第七篇　水利與人文篇
　　　第一章　概述
　　　第二章　聚落變遷、生態環保與水利事業發展
　　　第三章　水利事業與台灣民間信仰
　　　第四章　文學、文獻與水利事業
　　第八篇　人物篇
　　　第一章　概述
　　　第二章　清代
　　　第三章　日治時期
　　　第四章　戰後

第五章　歷任會長名錄
第六章　歷任主管名錄
第七章　歷任代表（會務委員）名錄
第八章　歷任水利小組長名錄
第九章　歷屆績優員工名錄
第十章　職員工名錄
參考書目
編纂後記
審查委員名錄
編纂小組名錄

按個人專長與職責，工作分配如下：

總纂：陳哲三　兼修大事紀、緒論、沿革篇、編後語
編纂：楊秉煌　修地理篇
編纂：張永楨　修灌溉篇、工程篇、營運篇、水利與產業篇
編纂：張志相　修水利與人文篇
編纂：林文龍　修人物篇

　　簽約工作分配，領到頭期款，之後只有分工合作，各盡所能，努力蒐集史料，努力寫作。當然，大家都知道史料的來源不外乎文獻採集、田野採訪及田野調查。我們有一個工作流程，[15]如下：

---

[15] 同注13。

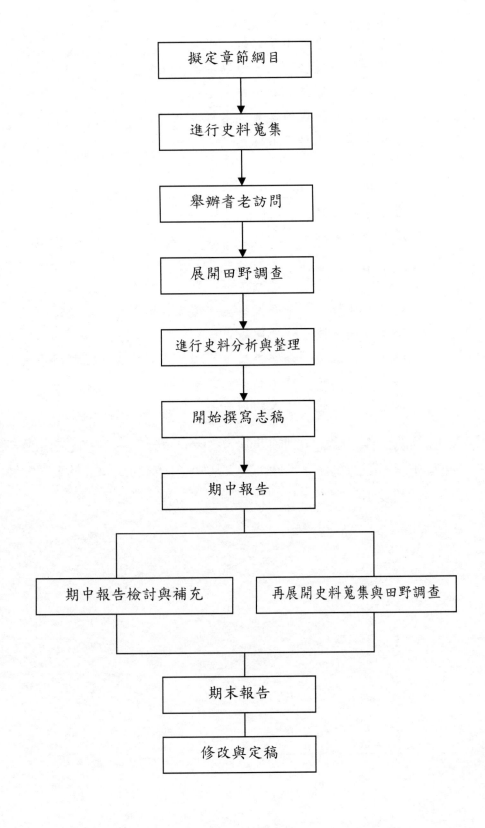

四、檔案、耆老座談及水利設施的實地考察

　　前面已經提到歷史研究不能沒有史料，沒有食材，巧婦也難為無米之炊。史料的取得有三個途徑，一是文獻，二是口述，三是田調。

　　在文獻類除了每位撰稿人發揮自己的本事去找尋外，南投農田水利會本身也還收藏一些珍貴的檔案，如龍泉圳檔案、抄封埤檔案、埔里各圳檔案、霧峰大屯水利會檔案。並且有許多水利灌溉圖，如草屯、山腳、瓠子寮、月眉厝、北投埔、林子頭、牛屎崎、新庄、頂茄荖、番子田、石頭埔、南埔、坪頂、雙冬等，大大小小，都是昭和十四年繪製的。國史館台灣文獻館中，有不少相關檔案，惜本志運用較少。另外民間亦有收藏，如台灣古文書學會理事長梁志忠先生，收有茄荖、媽助圳的檔案，台中縣文化推廣協會理事長郭雙富先生收有媽助圳的古文書。[16]凡此均成本志之重要文獻。

　　耆老座談，目的在從耆老口中、手中蒐集史料。耆老見多識廣，知道許多故實，希望他講出來；耆老手中也許藏有相關檔案文件、照片，希望他拿出來；當然也讓地方人士知道水利會正在進行會志的修纂工作，就是請了這些人在進行，介紹撰寫人和耆老見面，將來採訪才不會感到唐突。

　　本次為了修志分別辦過三場次耆老座談。第一場於94年8月11日上午在水利會辦理，出席耆老計28人，參加者來自草屯、土城地區。第二次於94年8月11日下午在霧峰工作站，參加者來自霧峰、喀哩地區，出席耆老11人。第三場於94年8月12日上午在埔里工作站，出席耆老13人。[17]三場當下的史料收獲較少，但對以後的田野調查、口述訪談幫助很大。

　　耆老座談的時間在94年8月，那是簽約好三個月。因為和耆老見

---

[16] 梁志忠先生、郭雙富先生不僅收藏豐富，而且對學者研究、機關展覽均慷慨提供，是對台灣歷史文化研究有很大貢獻的人。水利會志中用到兩氏收藏文件均加註明。

[17] 民國94年8月2日，投農水總字第0940004788號，南投農田水利會會志重修計畫─地方耆老座談。

面，不能完全無知，否則將形成雞同鴨講。撰稿人有三個月的了解，對所撰寫內容有大概的了解，才能知道問些什麼，耆老說出來的故實，也才能夠接受。至於田野調查，時間安排更晚一些。

本次修志的參觀調查行程，安排在 95 年 4 月 4 日及 4 月 7 日兩天。[18]兩天的安排如下：

一、95 年 4 月 4 日（AM8:30 出發）

水利會→魚池工作站→王榜圳→頭社水庫（碑記）→埔里工作站→茄苳腳圳渠首工→南烘圳渠首工、珠子山圳渠首工→中餐

福興工作站→北烘圳→九芎林圳綠美化工程→內埔社區（守城分圳）、守城分圳渠首工→能高瀑布（能高大圳東幹線）→史港 4 號圳綠美化工程

二、95 年 4 月 7 日（AM8:30 出發）

水利會→土城工作站→龍泉圳渡槽→龍泉圳渠首工→國姓工作站→國姓圳→南圳、北圳（碑站）→中餐→能高大圳

考察參觀由水利會派車，會內主管陪同，相關工作站站長帶領。其中能高大圳的工程壯觀險峻最是驚心動魄。而各圳之綠化美化，也令人印象深刻。

五、審查定稿出版

志稿寫好，經過期中審查、[19]期末審查二階段。[20]審查並非各一次，合共二次，而是以通過為準。本志期中審查一次，期末審查二次。

本志有最龐大的審查陣容，也有最具實力的審查委員。審查會議由會外學者 3 人和會內專家 13 人所組成。審查委員全數 16 人。

會外學者有修過《草屯鎮志》、《大肚鄉志》，對台灣史地有專門研

---

18 民國 95 年 3 月 21 日，投農水總字第 0950001825 號，南投農田水利會會志重修計畫－考察參觀活動。
19 期中報告審查會在 95 年 2 月 21 日舉行。
20 期末報告審查會在 95 年 10 月 11 日舉行第一次審查會；96 年 3 月 14 日舉行第二次審查會。

究的洪敏麟教授，有著有《明清台灣水利開發研究》的蔡志展教授，有
對台灣歷史文物有深入研究，並有許多著作的前台灣省文獻委員會簡榮
聰主委，時任省政府顧問。

　　會內專家十三人，為水利會會長洪國浩、總幹事洪稔夫、主任工程
師許武雄、秘書林榮吉、人事室主任李其才、管理組組長林庚辛、財務
組組長羅昭正、工務組組長林正忠（後升總幹事）、總務組組長陳英哲、
主計室主任李嬌嬌、輔導室主任陳洋吉、工務組組長王慶彬、資訊室主
任龍學武等。

　　學者提出學術性問題，如體例、史料分類；專家則就其所主管事務、
點點滴滴，至細至微的錯誤都難逃法眼。所以審查會議之後，最辛苦的
記錄耿國惠小姐，會議不久，我們接到一大本會議記錄，撰稿人便針對
審查，或修改或提出不能修改的說明。其中意見最多的是灌溉篇、工程
篇、營運篇、水利與產業篇。因為那些是水利最專業的部份，對歷史學
者困難度最高。

　　本會志在會內人員不能修，而學者專家不易修的情形下，由會外學
者專家和會內專業人員，各盡所能、分工合作之下，終於獲得完美的結
果。

　　在 96 年 6 月全部完稿，由水利會進行美編付印，並於 97 年 12 月
出版，98 年 3 月 16 日舉辦新書發表會。全書巨冊 1015 頁。十二分壯
觀。申請 98 年國史館台灣文獻館獎勵出版台灣文獻書刊，獲得最高獎
勵。（見附件）

六、人民團體修志成功的關鍵

　　從上述南投農田水利會修志的歷史，可以看到修不修志，是會長的
智慧。有智慧的機關首長一定會修志。南投農田水利會洪國浩會長，出
身水利世家，其尊翁洪瑞明先生即是民國 64 年到 71 年的官派會長。[21]他

---

[21] 見陳哲三總纂，《南投農田水利會會志》林文龍編纂〈人物篇〉（南投：台灣省南投農田水
　　利會，民國 97 年），頁 902-904。

是一位年青有為、高瞻遠矚、慧眼獨具的會長。

修志能成功，首先是找到合適的修纂人。水利會原先想自己內部人員來修，但嘗試之後，知道修志是專家的事，所以才向外面找人。

本人找到四位良友，都是多年朋友，而且曾經共事一起修志，默契很好。所以答應之後便義無反顧，只有埋頭苦幹，作出最好，寫出最優秀的作品。能有如此團隊，是本人的幸福，也是水利會的好運氣。

水利會方面自會長以下，沒有人不對會志盡心盡力，撰稿團隊需要耆老座談，會長指示安排耆老座談；撰稿團隊需要考察參觀，會長指示安排考察參觀。而且會長大體都親自參與。其中承辦人耿國惠小姐，是東海大學歷史系高材生，做事認真、細密、快速。對撰稿團隊的需求，一定迅速辦到，尤其應付款項，絕對按時發給。使撰稿團隊在愉悅心情中寫作。

會外學者簡榮聰主委是水利會自己續修時和本人一起進入當委員，一直留下來。至於洪敏麟教授、蔡志展教授都是我向水利會推薦的。洪氏是前輩，蔡氏是好朋友。但他們都是水利的專家。在審查中也給團隊很多很好的意見。常看到撰稿人和審查人衝突的事，主要是撰稿人不接受審查人的意見。我們沒有，因為審查人是真正的專家，我們對他們的意見都虛心的接納。如在新書發表會時，我說這本好書的誕生，不是我的功勞，不是撰稿團隊的功勞，而是撰稿人、會外學者、審查人、洪會長及水利會全體職員大家一起合作的成績。那是肺腑之言。

水利會身分特殊，所以為水利會修志我不覺得和修《竹山鎮志》、《南投縣志》有什麼不同。水利會雖是人民團體，但是卻是由政府編預算，所以也受政府採購法的規範，我是以「廠商」的身分去投標的。

附件：

```
]
```

國史館臺灣文獻館　函

地　址：54043 南投市光明里光明 1 路 252 號
聯 絡 人：李展平
聯絡電話：(049) 2316881－406
傳　　真：(049) 2317783

受文者：臺灣省南投農田水利會

發文日期：中華民國 98 年 8 月 6 日
發文字號：臺編字第 0980501842 號
速別：普通件
密等及解密條件或保密期限：普通
附件：

主旨：貴單位出版之《南投農田水利會志》申請本館獎勵出版文
　　　獻書刊，業經審查小組決議獎勵新台幣 5 萬元，並頒發獎
　　　狀乙紙以資鼓勵，請　查照。

副本：本館編輯組

館長　林金田

國家圖書館出版品預行編目資料

陳哲三臺灣史研究名家論集/陳哲三　著者. -- 初版. -
臺北市 : 蘭臺, 2016.8
面；　公分
ISBN 978-986-5633-40-0 (精裝)
1.臺灣史　2.文集

733.2107　　　　　　　　　　　　　　　　105010486

陳哲三臺灣史研究名家論集

著　　者：陳哲三
主　　編：卓克華
編　　輯：高雅婷
封面設計：塗宇樵
出 版 者：蘭臺出版社
發　　行：蘭臺出版社
地　　址：台北市中正區重慶南路 1 段 121 號 8 樓之 14
電　　話：(02)2331-1675 或(02)2331-1691
傳　　真：(02)2382-6225
E—MAIL：books5w@gmail.com 或 books5w@yahoo.com.tw
網路書店：http://bookstv.com.tw/、http://store.pchome.com.tw/yesbooks/、
　　　　　http://www.5w.com.tw、華文網路書店、三民書局

經　　銷：成信文化事業有限公司
電　　話：(02)2219-2080　　　傳　真：(02)-2219-2180
地　　址：台北市中正區重慶南路 1 段 121 號 5 樓之 11 室
劃撥戶名：蘭臺出版社　帳號：18995335
網路書店：博客來網路書店 http://www.books.com.tw
香港代理：香港聯合零售有限公司
地　　址：香港新界大浦汀麗路 36 號中華商務印刷大樓
　　　　　C&C Building, 36,Ting, Lai, Road, Tai,Po, New,Territories
電　　話：(852)2150-2100　　　傳真：(852)2356-0735
總 經 銷：廈門外圖集團有限公司
地　　址：廈門市湖裡區悅華路 8 號 4 樓
電　　話：(592)2230177　　　傳　真：(592)-5365089
出版日期：2016 年 8 月初版
定　　價：新臺幣 2000 元整　　（全套新台幣 28000 元正，不零售）
ISBN：978-986-5633-40-0